21世纪全国高等院校**财经管理**系列实用规划教材

税法与税务会计 实用教程（第3版）

主　编　张巧良　张　华
副主编　李　艳
参　编　张　宸　宋钰元

北京大学出版社
PEKING UNIVERSITY PRESS

内容简介

本书紧扣我国税收法规的最新改革动向，依据最新的会计准则，对我国新税制下税法和税务会计的基本原理、流转税及会计处理、所得税及会计处理、资源税及会计处理、财产和行为税及会计处理、特定目的税及会计处理等进行了详细的介绍。为便于教学及巩固学生所学知识，本书在每章前有教学目标和教学要求及导入案例，在每章后有本章小结及复习思考题，强化了理论与实践相结合的教学思路，提高了教材的实用性。

本书可作为高等学校会计学专业、财务管理专业本专科学生的教材，也可作为其他专业本专科学生、研究生以及会计从业人员的参考用书，还可以作为注册会计师考试的参考用书。

图书在版编目（CIP）数据

税法与税务会计实用教程/张巧良，张华主编．—3版．—北京：北京大学出版社，2015.8
（21世纪全国高等院校财经管理系列实用规划教材）
ISBN 978-7-301-26160-6

Ⅰ.①税… Ⅱ.①张…②张… Ⅲ.①税法—中国—高等学校—教材②税务会计—高等学校—教材 Ⅳ.①D922.22②F810.42

中国版本图书馆CIP数据核字（2015）第182065号

书　　　名	税法与税务会计实用教程（第3版）
著作责任者	张巧良　张　华　主编
责 任 编 辑	葛　方
标 准 书 号	ISBN 978-7-301-26160-6
出 版 发 行	北京大学出版社
地　　　址	北京市海淀区成府路205号　100871
网　　　址	http://www.pup.cn　新浪微博：@北京大学出版社
电 子 信 箱	pup_6@163.com
电　　　话	邮购部 62752015　发行部 62750672　编辑部 62750667
印　刷　者	三河市博文印刷有限公司
经　销　者	新华书店
	787毫米×1092毫米　16开本　24印张　564千字
	2009年3月第1版　2012年10月第2版
	2015年8月第3版　2015年8月第1次印刷
定　　　价	48.00元

未经许可，不得以任何方式复制或抄袭本书之部分或全部内容。
版权所有，侵权必究
举报电话：010-62752024　电子信箱：fd@pup.pku.edu.cn
图书如有印装质量问题，请与出版部联系，电话：010-62756370

第 3 版前言

自 2012 年以来，我国税收制度最重要的改革是营业税改征增值税。我国正处于加快转变经济发展方式的攻坚时期，大力发展第三产业，尤其是现代服务业，对推进经济结构调整和提高国家综合实力具有重要意义。将营业税改征增值税，有利于完善税制，消除重复征税，降低企业税收成本。营业税改征增值税是国家实施结构性减税的一项重要举措。此外，消费税法、资源税法、城镇土地使用税法、车船税法等税收法律制度也发生了相应的变化。

本书针对上述变化以及读者对前两版教材的反馈，重点作了以下修订。

（1）根据修订后的增值税、营业税、消费税暂行条例，以及营业税改征增值税的相关法规，对部分内容作了修订、补充与完善。

（2）根据修改后的资源税暂行条例、城镇土地使用税暂行条例，对本书第 8 章的相应内容作了修订、补充与完善。

（3）根据新发布的车船税法，对本书第 9 章的相应内容作了修订、补充与完善。

（4）根据国务院、财政部、国家税务总局自 2011 年以来陆续发布的补充规定对本书相关内容作了修订、补充与完善。

（5）在本书第 10 章加入了教育费附加、烟叶税的税务处理及会计处理等内容。

（6）对各章的习题及参考答案进行了修订、补充与完善。

本书由兰州理工大学张巧良、张华担任主编，李艳担任副主编，修订工作主要由兰州理工大学的教师完成，具体分工如下：张巧良负责第 1、2、3 章的修订；张华负责第 6、10 章的修订；李艳负责第 4、5、9 章的修订；张宸负责第 7、11 章的修订；宋钰元负责第 8 章的修订。全书最后由张巧良总纂定稿。本书已被列为兰州理工大学规划教材。

感谢兰州理工大学经济管理学院会计系教师在书稿修订过程中提出的宝贵意见，感谢本书第 1、2 版相关作者的贡献。

由于编者水平有限，书中难免有不足之处，恳请专家及同仁批评指正。

编　者
2015 年 6 月

目 录

第1篇 税务会计原理

第1章 税法概论 ········ 3

- 1.1 税法的基本概念 ········ 4
  - 1.1.1 税法与税收法律关系 ····· 4
  - 1.1.2 税法的构成要素 ········ 7
  - 1.1.3 税法的分类 ········ 10
- 1.2 我国现行的税法体系 ········ 11
  - 1.2.1 我国现行税法体系的内容 ········ 11
  - 1.2.2 税务机关的设置 ········ 13
  - 1.2.3 税收征管范围的划分 ····· 13
  - 1.2.4 中央政府与地方政府税收收入的划分 ········ 14
- 1.3 税收征管的主要程序 ········ 15
  - 1.3.1 税务登记 ········ 15
  - 1.3.2 纳税申报 ········ 18
  - 1.3.3 税款缴纳 ········ 19
  - 1.3.4 纳税检查 ········ 20
  - 1.3.5 违法违章处理 ········ 21
- 本章小结 ········ 23
- 复习思考题 ········ 23

第2章 税务会计原理 ········ 24

- 2.1 税务会计及其历史演进 ········ 25
  - 2.1.1 税务会计的概念 ········ 26
  - 2.1.2 税务会计的产生和发展 ········ 26
  - 2.1.3 税务会计工作的内容 ········ 27
- 2.2 税务会计的对象、目标和职能 ········ 28
  - 2.2.1 税务会计的对象 ········ 29
  - 2.2.2 税务会计的目标 ········ 30
  - 2.2.3 税务会计的职能 ········ 30
- 2.3 税务会计模式的国际比较 ········ 31
  - 2.3.1 以美国为代表的财税分离的税务会计模式 ········ 31
  - 2.3.2 以日本为代表的企业导向的税务会计模式 ········ 32
  - 2.3.3 以法国为代表的政府导向的税务会计模式 ········ 33
- 本章小结 ········ 35
- 复习思考题 ········ 35

第2篇 流转税会计

第3章 增值税及其纳税会计处理 ········ 39

- 3.1 增值税概述 ········ 41
  - 3.1.1 增值税的含义及分类 ········ 42
  - 3.1.2 增值税的征税范围和纳税义务人 ········ 43
  - 3.1.3 纳税义务发生时间及纳税期限 ········ 47
  - 3.1.4 纳税地点 ········ 48
- 3.2 应纳税额的计算 ········ 49
  - 3.2.1 营改增后的增值税税目税率表 ········ 49
  - 3.2.2 增值税的计税方法 ········ 50
  - 3.2.3 一般纳税人当期销项税额的计算 ········ 50
  - 3.2.4 一般纳税人当期进项税额的计算 ········ 55
  - 3.2.5 一般纳税人当期应纳税额的计算 ········ 58
  - 3.2.6 小规模纳税人应纳税额的计算 ········ 59
  - 3.2.7 出口货物的退(免)税政策及退税额的计算 ········ 59
- 3.3 增值税会计核算的专用凭证、账簿、报表 ········ 66
  - 3.3.1 增值税专用发票与增值税普通发票 ········ 66
  - 3.3.2 一般纳税人会计核算应设置的会计科目和账簿 ········ 75
  - 3.3.3 一般纳税人的增值税报表 ········ 76

3.3.4　小规模纳税人会计核算设置的
　　　　　会计科目及纳税申报表……81
3.4　增值税的纳税会计处理……………82
　　3.4.1　购进货物或接受应税劳务的
　　　　　账务处理………………………82
　　3.4.2　销售货物和提供劳务的账务
　　　　　处理……………………………85
　　3.4.3　进项税额转出的账务
　　　　　处理……………………………86
　　3.4.4　视同销售的账务处理…………88
　　3.4.5　出口货物退税的账务
　　　　　处理……………………………90
　　3.4.6　交纳增值税的账务处理………91
本章小结………………………………………92
复习思考题……………………………………92

第4章　消费税及其纳税会计处理……95

4.1　消费税概述…………………………97
　　4.1.1　消费税的特点…………………97
　　4.1.2　消费税的纳税义务人…………97
　　4.1.3　消费税的税目和税率…………98
　　4.1.4　消费税的纳税义务发生
　　　　　时间……………………………100
　　4.1.5　消费税的纳税期限、纳税
　　　　　地点及纳税申报表……………101
4.2　消费税应纳税额的计算……………107
　　4.2.1　应纳消费税的计算方法………107
　　4.2.2　自产自用应税消费品的
　　　　　计税方法………………………110
　　4.2.3　委托加工应税消费品的
　　　　　计税方法………………………112
　　4.2.4　进口的应税消费品的计税
　　　　　方法……………………………113
　　4.2.5　允许抵扣已纳税款的应税
　　　　　消费品…………………………114
　　4.2.6　出口应税消费品退税的
　　　　　计算……………………………116
4.3　消费税的纳税会计处理……………118
　　4.3.1　会计科目设置…………………118
　　4.3.2　对外销售应税消费品的
　　　　　账务处理………………………118

　　4.3.3　委托加工应税消费品的账务
　　　　　处理……………………………120
　　4.3.4　进出口应税产品的账务
　　　　　处理……………………………122
　　4.3.5　交纳消费税的账务处理………125
本章小结………………………………………126
复习思考题……………………………………126

第5章　营业税及其纳税会计处理……128

5.1　营业税概述…………………………130
　　5.1.1　营业税的特点…………………130
　　5.1.2　营业税的纳税义务人与扣缴
　　　　　义务人…………………………131
　　5.1.3　营业税的税目与税率…………132
　　5.1.4　营业税免税项目………………132
　　5.1.5　营业税的纳税义务发生时间及
　　　　　纳税期限………………………135
　　5.1.6　营业税的纳税地点……………136
5.2　营业税应纳税额的计算……………137
　　5.2.1　计税依据的确认与计算………137
　　5.2.2　营业税应纳税额的计算………140
　　5.2.3　特殊经营行为的税务
　　　　　处理……………………………143
5.3　营业税纳税会计处理………………144
　　5.3.1　建筑业应交营业税的会计
　　　　　核算……………………………145
　　5.3.2　服务业和娱乐业应交营业税的
　　　　　会计核算………………………147
　　5.3.3　承包费应交营业税的会计
　　　　　核算……………………………147
　　5.3.4　代销业务应交营业税的会计
　　　　　核算……………………………148
　　5.3.5　销售不动产应交营业税的
　　　　　会计核算………………………148
　　5.3.6　转让无形资产应交营业税的
　　　　　会计核算………………………148
本章小结………………………………………149
复习思考题……………………………………149

目 录

第3篇 所得税会计

第6章 企业所得税及其纳税会计处理 ……… 153

- 6.1 企业所得税概述 ……………… 155
  - 6.1.1 纳税义务人 ………… 156
  - 6.1.2 征税对象 …………… 157
  - 6.1.3 税率 ………………… 158
  - 6.1.4 扣缴义务人与源泉扣缴 … 159
  - 6.1.5 税收优惠 …………… 159
- 6.2 企业所得税应纳税所得额的计算 ……………………… 164
  - 6.2.1 收入总额的确定 …… 165
  - 6.2.2 不征税收入和免税收入的确定 ………… 169
  - 6.2.3 准予扣除项目的范围 … 171
  - 6.2.4 不得扣除的项目 …… 180
  - 6.2.5 亏损弥补 …………… 180
- 6.3 资产的税务处理 ……………… 181
  - 6.3.1 固定资产的税务处理 … 181
  - 6.3.2 生物资产的税务处理 … 183
  - 6.3.3 无形资产的税务处理 … 184
  - 6.3.4 长期待摊费用的税务处理 ……………… 185
  - 6.3.5 存货的税务处理 …… 185
  - 6.3.6 投资资产的税务处理 … 186
  - 6.3.7 税法规定与会计规定差异的处理 ……………… 186
- 6.4 资产损失税前扣除的所得税处理 ……………………… 187
  - 6.4.1 资产损失及相关概念的界定 ………………… 187
  - 6.4.2 资产损失的扣除政策 … 187
  - 6.4.3 资产损失税前扣除管理 … 189
- 6.5 企业所得税应纳税额的计算 … 190
  - 6.5.1 居民企业应纳税额的计算 …………………… 190
  - 6.5.2 境外已纳税额的扣除 … 194
  - 6.5.3 非居民企业应纳税额的计算 ………………… 196
- 6.6 特别纳税调整 ………………… 198
  - 6.6.1 调整范围 …………… 198
  - 6.6.2 调整方法 …………… 201
  - 6.6.3 核定征收 …………… 201
  - 6.6.4 加收利息 …………… 202
- 6.7 企业所得税的征收管理 ……… 202
  - 6.7.1 纳税地点 …………… 202
  - 6.7.2 纳税期限 …………… 203
  - 6.7.3 纳税申报 …………… 203
- 6.8 企业所得税的纳税会计处理 … 205
  - 6.8.1 资产负债表债务法概述 … 206
  - 6.8.2 资产、负债的计税基础 … 206
  - 6.8.3 暂时性差异 ………… 213
  - 6.8.4 递延所得税负债及递延所得税资产的确认与计量 … 215
  - 6.8.5 所得税费用的确认与计量 ………………… 220
- 本章小结 ……………………………… 225
- 复习思考题 …………………………… 225

第7章 个人所得税及其纳税会计处理 ……… 228

- 7.1 个人所得税概述 ……………… 230
  - 7.1.1 个人所得税的纳税义务人 ………………… 232
  - 7.1.2 个人所得税的征税范围 … 234
  - 7.1.3 个人所得税的税收优惠政策 ………………… 241
  - 7.1.4 个人所得税的纳税地点和纳税申报期限 …… 245
- 7.2 个人所得税应纳税额的计算 … 245
  - 7.2.1 工资、薪金所得应纳税额的计算 ………… 246
  - 7.2.2 个体工商户的生产、经营所得应纳税额的计算 … 249
  - 7.2.3 对企事业单位承包经营、承租经营所得应纳所得税的计算 ……………… 251

7.2.4 劳务报酬所得应纳税额的计算 …… 252
7.2.5 稿酬所得应纳税额的计算 …… 254
7.2.6 财产转让所得应纳税额的计算 …… 255
7.2.7 特许权使用费所得应纳税额的计算 …… 257
7.2.8 财产租赁所得应纳税额的计算 …… 258
7.2.9 利息、股息、红利、偶然所得、其他所得应纳税额的计算 …… 259
7.2.10 关于捐赠应纳税所得额的规定 …… 259
7.2.11 境外所得的税额扣除 …… 260
7.3 个人所得税的征收管理 …… 261
  7.3.1 自行申报纳税 …… 261
  7.3.2 代扣代缴纳税 …… 264
7.4 个人所得税的纳税会计处理 …… 267
  7.4.1 扣缴义务人代扣代缴个人所得税的核算 …… 267
  7.4.2 个体工商户、个人独资及合伙企业纳税的核算 …… 269
本章小结 …… 271
复习思考题 …… 271

第4篇 其他税种会计

第8章 资源税类及其纳税会计处理 …… 275

8.1 资源税及其纳税会计处理 …… 277
  8.1.1 资源税税制要素 …… 277
  8.1.2 资源税会计处理 …… 282
8.2 城镇土地使用税及其纳税会计处理 …… 286
  8.2.1 城镇土地使用税税制要素 …… 286
  8.2.2 城镇土地使用税会计处理 …… 290
8.3 土地增值税及其纳税会计处理 …… 291

  8.3.1 土地增值税税制要素 …… 291
  8.3.2 土地增值税会计处理 …… 298
本章小结 …… 302
复习思考题 …… 303

第9章 财产和行为税及其纳税会计处理 …… 305

9.1 房产税及其纳税会计处理 …… 307
  9.1.1 房产税税制要素 …… 307
  9.1.2 房产税会计处理 …… 312
9.2 车船税及其纳税会计处理 …… 314
  9.2.1 车船税税制要素 …… 314
  9.2.2 车船税会计处理 …… 318
9.3 印花税及其纳税会计处理 …… 319
  9.3.1 印花税的特点 …… 319
  9.3.2 印花税税制要素 …… 320
  9.3.3 印花税纳税申报 …… 325
  9.3.4 印花税会计处理 …… 327
9.4 契税及其纳税会计处理 …… 328
  9.4.1 契税税制要素 …… 328
  9.4.2 契税的纳税申报 …… 330
  9.4.3 契税会计处理 …… 331
本章小结 …… 331
复习思考题 …… 332

第10章 特定目的税及其纳税会计处理 …… 334

10.1 城市维护建设税及其纳税会计处理 …… 335
  10.1.1 城市维护建设税税制要素 …… 335
  10.1.2 城市维护建设税的会计处理 …… 337
10.2 教育费附加和地方教育附加及其纳税会计处理 …… 339
  10.2.1 征收范围、计征依据及计征比率 …… 339
  10.2.2 教育费附加和地方教育附加的计算 …… 339
  10.2.3 教育费附加和地方教育附加的减免规定 …… 340

  10.2.4 教育费附加和地方教育
     附加的会计处理 ········ 340
 10.3 特定目的税类其他税种及其纳税
   会计处理 ················ 341
  10.3.1 车辆购置税及其会计
     处理 ············· 341
  10.3.2 耕地占用税及其会计
     处理 ············· 346
  10.3.3 烟叶税及其会计处理 ··· 349
 本章小结 ···················· 351
 复习思考题 ·················· 351

第 11 章 关税及其纳税会计处理 ······ 352

 11.1 关税税制要素 ·············· 353

  11.1.1 关税的特点 ········· 354
  11.1.2 关税的分类 ········· 354
  11.1.3 关税制度的主要内容 ·· 357
  11.1.4 关税应纳税额的计算 ·· 361
  11.1.5 关税完税价格的确定 ·· 362
  11.1.6 关税应纳税额的计算
     实例 ············· 366
 11.2 关税的纳税会计处理 ········· 366
  11.2.1 关税会计处理的要点 ·· 366
  11.2.2 关税会计处理的举例 ·· 368
 本章小结 ···················· 371
 复习思考题 ·················· 371

参考文献 ······················ 373

第1篇

税务会计原理

第1章 税法概论

教学目标

本章主要讲述税法的基本概念、我国现行的税法体系及税收征管的一般程序。通过本章的学习,应了解"税收三性"、税收法律关系三要素、税法的构成要素、税法的分类、税务机关的设置及税收征管范围的划分;掌握中央与地方税收收入的划分、税务登记、纳税申报、税款缴纳、纳税检查和违法违章处理的程序。

教学要求

知识要点	能力要求	相关知识
税收法律关系的主体	征税主体	税务机关的设置及税收征管范围的划分、税务机关的职权与职责
	纳税主体	纳税主体的权利和义务
税法的构成要素	征税客体	税目、税法的分类
	税率	比例税率、定额税率与累进税率
	税收特别措施	税收优惠、税收附加与税收加成
税收征管主要程序	税务登记、纳税申报、税款缴纳、税务检查、违反税务管理	税收法律关系的产生、变更和消灭

导入案例

纳税信用评价

税收是政府为了满足社会公共需要，凭借政治权利，强制、无偿地取得财政收入的一种形式。税收在现代国家治理中发挥着重要的作用，税收不仅为国家治理提供最基本的财力保障；是确保经济效率、政治稳定、不同层次政府正常运行的重要工具；而且是促进现代市场体系构建、促进社会公平与正义的重要手段。依法纳税是每个纳税人应尽的义务。

为了进一步规范纳税信用管理，保证纳税信用评价结果的统一性，提高纳税人依法诚信纳税意识和税法遵从度。国家税务总局发布《纳税信用评价指标和评价方式(试行)》，自2014年10月1日起实施。《纳税信用评价指标和评价方式(试行)》明确纳税信用信息范围分为3个部分内容：纳税人信用历史信息、税务内部信息、税务外部信息。

税务外部信息由外部参考信息和外部评价信息组成。其中，税务内部信息和外部评价信息将直接影响评价结果，而纳税人信用历史信息和外部参考信息目前仅记录，暂不扣分。

税务内部信息包括经常性指标信息和非经常性指标信息。经常性指标信息包括涉税申报信息、税(费)款缴纳信息、发票与税控器具信息、登记与账簿信息4个一级指标；非经常性指标信息包括纳税评估、税务审计、反避税调查信息和税务稽查信息4个一级指标。

外部评价信息主要指从相关部门取得的影响纳税人纳税信用评价的指标信息，当前主要包括从银行、工商、海关以及房管、土地管理部门或媒介获取的信息，以达到不同来源渠道的信息相互验证。在评价指标中增加外部门信用信息记录的内容，是税务机关落实《社会信用体系建设规划纲要(2014—2020年)》要求，推进纳税信用与社会信用联动管理，共同营造守信光荣、失信可耻良好社会氛围的具体体现。

1.1 税法的基本概念

自税收产生以来，税法与税收就密不可分，税法是税收的法律表现形式，税收则是税法所确定的具体内容。税收之所以必须采用法的形式，是由税收和法的本质决定的。

1.1.1 税法与税收法律关系

税收与税法历来是不可分割的，有税收必有税法，无税法必无税收，因此，讨论税法的概念，首先要明确税收的概念与本质。

1. 税法的定义

税法是国家制定的用以调整国家与纳税人之间在征纳税方面的权利及义务关系的法律规范的总称。由此可见，税法的调整对象是税收权利义务关系，即国家与纳税人之间因税收而产生的税收法律关系和社会关系。

掌握税收的概念，最直接或较为容易把握的是税收的特征。关于税收的特征，我国多数学者通常将其概括为"税收三性"，即强制性、无偿性和固定性。

(1) 税收强制性。是指国家以社会管理者的身份，依据直接体现国家意志的法律对征纳税双方的税收行为加以约束的特性。税收强制性集中体现为征税主体必须依法行使税权,纳税主体在法定义务范围内必须履行纳税义务。当税收征管机关合法行使权力受到干扰或纳税人无法定事由拒不履行纳税义务时,违法者将受到法律制裁。例如,对从事生产、经营的纳税人未按规定的期限缴纳税款的,由税务机关责令限期缴纳,逾期仍未缴纳的,经县以上税务局(分局)局长批准,税务机关可以采取强制措施促使纳税人缴纳税款。

(2)税收无偿性。是指国家税收对具体纳税人既不需要直接偿还,也不需要付出任何形式的直接报酬或代价。无偿性是税收的关键特征,它使税收明显区别于国债收入、规费收入等其他财政收入范畴。需要注意的是,这种无偿是相对的,国家在取得税款的当时是无偿的,但以后会用取得的税款投资于关系到国计民生的建设中,"取之于民,用之于民",在这个意义上说,税收又是有偿的。

(3)税收固定性。是指国家税收必须通过法律形式,确定其课税对象及每一单位课税对象的征收比例或数额,并保持相对稳定和连续、多次适用的特征。这里需要注意的是,税收的固定性是相对于某一时期而言的,并非永远固定不变的。随着客观情况的变化,通过合法程序适当调整课税对象或税率是正常的,也是必要的。

由税收的特征可以对税收的概念作如下界定:税收是国家为满足社会公共需要,凭借公共权力,按照法律所规定的标准和程序,参与国民收入分配,强制、无偿地取得财政收入所形成的一种特殊分配关系。

2. 税收法律关系

税收法律关系是指税法所确认和调整的国家与纳税人之间、国家与国家之间以及各级政府之间在税收分配过程中形成的权利与义务关系。

1)税收法律关系的构成

税收法律关系的构成包括税收法律关系的主体、税收法律关系的客体和税收法律关系的内容。

(1)税收法律关系的主体,是指税收法律关系中享有权利和承担义务的当事人。我国税收法律关系的主体包括征税主体和纳税主体。征税主体是代表国家行使征税职责的国家税务机关,包括国家各级税务机关、海关和财政机关。纳税主体,是指履行纳税义务的人,包括法人、自然人和其他组织,在华的外国企业、组织、外籍人、无国籍人以及在华未设立机构、场所但有来源于中国境内所得的外国企业或组织。我国确定纳税主体采用"属地兼属人"的原则。

(2)税收法律关系的客体简称税法客体,是指税收法律关系主体双方权利、义务所共同指向的对象,也就是征税对象。它是税收法律关系产生的前提、存在的载体,又是税收权利和义务联系的中介。税收法律关系的客体包括应税商品、货物、财产、资源、所得等物质财富和纳税主体的应税行为。例如,所得税法律关系客体就是生产经营所得和其他所得,财产税法律关系客体即是财产,流转税法律关系客体就是货物销售收入或劳务收入。税收法律关系客体也是国家利用税收杠杆调整和控制的目标,国家在一定时期可以根据客观形势发展的需要,通过扩大或者缩小征税范围调整征税对象,以达到限制或者鼓励国民经济中某些产业行业发展的目的。

(3)税收法律关系的内容是指税收法律关系的主体所享有的权利和所应承担的义务。

这是税收法律关系中最实质的东西,也是税法的灵魂。它规定权利主体可以有什么行为,不可以有什么行为,若违反了这些规定,须承担相应的法律责任。《中华人民共和国税收征收管理法》(以下简称《税收征管法》)分别对税务机关和纳税义务人的权利、责任与义务作了明确的规定。

税务机关的权利(职权)主要包括以下5个方面:①税务管理权,包括有权办理税务登记,有权审核纳税申报,有权管理有关发票事宜等;②税收征收权。这是税务机关最基本的权利,包括有权依法征收税款和在法定权限范围内依法自行确定税收征管方式或时间、地点等;③税务检查权,包括有权对纳税人的财务会计核算、发票使用和其他纳税情况,对纳税人的应税商品、货物或其他财产进行查验登记等;④税务违法处理权,包括有权对违反税法的纳税人采取行政强制措施,以及对情节严重、触犯刑律的,移送权力机关依法追究其刑事责任;⑤税收行政立法权,指被授权的税务机关有权在授权范围内依照一定程序制定税收行政规章及其他规范性文件,作出行政解释等;⑥代位权和撤销权。为了保证税务机关及时、足额追回由于债务关系造成的、过去难以征收的税款,赋予了税务机关可以在特定情况下依法行使代位权和撤销权。

税务机关的义务(职责):①不得违反法律、行政法规的规定开征、停征、多征或少征税款,或擅自决定税收优惠;②将征收的税款和罚款、滞纳金按时足额并依照预算级次入库,不得截留和挪用;③依照法定程序征税,依法确定有关税收征收管理的事项;④依法办理减税、免税等税收优惠,对纳税人的咨询、请求和申诉作出答复处理或报请上级机关处理;⑤对纳税人的经营状况负有保密义务;⑥按照规定付给扣缴义务人代扣、代收税款的手续费,且不得强行要求非扣缴义务人代扣、代收税款;⑦税务机关应当严格按照法定程序实施和解除税收保全措施,如因税务机关的原因,致使纳税人的合法权益遭受损失的,税务机关应当依法承担赔偿责任。

纳税义务人的权利主要有多缴税款申请退还权、延期纳税权、依法申请减免税权、申请复议和提起诉讼权等;其义务主要是按税法办理税务登记、进行纳税申报、接受税务检查、依法缴纳税款等。

2) 税收法律关系的产生、变更、消灭

税收法律关系的产生、变更、消灭必须有能够引起税收法律关系产生、变更或消灭的客观情况,也就是由税收法律事实来决定。税收法律事实可分为税收法律事件和税收法律行为,税收法律事件是指不以税收法律关系权力主体的意志为转移的客观事件。例如,自然灾害可以导致税收减免,从而改变税收法律关系内容的变化。税收法律行为是指税收法律关系主体在正常意志支配下做出的活动。又如,纳税人开业经营即产生税收法律关系,纳税人转业或停业就会造成税收法律关系的变更或消灭。

3) 税收法律关系的保护

保护税收法律关系,实质上是保护国家正常的经济秩序、保障国家财政收入、维护纳税人的合法权益。税收法律关系的保护形式和方法很多,税法中关于限期纳税、征收滞纳金和罚款的规定也有很多,如《中华人民共和国刑法》(以下简称《刑法》)对构成偷税、漏税、逃税、抗税罪给予刑罚的规定,以及税法中对不服税务机关征税处理决定,可以申请复议或提出诉讼的规定等都是对税收法律关系的直接保护。税收法律关系的保护对权利主体双方是对等的，不能只保护一方。同时对其享有权利的保护，就是对其应承担义务的制约。

1.1.2 税法的构成要素

税法的构成要素是指各种单行税法(如增值税法、消费税法、企业所得税法等)具有的共同的基本要素的总称。税法的构成要素一般包括总则、纳税义务人、征税对象、税目、税率、纳税环节、纳税期限、纳税地点、减税免税、罚则、附则等项目。

1. 总则

总则主要包括立法依据、立法目的、适用原则等。

2. 纳税义务人

纳税义务人也叫纳税主体，是指税法规定直接负有纳税义务的单位和个人。纳税义务人有两种形式，即自然人和法人。自然人包括本国公民、外国人和无国籍人。法人是自然人的对称，根据《中华人民共和国民法通则》(以下简称《民法通则》)第三十六条规定，法人是基于法律规定享有权利能力和行为能力，具有独立的财产和经费、依法独立承担民事责任的社会组织。我国的法人主要有 4 种：机关法人、事业法人、企业法人和社团法人。

税法中规定的纳税人有自然人和法人两种最基本的形式，按照不同的目的和标准，还可以对自然人和法人进行多种详细的分类，这些分类对国家制定区别对待的税收政策，发挥税收的经济调节作用，具有重要的意义。如自然人可划分为居民纳税人和非居民纳税人，个体经营者和其他个人等；法人可划分为居民企业和非居民企业，还可按企业的不同所有制性质来进行分类等。

与纳税义务人紧密联系的两个概念是代扣代缴义务人和代收代缴义务人。代扣代缴义务人是指虽不承担纳税义务，但依照有关规定，在向纳税义务人支付收入、结算货款、收取费用时，有义务代扣代缴其应纳税款的单位和个人。如出版社向作者支付稿酬时，出版社应代扣代缴作者的个人所得税。如果代扣代缴义务人按规定履行了代扣代缴义务，税务机关将支付一定的手续费；反之，未按规定代扣代缴税款，造成应纳税款流失或将已扣缴的税款私自截留挪用、不按时缴入国库，一经税务机关发现，将要承担相应的法律责任。代收代缴义务人是指虽不承担纳税义务，但按照有关规定，在向纳税义务人收取商品或劳务收入时，有义务代收代缴其应纳税款的单位和个人，如消费税条例规定，委托加工的应税消费品，由受托方在向委托方交货时，代收代缴委托方应缴纳消费税。

3. 征税对象

征税对象又叫课税对象、征税客体，是税法规定对什么征税，是征纳税双方权利义务共同指向的客体或标的物，是区别一种税与另一种税的重要标志。如消费税的征税对象为消费税条例所列举的应税消费品，房产税的征税对象是房屋，增值税的征税对象是增值税条例列举的应税商品及劳务，企业所得税的征税对象为企业按照企业所得税法相关规定计算的利润总额,等等。征税对象是税法最基本的要素,因为它体现着征税的最基本界限,决定着某一种税的基本范围,同时,征税对象也决定了各个不同税种的名称。如消费税、土地增值税、个人所得税等,这些税种因征税对象不同、性质不同,税名也就不同。征税对象按其性质的不同通常可划分为流转税(或称商品和劳务税)、所得税、财产税、资源税、特定行为税五大类。

4. 税目

税目是指税法中规定征税客体的具体项目,是征税范围的具体体现,是对课税对象质的界定。设置税目的目的首先是明确具体的征税范围,凡列入税目的即为应税项目,未列入税目的,则不属于应税项目。其次,划分税目也是贯彻国家税收调节政策的需要,国家可根据不同项目的利润水平以及国家经济政策等为依据制定高低不同的税率,以体现不同的税收政策。并非所有税种都需规定税目,有些税种不分课税对象的具体项目,一律按照课税对象的应税数额采用同一税率计征税款,因此一般无须设置税目,如企业所得税。有些税种具体课税对象比较复杂,需要规定税目,如消费税、营业税等。

5. 税率

税率是对征税对象的征收比例或征收额度,是法定的计算税额的尺度。税率代表课税的深度,直接关系到国家财政收入的多少,也是衡量纳税人税负轻重与否的重要标志。因此,它是国家和纳税人之间经济利益分配的调节手段,是税收的中心环节。目前,我国现行的税率主要有比例税率、定额税率、超额累进税率和超率累进税率。

1) 比例税率

比例税率是指对同一征税客体或者同一税目,不论数额大小,均按同一比例计征的税率。这种税率不因征税客体数量的多少而变化,应纳税额与征税客体数量之间成正比例关系。我国的比例税率包括3种:单一比例税率(如增值税)、差别比例税率(如消费税、关税、营业税、城市维护建设税)、幅度比例税率(如营业税中的娱乐业的税率)。

2) 定额税率

定额税率又称为单位税额,是指按照征税客体确定的计量单位,直接规定固定税额的一种税率形式。定额税率一般适用于从量计征的税种,税额的多少只和征税客体的数量有关,与价格无关。征税客体的计量单位可以是重量、体积、面积等。例如,消费税中的黄酒、啤酒的计量单位是"吨",消费税中的柴油、汽油的计量单位是"升",土地使用税计量单位是"平方米"。我国资源税、城镇土地使用税、车船税等采用的都是定额税率。

3) 超额累进税率

超额累进税率指把征税对象按数额的大小分成若干等级,每一等级规定一个税率,税率依次提高,但每一纳税人的征税对象则依所属等级同时适用几个税率分别计算,将计算结果相加后得出应纳税款。如个人所得税中的工资薪金所得采用超额累进税率。

4) 超率累进税率

超率累进税率是以征收对象数额的相对率划分为若干级距,分别规定相应的差别税率,相对率每超过一个级距的,对超过的部分就按高一级的税率计算征收。目前,我国只有土地增值税采用了超率累进税率。

6. 纳税环节

纳税环节是指税法规定的征税客体从生产到消费的流转过程中应当缴纳税款的环节。一种税具体确定在哪个或哪几个环节进行征税，这不仅关系到税制结构和税负平衡问题，而且对保证国家的财政收入、便于纳税人缴纳税款、促进企业加强经济核算等都具有重要意义。流转税(如增值税、消费税、营业税等)在生产和流通环节纳税；所得税(包括个人所得税和企业所得税)在分配环节纳税。

7. 纳税期限

纳税期限是指税法规定的关于税款缴纳时间方面的规定。税法明确规定每种税的纳税期限是为了保证税收的稳定性和及时性，纳税人按纳税期限缴纳税款，是税法规定的纳税人必须履行的义务。纳税人如不按期缴纳税款，将受到加收滞纳金等处罚。与纳税期限紧密相关的概念有以下3个。

(1) 纳税义务发生时间，是指应税行为发生的时间。如《中华人民共和国增值税暂行条例》(以下简称《增值税暂行条例》)规定，采用预收款方式销售货物的，其纳税义务发生时间为货物发出的当天。

(2) 纳税期限。纳税人每次发生纳税义务后，不可能马上去纳税。税法规定了每种税的纳税期限，即每隔固定时间汇总一次纳税义务的时间。如《增值税暂行条例》规定，增值税的纳税期限分别为1日、3日、5日、10日、15日、1个月或1个季度。纳税人的具体纳税期限，由主管税务机关根据纳税人应纳税额的大小分别核定，不能按照固定期限纳税的，可以按次纳税。

(3) 缴库期限，指税法规定的纳税期满后，纳税人将应纳税款缴入国库的期限。如《增值税暂行条例》规定，纳税义务人以1个月或1个季度为一个纳税期的，自期满之日起15日内申报纳税，以1日、3日、5日、10日、15日为一个纳税期的，自期满之日起5日内预缴税款，于次月1日起至15日内申报纳税并结清上月税款。

8. 纳税地点

纳税地点是指根据各个税种纳税对象的纳税环节和有利于对税款的源泉控制而规定的纳税人(包括代征、代扣、代缴义务人)的具体纳税地点。税法规定纳税地点的作用在于：一是为了避免对同一应税收入、应税行为重复征税或漏征税款；二是有利于税款的源泉控制，以保证各地方财政在明确的地域范围内取得收入。

9. 减税免税

减税免税是指税法对同一税种中某一部分特定的纳税人、应税产品等给予减轻或免除税负的一种优待规定。

10. 罚则

罚则主要是指对纳税人违反税法的行为采取的处罚措施。

11. 附则

附则一般规定与该税法紧密相关的内容，如该税法的解释权、生效日期等。

1.1.3 税法的分类

1. 依据税法的基本内容和效力分类

依税法的基本内容和效力的不同，可分为税收基本法和税收普通法。

（1）税收基本法是税法体系的主体和核心，在税法体系中起着母法作用。其基本内容一般包括税收制度的性质、税务管理机构、税收立法与管理权限、纳税人的基本权利与义务、征税机关的权利与义务、税种设置等。我国目前还没有完整的基本法。

（2）税收普通法是根据税收基本法的原则，对基本法规定的事项分别立法实施的法律，如个人所得税法、税收征收管理法等。

2. 依税法功能和作用的不同分类

依税法功能和作用的不同，可分为税收实体法和税收程序法。

（1）税收实体法，规定国家和纳税人的实体权利、义务的税收法律规范的总称。税收实体法一般由构成各税种的单行税法组成，其内容包括纳税人、征税对象、征税范围、计税依据、纳税环节、减税免税、纳税义务发生时间、纳税期限、纳税地点等。它解决向谁课税、课多少税的问题。国家课税权的大小，纳税人负担的轻重，均由税收实体法规定，因此，这是税法的核心部分。我国税收实体法内容主要包括流转税法、财产税法、所得税法和行为税法，如《个人所得税法》《企业所得税法》均属于税收实体法。

（2）税收程序法，是规定国家征税权行使程序和纳税人纳税义务履行程序的法律规范的总称，主要内容包括税收管理法、纳税程序法、发票管理法、税务机关组织法、税务争议处理法等，如《税收征管法》就属于税收程序法。

3. 依税法征税对象的不同分类

依税法征税对象的不同，可分为以下几类。

（1）流转税法，主要包括增值税、消费税、营业税、关税等税法。
（2）所得税法，主要包括企业所得税、个人所得税等税法。
（3）资源税法，主要包括资源税法、土地增值税、城镇土地使用税法等税法。
（4）财产和行为税法，主要包括房产税、车船税、印花税、契税等税法。
（5）特定目的税法，主要包括城市维护建设税、车辆购置税、耕地占用税、筵席税、烟叶税等税法。

4. 依税收收入归属和征管管辖权限的不同分类

依税收收入归属和征管管辖权限的不同，可分为中央税法和地方税法。现行税种可以分为中央税、地方税和中央与地方共享税 3 类。

5. 依税收管辖权的不同分类

依税收管辖权的不同,可分为国内税法、国际税法和外国税法。

(1) 国内税法,一般是按照属地原则、属人原则或属地兼属人原则来规定一个国家的内部税收制度。

(2) 国际税法,是指国家间形成的税收制度,主要包括双边或多边国家税收协定、条约或国际惯例等。

(3) 外国税法,是指各个国家自己制定的税收制度。

1.2 我国现行的税法体系

税法体系是指一国现行全部税收法律规范组成的有机联系的整体。我国现行税法体系是一个由各种单行的税收法律、法规和规章构成的综合体,是在原有税制的基础上,经过1994年大规模的税制改革逐渐完善形成的。

1.2.1 我国现行税法体系的内容

税法是实体内容和征管程序相统一的法,相应地,我国现行税法体系也分为税收实体法和税收程序法两大部分。

1. 税收实体法

税收实体法也称实体税法,主要是指确定税种立法,具体规定各税种的征收对象、征收范围、税目、税率、纳税地点等。例如,《中华人民共和国企业所得税法》《中华人民共和国个人所得税法》就属于税收实体法。税收实体法体系有19个税种,按其性质和作用大致可分为以下几类。

1) 流转税

流转税是以流转额为征税对象,选择其在流转过程中的特定环节加以征收的税,包括增值税、消费税、营业税。所谓"流转额",是指在商品流转过程中商品销售收入额和经营活动所取得的劳务或业务收入额。

流转税的特点主要包括以下几点。

(1) 对流转额的征税,是以商品交换和有偿提供劳务为前提,其税目与税率设计、纳税环节与方法等充分反映商品经济的性质和要求。

(2) 对流转额的征税,与商品销售环节和劳务提供过程有紧密联系,它通常是在法定的销售行为或劳务活动完成并取得收入之后加以征收的。

(3) 流转税的计税依据,与商品价格及劳务收费标准密不可分,税额直接成为商品价格或劳务收费标准的有机组成部分。增值税以不含税的销售额作为计税依据,价税分离,但对最终消费者而言,仍然价税合一。

(4) 征收流转税,只与法定流转对象的流转有关,一般不考虑纳税主体的盈利状况,只要发生法定的流转额,都须依法纳税。

(5) 流转税的税目设计很具体、细密，以适应商品流转和劳务交换的各种情况，并且只对税法中列明的项目加以征税，税法未具体列明的不征税。

(6) 流转税一般采用比例税率，同一种征税客体，不论数额大小，均按同一比例征税。

2) 所得税

所得税是以纳税人生产、经营所得或其他所得为征税对象，增减法定项目后加以征收的税，包括企业所得税和个人所得税。所得税主要是在国民收入形成后，对生产经营者的利润和个人的纯收入发挥调节作用。

3) 资源税

资源税是对我国境内从事国有资源开发，就资源和开发条件的差异而形成的级差收入征收的一种税，包括资源税、城镇土地使用税、土地增值税。

4) 财产和行为税

财产和行为税主要是对某些财产和行为所征收的税。其中，财产税以法定财产为征税对象，根据财产占有或者财产转移的事实，加以征收的税。财产税以纳税人所占有或转移的财产(包括动产与不动产)为征税对象，客体范围严格依法限定；立法精神在于确认、保护财产权及有效利用应税财产，征收标的性质单一，通常作为地方税；面向财产所有人或使用人征收，无税负转移作用，故作为"直接税"，与所得税有相辅相成的功能。财产税包括房产税和车船税。行为税就是发生特定行为，依据法定计税单位和标准，对行为人加以征收的税，行为税包括印花税和契税。

5) 特定目的税

特定目的税是为了达到特定目的而对特定对象和特定行为所征收的税。特定目的税包括城市维护建设税、车辆购置税、耕地占用税、船舶吨税和烟叶税。

6) 关税(流转税类)

关税在本质上属于流转税，由国家海关对进出境货物、物品征收的一种税。所谓"境"指关境，又称"关税领域"或"海关境域"。

关税的特点如下。

(1) 通过制定和调整关税税率，可以内流通，不再另行征收关税。这与其他税种，如增值税、营业税等流转税是不同的。调节进出口贸易，保护国内产业。

(2) 纳税上的统一性和一次性。按照全国统一的进出口关税条例和税则征收关税，在征收一次性关税后，货物就可在整个关境通行。

(3) 税率上的复式性。同一进口货物设置优惠税率和普通税率的复式税则制。优惠税率是一般的、正常的税率，适用于同我国签订有贸易互利条约或协定的国家；普通税率适用于没有同我国签订贸易条约或协定的国家。这种复式税则充分反映了关税具有维护国家主权、平等互利发展国际贸易往来和经济技术合作的特点。

2. 税收程序法

税收程序法也称程序税法，是指税务管理方面的法律，主要包括税收管理法、纳税程序法、发票管理法、税务机关组织法、税务争议处理法等。我国现行的程序税法的主要表现形式是《税收征管法》及《中华人民共和国税收征收管理法实施细则》(以下简称《税收征管法》实施细则)。

1.2.2 税务机关的设置

根据我国经济和社会发展及实行分税制财政管理体制的需要，现行税务机构设置是中央政府设立国家税务总局(正部级)，省及省以下税务机构分为国家税务局和地方税务局两个系统。国家税务总局对国家税务局系统实行机构、编制、干部、经费的垂直管理，协同省级人民政府对省级地方税务局实行双重领导。

1. 国家税务局

国家税务局系统包括省、自治区、直辖市国家税务局，地区、地级市、自治州、盟国家税务局，县、县级市、旗国家税务局，征收分局、税务所。征收分局、税务所是县级国家税务局的派出机构，前者一般按照行政区划、经济区划或者行业设置，后者一般按照经济区划或者行政区划设置。

省级国家税务局是国家税务总局直属的正厅(局)级行政机构，是本地区主管国家税收工作的职能部门，负责贯彻执行国家的有关税收法律、法规和规章，并结合本地实际情况制定具体实施办法，局长和副局长均由国家税务总局任命。

2. 地方税务局

地方税务局系统包括省、自治区、直辖市地方税务局，地区、地级市、自治州、盟地方税务局，县、县级市、旗地方税务局，征收分局、税务所等。

省级地方税务局是省级人民政府所属的主管本地区地方税收工作的职能部门，一般为正厅(局)级行政机构，实行地方政府和国家税务总局双重领导，以地方政府领导为主的管理体制。

省以下地方税务局实行上级税务机关和同级政府双重领导，以上级税务机关垂直领导为主的管理体制。即地区(市)、县(市)地方税务局的机构设置、干部管理、人员编制和经费开支均由所在省(自治区、直辖市)地方税务局垂直管理。

国家税务总局对省级地方税务局的领导，主要体现在税收政策、业务的指导和协调，对国家统一的税收制度、政策的监督，组织经验交流等方面。省级地方税务局的局长人选由地方政府征求国家税务总局意见之后任免。

1.2.3 税收征管范围的划分

我国有关法律、法规规定，我国税收分别由财政、税务、海关等系统负责征收管理。

1. 国家税务局系统负责征收管理的项目

国家税务局系统负责征收管理的项目有中央税、中央与地方共享税以及与此相关的滞纳金、补税、罚款等，具体包括增值税、消费税、车辆购置税，铁路总公司、各银行总行、各保险总公司集中缴纳的营业税、所得税、城市维护建设税，中央企业缴纳的所得税，中央与地方所属企业、事业单位组成的联营企业、股份制企业缴纳的所得税，地方银行、非银行金融企业缴纳的所得税，海洋石油企业缴纳的所得税、资源税，部分企业的企业所得税（自2009年1月1日起，新增企业所得税纳税人中，应缴纳增值税的企业，其企业所得税由国税局管理；应缴纳营业税的企业，其企业所得税由地税局管理），证券交易税（开征之前为对证券交易征收的印花税），个人所得税中对储蓄存款利息所得征收的部分等。

2．地方税务局系统负责征收管理的项目

地方税务局系统负责征收管理的项目有地方税以及与此相关的滞纳金、补税、罚款等，具体包括营业税、城市维护建设税（不包括上述由国家税务局系统负责征收管理的部分），地方国有企业、集体企业、私营企业缴纳的所得税、个人所得税（不包括对银行储蓄存款利息所得征收的部分），资源税，城镇土地使用税，耕地占用税，土地增值税，房产税，车船税，车船使用牌照税，印花税，契税，屠宰税，筵席税及其地方附加，地方税的滞纳金、补税、罚款等。

为了加强税收征收管理，降低征收成本，避免工作交叉，简化征收手续方便纳税人，在某些情况下，国家税务局和地方税务局可以相互委托对方代征某些税收。

3．地方财政部门征收管理的项目

在大部分地区，地方附加、契税、耕地占用税等仍由地方财政部门征收和管理。

4．海关系统负责征收管理的项目

海关系统负责征收管理的项目有关税、行李和邮递物品进口税，此外还负责代征进出口环节的增值税和消费税。

1.2.4　中央政府与地方政府税收收入的划分

根据党的十四届三中全会的决定，为了进一步理顺中央与地方的财政分配关系，增强中央的宏观调控能力，促进社会主义市场经济体制的建立，国务院决定自1994年1月1日起实行分税制。

分税制是指中央与的地方政府之间，根据各自的事权范围划分税种和管理权限，实行收支挂钩的分级管理财政体制。分税制财政管理体制，从税收管理体制来看，主要是按照税种统一划分为中央税、地方税、中央与地方共享税，并建立行使中央税权和地方税权的执行体系，分设中央和地方两套税务机构分别征管。

按照国务院《关于实行分税制财政管理体制的规定》，我国中央政府与地方政府税收收入的划分情况如下。

1）中央政府固定的税收收入（即中央税）

中央政府固定收入包括消费税（含进口环节海关代征的部分）、关税、海关代征的进口环节增值税、车辆购置税等。

2）地方政府固定的税收收入（即地方税）

地方政府固定收入包括城镇土地使用税、耕地占用税、土地增值税、房产税、车船税、契税。

3) 中央政府与地方政府共享的税收收入(即中央与地方共享税)

(1) 增值税(不含进口环节由海关代征的部分),其中中央政府享有75%,地方政府享有25%。

(2) 营业税,其中铁路总公司、各银行总行、各保险总公司集中缴纳的部分归中央政府享有,其余部分归地方政府。

(3) 在企业所得税中,铁路总公司、各银行总行及海洋石油企业缴纳的部分归中央政府,其余部分中央与地方政府按60%与40%的比例分享。

(4) 个人所得税,除储蓄存款利息所得的个人所得税外,其余部分的分享比例与企业所得税相同。

(5) 资源税,其中海洋石油企业缴纳的部分归中央政府享有,其余部分归地方政府。

(6) 城市维护建设税,其中铁路总公司、各银行总行、各保险总公司集中缴纳的部分归中央政府享有,其余部分归地方政府。

(7) 印花税,其中证券交易印花税收入的97%归中央政府享有,其余3%和其他印花税收入归地方政府。

(8) 营业税改征增值税试点期间保持现行财政体制基本稳定,原归属试点地区的营业税收入,改征增值税后收入仍归属试点地区,税款分别入库。因试点产生的财政减收,按现行财政体制由中央和地方分别负担。

1.3 税收征管的主要程序

税收是国家财力的主要来源,涉及广大纳税人的切身权益。为使税收征纳工作顺利进行,保证国家税收收入足额入库,维护纳税人的合法权益,税务机关必须依法进行税收征收管理。下面简要介绍税收征管的主要程序。

1.3.1 税务登记

税务登记是税务机关对纳税人的生产、经营活动进行登记并据此对纳税人实施税务管理的一种法定制度。税务登记又称纳税登记,它是税务机关对纳税人实施税收管理的首要环节和基础工作,是征纳双方法律关系成立的依据和证明,也是纳税人必须依法履行的义务。

1. 税务登记的程序

根据税法规定,凡由法律、行政法规规定的应税收入、应税财产或者应税行为的纳税人,应当向税务机关办理税务登记;凡法律、行政法规规定负有代扣代缴、代收代缴税款义务的扣缴义务人,应向税务机关办理扣缴税款登记。

根据《税收征管法》和国家税务总局印发的《税务登记管理办法》,我国税务登记制度大体包括设立税务登记,变更税务登记,注销税务登记,停业、复业登记和外出经营报验登记。

1）设立税务登记

设立税务登记是纳税人在其设立或开业时办理的税务登记。根据我国《税收征管法》的规定，企业、企业在外地设立的分支机构和从事生产、经营的场所，个体工商户和从事生产、经营的事业单位(以下统称从事生产、经营的纳税人)，自领取营业执照之日起30日内，应持有关证件向税务机关申报办理登记；从事生产、经营的纳税人所属的跨地区的非独立经济核算的分支机构，除由总机构申报办理税务登记外，也应当自设立之日起30日内，向分支机构所在地主管税务机关申报办理税务登记；另外，对不从事生产经营活动，但是依照法律、法规规定负有纳税义务的单位和个人(即非从事生产、经营的纳税人)，除临时取得应税收入或发生应税行为以及只缴纳个人所得税、车船税外，都应当自有关部门批准之日起30日内，按照《税收征管法》规定的程序及要求，向税务机关申报办理税务登记。

从事生产、经营的纳税人办理税务登记时，应按其生产、经营所在地税务机关确定的管辖范围，在规定的时间内，向其主管税务机关提出申请办理税务登记的书面报告，如实填写税务登记表。此外，纳税人向税务机关填报税务登记表时，应当根据不同情况提供下列有关证件、资料：①营业执照；②有关合同、章程、协议书；③银行账号证明；④居民身份证、护照或者其他合法证件；⑤税务机关要求提供的其他有关证件、资料。税务机关在依据上述证件、资料对税务登记表中的内容进行核对以后，应将有关的证件、资料退还给登记申请人。

对于上述的税务登记表和申请人提供的有关证件、资料，税务机关应当自收到之日起30日内审核完毕。对其中符合规定的，给予登记，发给税务登记证件；对不符合规定的，也应给予答复，至此，申请人就完成了登记手续。除纳税人应依法进行税务登记外，依照税收法律、行政法规规定负有代扣代缴、代收代缴税款义务的扣缴义务人，应当向税务机关申报领取代扣代缴或者代收代缴税款的凭证。

2）变更税务登记

变更税务登记，是纳税人税务登记内容发生重要变化时向税务机关申报办理的税务登记手续。纳税人在办完最初的设立税务登记后，若在一段时间后税务登记内容发生变化，则原来在工商行政管理机关办理过注册登记的纳税人，应当自工商行政管理机关或者其他机关办理变更登记之日起30日内，持有关证件向原税务登记机关申报办理变更税务登记。按照规定不需要在工商行政管理机关办理注册登记的纳税人，应当自发生变更之日起30日内，持有关证件向原税务登记机关申报办理变更税务登记。

前述税务登记表的主要内容发生变化，主要是指单位名称、法人代表、住所或经营地点(不涉及主管税务机关变动的)、经营范围、经营方式、经营性质或经济类型、注册资金(资本)、隶属关系、生产经营期限、开户银行账号、生产经营权属以及其他税务登记内容发生变化。由于这些变化可能会引起纳税人所适用的税种、纳税手续、税务会计处理等方面的变化，从而会影响到纳税人的实体税负和在税法上的地位，因而通过及时办理变更税务登记，做出相应的调整，对于保护征纳双方的合法权益都是非常必要的。

3）注销税务登记

注销税务登记，则是指纳税人税务登记内容发生了根本性变化，需终止履行纳税义务时向税务机关申报办理的税务登记手续。

纳税人在以下3类情况下需要办理注销税务登记，并应在办理注销税务登记前，向税务机关结清应纳税税款、滞纳金、罚款，缴销所有发票和发票领购簿、缴款书及其他税务证件。

（1）纳税人发生解散、破产、撤销以及其他情形，依法终止纳税义务的，应当在向工商行政管理机关办理注销登记前，持有关证件向原税务登记机关申报办理注销税务登记；按规定不需要在工商行政管理机关办理注册登记的，应当自有关机关批准或者宣告终止之日起15日内，持有关证件向原税务登记机关申报办理注销税务登记。

（2）纳税人因住所、经营地点变动而涉及改变税务登记机关的，应当在向工商行政管理机关申请办理变更或注销登记前，或者住所、经营地点变动前，向原税务登记机关申报办理注销税务登记，并在30日内向迁达地税务机关申请办理税务登记。

（3）纳税人被工商行政管理机关吊销营业执照的，应当自营业执照被吊销之日起15日内，向原税务登记机关申报办理注销税务登记。

税务机关对纳税人提交的注销税务登记的申请报告及所附的材料应当及时予以审核，对符合条件并缴清应纳税款、滞纳金、罚款和交回发票的，予以办理注销税务登记，收回税务登记证件，开具清税证明。纳税人持清税证明及其他有关文件，向工商行政管理部门申请注销工商登记。

4）停业、复业登记

实行定期定额征收方式的纳税人，在营业执照核准的经营期限内需要停业的，应当向税务机关提出停业登记，说明停业的理由、时间、停业前的纳税情况和发票的领、用、存情况，并如实填写申请停业登记表。税务机关经过核准（必要时可实地审查），应当责成申请停业的纳税人结清税款并收回税务登记证件、发票领购簿和发票，办理停业登记。纳税人停业期间发生纳税义务，应当及时向主管税务机关申报，依法补缴应纳税款。

纳税人应当于恢复生产、经营前，向税务机关提出复业登记申请，经确认后，办理复业登记，领回或启用税务登记证件和发票领购簿及其领购的发票，纳入正常管理。

纳税人停业期满不能及时恢复生产、经营的，应当在停业期满前向税务机关提出延长停业登记。纳税人停业期满未按期复业又不申请延长停业的，税务机关应当视为已恢复营业，实施正常的税收征收管理。

5）外出经营报验登记

从事生产经营的纳税人临时到外县（市）从事生产经营活动的，必须持所在地主管国家税务机关填发的《外出经营活动税收管理证明》（以下简称《外管证》）向经营地税务机关办理报验登记，并接受经营地税务机关的依法管理。《外管证》的有效期限一般为30日，最长不得超过180天（从事生产经营的纳税人外出经营，在同一地累计超过180天的，应当在营业地办理税务登记手续），纳税人应当在《外管证》有效期届满后10日内，持《外管证》回原税务登记地税务机关办理《外管证》缴销手续。纳税人在《外管证》注明地进行生产经营前向当地税务机关报验登记，并提交下列证件、资料：①税务登记证件副本；②《外管证》；纳税人在《外管证》注明地销售货物的，除提交以上证件、资料外，应如实填写《外出经营货物报验单》，申报查验货物；纳税人外出经营活动结束，应当向经地税务机关填报《外出经营活动情况申报表》，并结清税款、缴销发票。

2. 税务登记证件的使用和管理

税务登记证件，是纳税人履行了税务登记义务的书面证明。纳税人持税务登记证件依法办理下列税务事项。①申请办理减税、免税、退税；②申请办理延期申报、延期缴纳税款；③领购发票；④申报办理外出经营活动税收管理证明；⑤在银行或者其他金融机构开立基本存款账户和其他存款账户，并将其全部账号向税务机关报告；⑥办理停业、歇业；⑦申报办理税务机关规定的其他有关事项。

银行和其他金融机构应当在从事生产、经营的纳税人的账户中登录税务登记证件号码，并在税务登记证件中登录从事生产、经营的纳税人的账户账号。税务机关依法查询从事生产、经营的纳税人开立账户的情况时，有关银行和其他金融机构应当予以协助。

税务登记证件作为纳税人履行纳税义务的书面证明，应当在其生产、经营场所内明显、易见的地方张挂，亮证经营。对已核发的税务登记证件，税务机关应当1年验证1次，3年换证1次。

1.3.2 纳税申报

纳税申报是指纳税人发生纳税义务后，依法在规定的时间内向税务机关报送纳税申报表、财务会计报表及其他有关资料的一项征管制度。纳税申报是纳税人必须履行的法定手续，也是纳税人履行纳税义务、界定纳税人法律责任的主要依据，是税务机关税收管理信息的主要来源和税务管理的重要制度。

1. 办理纳税申报的对象

（1）负有纳税义务的单位和个人，应在发生纳税义务之后，按税法规定或税务机关核定的期限，如实向主管税务机关办理纳税申报。

（2）取得临时应税收入或发生应税行为的纳税人，在发生纳税义务之后，即向经营地税务机关办理纳税申报和缴纳税款。

（3）享有减税、免税待遇的纳税人，在减税免税期间应当按照规定办理纳税申报。

（4）扣缴义务人作为间接负有纳税义务的单位和个人，必须在法律、行政法规规定或者税务机关依照法律、行政法规的规定确定的申报期限内报送代扣代缴、代收代缴税款报告表以及税务机关根据实际需要要求扣缴义务人报送的其他有关资料。

2. 纳税申报的期限

《税收征管法》规定纳税人和扣缴义务人都必须按照规定的期限办理纳税申报。申报期限是根据税法规定的纳税期限和报缴税款期限核定的。纳税期限是纳税人据以计算应纳税额的时间界限，报缴期限是从纳税期限届满之日纳税人缴纳税款的时间界限。申报期限有两种：一是法律、行政法规明确规定的；二是税务机关按照法律、行政法规的原则规定，结合纳税人生产经营的实际情况及其所应缴纳的税种等相关问题予以确定的。两种期限具有同等的法律效力。各税种在征收管理上有一定的差异，因此，其纳税期限和申报期限也不尽相同。报缴期限规定的最后一天,如遇公休日可以顺延。如果由于不可抗力或财务会计处理上的特殊情况等原因,纳税人不能按期申报,扣缴义务人不能按期报送代扣代缴税款报告表的,经税务机关核准,可以延期申报,但最长不得超过3个月,其税款应按上期或税务机关核定期限内办理。

3. 纳税申报的内容

纳税申报的内容主要明确在各税种的纳税申报表和代扣代缴、代收代缴税款报告表内,还有的是随纳税申报表附报的财务报表和有关纳税资料中体现。纳税人、扣缴义务人的纳税申报或者代扣代缴、代收代缴税款报告表的主要内容包括:税种、税目,应纳税项目或者应代扣代缴、代收代缴税款项目,适用税率或者单位税额,计税依据,扣除项目及标准;应退税项目及税额,应减免税项目及税额,应纳税额或者应代扣代缴、代收代缴税额,税款所属期限、延期缴纳税款、欠税、滞纳金等。

纳税人办理纳税申报时,应当如实填写纳税申报表,并根据不同情况相应地报送下列有关证件、资料:①财务、会计报表及其说明材料;②与纳税有关的合同、协议书及凭证;③税控装置的电子报税资料;④外出经营活动税收管理证明和异地完税凭证;⑤境内或者境外公证机构出具的有关证明文件;⑥税务机关规定应当报送的其他有关证件、资料;⑦扣缴义务人办理代扣代缴、代收代缴税款报告时,应当如实填写代扣代缴、代收代缴税款报告表,并报送代扣代缴、代收代缴税款的合法凭证以及税务机关规定的其他有关证件、资料。

纳税人在申报期内无论有无收入,都必须在规定的期限内如实填报申报表,并附送有关资料。享受减免税优惠的纳税人,在减免税期限内应按两部分进行纳税申报:一是按正常纳税年度进行申报,并据以计算应纳税额;二是按其享受税收优惠的待遇,依据税收优惠规定计算应纳税额。

4. 纳税申报的方法

(1) 自行申报。纳税人、扣缴义务人在法律、行政法规所确定的申报期限内,到主管税务机关办理纳税申报或者代扣代缴、代收代缴税款报告,也可以采取数据电文方式办理纳税申报。其中,数据电文方式是指税务机关确定的电话语音、电子数据交换和网络传输等方式。例如,目前纳税人的网上申报,就是数据电文申报方式的一种形式。

(2) 邮寄申报。纳税人到主管税务机关办理纳税申报有困难的,经税务机关批准,可以采取邮寄申报的方式,将纳税申报表及其有关的纳税资料通过邮局寄送主管税务机关。邮寄申报的,以邮出地的邮戳日期为实际申报日期。

(3) 代理申报。纳税人、扣缴义务人自行申报有困难,或者是由于其他方面原因的考虑,可委托税务代理人办理纳税申报。

1.3.3 税款缴纳

1. 纳税期限的确定

纳税人、扣缴义务人按照法律、行政法规规定或者税务机关依照法律、行政法规的规定确定的期限缴纳或者解缴税款。纳税期限是根据纳税人的生产经营规模和各个税种的特点明确的，由税法规定的纳税人和扣缴义务人向国家缴纳税款或者解缴税款的时间界限，由纳税计算期、税款缴库期决定。一般来说，纳税计算期满后，纳税人就应马上缴纳其应缴税款。但考虑到纳税人、扣缴义务人在纳税计算期内所取得的应税收入和应纳税款以及代扣、代收税款都需要一定的时间来进行结算和办理有关手续，因此，税法又根据各税种的特点和纳税计算期的长短，规定了不同的税款缴库期。

2. 税款的入库及滞纳金

税务机关应当将各种税收的税款、滞纳金、罚款，按照国家规定的预算科目和预算级次及时缴入国库，税务机关不得占压、挪用、截留，不得缴入国库以外或者国家规定的税款账户以外的任何账户。对审计机关、财政机关依法查出的税收违法行为，税务机关应当根据有关机关的决定、意见书，依法将应收的税款、滞纳金按照税款入库预算级次缴入国库，并将结果及时回复有关机关。

经税务机关批准，采取邮寄申报纳税的纳税人，应当在邮寄纳税申报表的同时，汇寄应纳税款。税务机关收到纳税申报表和税款后，经审核没有问题的，必须向纳税人开具完税凭证，办理税款缴库手续。

根据《税收征管法》的规定，纳税人因有特殊困难，需要延期缴纳税款的，应当在规定的缴纳期限内，向主管税务机关提出书面申请，并经县以上税务局（分局）局长批准后方可延期缴纳，但延期缴纳税款的时间最长不得超过3个月。纳税人有下列情形之一的，属于《税收征管法》第三十一条所称的"特殊困难"。

（1）因不可抗力，导致纳税人发生较大损失，正常生产经营活动受到较大影响的。

（2）当期货币资金在扣除应付职工工资、社会保险费后，不足以缴纳税款的。

纳税人需要延期缴纳税款的，应当在缴纳税款期限届满前提出申请，并报送下列材料。

（1）申请延期缴纳税款报告。

（2）当期货币资金余额情况及所有银行存款账户的对账单。

（3）资产负债表。

（4）应付职工工资和社会保险费等税务机关要求提供的支出预算。

税务机关应当自收到申请延期缴纳税款报告之日起20日内做出批准或者不予批准的决定；不予批准的，从缴纳税款期限届满之日起加收滞纳金。

纳税人、扣缴义务人未按规定期限缴纳税款或解缴税款的，税务机关除责令限期缴纳或解缴外，从滞纳税款之日起按日加收滞纳税款万分之五的滞纳金。但对经税务机关批准或延期缴纳税款的纳税人，在批准的期限内不加收滞纳金。加收税款滞纳金的起止时间为法律、行政法规规定或者税务机关依照法律、行政法规的规定确定的税款缴纳期限届满次日起，至纳税人、扣缴义务人实际缴纳或者解缴税款之日止。

1.3.4 纳税检查

税务机关进行纳税检查时，依法享有下列职责。

(1) 税务机关有权进行下列税务检查。

① 检查纳税人的账簿、记账凭证、报表和有关资料，检查扣缴义务人代扣代缴、代收代缴税款账簿、记账凭证和有关资料。

② 到纳税人的生产、经营场所和货物存放地检查纳税人应纳税的商品、货物或者其他财产，检查扣缴义务人与代扣代缴、代收代缴税款有关的经营情况。

③ 责成纳税人、扣缴义务人提供与纳税或者代扣代缴、代收代缴税款有关的文件、证明材料和有关资料。

④ 询问纳税人、扣缴义务人与纳税或者代扣代缴、代收代缴税款有关的问题和情况。

⑤ 到车站、码头、机场、邮政企业及其分支机构检查纳税人托运、邮寄应纳税商品、货物或者其他财产的有关单据、凭证和有关资料。

⑥ 经县以上税务局（分局）局长批准，凭全国统一格式的检查存款账户许可证明，查询从事生产、经营的纳税人、扣缴义务人在银行或者其他金融机构的存款账户。税务机关在调查税收违法案件时，经设区的市、自治州以上税务局（分局）局长批准，可以查询案件涉嫌人员的储蓄存款。税务机关查询所获得的资料，不得用于税收以外的用途。

(2) 税务机关对从事生产、经营的纳税人以前纳税期的纳税情况依法进行税务检查时，发现纳税人有逃避纳税义务行为，并有明显的转移、隐匿其应纳税的商品、货物以及其他财产或者应纳税收入的迹象的，可以按照本法规定的批准权限采取税收保全措施或者强制执行措施。

(3) 纳税人、扣缴义务人必须接受税务机关依法进行的税务检查，如实反映情况，提供有关资料，不得拒绝、隐瞒。

(4) 税务机关依法进行税务检查时，有权向有关单位和个人调查纳税人、扣缴义务人和其他当事人与纳税或者代扣代缴、代收代缴税款有关的情况，有关单位和个人有义务向税务机关如实提供有关资料及证明材料。

(5) 税务机关调查税务违法案件时，对与案件有关的情况和资料，可以记录、录音、录像、照相和复制。

(6) 税务机关派出的人员进行税务检查时，应当出示税务检查证和税务检查通知书，并有责任为被检查人保守秘密；未出示税务检查证和税务检查通知书的，被检查人有权拒绝检查。

1.3.5 违法违章处理

税务违法违章是指纳税人在履行纳税义务的过程中，违反国家税收法律、法规、制度及相关法律、法规、制度但尚未构成犯罪的各种行为。违法违章处理是税务机关对纳税人的税务违法违章行为依照法律法规和税收征管制度规定，采取一定的措施进行处理。它包括向纳税人发出责令限期改正通知书、取消有关资格和税收优惠待遇、停供发票、收缴发票、追缴税款、滞纳金等。

1. 税务违法、违章行为的主要类型

1) 税务登记类

这指纳税人不办理税务登记，未按规定的期限办理税务登记、变更登记、注销登记、换证，未按规定使用税务登记证件及未按规定将全部银行账号向税务机关报告等行为。

2) 账簿、凭证管理类

这指纳税人或扣缴义务人未按规定设置、保管有关的纳税资料或凭证,未按规定将财务、会计处理办法和会计核算软件报送税务机关备查,未按规定安装、使用税控装置,或者损毁或者擅自改动税控装置等行为。

3) 纳税申报类

这指纳税人未按规定的期限办理纳税申报和报送纳税资料的,或者扣缴义务人未按规定期限向税务机关报送代扣代缴、代收代缴税款报告表和有关资料等行为。

4) 发票管理类

这指纳税人违反《税收征管法》第七十一条和《中华人民共和国发票管理办法》等规定的各种违章行为。

5) 其他税务违法、违章行为

偷税,编造虚假纳税依据,不进行纳税申报,不缴或者少缴税款,妨碍税务机关追缴欠税,骗取国家出口退税款,抗税,责令限期缴纳逾期仍不缴纳税款,扣缴义务人应扣未扣、应收未收税款,阻挠税务机关检查,有《税收征管法》规定的违法行为而拒不接受税务机关处理,未经税务机关委托擅自征收税款,经营出口货物的企业未按规定办理出口退税登记、未按规定使用有关出口退税账簿票证、拒绝主管退税的税务机关检查和提供退税资料和凭证、非法提供或开具假退税凭证等行为。

2. 违法违章处理程序

(1) 税收征管各环节发现纳税人、扣缴义务人有下列税务违法违章行为时,应制作《责令限期改正通知书》,按照一般税务执行程序送达纳税人。同时处以罚款的,如未按照规定的期限申报办理税务登记、变更或者注销登记的;未按照规定设置、保管账簿或者保管记账凭证和有关资料的;未按照规定将财务、会计制度或者财务、会计处理办法和会计核算软件报送税务机关备查的;未按照规定将全部银行账号向税务机关报告的;未按照规定安装、使用税控装置,损毁或者擅自改动税控装置的;扣缴义务人未按照规定设置、保管代扣代缴、代收代缴税款账簿或者保管代扣代缴、代收代缴税款凭证及有关资料的;纳税人未按照规定的期限办理纳税申报和报送纳税资料的;或者扣缴义务人未按照规定的期限向税务机关报送代扣代缴、代收代缴税款报告表和有关资料的;纳税人、扣缴义务人编造虚假计税依据的;纳税人、扣缴义务人逃避、拒绝或者以其他方式阻挠税务机关检查的,转入税务行政处罚程序处理。

(2) 税收征管各环节发现纳税人、扣缴义务人有下列的税务违法违章行为,涉及应依法取消有关资格和税收优惠待遇、停供发票、收缴发票等,可以制作《税务处理决定书》,经批准后,按照一般税务执行程序送达纳税人,实施取消有关资格和税收优惠待遇、停供发票、收缴发票等行为。并处罚款的,转入税务行政处罚程序处理。构成犯罪的,依法移送公安机关追究刑事责任,其中包括:违反税务机关规定非法印制发票的;从事生产、经营的纳税人、扣缴义务人有税收违法行为,拒不接受税务机关处理的。

(3) 税收征管各环节发现纳税人、扣缴义务人有下列税务违法行为时,应制作《税务处理决定书》,经批准后,按照一般税务执行程序送达纳税人,追缴税款、滞纳金。并处罚款的,转入税务行政处罚程序处理。构成犯罪的,依法移送公安机关追究刑事责任。其中包括:纳税人、扣缴义务人采取伪造、变造、隐匿、擅自销毁账簿、记账凭证,或者在账簿上多列支出或者不列、少列收入,或者经税务机关通知申报而拒不申报或进行虚假的纳税申报,不缴、少缴应纳税款或者已扣、已收税款的;纳税人不进行纳税申报,不缴或者少缴应纳税款的;纳税人欠缴应纳税款,采取转移或者隐匿财产的手段,妨碍税务机关追缴欠缴的税款的;以假报出口或者其他欺骗手段,骗取国家出口退税款的;以暴力、威胁方法拒不缴纳税款的;扣缴义务人应扣未扣、应收而不收税款的。

(4)税收征管各环节在处理纳税人的税务违法违章行为过程中,发现纳税人有逃避纳税义务的嫌疑,依法采取税收保全措施;对于拒不缴纳税款、滞纳金和拒不缴纳罚款的,依法采取税收强制执行措施。

3. 违法违章处理的法律救济

纳税人及其他当事人对税务机关的违法违章处理决定不服,在纳税上同税务机关发生争议时,必须先依照税务机关的处理决定缴纳或者解缴税款及滞纳金或者提供相应的担保,然后可以依法申请行政复议。经过复议维持原决定的,继续执行原决定;经过复议撤销或变更了原决定的,按照行政复议机关《税务行政复议决定书》的要求,填制相关文书,撤销原处理决定,并按要求采取新的相关措施。纳税人及其他当事人对以上行政复议决定不服的,可以依法向人民法院起诉。

 本章小结

本章讲述了税法的基本概念、税收"三性"以及税收法律关系和税法的构成要素。税收与税法密不可分,税收之所以必须采用法的形式,是由税收和法的本质决定的。税法是国家权力机关及其授权的行政机关制定的调整税收关系的法律规范的总称。税收具有强制性、无偿性、固定性的"三性"特征。税收法律关系主要由主体、客体、内容三要素构成。税法的构成要素主要包括税法主体、征税客体、税目、税率、纳税环节、纳税期限、纳税地点、税收特别措施、罚则等。其中,税法主体、征税客体、税率是税法最基本的构成要素。本章还讲述了我国现行的税法体系、税收收入划分以及税收征管的主要程序。我国现行税法体系主要包括税收实体法和税收程序法。由于我国实行分税制,因此税务机关包括国、地税两个系统,征管范围有所不同,税收收入也按照相应规则划分。税收征管的程序主要包括税务登记、纳税申报、税款缴纳、纳税检查、违法违章处理。其中税务登记、纳税申报是重点。

复习思考题

(1) 征税机关的税收征管范围如何划分?

(2) 中央政府与地方政府税收收入如何划分?

(3) 纳税人如何进行纳税登记?纳税登记的种类有哪些?

(4) 纳税人如何进行纳税申报?

(5) 纳税人违法违章如何进行处理?

第 2 章 税务会计原理

教学目标

本章主要讲述税务会计的基本理论。通过本章的学习,应了解税务会计的产生与发展过程,各国税务会计的模式;重点掌握税务会计的基本概念、核算对象;理解税务会计设立的必要性以及税务会计工作的范围。

教学要求

知识要点	能力要求	相关知识
税务会计的基础概念	(1) 掌握税务会计的概念 (2) 掌握税务会计的对象	(1) 税务会计的概念 (2) 税务会计的对象 (3) 税务会计工作的对象
税务会计的职能	了解税务会计的职能	(1) 核算的职能 (2) 监督的职能
税务会计模式的国际比较	了解美国、日本、法国等税务会计模式的差异及产生原因	(1) 经济因素 (2) 法律因素

第2章 税务会计原理

■ 导入案例

某公司税务会计岗位职责

岗位名称：税务会计　　隶属部门：财务部　　直接上级：财务部经理

1. 岗位工作概述

根据税法和税务程序的规定，税务会计负责本公司所有税务的计算及申报工作，按时足额纳税，保障公司的利益和国家权益。

2. 工作职责与任务

(1) 负责公司税务的申报：进行内销增值税申报；进行外销增值税的免税申报；进行外销增值税退税；进行公司所得税申报；进行个人所得税代扣代缴；进行公司房产税、车船税的申报；进行印花税的计算，贴花及注销。

(2) 负责公司进出口业务的核销：根据进出口情况核销进出口业务；领取进出口所需的业务单据。

(3) 向上级有关部门报送相应的报表：填写、录入公司各财务报表；向税务、财政报送季度资产负债表、利润表及年度全套报表等；填制对外统计台账和月度报表；向上级主管单位送交统计报表或财务报表。

3. 工作绩效标准

(1) 按时足额纳税，保证税务申报及时准确，减少公司不必要的损失。

(2) 准确核销进出口业务，保证进出口业务的顺利进行。

(3) 按时向上级报送报表。

4. 岗位工作关系

1) 内部关系

(1) 所受监督：在税务的申报和税款的缴纳方面，直接接受财务部经理的指示和监督。

(2) 所施监督：一般情况本岗位不实施对其他岗位的工作监督。

(3) 合作关系：在进出口核销方面，向销售部取得相关的内销外销发票，在协助核算劳资方面，向人事部取得工资清单。

2) 外部关系

在进行税务申报方面，与税务局发生联系；在进出口核销方面，与外汇管理局发生联系；在申报缴纳地税方面，与财政局发生联系；在缴纳税款方面，与银行发生联系。

5. 岗位工作权限

对进出口业务的审核权；税款的缴纳权。

6. 知识及教育水平要求

财务知识；税务知识；税法、经济法方面的知识；会计核算的相关知识；计算机基础知识及常用软件知识；英语知识。

7. 岗位技能要求

熟悉各种税务法规及税务申报的程序；熟悉公司的各种法规；有较强的计算能力、统计能力；具有办税员证等。

2.1 税务会计及其历史演进

税务会计作为会计学科的一个分支，在美英等西方发达国家早已发展成型。在这些国家中，企业财会部门设置有专门机构和人员来管理税务会计事务。如一般的中型以上的企业，都在财务副总裁（或称首席财务官，CFO）之下分设会计主任（或称主计长，Controller）、财务主任（或称司库，Treasurer）、税务主任（或称纳税主管，Tax Executive），分别掌管3个方面的工作。税务方面的工作主要包括纳税申报、税收筹划、代扣代缴税款、税款缴纳和与税收征管部门进行沟通等事项，税务会计工作人员定期将对纳税活动的有关信息情况进行处理。在我国，税务会计长期被作为财务会计的一部分，没有得到充分的重视，1994年及之后的税制改革，为我国税务会计的建立和发展提供了经济环境。

2.1.1 税务会计的概念

由于政治、经济等因素的差异，对于如何界定税务会计，不同的学者有不同的观点。依据税务会计与财务会计的关系，总结起来不外乎3种不同的观点：完全统一说、完全独立说和相互依存说。完全统一说认为没有独立的企业税务会计，税务会计是财务会计的一个组成部分，它主要是计算应税收入或应税所得并确定应纳税额，同时按会计准则对税款费用等进行确认、计量和记录。完全独立说认为，由于税法和会计准则的差异越来越大，导致税法要求的会计和企业财务会计实务并行发展并逐渐形成了独立的会计新学科——税务会计，而且税务会计的理论体系完全不同于财务会计。美国税务会计专家史蒂文·F·吉特曼认为税务会计在本质上是处理两类问题：一类是某项目是否应确定为收入或费用，另一类是该项目何时被确认为收入或费用。这一观点也体现在美国联邦税务会计理论框架中。相互依存说则认为税法关于会计的规定应以某种形式依存于企业财务会计，两者在内容和方法上存在一定的交叉。这3种学说比较而言，完全统一说和相互依存说的观点有悖于税务会计独立发展的趋势，完全独立说则相对具有较强的科学性和合理性。

日本税务会计专家武田昌辅认为，税务会计是为计算法人税法中的应税所得而设立的会计，它不是制度会计，而是以企业会计为依据，按税法的要求对既定的盈利进行加工、修正的会计；日本的富冈幸雄先生认为，税务会计是根据税务会计的预测方法来掌握并计算出确定的计税标准，从而起到转达和测定财务信息的租税目的与作用的会计；盖地教授认为，税务会计是以国家现行税收法规为准绳，运用会计学的理论与方法，连续、系统、全面地反映税款的形成、计算和缴纳，即对企业涉税事项进行确认、计量、记录和报告的一门专业会计。

随着税收法规的日益复杂化，税务会计将是财务会计和管理会计的自然延伸。税务会计是税收与会计结合起来的一门交叉学科，是进行税务筹划、税金核算和纳税申报的一种会计系统。税务会计以会计学基本理论与方法为基础，以税法法律制度为准绳，对纳税人应纳税款的形成、申报、缴纳进行反映和监督的一种管理活动。

2.1.2 税务会计的产生和发展

税收的历史可谓源远流长，在生产资料私有制、国家出现之后它就已经存在了。会计的萌芽出现得更早，在原始社会晚期就已经存在会计的雏形。如果将纳税人向国家缴税与其会计记录相融合视为税务会计产生的标志，则在公元前18世纪的巴比伦王国就已经有税务会计了，但这种税务会计只能是涉税事项的原始计量和记录，与现在的税务会计不同。

伴随着商品经济的发展和社会分工的细化，专业化生产程度越来越高，企业与行业的发展日趋多样化，会计实践与理论也随着社会经济生活的复杂化而日趋丰富。企业会计已经成为监督企业经济活动的重要手段。与此同时，税收作为一种国家参与社会产品价值分配的经济活动也得以完善和发展。在税务会计的产生和发展过程中，现代所得税法的诞生和不断完善对其影响最大，因为企业所得税涉及企业的经营、投资和筹资等各环节、各方面，涉及收入、收益、成本、费用等会计核算的全过程；科学先进的增值税的产生和不断完善，也对税务会计的发展起了重要的促进作用，因为它对企业会计提出了更高的要求，迫使企业在会计凭证、会计账簿的设置、记载上分别反映收入的形成和物化劳动的转移价值以及转移价值中所包括的已纳税金，这样才能正确核算其增值额，从而正确计算企业应纳增值税额。因此，外界环境的变化使得税务会计越来越重要，同时，税务会计也如国家的税法、税制、会计准则、会计制度一样，越来越健全、越来越复杂。

会计和税收在目标上的差异是税务会计产生的直接原因。会计与税收不同的职能和学科属性决定了会计与税收在其制度设计过程中遵循不同的目标、处理原则和业务规范。税法的目标是及时征税、公平征税。在现代社会，政府通过税收立法获取所需要的资源，以法律的形式规定征税行为和纳税人的纳税行为，税收法规是为了规范和调控企业纳税行为，保证征税实现，其相关规定比会计制度更具刚性，在处理方法和程序上很少给纳税人自我选择的特权。而会计的目标是向企业的财务利害关系人提供有利于决策的财务信息，它面向的是信息使用者，强调为投资者、债权人、政府管理者等相关利益人服务。目标上的差异必然会导致税法和会计规定上存在差异，企业作为纳税主体，在税收法律关系中是被管理者，但在会计行为中则居于主动的地位；这种不一致不仅表现在法律地位上，而且表现在二者经济利益上的不同，税务行为更多地体现为国家的利益，会计行为更多地体现为企业的利益；这种不一致就产生二者的互调性，即税务会计对其差异进行调整，这是税务会计产生的内在动因。税务会计的产生既满足了国家及时征税、公平征税的要求，又满足了纳税人考虑自己纳税是否合理、合法以及享受税收优惠为企业经济效益服务的目的。

现在，税务会计与财务会计、管理会计已经构成会计学科的三大分支。税务会计知识已经成为所有会计师和注册会计师等所必须通晓的专业知识领域。

2.1.3 税务会计工作的内容

税务会计工作的内容包括企业与纳税有关的一切涉税事宜，包括以下几方面。

1. 税务登记

税务登记是税务机关对纳税人的生产、经营活动进行登记并据此对纳税人实施税务管理的一种法定制度。税务登记又称纳税登记，它是税务机关对纳税人实施税收管理的首要环节和基础工作，是征纳双方法律关系成立的依据和证明，也是纳税人必须依法履行的义务。它包括开业税务登记、变更、注销税务登记、停业、复业登记和外出经营报验登记。这些工作是由企业税务会计人员办理的，是税务会计工作的重要内容。

2. 账簿、凭证管理

账簿是纳税人、扣缴义务人连续地记录其各种经济业务的账册或簿籍。凭证是纳税人用来记录经济业务，明确经济责任，并据以登记账簿的书面证明。账簿、凭证管理是税务管理的重要内容，在税收征管中占有十分重要的地位。企业应按规定设置会计科目及明细科目，核算有关税种，建立有关账簿，加强对账簿、发票、收据等凭证的管理，并由税务会计人员统一负责。

发票管理是税务会计凭证管理中一个重要的环节，它是企业财务收支的法定凭证。增值税专用发票除了具备商事凭证作用外，还是企业抵扣税款的法定凭证。因此，企业或个人需用发票时，在办理登记后，应向税务机关提出申请，按规定的手续方可购领。需用增值税专用发票的，还必须先申请认定"增值税一般纳税人"资格。但是，税务会计不必在企业财务会计之外另行设置一套账簿。

3. 税款的计缴

税款的计缴是指纳税人按照国家税法对其应纳税产品或劳务采取一定的方法计算出应纳税款，并在规定的期限内向代表国家金库的银行缴纳税款。

4. 纳税申报及账务处理

纳税申报是纳税人按税法规定的期限和内容，向税务机关提交有关纳税事项书面报告的法律行为，是纳税人履行纳税义务、界定纳税人法律责任的主要依据，是税务机关税收管理信息的主要来源和税务管理的重要制度。纳税人应在纳税义务发生后，按照税务机关核定的期限，向税务机关办理纳税申报，在纳税的同时，要在会计凭证和账簿上做出相应的记录和反映。有些特殊税种，如增值税，在购进货物和应税劳务发生进项税额时，也要在相应凭证和账簿上做出记录和反映。进行纳税的账务处理，要根据国家统一设置的会计科目和账户，按法定程序进行。

5. 接受纳税检查

纳税检查是税务机关以国家税收法规制度为依据，对纳税人履行纳税义务的情况进行的审查和监督。企业有义务接受税务机关的依法检查，并且密切配合，提供一切应提供的证件、资料等，不得弄虚作假。

6. 税收研究

税收同企业的财务已融为一体，作为一种经济杠杆，对企业的生产经营、投资决策活动有着很大的影响。因此，企业税务会计人员应该深入研究和熟悉掌握国家的税收法规和政策，为企业领导经营决策提供税务方面的会计信息。

2.2 税务会计的对象、目标和职能

税务会计的对象、目标、职能与会计学其他分支相比，既有共性又有不同之处。共性表现为二者都以企业的资金运动为对象，以核算与监督为基本职能，向利益相关者提供决

策有用的信息。不同之处在于税务会计的对象、目标、职能均与企业的纳税业务有关。

2.2.1 税务会计的对象

税务会计的对象是指税务会计核算和监督的内容,是企业的税务活动及其所引起的资金运动。以制造业为例,税务活动贯穿于企业生产经营的供应、生产和销售各个阶段以及资金投入、收益分配各个方面税务活动所引起的资金运动,包括纳税人因纳税而引起的税款的形成、计算、申报、缴纳、补退、罚款、减免等经济活动。

1. 计税基础和计税依据

计税依据即课税依据,在理论上也称为税基,是指根据税收法律、法规所确定的用以计算应纳税额的根据,是课税对象在量的方面的具体化。

不同税种的课税依据不同,有的是以收入额为课税依据,有的是以所得额为课税依据,有的是以销售数量为课税依据。如果课税依据是价值形态,则课税对象与课税依据是一致的;如果课税依据是实物形态,以课税对象的数量、重量等作为计税依据,则课税对象与课税依据一般是不一致的,如车船税,其课税对象是各种车辆、船舶,而其计税依据则是车船的吨位或车辆数。

(1) 流转额。是指企业在经营过程中的销售(购进)量、销售(购进)额、营业额等,它是各种流转税的计税依据,又是所得税的计税基础和前提。

(2) 成本、费用额。成本、费用是企业在生产经营过程中的耗费和支出。它包括生产过程的生产费用和流通过程的流通费用。成本、费用主要反映企业资金的垫支和耗费,是企业资金补偿的尺度。一定会计期间的成本、费用总额与同期经营收入总额相比,可以反映企业的生产经营成果。财务会计记录的成本、费用、支出额,按税法规定允许在税前扣除的部分是计算应纳税所得额的基础。

(3) 利润额与收益额。财务会计核算的经营利润、投资收益都需要按税法规定调整、确认为应税利润和应税收益,它是正确计税的基础。

(4) 财产额(金额、数额)。对各种财产税,如房产税、土地税、契税、遗产与赠与税等,需要在财务会计对各类资产确认、计量、记录的基础上,按税法规定的税种正确确认应税财产金额或数额。

(5) 行为计税额。对行为税(如印花税)应以财务会计确认、记录的应税行为交易额或应税数额为课税依据。

2. 税款的计算与核算

企业按税法规定应缴的各种税款,在确认应税依据的基础上准确计算各种应缴税金,并作相应的会计处理。

3. 税款的缴纳、退补与减免

由于各种税的计税依据和征收方法不同,同一种税对不同行业、不同纳税人的会计处理也有所不同,所以反映各种税款的缴纳方法也不尽一致。企业应按税法规定,根据企业会计准则，正确进行税款缴纳的会计核算。对企业多缴税款、按规定应该退回的税款或应该补缴的税款，企业都要进行相应的会计处理。减税、免税是对某些纳税人的一些特殊情况、特殊事项的特殊规定，体现了税收政策灵活性和税收杠杆的调节作用，对减、免税款，企业应按税法规定正确进行会计处理。

4. 税收滞纳金与罚款、罚金

企业因逾期缴纳税款或违反税法规定而支付的各项税收滞纳金、罚款、罚金也属税务会计对象，应该如实记录和反映。

2.2.2 税务会计的目标

税务会计的目标是向税务会计信息使用者提供关于纳税人税款形成、计算、申报、缴纳等税务活动方面的会计信息，以利于信息使用者的决策。税务会计信息的使用者包括各级税务机关、企业的经营者、投资人、债权人和社会公众。

1. 税务机关

税务会计依据税收法令计算企业的各种应纳税款，并通过会计核算如实地记录各种税款的形成和缴纳情况，反映企业单位作为纳税人所履行的纳税义务。税务机关能根据税务会计核算资料和有关法规，可以进行税款征收、监督和检查，并作为税收立法的主要依据。通过纳税检查、税务稽查等对纳税人的纳税行为进行监督和控制，以保证国家和地方财政收入及时、足额地解缴入库；检查纠正不符合国家税收法令、制度规定的错误行为以及制止逃税和骗取减免税金等违法行为，促使企业单位依法执行纳税义务。

2. 企业的经营者、投资人、债权人

税务会计信息是企业管理当局纳税筹划、承担合理税负的依据。准确可靠的税务会计信息有助于维护企业自身的合法权益，有利于企业做出正确的税务决策，并最大限度地争取企业的税收利益。企业的投资人、债权人可以了解企业纳税义务的履行情况和税收负担，做出正确的判断和决策；企业的经营者可以了解企业各项税收负担与业务的联系，做出有利于企业的经营及投融资等决策。

3. 社会公众

通过企业提供的税务会计报告了解企业纳税义务的履行情况和对社会的贡献额、诚信度和社会责任感。

2.2.3 税务会计的职能

税务会计的基本职能和一般会计相同，也是核算和监督两大职能，即对纳税人应纳税款的形成、申报、缴纳进行反映和监督。参与税务决策是其基本职能的拓展。

1. 核算税务活动职能

依法纳税是纳税人应尽的义务，税务会计依据税收法规计算纳税人的各种应纳税款，并通过会计核算如实地记录其形成和缴纳的情况，反映纳税人所履行的纳税义务。既清楚地向税务机关表明纳税人依法纳税的情况，又向企业内部管理层提供企业的税负状况，以便为其科学决策提供依据。同时，通过税务会计反映的税务活动及提供的资料，还可以促进企业改善经营管理，提高经济效益，为进一步扩大税源提供保证。

2. 监督税务活动职能

税务会计能发挥会计监督和税务监督的双重作用。税务会计根据国家的税收法令和有关的方针、政策、制度等，通过一系列核算方法监督企业单位应纳税款的形成、申报、缴纳情况，并监督企业的收益分配。根据税务监督的要求，税务机关通过纳税检查、税务稽查，并根据税务会计提供的信息资料，检查纠正不符合国家税收法规和制度规定的错误行为，维护国家税法的严肃性和正确处理有关各方的收益分配关系。通过税务会计对企业税务活动的监督、控制，保证国家税收法律、法规的贯彻实施，并有利于发挥税收杠杆调节经济的作用。

3. 参与涉税决策职能

企业单位在很多情况下需要进行有关税务方面的经济决策，在这些决策中，一般需要以前各期的税务会计核算资料，有时还需要运用税务会计的专门技术方法对未来经济活动的纳税情况进行科学分析和预测，以便正确、合理地进行决策。税务会计能通过对税务活动和税务行为的核算和监督为决策提供信息支持。

2.3 税务会计模式的国际比较

会计属于社会科学的范畴，不同的传统、经济、政治及法律等环境因素对会计发展具有不同程度的影响，会计模式是会计环境的产物。依照从研究会计模式划分中得到的经验，学者根据各国税法立法背景、会计规范方法、历史传统、经济体制、投资体制、企业组织形式等因素将税务会计划分为3种模式：以美国为代表的财税分离的税务会计模式、以日本为代表的企业导向的税务会计模式、以法国为代表的政府导向的税务会计模式。

2.3.1 以美国为代表的财税分离的税务会计模式

美国的税务会计独立性很强，允许税务会计与财务会计的合理差异存在。美国的财务会计完全不受税法的约束，其会计准则几乎独立于税法之外，并沿着独立学科模式发展，企业的纳税事项则通过税务会计另行处理。它以股东投资人为导向，有利于财务会计的完善和税务会计的形成。税法对纳税人的财务会计所反映的收入、成本、费用及收益的确定发生直接的影响，各个会计要素的确认、计量、记录等都遵循财务会计准则，期末将会计利润（亏损）依照税法的规定调整为纳税利润（亏损）。

就法律环境而言，美国属于普通法系的国家，在这种法系中真正起作用的不是法律条文本身，适用法律是经过法院判例予以的解释，法律条文只是对普通判例的补充。美国的国会和各州及地方议会都有立法权，相应的各级法院也都有对应各级的立法机构制定法律的解释权，税法也不例外。美国实行联邦、州和地方三级课税制度，三级政府各自行使属于本级政府的税收立法权、征收权地方税收立法权在州，州的立法权不得有悖联邦利益和联邦税法。美国属彻底分税制、联邦与地方分权型的国家，美国联邦、州和地方各自有自己的税收管理机构，各自的税收管理机构相互无组织上的联系。由于美国实行普通法律体系，所以每一个立法、执法和司法主体制定和做出的涉及税收的法律、法规和判例都构成美国税法的一个组成部分。从加强法律严密性角度，各立法、执法和司法主体对税法内容都做了精细的解释，同时也规定了例外情形，及至例外的例外等，以至税法规定日趋膨胀。美国联邦制的国体形式也决定了美国税收制度的独特之处，可以说，美国税收制度恐怕是世界上最繁杂的税制了。作为国税主体税种的公司所得税、个人所得税、社会保障税等税种的征收依据是联邦税法，而各州及地方税法则可规定除联邦税之外征收其他税，如消费税等。财务会计计税基础依据税法要求计算。

从会计核算规范管理形式来看，美国的证券交易委员会（Securities and Exchange Commission，SEC）在制定会计准则方面拥有法律赋予的最高权力，以维护社会公众的利益。但SEC自成立以来，一直把这种权利限制在监督作用上，准许并鼓励民间职业团体在会计准则的制定过程中保持主导地位，因此，美国的会计核算规范管理方式为民间型管理方式，会计核算规范以公认会计原则为核心，立法对会计规范无直接影响。在美国，会计职业团体的力量是十分巨大的，第一个介入会计准则制定工作的民间机构是会计程序委员会（Committee on Accounting Procedure，CAP），从1939年到1959年，该委员会共发布351份公报；1959年，CAP被会计原则委员会（Accounting Principle Board，APB）取代，从1959年到1973年APB共发布了31份意见书和4份公告；从1973年至今，财务会计准则委员会（Financial Accounting Standards Board，FASB）是美国则务会计报告准则的制定机构，发布了一系列有广泛影响的公告。

因此，美国的税务会计是完全脱离公认会计原则的另一套报告体系，是建立在税法目标的基础之上，从税基的计算到税款的缴纳，始终贯彻税收法案规定的专门会计系统。美国税务会计界在国家税收署的支持下，已经建立起一套税务会计的完整的理论框架，并据此作为调整财务会计信息和申报纳税的理论依据。所以，美国的税务会计充分地体现出对财务会计的独立性特征。

2.3.2 以日本为代表的企业导向的税务会计模式

就经济体制而言，日本政府对经济活动具有较多的干预，政府制订经济计划并以此作为经济调节手段，但并不排斥市场调节，市场依然是调节社会资源配置的基本力量。因此，日本的经济体制被认为是政府主导型的市场经济体制。日本证券市场发达，但不是建立在本国的国民投资基础之上，而是因为东京证券市场的国际化程度较高；企业的资金来源主要是银行和集团内部；企业有家族式的历史传统，集团内部各企业相互支持；股份公司中职工股份普遍。

对日本的会计规范有重大作用的法规是商法、证券交易法、税法、公司所得税法及会计准则。如日本《公司所得税法》要求为纳税申报的损益表必须经过股东大会通过，并经有关方面核准，依据《证券交易法》编制的损益表与依据《商法》编报的损益表应该一致，基于此，它接近于法国模式；但日本税法又规定，在计算纳税时，财务会计的收益可以进行调整，从这个角度看，它又具有美国模式的特点。因此，日本模式具有更强的实用性，也称混合模式。

日本首次颁发商法是在1890年，引自于欧洲大陆法律哲学，后引入英美法律哲学。它规定了公司会计的一般条款，强调对公司董事会的监督职能和加强对舞弊会计方法的监督，涉及的内容包括财务报告、审计要求、会计要素计量标准、计提准备的种类和比例、股利限制等。证券交易法适用于在资本市场上筹资的公司，规范了上市公司应编制的财务报表的种类、格式和编报办法、审计要求、报表注释、重要性界定和合并财务报表等。商法和证券交易法的区别是：前者旨在保护债权人，后者旨在保护投资者。尽管有以上两个法律的规范，日本还制定有企业财务会计准则，其宗旨是促进企业会计方法的统一，进而希望统一的会计准则有助于吸引外国资本，促进企业管理合理化和公平税负。

日本的企业财务会计准则与上述法律具有同样的效力，日本的企业会计准则是由大藏省制定并颁布的。日本会计职业界的力量相当弱小，对会计准则的制定缺乏影响力。1949年，日本经济安定本部组织的"企业会计制度对策调查会"经过调查同时借鉴美国的经验制定了《企业会计原则》；1953年，"企业会计制度对策调查会"移交归大藏省，改名为"企业会计评议会"，企业会计评议会作为一个权威性机构负责制定企业会计准则，其管理体制是行政性的，属于大藏省证券局的顾问机构；1991年，"公司财务研究机构"在大藏省内成立，目的是为企业会计评议会提供权威性的建议。与日本注册会计师协会一样，日本税务会计师协会联合会在评议会中也有委员席位。

与美国的财务会计准则相比，因为商法和证券交易法对会计的规定十分具体，日本的企业财务会计准则原则性内容较多，实为对上述两个法规及税法的补充。

日本的会计核算规范管理兼有立法和行政双重特点，商法用来规范一般企业的会计核算和财务报表，证券交易法用来规范所有上市公司的财务报表，企业会计准则在很大程度上是配合大藏省对上市公司进行管理，并由此延伸到其他企业，会计准则不涉及会计处理的具体方法。可以说，在日本找不到类似于美国的一整套会计准则，也找不到类似于法国的会计方案。

日本的财务报告体系具有多重性，商法所要求的财务报告是面向企业和债权人的，而证券交易法要求的报告是面向投资者的，同时，日本的财务报告还面向税务机关，应税收益与会计收益必须一致。所以，日本的税务会计特征表现为依据税法规则，是对商法和证券交易法要求的财务会计进行协调的会计，是一种没有完整理论框架指导的纳税调整会计方法体系。

2.3.3 以法国为代表的政府导向的税务会计模式

法国模式以税收为导向，会计准则与税法（还有商法、公司法等）的要求基本一致，税法对纳税人财务会计所反映的收入、成本、费用和收益的确定有直接的影响，会计事项的处理严格按照税法的规定进行，企业编制财务报表的会计程序和企业纳税计算的会计程序和账务处理方法一致，因此，法国的税务会计模式是以税务会计与财务会计两者相互统一为特征的。由于计算的会计收益与应税收益一致，无须税务会计调整计算，这种模式强调财务会计报告必须符合税法的要求，税务会计当然也就无须从财务会计中分离出来。在全球经济一体化中，法国虽然仍保持政府和税法对会计的巨大控制力，但欧盟的一系列关于会计的指令已经使法国的情况有所改变，"真实与公允"的观点正日益被人们所接受并成为评价企业财务状况的标准。

就经济体制而言，法国是发达的资本主义国家，与其他发达资本主义国家相比，其一个显著特点便是经济的计划化。法国政府认为市场解决的是企业对未来的短期预测，计划解决的是国家对整个社会市场的中、长期预测，因此，法国政府对经济从宏观和微观两个层面进行干预，使其在经济活动中起着至关重要的作用。在法国，人数在500人以下的中小企业数量众多，大约占全国企业总数的99.9%，法国政府为扶持中小企业发展颁布了一系列法令。

就法律制度而言，法国是现代大陆法系起源国之一，是典型的大陆法系国家。大陆法系强调法律应系统化、条理化、法典化和具有逻辑性。由于重商主义的影响，在1673年和1681年，法国的《科尔伯特法典》规定：企业必须设置账簿，编制财产目录，并对账簿的登记提出一些具体要求。1914年，法国第一部所得税法获得通过，确立了税收与会计记录之间的联系。在法国，其税法凌驾于会计规则之上，税法高度独立，税务当局不仅确定用于纳税申报的财务报表的内容和格式，而且规定了许多实际财务会计和报告实务，由法律详细规定会计规则的习惯一直延续下来。现在在商法中有大量的会计和报告条款要求企业编制资产负债清单，对财务报告真实性和公允性的申明必须附有证明。

法国是实行中央集权型税收管理权限的最典型国家，实行中央与地方两级课税制度，税收立法权、征收权、管理权均集中于中央，地方无立法权，只有某些执法的机动权。法国只有国家税务机构，各税收均由中央统一掌握。法国税务机构健全，力量强大，法国预算部下设立税务总局，税务总局还设有法律处，负责拟定税收法令。省和市镇也同样设立税务机构，直属于税务总局领导。省税务局长由预算部任命和管理。

就会计核算规范管理形式而言，法国会计核算规范管理属于行政型，集中体现于统一的会计总方案中。第二次世界大战后，法国政府在经济复兴中强调计划指导，认为向股东、银行家及其他第三方提供更为可比的信息以及更简便地编报全国统计资料，就应使会计活动在全国范围内规范化、标准化。在很长一段时期内，法国并没有所谓的会计准则，有关会计的规定见于相关法律条文之中。1946年，法国成立会计标准化委员会，进行新制度的制定，并试图通过对企业所采用的会计账户的准确定义来帮助经济计划的实行。1947年，会计标准化委员会出台第一个"会计总方案"，并要求所有国有企业执行。1957年，政府对该规则进行了重新修订，将适用范围扩展到全部国有企业及私营企业。1996年议会提案，1998年颁布了一项法案要求成立会计监管委员会，负责发布财务报告公告。会计监管委员会附属于财政部，是法国最高的会计权威机构，其公告适用于所有经济类型的公司。法国会计职业力量与规模与美国相比要弱小得多，现在法国主要有两个会计职业团体，即职业会计师协会和全国注册审计师协会，这两个职业团体职责划分明确，不能相互交叉从事业务。

美国、日本、法国作为世界上最重要的经济强国，对当今世界政治、经济格局的发展起着决定作用。由于各国社会经济环境不同，从税务会计角度看，这3国以各自为代表形成了 3 种不同的税务会计模式。美国的税务会计是以财税分离为特征的模式，税务会计早就独立于财务会计，而法国和日本的税务会计则融于财务会计，实际上是财务屈从于税法，法国的税务会计是财税完全统一模式，而日本处于两者之间。任何一个事物的形成都是多种因素综合作用的结果，3 种税务会计模式背后隐藏着 3 个国家不同的政治、经济、文化特征，但从会计科学发展的趋势来分析，随着会计理论的进一步完善和普及，财务会计与税务会计在各国的分离是必然趋势。

在我国，现代税制的框架起步较晚，但随着我国社会主义市场经济的逐步确立，会计改革和税制改革的不断深入，已为税务会计独立成科创建了客观条件并提出了内在要求。

 本章小结

本章主要讲述了税务会计的概念、历史演进及相关基础理论。税务会计的对象是指税务会计核算的内容，是企业的税务活动及其所引起的资金运动，包括纳税人因纳税而引起的税款的形成、计算、缴纳、补退、罚款等经济活动。税务会计的目标是向税务会计信息使用者提供有助于税务决策的会计信息。税务会计的基本职能是核算和监督，参与税务决策是其基本职能的拓展。

受税法立法背景、会计规范方法、历史传统、经济体制、投资体制、企业组织形式等因素的影响，税务会计的 3 种代表模式是以美国为代表的财税分离的税务会计模式、以日本为代表的企业导向的税务会计模式、以法国为代表的政府导向的税务会计模式。随着会计理论的进一步完善和普及，财务会计与税务会计在各国的分离是必然趋势。

复习思考题

（1）试述税务会计的目标和任务。
（2）试述税务会计的职能。
（3）简述税务会计的核算对象及税务会计工作的对象。
（4）为什么说财务会计与税务会计在各国的分离是会计学科发展的必然趋势？

第2篇

流转税会计

第 3 章

增值税及其纳税会计处理

教学目标

本章主要讲述增值税的税制要素及纳税会计处理。通过本章的学习，应了解增值税的含义、增值税纳税义务人的划分与管理、纳税义务发生时间、纳税期限及纳税地点；增值税专用发票的开具与管理；重点掌握一般纳税人销项税额、进项税额、应纳税额的计算，一般纳税人购进货物或接受应税劳务、销售货物和提供劳务的账务处理。本章的难点是出口退税的有关计算。

教学要求

知识要点	能力要求	相关知识
增值税税制要素	(1) 能够识别我国目前执行的增值税的类型 (2) 能够识别哪些单位和个人应缴纳增值税 (3) 能够识别纳税义务人何时、何地缴纳增值税	(1) 增值税的含义及分类 (2) 增值税的征税范围和纳税义务人 (3) 纳税义务发生时间、纳税期限、纳税地点
应纳税额计算	能够计算一般纳税人应交增值税	(1) 税款抵扣的含义 (2) 税率的种类及适用范围 (3) 当期销项税额的计算 (4) 当期进项税额的计算 (5) 当期应纳税额的计算

续表

知识要点	能力要求	相关知识
应纳税额计算	能够计算小规模纳税人应交增值税	(1) 简易计税的含义 (2) 征收率的种类及适用范围 (3) 不含税销售额的计算 (4) 应纳税额计算
出口退税	(1) 能够识别纳税人适用的出口退税政策 (2) 能够计算出口退税的金额	(1) 出口货物退(免)税政策 (2) 出口货物退税率 (3) 出口货物退税额的计算
增值税会计核算	(1) 能够填制和使用增值税专用发票 (2) 能够对企业涉及增值税的基本经济业务进行会计处理	(1) 增值税专用发票的开具与管理 (2) 会计科目的设置 (3) 购进货物的账务处理 (4) 销售产品的账务处理 (5) 视同销售的账务处理 (6) 进项转出的账务处理 (7) 缴纳税金的账务处理

导入案例

上市梦碎：4.5亿元"骗税大案"背后的故事

河北省故城县城西苑工业园区里，DISNEY、NEW BALANCE、NAVIGARE……30多面国外知名品牌的旗帜在一片整齐的厂房前随风飘扬，这里就是兴弘嘉纺织服装有限公司。

兴弘嘉公司2010年落地故城，是一家以纺织、服装加工、销售、经营自产产品及技术出口为主业的大型企业。建成初期投资规模就达18亿元，一系列大手笔让兴弘嘉公司被当地奉为"上宾"。

随着产业规模的不断扩大，兴弘嘉公司没几年便跻身当地知名企业行列，还为多所中学捐款400余万元，种种精心的包装之下，实际控制人郭某还当选了河北省第十二届人大代表。

2013年5月，也许正是郭某春风得意的时候，福建厦门"5·30"骗税案也进入了打击收网的关键阶段，厦门警方查获了大量有问题的海关报关单。

审讯后警方发现，兴弘嘉公司4年内自己真实生产并出口的业务共800多单，产品多为内衣。衡水市公安局民警说，企业表面上有厂房、设备，工人正常工作，有时夜里还加班生产，但这些更多是起到幌子作用。

1. 超过300家企业涉案，骗税4.5亿元

2014年7月15日，公安部和税务总局明确"兴弘嘉案"为"7·15"专案。7月30日，郭某等7名主要犯罪嫌疑人悉数落网。截至目前，共抓捕犯罪嫌疑人90人，涉案企业300余家。

经调查，兴弘嘉公司及其关联企业虚开增值税专用发票3.4699万份、金额33.07亿元、抵扣进项税额5.6亿元。这样一场"骗税"大戏，兴弘嘉公司到底是如何操作的？

首先，兴弘嘉公司要有能证明自己进行过实际生产的进项税发票。衡水市公安局经侦支队支队长说，兴弘嘉公司经常"制造"采购原材料假象：从22个省市、374户纺织企业，以票面6.5%至8%的金额购买其他企业和个人虚开的增值税发票。

其次，在买单假报出口环节，兴弘嘉公司通过多个渠道前后获得总计2992份报关单证，涉及金额达4.5亿美元，涉嫌骗取国家出口退税款4.5亿元人民币。

此外，为骗取退税兴弘嘉公司还多次进行买汇。

经过调查与抓捕，郭某最终落网，但令人匪夷所思的是，他名下50多个账户存款竟还不到400万元。这不禁让人疑问，他用骗来的巨款去干什么了？

2. 谋做大上市，骗税背后骗贷也惊人

河北警方披露了郭某的"路线图"：第一步，通过3年骗税实现融资、并购企业、扩大产业版图、打出知名度；第二步，通过规范管理、清理关联企业、引入上下游产业，填补资金漏洞、洗白犯罪污点；第三步，最后两年美化包装、准备上市。

除兴弘嘉公司外，郭某实际还控制河北、山东和香港等地16家企业，4.5亿元骗款几乎都用于维持骗税各环节运转、企业并购和扩张。郭某下的那盘大棋最终目的是上市。

负责审讯郭某的民警说，"5亿多小额贷款、1亿多高利贷、中信保融资8亿，其中至今5亿左右的贷款没有偿还。郭某在北京被抓时还在和一家金融机构谈融资。"

据分析，郭某是想打造一家覆盖整个服装制造产业链的大型集团。"形成完整产业链会更有利于骗取出口退税，他的终极目标是上市，以融资洗白污点、填好窟窿。"

这一案件具有专业化、集团化、网络化、产业化和家庭化运作，链环完整，货物、单证和资金充分匹配，真假业务混杂等特点，是一起有预谋、有组织、高度仿真、高度隐秘的犯罪案件，也给当前出口退税的监管环节敲响了警钟。

（资料来源：http://www.cqn.com.cn/news/cjpd/1006326.html，有改动）

3.1 增值税概述

增值税是以商品（含应税劳务和应税服务）在流转过程中产生的增值额作为征税对象征收的一种价外税，在整个税法体系中起着举足轻重的作用。1993年12月13日，国务院颁布了《增值税暂行条例》，并自1994年1月1日起施行。为了进一步完善税制，全面实施增值税转型改革，国务院于2008年修订、通过了《增值税暂行条例》，并于2009年1月1日起施行。2011年年底，国务院通过了《营业税改征增值税试点方案》（财税[2011]110号），对交通运输业、邮政业、部分现代服务业进行营业税改征增值税，并自2012年1月1日起实施，并逐步推广至其他行业。2013年5月24日，财政部和国家税务总局颁布了《关于在全国开展交通运输业和部分现代服务业营业税改征增值税试点税收政策的通知》（财税[2013]37号），制定了《交通运输业和部分现代服务业营业税改征增值税试点实施办法》。2013年12月12日，财政部和国家税务总局又发布了《关于将铁路运输和邮政业纳入营业税改征增值税试点的通知》（财税[2013]106号）（以下简称"营改增"），对财税[2013]37号文件进行了修订，该通知自2014年1月1日起执行。同时，财税[2013]37号文件自2014年1月1日起废止。2015年，营改增范围将扩大到建筑业和不动产、金融保险业、生活服务业。

3.1.1 增值税的含义及分类

增值税是对在我国境内销售货物或者提供加工、修理修配劳务(以下简称"应税劳务")、交通运输业、邮政业、部分现代服务业服务(以下简称"应税服务")以及进口货物的企业单位和个人,就其货物销售或提供应税劳务、应税服务的增值额和货物进口金额为计税依据而课征的一种流转税。从计税原理上看,增值税是对商品生产和流通中各环节的新增加值和商品附加值进行征税,所以叫做"增值税"。然而,由于新增价值和商品附加值在商品流通过程中是一个难以准确计算的资料,所以在增值税的实际操作上采用间接计算法,即从事货物销售以及提供应税劳务的纳税人,要根据货物或应税劳务销售额,按照规定的税率计算税款,然后从中扣除上一道环节已纳增值税,其余额即为纳税人应缴纳的增值税款。

按照外购固定资产所支付的增值税是否扣除及扣除标准的不同,由此形成3种不同类型的增值税。

1. 消费型增值税

消费型增值税允许将购置的固定资产的已纳税款在征收增值税时一次全部扣除,即纳税人用于生产的全部外购生产资料不在课税之列。这样,就整个社会来讲,课税对象实际上只限于消费资料,故称为消费型增值税。西方国家大多数实行的是这种类型的增值税,目的是鼓励投资,加速设备更新。

2. 收入型增值税

收入型增值税只允许在应缴税款中扣除固定资产的折旧部分已纳税款。这样,就整个社会来讲,课税对象相当于国民收入,故称为收入型增值税。

3. 生产型增值税

生产型增值税在应缴税款中不允许扣除外购固定资产已纳税款。这样,就整个社会来说,课税对象相当于国民生产总值,故称为生产型增值税。

在这3种类型的增值税中,消费型增值税最能体现按增值额征税的基本原理。它可以彻底消除重复征税的因素,而将增值税对投资的不利影响减少到最低限度,有利于加速设备更新,推动技术进步,因此,目前经济发达国家已全面实行了消费型增值税。相反,生产型增值税把购置固定资产已纳增值税全部排除在扣除范围之外,使增值税中有一定的重复征税因素,但它有利于资本有机构成低和劳动密集型的企业,也能适应经济不发达国家的财政承受能力。收入型的增值税则介于生产型增值税和消费型增值税之间。

依据1993年12月13日由国务院颁布的《增值税暂行条例》,我国所执行的增值税为生产型增值税。2009年1月1日起,我国的增值税由生产型改为消费型,将设备投资纳入增值税抵扣范围。

3.1.2 增值税的征税范围和纳税义务人

1. 增值税的纳税义务人

1) 增值税纳税义务人的一般定义

根据《增值税暂行条例》和"营改增"的规定，凡在中华人民共和国境内销售或进口货物、提供加工、修理修配劳务和应税服务的单位和个人，为增值税的纳税义务人（以下简称纳税人）。其中，"单位"包括发生应税行为的企业、行政单位、事业单位、军事单位、社会团体及其他单位；"个人"指发生应税行为的个体经营者及其他个人。单位以承包、承租、挂靠方式经营的，承包人、承租人、挂靠人（以下统称承包人）以发包人、出租人、被挂靠人（以下统称发包人）名义对外经营并由发包人承担相关法律责任的，以该发包人为纳税人；否则，以承包人为纳税人。企业租赁或承包给他人经营，以承租人或承包人为纳税人。境外的单位或个人在境内销售应税劳务而在境内未设有经营机构的，其应纳税款以代理人为扣缴义务人；没有代理人的以购买者为扣缴义务人。

2) 纳税义务人的分类

增值税实行凭专用发票抵扣税款的制度，客观上要求纳税人具备健全的会计核算制度和能力。但实际工作中，我国增值税纳税人的会计核算水平差异较大，为了简化增值税的计算与征收，减少税收征管漏洞，《增值税暂行条例》参照国际惯例，将纳税人按企业经营规模及会计核算健全与否划分为小规模纳税人和一般纳税人。

(1) 小规模纳税人的认定。小规模纳税人是指年销售额在规定标准以下，并且会计核算不健全，不能按规定报送有关税务资料的增值税纳税人。其中，会计核算不健全是指不能正确核算增值税的销项税额、进项税额和应纳税额。根据《增值税暂行条例》及其《增值税暂行条例实施细则》和"营改增"及相关文件的规定，小规模纳税人的认定标准见表3-1。

对小规模纳税人的确定，由主管税务机关依照税法规定的标准认定。按规定小规模纳税人实行按率计征，不得进行税款抵扣，也不得使用增值税专用发票。

(2) 一般纳税人的认定。一般纳税人是指年应征增值税销售额超过《增值税暂行条例实施细则》规定的小规模纳税人标准的企业和企业性单位。增值税一般纳税人须向税务机关办理认定手续。

纳税人申请办理一般纳税人认定手续时，应提出申请报告，并提供营业执照、有关合同、章程、协议书、银行账号证明，以及税务机关要求提供的其他有关证件、资料等。主管税务机关在初步审核企业的申请报告和有关资料后，发给《增值税一般纳税人申请认定表》，见表3-2，纳税人应如实填写。

一般纳税人认定的审批权限在县级以上税务机关。负责审批的税务机关应在收到申请认定表之日起20日内审核完毕。符合一般纳税人条件的，在其《税务登记证》和副本首页上方加盖"增值税一般纳税人"确认专用章，作为领购增值税专用发票的证件。对于被认定为增值税一般纳税人的企业，可以使用增值税专用发票，并实行税款抵扣制度。

表 3-1 小规模纳税人的划分标准

划分标准		具 体 规 定
基本划分标准	年销售额大小	(1) 从事货物生产或提供应税劳务的纳税人,以及从事货物生产或提供应税劳务为主,并兼营货物批发或零售的纳税人,年应税销售额在50万元以下的;"以从事货物生产或提供应税劳务为主"是指该类纳税人的年货物生产或者提供应税劳务的销售额占年应税销售额的比重在50%以上 (2) 对上述规定以外的纳税人,年应税销售额在80万以下的
	会计核算水平	小规模企业有会计,有账册,能够正确计算进项税额、销项税额和应纳税额,并能按规定报送有关税务资料的,年应税销售额不低于30万元的,可以申请一般纳税人资格认定,不作为小规模纳税人
特殊划分标准		(1) 年应税销售额超过小规模纳税人标准的其他个人按小规模纳税人纳税 (2) 非企业性单位、不经常发生应税行为的企业,可以选择按小规模纳税人纳税 (3) "营改增"第三条规定的应税服务年销售额标准为500万元,应税服务年销售额未超500万元的纳税人为小规模纳税人 (4) 旅店业和饮食业纳税人销售非现场消费的食品,属于不经常发生增值税应税行为,可以选择按小规模纳税人缴纳增值税 (5) 兼有销售货物、提供加工修理修配劳务以及应税服务,且不经常发生应税行为的单位和个体工商户可选择按照小规模纳税人纳税

表 3-2 增值税一般纳税人申请认定表

纳税人名称			纳税人识别号	
法定代表人 (负责人、业主)		证件名称 及号码		联系电话
财务负责人		证件名称 及号码		联系电话
办税人员		证件名称 及号码		联系电话
生产经营地址				
核算地址				
纳税人类别:企业、企业性单位□ 非企业性单位□ 个体工商户□ 其他□				
纳税人主业:工业□ 商业□ 其他□				
认定前累计应税销售额 (连续不超过12个月的经营期内)			年 月至 年 月共 元	
纳税人声明	上述各项内容真实、可靠、完整。如有虚假,本纳税人愿意承担相关法律责任。 (签章) 年 月 日			

续表

税务机关	
受理意见	受理人签名： 年　月　日
查验意见	查验人签名： 年　月　日
主管税务 机关意见	（签章） 年　月　日
认定机 关意见	（签章） 年　月　日

2. 增值税的征税范围

根据《增值税暂行条例》和"营改增"及相关文件的规定，增值税的征税范围见表3-3。

表3-3　增值税的征税范围列表

项　目	内　容
一般规定	销售或者进口的货物
	提供的应税劳务、应税服务
特殊规定	特殊项目
	特殊行为：包括视同销售货物行为、混合销售货物行为、兼营非应税劳务行为
	其他征免税规定

1) 增值税征税范围的一般规定

(1) 销售或者进口的货物。货物是指有形动产，包括电力、热力、气体在内。

(2) 提供的应税劳务。应税劳务是指纳税人提供的加工、修理修配劳务。加工是指受托加工货物，即委托方提供原料及主要材料，受托方按照委托方的要求制造货物并收取加工费的业务；修理修配是指受托对损伤和丧失功能的货物进行修复，使其恢复原状和功能的业务。提供应税劳务，是指有偿提供加工、修理修配劳务。单位或者个体工商户聘用的员工为本单位或者雇主提供加工、修理修配劳务不包括在内。

(3) 提供的应税服务。应税服务是指陆路运输服务、水路运输服务、航空运输服务、管道运输服务、邮政普遍服务、邮政特殊服务、其他邮政服务、研发和技术服务、信息技术服务、文化创意服务、物流辅助服务、有形动产租赁服务、鉴证咨询服务、广播影视服务。

应税服务的界定需要注意基本行为的界定、地域的界定和视同应税服务的界定。

第一,基本行为的界定:有偿性与营业性。提供应税服务是指有偿提供应税服务,但不包括非营业活动中提供的应税服务。非营业活动是指:①非企业性单位按照法律和行政法规的规定,为履行国家行政管理和公共服务职能收取政府性基金或者行政事业性收费的活动。②单位或者个体工商户聘用的员工为本单位或者雇主提供应税服务。③单位或者个体工商户为员工提供应税服务。④财政部和国家税务总局规定的其他情形。

第二,地域的界定:境内提供应税服务。在境内提供应税服务是指应税服务提供方或者接受方在境内。下列情形不属于在境内提供应税服务:①境外单位或者个人向境内单位或者个人提供完全在境外消费的应税服务。②境外单位或者个人向境内单位或者个人出租完全在境外使用的有形动产。③财政部和国家税务总局规定的其他情形。

第三,单位和个体工商户的下列情形,视同提供应税服务:①向其他单位或者个人无偿提供交通运输业和部分现代服务业服务,但以公益活动为目的或者以社会公众为对象的除外。②财政部和国家税务总局规定的其他情形。

2)增值税征税范围的特殊规定

(1)增值税征税范围的特殊项目。包括货物期货,银行销售金银的业务,典当业的死当物品销售业务和寄售业代委托人销售寄售物品的业务,集邮商品的生产、调拨,以及邮政部门以外的其他单位和个人销售的集邮商品,除邮政部门意外的其他单位和个人发行报刊,电力公司向发电企业收取的过网费,等等。

(2)税法中确定属于增值税征税范围的特殊行为。属于增值税征税范围的特殊行为包括视同销售货物行为、混合销售行为、兼营非应税劳务行为。

单位和个体经营者的下列行为,视同销售货物。

① 将货物交付其他单位或个人代销。

② 销售代销货物。

③ 设有两个以上机构并实行统一核算的纳税人,将货物从一个机构移送到其他机构用于销售,但相关机构设在同一县(市)的除外。

④ 将自产或委托加工的货物用于非应税项目。

⑤ 将自产、委托加工或购买的货物作为投资,提供给其他单位或个体经营者。

⑥ 将自产、委托加工或购买的货物分配给股东或投资者。

⑦ 将自产、委托加工的货物用于集体福利或个人消费。

⑧ 将自产、委托加工或购买的货物无偿赠送他人。

⑨ 单位和个体工商户向其他单位或者个人无偿提供交通运输业和部分现代服务业服务,但以公益活动为目的或者以社会公众为对象的除外。

⑩ 财政部和国家税务总局规定的其他情形。

这10种视同销售货物的行为,从会计角度讲,虽然没有货款的直接流入,但均要征收增值税。这样做的目的在于保证增值税税款抵扣制度的实施,不至于因发生上述行为而造成税款抵扣环节的中断;避免因发生上述行为而造成货物销售税赋不平衡,防止因上述行为逃避纳税。

关于混合销售行为和兼营非应税劳务行为的征税规定见表3-4。

表 3-4　混合销售行为和兼营行为的征税规定

经营行为	分类和特点	税务处理原则
兼营行为	纳税人兼营不同税率应税项目	要划清收入，按各收入对应的税率计算纳税；对划分不清的，一律从高从重计税
	纳税人兼营增值税应税项目与非应税项目	要划清收入，按各收入对应的税种、税率计算纳税；对划分不清的，由主管税务机关核定货物或者应税劳务的销售额
	纳税人兼营免税、减税项目	应当分别核算免税、减税项目的销售额；未分别核算销售额的，不得免税、减税
混合销售	定义：指一项销售行为既涉及增值税应税货物，又涉及非应税劳务 特点：为了销售一批货物提供非应税劳务，二者之间是紧密相连的从属关系	基本规定：按企业主营项目的性质划分应纳税种。一般情况下，交纳增值税为主的企业的混合销售交增值税，交纳营业税为主的企业的混合销售交营业税 非应税劳务是指属于应缴营业税的建筑业、金融保险业、邮电通信业、文化体育业、娱乐业、服务业税目征收范围的劳务

3.1.3　纳税义务发生时间及纳税期限

1. 纳税义务发生时间

纳税义务发生时间是纳税人发生应税行为应当承担纳税义务的起始时间。税法明确规定纳税义务发生时间是为了明确征纳双方的职责和义务，纳税人只要发生纳税义务就要按规定办理纳税申报，并按规定的期限缴纳税款。增值税对纳税义务发生时间的规定如下。

（1）销售货物或者提供应税劳务和应税服务，为收讫销售款或者取得索取销售款凭据的当天；先开具发票的，为开具发票的当天。

根据结算方式不同，具体确定如下。

① 采取直接收款方式销售货物，不论货物是否发出，均为收到销售额或取得索取销售额的凭据，并将提货单交给买方的当天。

② 采取托收承付和委托收款方式销售货物，为发出货物并办妥托收手续的当天。

③ 采取赊销和分期收款方式销售货物，为按合同约定的收款日期的当天；无书面合同或书面合同未约定日期的，为货物发出的当天。

④ 采取预收货款方式销售货物，为货物发出的当天，但生产销售生产工期超过 12 个月的大型机械设备、船舶、飞机等货物，为收到预收款或书面合同约定的收款日期的当天。

⑤ 委托其他纳税人代销货物，为收到代销单位的代销清单或收到全部或者部分货款的当天。未收到代销清单及货款的，为发出代销货物满 180 天的当天。

⑥ 销售应税劳务，为提供劳务同时收讫销售额或取得索取销售额的凭据的当天。

⑦ 纳税人发生视同销售货物行为，为货物移送的当天。

⑧ 纳税人提供有形动产租赁服务采取预收款方式的,其纳税义务发生时间为收到预收款的当天。

⑨ 纳税人发生视同提供应税服务的,其纳税义务发生时间为应税服务完成的当天。

(2) 进口货物的纳税时间,为报关进口的当天。

(3) 增值税扣缴义务发生时间为纳税人增值税纳税义务发生的当天。

2. 纳税增值税的纳税期限

增值税的纳税期限分为按期纳税和按次纳税两种形式。按期纳税的,分别以1天、3天、5天、10天、15天或者1个月或1个季度为一个纳税期。纳税人的具体纳税期限由主管税务机关根据纳税人的具体情况分别核定。不能按固定期限纳税,可按次纳税。纳税人以1个月或1个季度为一个纳税期的,自期满之日起15天内申报纳税;以1天、3天、5天、10天、15天为一期纳税的,自期满之日起5天内预缴税款,于次月1日起15天内申报纳税并结清上月应纳税款。扣缴义务人解缴税款的期限依上述规定执行。

纳税人进口货物,应当自海关填发进口增值税专用缴款书之日起15天内缴纳税款。

纳税人出口货物适用退(免)税规定的,向海关办理出口手续后,凭出口报关单等有关凭证,在规定的出口退(免)税申报期内按月向税务机关申报办理该项出口货物的退(免)税。出口货物办理退税后发生退货或退关的,纳税人应当依法补缴已退的税款。

3.1.4 纳税地点

纳税地点是指纳税人按照税法规定缴纳税款的地点。根据纳税人的不同情况,为有利于加强纳税人的经济核算和税款的征收管理,税法对增值税的纳税地点规定如下。

(1) 固定业户应当向其机构所在地主管税务机关申报纳税。总机构和分支机构不在同一县(市)的,应当分别向各自所在地主管税务机关申报纳税;经国务院财政、税务主管部门或者其授权的财政、税务机关批准,可以由总机构汇总向机构所在地的主管税务机关申报纳税。

(2) 固定业户到外县(市)销售货物或者应税劳务,应当向其机构所在地主管税务机关申请开具外出经营活动税收管理证明,向其机构所在地主管税务机关申报纳税。未开具证明的,应当向销售地或者劳务发生地的主管税务机关申报纳税;未向销售地或者劳务发生地的主管税务机关申报纳税的,由其机构所在地的主管税务机关补征税款。

(3) 非固定业户销售货物或者提供应税劳务,应当向销售地或者主管税务机关申报纳税;非固定业户到外县(市)销售货物或者应税劳务,未向销售地主管税务机关申报纳税的,由其机构所在地或者居住地主管税务机关补征税款。

(4) 进口货物应当由进口人或其代理人向报关地海关申报纳税。

(5) 扣缴义务人应当向其机构所在地或居住地的主管税务机关申报缴纳其扣缴的税款。

(6) 营业税改征的增值税,由国家税务局负责征收。

3.2 应纳税额的计算

增值税应纳税额的计算因一般纳税人和小规模纳税人而异。小规模纳税人实行按率计征,一般纳税人实行税款抵扣。

3.2.1 营改增后的增值税税目税率表

2014年营改增以后,我国增值税税目和税率见表3-5。

表3-5 营改增后的增值税税目税率表

纳税人	应税项目		税率或征收率
小规模纳税人	包括原增值税纳税人和营改增纳税人:从事货物销售,提供增值税加工、修理修配劳务,以及营改增各项应税服务		征收率3%
一般纳税人	原增值税纳税人		
	销售或者进口货物(另有列举的货物除外);提供加工、修理修配劳务		17%
	(1) 粮食、食用植物油、鲜奶		13%
	(2) 自来水、暖气、冷气、热气、煤气、石油液化气、天然气、沼气,居民用煤炭制品		
	(3) 图书、报纸、杂志		
	(4) 饲料、化肥、农药、农机(整机)、农膜		
	(5) 国务院规定的其他货物:农产品(指各种动、植物初级产品);音像制品;电子出版物;二甲醚		
	出口货物		0
	营改增试点增值税纳税人		
	交通运输业	陆路(含铁路)运输、水路运输、航空运输和管道运输服务	11%
	邮政业	邮政普遍服务、邮政特殊服务、其他邮政服务	11%
	现代服务业	研发和技术服务	6%
		信息技术服务	
		文化创意服务	
		物流辅助服务	
		鉴证咨询服务	
		广播影视服务	
		有形动产租赁服务	17%
		财政部和国家税务总局规定的应税服务	0

续表

纳税人	应税项目	税率或征收率
纳税人	境内单位和个人提供的往返香港、澳门、台湾的交通运输服务	0
	境内单位和个人在香港、澳门、台湾提供的交通运输服务	
	境内单位和个人提供的国际运输服务、向境外单位提供的研发服务和设计服务	0
	境内单位和个人提供的规定的涉外应税服务	免税

3.2.2 增值税的计税方法

增值税的计税方法，包括一般计税方法、简易计税方法和扣缴计税方法3种。

1. 一般计税方法

一般纳税人销售货物或者提供应税劳务和应税服务适用一般计税方法计税，计税公式为：

$$当期应纳增值税税额＝当期销项税额－当期进项税额$$

一般纳税人提供财政部和国家税务总局规定的特定的销售货物、应税劳务、应税服务，可以选择适用下述的小规模纳税人采用的简易计税方法，一经选择，36个月内不得变更。

2. 简易计税方法

小规模纳税人销售货物或者提供应税劳务和应税服务适用简易计税方法，计税公式为：

$$当期应纳增值税额＝当期不含税销售额×征收率$$

3. 扣缴计税方法

境外单位或者个人在境内提供应税服务，在境内未设有经营机构的，扣缴义务人按照以下公式计算应扣缴税额：

$$应扣缴税额＝接受方支付的价款÷(1＋税率)×税率$$

代扣代缴增值税适用税率的确定：境内的代理人和接受方为境外单位和个人扣缴增值税的，按照适用税率扣缴增值税。

3.2.3 一般纳税人当期销项税额的计算

一般纳税人实行税款抵扣，当期应纳增值税额计税公式为：

$$当期应纳增值税额＝当期销项税额－当期进项税额$$

应纳税额的计算正确与否，直接取决于销项税额和进项税额的计算。

销项税额是指纳税人销售货物或者应税劳务按照销售额和规定的税率计算并向购买方收取的增值税额。这里包含两层意思。

(1) 销项税额是计算出来的,它是销售货物或应税劳务的整体税负。

(2) 销项税额是销售货物或提供劳务时随同货物(或劳务)价格一起向购买方收取的。应当说明的是,销项税额不是本环节纳税人的应纳税额。从销项税额中扣除为生产经营货物或应税劳务而外购项目的已纳税额即进项税额后的差额才是本环节纳税人的应纳税额。销项税额的计算公式为:

$$当期销项税额 = 不含税销售额 \times 适用税率$$

1. 式中"当期"的含义

"当期"是个重要的时间概念,它是指税务机关依照税法规定对纳税人确定的纳税期限,只有在纳税期限内实际发生的销项税额才是法定的当期销项税额。针对不同的销售方式和结算方式,税法对"当期"的规定各不相同(详见 3.1.3 小节关于增值税纳税义务发生时间的相关规定)。

2. 式中"不含税销售额"的含义

式中"不含税销售额"是指纳税人销售货物或者提供应税劳务而向购买方收取的全部价款和价外费用。一般情况下,不含税销售额包括以下 3 项内容。

(1) 销售货物或应税劳务取自于购买方的全部价款。

(2) 向购买方收取的各种价外费用(即价外收入)。价外费用包括价外向购买方收取的手续费、补贴、基金、集资费、返还利润、奖励费、违约金、滞纳金、延期付款利息、赔偿金、代收款项、代垫款项、包装费、包装物租金、储备费、优质费、运输装卸费以及其他各种性质的价外收费。

(3) 应税消费品的消费税税金(价内税)。

不含税销售额中不包括以下 5 项内容。

(1) 向购买方收取的销项税额。

(2) 委托加工应征消费税的消费品所代收代缴的消费税。

(3) 同时符合以下条件的代垫运费:①承运者的运费发票开具给购货方的;②纳税人将该项发票转交给购货方的。

(4) 同时符合以下条件代为收取的政府性基金或者行政事业性收费:①由国务院或者财政部批准设立的政府性基金,由国务院或省级人民政府及其财政、价格主管部门批准设立的行政事业性收费;②收取时开具省级以上财政部门印制的财政票据;③所收款项全额上缴财政。

(5) 销售货物的同时代办保险等而向购买方收取的保险费,以及向购买方收取的代购买方缴纳的车辆购置税、车辆牌照费。

3. 特殊销售方式下销售额的确定

除以上一般性的规定以外,在确定销售额时会遇到一些特殊情况,税法也作了具体的规定。

1) 采取折扣方式销售

(1) 折扣销售、销售折扣、销售折让、销售退回的概念。

折扣销售是指销售方在销售货物或应税劳务时,因购货方购货数量较大等原因,而给予购货方的价格优惠。销售折扣也叫现金折扣,是指销货方在销售货物或提供劳务后,为了鼓励购货方及早偿还货款,而协议许诺给予购货方的一种折扣,常用 2/10、1/20、n/30 表示,其含义是购货方在 10 天内付款可享受 2% 的折扣;在第 11~20 天内付款可享受 1% 的折扣;信用期限为 30 天,购货方在第 21~30 天内付款不能享受折扣。现金折扣发生在销货之后,是一种融资性质的理财费用。销售折让是指企业因商品质量不合格等原因而在售价上给予的减让。

折扣销售、销售折扣、销售折让、销售退回(销售退回是指企业售出的商品,由于质量、品种不符合要求等原因而发生的退货)的共同点在于这 4 种情况都会引起企业资金流入的减少,但对这 4 种情况的增值税税务处理截然不同。

(2)折扣销售、销售折扣、销售折让、销售退回的增值税税务处理。

依据相关规定,折扣销售、销售折扣、销售折让、销售退回的增值税税务处理见表 3-6。

表 3-6 折扣销售、销售折扣、销售折让、销售退回的增值税税务处理比较

项目	税务处理规定
折扣销售	关键看销售额与折扣额是否在同一张发票上注明 (1) 如果是在同一张发票上分别注明的,按折扣后的余额作为销售额 (2) 如果折扣额另开发票,不论财务如何处理,均不得从销售额中减除折扣额 (3) 这里的"折扣"仅限于货物价格折扣,如果是实物折扣应按视同销售中"无偿赠送"处理,实物款额不能从原销售额中减除,且该实物应按增值税条例"视同销售货物"中的"赠送他人"计算征收增值税
销售折扣	发生在销货之后,属于一种融资行为,折扣额不得从销售额中减除
销售折让	发生在销货之后,作为已售产品出现品种、质量问题而给予购买方的补偿,使原销售额减少,折让额可以从销售额中减除
销售退回	发生在销货之后,在取得有关合法凭据后,退回的货款可以从销售额中减除

例 3.1 企业以托收承付方式销售一批产品,按价目表标明的价格计算,总金额为 20 000 元,由于是成批销售,销货方给购货方 10% 的商业折扣。企业为尽早收回货款,规定的现金折扣条件为 2/10、n/30,销货方适用的增值税税率为 17%,产品已发出并办妥托收手续。

按照税法规定,企业应确认的销售收入为:
$$20\ 000 \times (1 - 10\%) = 18\ 000(元)$$

应收取的增值税销项税额为:
$$18\ 000 \times 17\% = 3\ 060(元)$$

2) 采取以旧换新方式销售

纳税人采取以旧换新方式销售货物的,应按新货物的同期销售价格确定销售额,收回的旧货物的折价款支出不能从销售额中抵扣,因为销售货物与收购货物是两个不同的业务活动。考虑到金银首饰以旧换新业务的特殊状况,对金银首饰以旧换新业务,可以按销售

方实际收取的不含增值税的全部价款征收增值税。

例 3.2　某家金店(经人民银行批准经营金银首饰)，以旧换新销售 24k 项链 10 条，原来的标价是 5 000 一条，旧的可以作价为 3 000 元一条。则该项业务的销项税额为：

$$销项税额 = 2\,000 \times 10 \div (1 + 17\%) \times 17\% = 2\,906(元)$$

3) 采取还本销售方式

纳税人采取还本销售方式(即纳税人在销售货物后，到一定期限由销售方一次或分次退还给购货方全部或部分价款)销售货物的，销售额就是货物的销售价格，不得从销售额中减除还本支出，因为这种销售方式实际上是一种筹集资金，以提供货物使用换取还本不付息的方法。这样规定的理由是国家不能以减少税收来承担企业销售还本的责任。

4) 采取以物易物方式销售

纳税人采取以物易物方式销售的，双方均应作购销处理。以各自发出的货物核算销售额并计算销项税额，以各自收到的货物核算购货额并计算进项税额。应注意，在以物易物活动中，应分别开具合法的票据，如收到的货物不能取得相应的增值税专用发票或其他合法票据的，不能抵扣进项税额。

5) 采取兼营不同税率或者征收率

纳税人兼营不同税率或者征收率的销售货物、提供加工修理修配劳务或者应税服务的，应当分别核算适用不同税率或征收率的销售额，未分别核算销售额的，按照以下方法适用税率或征收率。

(1) 兼有不同税率的销售货物、提供加工修理修配劳务或者应税服务的，从高适用税率。

(2) 兼有不同征收率的销售货物、提供加工修理修配劳务或者应税服务的，从高适用征收率。

(3) 兼有不同税率和征收率的销售货物、提供加工修理修配劳务或者应税服务的，从高适用税率。

6) 采取混合销售

纳税人有混合销售行为，按规定应缴纳增值税的，其销售额应当以货物与非应税劳务的销售额合计数计算。

7) 兼营非增值税应税劳务

纳税人兼营非增值税应税项目的，应分别核算货物或者应税劳务和应税服务的销售额和非增值税应税项目的营业额；未分别核算的，由主管税务机关核定货物或者应税劳务和应税服务的销售额。

8) 出租出借包装物收取押金

纳税人为销售货物而出租出借包装物收取的押金，单独记账核算的，时间在 1 年以内，又未过期的，不并入销售额征税。但对于逾期未收回包装物不再退还的押金，应按所包装货物的适用税率计算销项税额。计算销项税额时应注意以下几个方面。

(1) "逾期"是以 1 年为期限，对收取 1 年以上的押金，无论是否退还均应并入销售额征税。对于个别包装物周转使用期限较长，报经税务机关确定后，可适当放宽逾期期限。

(2) 对销售除啤酒、黄酒外的其他酒类产品而收取的包装物押金，无论是否返还以及会计上如何核算,均应并入当期销售额征税。

(3) 将包装物押金并入销售额征税时,需要先将该押金换算为不含税价款,再并入销售额征税。

此外,包装物押金不应混同于包装物租金。包装物租金在销货时作为价外费用并入销售额计算销项税额。

4. 销售额的确定

纳税人销售货物或应税劳务的价格明显偏低并且无正当理由的,或者有视同销售行为而无销售额,可按照下列顺序确定销售额。

(1) 按纳税人最近时期同类货物的平均销售价格确定。
(2) 按其他纳税人最近时期同类货物的平均销售价格确定。
(3) 按组成计税价格确定,组成计税价格的公式为:

$$组成计税价格 = 成本 \times (1 + 成本利润率)$$

式中的"成本"是指销售自产货物的为实际生产成本,销售外购货物的为实际采购成本。用这个公式组价的货物不涉及消费税。

征收增值税的货物,同时又征收消费税的,其组成计税价格中,应加计消费税税额。其组成计税价格的公式为:

$$组成计税价格 = 成本 \times (1 + 成本利润率) + 消费税税额$$

或

$$组成计税价格 = \frac{成本 \times (1 + 成本利润率)}{1 - 消费税税率}$$

式中的"成本",对于销售自产货物,是指其实际生产成本;对于销售外购货物,是指其实际采购成本。属于应征消费税的货物,其组成计税价格中应加计消费税额,这里的消费税额包括从价计算、从量计算、复合计算的全部消费税额。式中的"成本利润率"按照国家税务总局规定的成本利润率确定。

"营改增"也规定,纳税人提供应税服务的价格明显偏低或者偏高且不具有合理商业目的的,或者发生"营改增"办法第十一条所列视同提供应税服务而无销售额的,主管税务机关有权按照下列顺序确定销售额。

(1) 按照纳税人最近时期提供同类应税服务的平均价格确定。
(2) 按照其他纳税人最近时期提供同类应税服务的平均价格确定。
(3) 按照组成计税价格确定。组成计税价格的公式为:

$$组成计税价格 = 成本 \times (1 + 成本利润率)$$

式中,成本利润率由国家税务总局确定。

例3.3 某企业为增值税一般纳税人,2014年5月生产加工一批新产品450件,每件成本价380元(无同类产品市场价格),全部售给本企业职工,取得不含税销售额171 000元,国家税务总局确定的成本利润率为10%。

$$组成计税价格 = 450 \times 380 \times (1 + 10\%) = 188\ 100(元)$$
$$销项税额 = 188\ 100 \times 17\% = 31\ 977(元)$$

5. 含税销售额的换算

纳税人因购买方是小规模纳税人、消费者和其他原因而开具普通发票所取得的含税收入，应按下列公式将含税收入换算为不含税销售额。

$$不含税销售额=含税销售额\div(1+税率)$$

3.2.4 一般纳税人当期进项税额的计算

进项税额是指纳税人购进货物或接受应税劳务所支付或负担的增值税额。进项税额与销项税额是互相对应的一对概念，销售方收取的销项税额即购进方支付的进项税额。只有当纳税人购进的货物或接受的应税劳务和应税服务用于增值税应税项目时，与之对应的进项税额才可以从销项税额中抵扣。为此，需要按照购进货物的用途对进项税额加以适当的分类，排除不允许抵扣的进项税额，确认允许抵扣的进项税额并计算当期可以抵扣的进项税额。

1. 允许从销项税额中抵扣的进项税额

允许从销项税额中抵扣的进项税额可分为两类：一类是以票抵扣，即取得法定扣税凭证，并符合税法抵扣规定的进项税额；另一类是计算抵扣，即没有取得法定扣税凭证，但符合税法抵扣政策，准予计算抵扣的进项税额。具体归纳见表3-7。

表3-7 允许从销项税额中抵扣的进项税额分类表

类　　别	进项税额的来源
以票抵税	(1) 从销售方取得的增值税专用发票上注明的增值税额 (2) 从海关取得的海关进口增值税专用发票缴款书上注明的增值税额 (3) 接受境外单位或个人提供的应税服务，从税务机关或者境内代理人取得的解缴税款的中华人民共和国税收缴款凭证上注明的增值税额
计算抵税	外购免税农产品：进项税额＝买价×13%
增值税扣税凭证	增值税专用发票、海关进口增值税专用缴款书、农产品收购发票和农产品销售发票、中华人民共和国税收缴款凭证

从表3-7中可看出，准予从销项税额中抵扣的进项税额具体包括以下4个方面。

(1) 纳税人购买货物或获得应税劳务，从销售方取得专用发票上注明的增值税额。

(2) 纳税人进口货物从海关取得的海关进口增值税专用缴款书上注明的增值税额。进口货物的进项税额一般是由海关按照组成计税价格和适用税率计算确认的，计算公式为：

$$应纳增值税额=组成计税价格\times 增值税税率$$
$$组成计税价格=关税完税价格+关税+消费税$$

进口货物一般以国际上通用的到岸价格为关税完税价格。它主要包括3个部分：国外采购当地的采购价、出口国的出口关税、货物运抵进口国港口起卸前的一切费用(如运费、保险费等)。

(3) 一般纳税人向农业生产者购买的免税农产品,准予按照买价和13%的扣除率计算进项税额,并从当期销项税额中扣除,计算公式为:

$$进项税额=买价×13\%$$

例3.4 某增值税一般纳税人收购一批免税农产品用于生产,在税务机关批准使用的专用收购凭证上注明价款100 000元。

$$可计算抵扣的进项税额=100\ 000×13\%=13\ 000(元)$$
$$农产品的采购成本=100\ 000-13\ 000=87\ 000(元)$$

(4) 接受境外单位或个人提供的应税服务,从税务机关或者境内代理人取得的解缴税款的中华人民共和国税收缴款凭证上注明的增值税额。

纳税人凭税收缴款凭证抵扣进项税额的,应当具备书面合同、付款证明和境外单位的对账单或者发票。资料不全的,其进项税额不得从销项税额中抵扣。

2. 不允许从销项税额中抵扣的进项税额

根据《增值税暂行条例》和"营改增"规定,不允许从销项税额中抵扣的进项税额共3类,具体归纳见表3-8。

表3-8 不允许从销项税额中抵扣的进项税额列表

分 类	内 容
购进货物改变生产经营用途	(1) 用于简易计税方法计税项目、非增值税应税项目、免征增值税项目、集体福利或者个人消费的购进货物或者应税劳务 (2) 非正常损失的购进货物及相关的应税劳务 (3) 非正常损失的在产品、产成品所耗用的购进货物或应税劳务
原增值税一般纳税人接受试点纳税人提供的应税服务	(1) 用于简易计税方法计税项目、非增值税应税项目、免征增值税项目、集体福利或者个人消费,其中涉及的专利技术、非专利技术、商誉、商标、著作权、有形动产租赁,仅指专用于上述项目的专利技术、非专利技术、商誉、商标、著作权、有形动产租赁 (2) 接受的旅客运输服务 (3) 与非正常损失的购进货物相关的交通运输业服务 (4) 与非正常损失的在产品、产成品所耗用购进货物相关的交通运输业服务
扣税凭证不合格	纳税人购进货物或者应税劳务,取得的增值税扣税凭证不符合法律、行政法规或者国务院税务主管部门有关规定的,其进项税额不得从销项税额中抵扣

1) 购进货物改变生产经营用途的进项税额

(1) 非增值税应税项目是不缴纳增值税的项目,包括提供非增值税应税劳务、转让无形资产、销售不动产和不动产在建工程等。在购进货物或者应税劳务用于非增值税应税项目、免征增值税项目、集体福利或者个人消费而不得抵扣进项税额中,有两种特殊情况应排除在外:当纳税人做出应确定为征收增值税的混合销售行为、兼营免税项目或非应税劳务行为时,其混合销售或兼营行为中用于非应税劳务的购进货物或者应税劳务的进项税额就可以在计算增值税时从销项税额中抵扣。

（2）集体福利或者个人消费是指企业内部设置的供职工使用的食堂、浴室、理发室、宿舍、幼儿园等福利设施及其设备、物品等，或者以福利、奖励、津贴等形式发放给职工个人的物品，以及纳税人的交际应酬消费。纳税人凡购进货物或应税劳务是用于集体福利、个人消费的，由于其已经改变了生产、经营需要的用途，成了最终消费品，因此其进项税额不能抵扣。

若购进货物或应税劳务在购进时就已知将用于非应税项目、免税项目、集体福利和个人消费的，则其进项税额直接计入相关项目的价值；若购进货物或接受劳务的初衷是用于生产经营的，其进项税额是允许从销项税额中抵扣的，但后来这些货物或劳务又改变用途，用于非应税项目、免税项目、集体福利和个人消费，则与之对应的进项税额应该以"进项税额转出"的形式从当期发生的进项税额中扣减下来。如果纳税人兼营非应税项目或免税项目而无法准确划分不得抵扣的进项税额的，可按下列公式计算不得抵扣的进项税额。

$$不得抵扣的进项税额 = 当月全部进项税额 \times \frac{当月免税项目销售额 + 非应税项目营业额}{当月全部销售额 + 营业额}$$

（3）非正常损失的购进货物和非正常损失的在产品、产成品所耗用的购进货物或应税劳务的进项税额。非正常损失是指生产经营过程中正常损耗以外的损失，包括自然灾害造成的损失、因管理不善造成货物被盗窃、发生霉烂变质等损失以及其他非正常损失。非正常损失的购进货物、在产品和产成品已无法实现正常销售，将来不会有与之对应的销项税额，因此，这部分物资所对应的进项税额也不应该从销项税额中抵扣，而应做"进项税额转出"处理，在企业所得税中，可以将转出的进项税额计入企业的损失"营业外支出"，在企业所得税前扣除。

2）扣税凭证不合格的进项税额（见3.3节）

3. 进项税额的"当期"限定

为了防止纳税人加大进项税额，少纳税、不纳税或推迟纳税，国家税务总局对增值税一般纳税人购进货物或应税劳务的进项税额的申报抵扣时间作了具体的规定。

1）防伪税控系统开具的增值税专用发票进项税额的抵扣时间限定

增值税一般纳税人申请抵扣的防伪税控系统开具的增值税专用发票，必须自该专用发票开具之日起180日内到税务机关认证，并在认证通过的次月申报期内，向主管税务机关申报抵扣进项税额。

2）海关完税凭证进项税额的抵扣时间限定

为了进一步加强海关进口增值税专用缴款书的增值税抵扣管理，税务总局、海关总署决定将前期在广东等地试行的海关缴款书"先比对后抵扣"管理办法，在全国范围推广实行。

增值税一般纳税人取得开具的海关进口增值税专用缴款书，应在开具之日起180日内向主管税务机关报送《海关完税凭证抵扣清单》申请稽核比对，逾期未申请的其进项税额不予抵扣。

3.2.5 一般纳税人当期应纳税额的计算

增值税一般纳税人当期应纳税额的计算实行购进扣税法,基本公式为:

$$当期应纳增值税额 = 当期销项税额 - 当期进项税额$$

有时,企业当期购进的货物很多,在计算应纳税额时会出现当期销项税额小于当期进项税额而不足抵扣的情况,根据税法规定,不足抵扣的部分不退税,但可以结转下期继续抵扣。

例 3.5 某商贸公司当月发生以下几笔购销业务。

(1) 购入货物取得的增值税专用发票上注明的货款金额为 200 万元,税款为 34 万元,支付货物运输费用所取得的货运发票上注明的金额是 3 万元。

(2) 销售货物开具的专用发票上注明的销售价款为 500 万元,税款为 85 万元,另外,用以旧换新方式向消费者个人销售货物 80 万元(已扣除收购旧货支付的款额 6 万元)。

(3) 加工制作了一批广告性质的礼品分送给客户及购货人,加工单位开具的专用发票上注明的价款 8 万元,同类货物的不含税的市场价格为 10 万元。

假设上述各项购销货物税率均为 17%,该商贸公司当月应纳增值税额计算如下。

$$当月购货进项税额 = 34 + 3 \times 7\% = 34.21(万元)$$

$$当月销售货物的销项税额 = 85 + [(80+6) \div (1+17\%)] \times 17\% = 97.49(万元)$$

$$加工礼品进项税额 = 8 \times 17\% = 1.36(万元)$$

赠送礼品视同销售,其应税销售额为 10 万元。

$$当月销项税额 = 10 \times 17\% = 1.7(万元)$$

$$当月应纳增值税 = (97.49 + 1.7) - (34.21 + 1.36) = 63.62(万元)$$

例 3.6 某进出口公司当月进口一批货物,海关审定的关税完税价格为 700 万元,该货物关税税率为 10%,增值税税率为 17%;当月销售一批货物销售额为 180 万元,适用 17% 的税率,该企业进口货物应支付的进项税额和当月应纳增值税额计算如下。

$$应纳关税额 = 700 \times 10\% = 70(万元)$$

$$组成计税价格 = 700 + 70 = 770(万元)$$

$$进口货物应支付的进项税额 = 770 \times 17\% = 130.9(万元)$$

$$当月销项税额 = 180 \times 17\% = 30.6(万元)$$

$$当月应纳增值税额 = 30.6 - 130.9 = -100.3(万元)$$

计算结果表明,该企业当月不交增值税,未抵扣完的进项税额 100.3 万元留待下月继续抵扣。

例 3.7 某工业企业当月销售货物的销售额为 300 万元,以商业折扣方式销售货物的销售额 80 万元,折扣金额 8 万元和销售额在同一张专用发票上,销售的货物均已发出;当月企业为装修货物展销厅购进一批装饰材料,取得的专用发票上注明的税款是 1.3 万元。假设当月购销货物税率均为 17%。另外,该企业有上月尚未抵扣完的进项税额 60 万元。该企业当月应纳增值税额计算如下。

(1) 采取商业折扣方式销售的,折扣必须与销售额同在一张专用发票上注明,才能按销售额减去折扣后的余额作为计税销售额。因此,企业当月应税销售额为:

$$应税销售额 = 300 + (80 - 8)万元 = 372(万元)$$
$$当月销项税额 = 372 \times 17\% = 63.24(万元)$$

(2) 企业为装修展销厅购进的装饰材料,由于非应税的不动产项目,其进项税额1.3万元不得从销项税额中抵扣。

(3) 上月尚未抵扣完的进项税额60万元可结转当月继续抵扣。

(4) 当月应纳增值税计算如下。

$$当月应纳增值税 = 63.24 - 60 = 3.24(万元)$$

3.2.6 小规模纳税人应纳税额的计算

小规模纳税人销售货物或者应税劳务,按照不含税销售额的3%实行按率计征,不得抵扣进项税额。应纳税额计算公式为:

$$应纳税额 = 不含税销售额 \times 征收率$$

小规模纳税人销售货物或提供劳务时,只能开具普通发票,普通发票上注明的金额为含税销售额,计算应纳税额时,需要将其换算为不含税销售额,换算公式为:

$$不含税销售额 = 含税销售额 \div (1 + 征收率)$$

例3.8 某商业零售企业为增值税小规模纳税人,2014年5月购进货物(商品)取得普通发票,共计支付金额8万元;本月销售货物取得零售收入共计12.36万元。该企业5月份应缴纳的增值税为:

$$应纳增值税 = 12.36 \div (1 + 3\%) \times 3\% = 0.36(万元)$$

3.2.7 出口货物的退(免)税政策及退税额的计算

企业出口货物以不含税价格参与国际市场竞争是国际上的通行做法。我国的出口货物退(免)税是指在国际贸易中,对我国报关出口的货物退还或免征其在国内各生产和流通环节按税法规定缴纳的增值税和消费税,即对增值税出口货物实行零税率,对消费税出口货物免税。增值税出口货物的零税率,从税法上理解有两层含义:一是免征出口环节的增值税;二是退还出口货物前道环节所含的进项税额。

1. 我国出口货物退(免)税基本政策

(1) 出口免税并退税。出口免税是指对货物在出口销售环节不征增值税、消费税;出口退税是指对货物在出口前已纳税款,按规定的退税率计算后予以退还。

(2) 出口免税不退税。出口免税是指对货物在出口销售环节不征增值税、消费税;出口不退税是指适用这个政策的出口货物因在前一道生产、销售环节或进口环节是免税的,因此,出口时该货物的价格中本身就不含税,也无须退税。

(3) 出口不免税也不退税。出口不免税是指对国家限制或禁止出口的某些货物的出口环节照常征税;出口不退税是指对这些出口货物不退还出口前已纳税款。适用这个政策的主要是税法列举、限制或禁止出口的货物,如天然牛黄、麝香等。

《出口货物退(免)税管理办法》规定,对出口的凡属于已征或应征增值税、消费税的货物,除国家明确规定不予退(免)税的货物和出口企业从小规模纳税人购进并持普通发票的部分货物外,都是出口货物退(免)税的货物范围,均应予以退还已征增值税或免征应征的增值税和消费税,但应同时具备4个条件:①必须是属于增值税、消费税征税范围内的货物;②必须是报关离境的货物,即货物必须输出海关;③必须是在财务上作销售处理的货物;④必须是出口收汇并已核销的货物。

2. 出口货物的退税率

根据《增值税暂行条例》规定,企业产品出口后,税务部门应按照出口商品的进项税额为企业办理退税,但由于税收减免及国家其他经济政策等原因,商品的进项税额往往不等于实际负担的税额。如果按出口商品的进项税额退税,就会产生少征多退的问题,于是就有了计算出口商品应退税款的比率,即出口退税率。出口货物的退税率,是出口货物的实际退税额与退税计税依据(即计算退税的价格)的比例。根据相关规定,我国现行的出口货物的增值税退税率有17%、16%、15%、14%、13%、9%、5%,共7档。

(1) 除财政部和国家税务总局根据国务院决定而明确的增值税出口退税率(以下简称"退税率")外,出口货物的退税率为其适用税率。

应税服务退税率为其按照"营改增"第十二条第(一)至(三)项规定适用的增值税税率。

(2) 退税率的特殊规定如下。

① 外贸企业购进按简易办法征税的出口货物、从小规模纳税人购进的出口货物,其退税率分别为简易办法实际执行的税率、小规模纳税人征收率。上述出口货物取得增值税专用发票的,退税率按增值税专用发票上的税率和出口货物退税率孰低的原则确定。

② 出口企业委托加工修理修配货物,其加工修理修配费用的退税率,为出口货物的退税率。

③ 适用不同退税率的货物、劳务及应税服务,应分开报关、核算并申报退(免)税,未分开报关、核算或划分不清的,从低适用退税率。

3. 出口货物退税额的计算

出口货物只有在适用既免税又退税的政策时,才会涉及如何计算退税的问题。由于各类出口企业对出口货物的会计核算办法不同,有对出口货物单独核算的,有对出口和内销的货物统一核算成本的。为了与出口企业的会计核算办法一致,我国《出口货物退(免)税管理办法》规定了两种退税计算办法:一般"免、抵、退"办法和外贸企业出口货物劳务增值税"免、退税"办法。上述两种退税办法的适用范围见表3-9。

1) "免、抵、退"的计算办法

免税,是指对生产企业出口的自产货物,免征本企业生产销售环节的增值税;抵税,是指生产企业出口自产货物所耗用的原材料、零部件、燃料、动力等所含应予退还的进项税额,抵顶内销货物应纳的增值税税额;退税,是指生产企业出口的自产货物在当月内应抵顶的进项税额大于应纳税额而未抵顶完时,经过主管税务机关批准,对未抵顶完的税额予以退税。这项政策主要适用于自营和委托出口自产货物的生产企业。

表3-9 两种退税办法适用范围

出口退税办法	适用性		
	适用企业	货物来源	出口方式
"免、抵、退"税	生产企业	自产货物	自营出口
			委托外贸企业代理出口
免、退税	外贸企业	收购货物	收购货物出口
			委托其他外贸企业出口

(1) 按"免、抵、退"办法办理出口退税的一般计算方法和程序。

增值税免、抵、退税涉及三组计算公式：第一组是综合考虑内、外销因素而计算应纳税额的公式；第二组是计算外销收入的免抵退税总额（即最高限限额）的公式；第三组是将第一、二两组公式计算结果进行对比确定应退税额和免抵税额。

第一组公式：综合考虑内、外销因素计算当期应纳税额。

  当期应纳税额＝当期内销货物的销项税额－（当期内、外销货物的进项税额－
     当期免抵退税不得抵扣和免征的外销货物的进项税额）－
     上期留抵税额

"当期应纳税额"计算公式的推导过程如下。

① 当期应纳税额的基本计算公式：

  当期应纳税额＝当期内、外销货物的销项税额－当期内、外销货物的进项税额－
     上期留抵税额

② 由于出口环节的销项税率为零，则：

当期应纳税额＝当期内销货物的销项税额－当期内、外销货物的进项税额－上期留抵税额

③ 在"当期外销货物的进项税额"中，要剔除计算当期免抵退税额时"不得抵扣和免征的进项税额"，被剔除的进项税额将通过"进项税额转出"计入产品成本，因此有：

  当期应纳税额＝当期内销货物的销项税额－（当期内、外销货物的进项税额－
     当期免抵退税不得抵扣和免征的外销货物的进项税额）－
     上期留抵税额

在上述公式中，计算当期免抵退税时，"不得抵扣和免征的外销货物的进项税额"是计算的难点，可以分两种情形考虑。

情形1：如果外销货物的加工过程中未使用免税购进的原材料，则：

    当期免抵退税不得抵扣和免征的外销货物的进项税额
   ＝出口货物离岸价×外汇人民币牌价×（出口货物征税率－出口货物退税率）

免税购进的原材料包括从国内购进免税原材料和进口加工免税进口料件，其中进口加工免税进口料件的价格为组成计税价格，计算公式为：

    组成计税价格＝货物到岸价＋海关实征关税和消费税

情形2：如果出口货物在加工过程中使用了免税购进的原材料，由于免税原材料在购进环节并没有对应的进项税额，如果计算"当期免抵退税不得抵扣和免征的外销货物的进

项税额"时不做相应扣除，则会虚增产品的成本。因此，需要从"情形1"的"当期免抵退税不得抵扣和免征的外销货物的进项税额"中，剔除免税购进原材料对应的"不得抵扣和免征的外销货物的进项税额"，即计算"当期免抵退税不得抵扣和免征外销货物的进项税额"的"抵减额"：

当期免抵退税不得抵扣和免征的外销货物进项税额的抵减额
＝免税购进原材料价格×（出口货物征税率－出口货物退税率）

因此，"情形2"下"不得抵扣和免征的外销货物的进项税额"的计算公式为：

当期免抵退税不得抵扣和免征的外销货物的进项税额
＝出口货物离岸价×外汇人民币牌价×（出口货物征税率－出口货物退税率）－
当期免抵退税不得抵扣和免征的外销货物的进项税额的抵减额
＝出口货物离岸价×外汇人民币牌价×（出口货物征税率－出口货物退税率）－
免税购进原材料价格×（出口货物征税率－出口货物退税率）
＝（出口货物离岸价×外汇人民币牌价－免税购进原材料价格）×
（出口货物征税率－出口货物退税率）

第二组公式：计算外销收入的免抵退税总额，即免抵退税的最高限额。

免抵退税总额等于用出口货物离岸价、外汇人民币牌价、以及出口货物退税率三项指标的乘积，与免抵退税抵减额的差。其中，免抵退税抵减额是免税购进原材料的价格与出口货物退税率的乘积，因为免税购进的原材料在购进环节是免征增值税的，所以不存在退税的问题，用公式表示为：

免抵退税总额＝出口货物离岸价×外汇人民币牌价×出口货物退税率－
免抵退税额抵减额

免抵退税额抵减额＝免税购进的原材料价格×出口货物退税率

第三组公式：将第一、二组公式的计算结果进行对比确定应退税额和应免抵的税额。

具体思路是：当第一组公式（即"当期应纳税额"）为正数时，纳税人的出口免抵退税应享受的优惠，已通过抵减内销应纳税的方式体现出来；当第一组公式（即"当期应纳税额"）为负数时，需要将负数的绝对值与第二组公式计算的免抵退税的最高限额比对，哪个小，就用哪个数作为退税数，表示为：

① 当期期末留抵税额＞当期免抵退税总额，则：

当期应退税额＝当期免抵退税总额

当期免抵税额＝0

② 当期期末留抵税额≤当期免抵退税总额，则：

当其应退税额＝当期期末留抵税额

当期免抵税额＝当期免抵退税总额－当期应退税额

（2）"免、抵、退"的两种具体计算。"免、抵、退"的有关计算是本章的难点，根据出口企业外销产品生产所需原材料中是否有免税购进的原材料，可将上述公式的应用可分为以下两种情况。

① 出口企业外销产品生产所需原材料中不存在免税购进的原材料，"免、抵、退"的计算程序为5步，见表3-10。

表 3-10　出口企业外销产品生产所需原材料均需缴纳增值税的"免、抵、退"计算程序

步骤	内　容	计算公式
第一步，剔税	计算不得免征和抵扣的外销货物的进项税额	当期免抵退税不得免征和抵扣的外销货物的进项税额＝出口货物离岸价格×外汇人民币牌价×(出口货物征征税率－出口货物退税率)
第二步，抵税	计算当期应纳增值税额	当期应纳税额＝当期内销货物的销项税额－(当期内、外销货物的进项税额－当期免抵退税不得抵扣和免征的外销货物的进项税额)－上期留抵税额
第三步，算尺度	计算免抵退税额	免抵退税额＝出口货物离岸价×外汇人民币牌价×出口货物的退税率
第四步，比较确定应退税额	比较确定应退税额	第二步与第三步相比，谁小按谁退
第五步，确定免抵税额	确定免抵税额	当期免抵税额＝当期免抵退税总额－当期应退税额

例 3.9　某自营出口的生产企业为增值税一般纳税人，出口货物的征税税率为 17％，退税率为 13％。2012 年 4 月的有关经营业务为：购进原材料一批，取得的增值税专用发票注明的价款 200 万元；外购货物准予抵扣的进项税额 34 万元通过认证；上月末留抵税款 3 万元；本月内销货物不含税销售额 100 万元；收款 117 万元存入银行；本月出口货物的销售额折合人民币 200 万元。试计算该企业当期的"免、抵、退"税额。

第一步，剔税：

　　当期免抵退税不得免征和抵扣税额＝200×(17％－13％)＝8(万元)

第二步，抵税：

　　当期应纳税额＝100×17％－(34－8)－3＝17－26－3＝－12(万元)

第三步，算尺度：

　　出口货物"免、抵、退"税额＝200×13％＝26(万元)

第四步，比较确定应退税额：按规定，如当期期末留抵税额≤当期免抵退税额时，当期应退税额＝当期期末留抵税额，即

　　该企业当期应退税额＝12(万元)

第五步，确定免抵税额：

　　当期免抵税额＝当期免抵退税额－当期应退税额＝26－12＝14(万元)

例 3.10　某自营出口的电器生产企业为增值税一般纳税人，依《增值税暂行条例》其产品适用的增值税税率为 17％，退税率为 13％。2014 年 6 月出口产品 3 000 台，离岸价格为每台 200 美元，外汇人民币牌价为 1 美元＝6.3 元人民币，内销货物销售额 100 万元，税款 17 万元，全部收存银行。购进原材料一批，取得的专用发票注明的价款为 200 万元，外购货物准予扣除的进项税额为 34 万元通过认证，上期结转进项税额为 20 万元。试计算该企业当期的"免、抵、退"税额。

第一步，剔税：计算当期免抵退税不得免征和抵扣的税额：

$$3\,000 \times 200 \times 6.3 \times (17\% - 13\%) = 15.12(万元)$$

第二步，抵税：计算当期应纳税额：

$$100 \times 17\% - (34 - 15.12) - 20 = -21.88(万元)$$

第三步，算尺度：计算当期免抵退税额：

$$3\,000 \times 200 \times 6.3 \times 13\% = 49.14(万元)$$

第四步，比较确定应退税额：由于当期期末留抵税额（21.88 万元）≤当期免抵退税总额（49.14 万元），所以

$$当期应退税额 = 当期期末留抵税额 = 21.88(万元)$$

第五步，确定免抵税额：

$$当期免抵税额 = 当期免抵退税总额 - 当期应退税额$$
$$= 49.14 万元 - 21.88 万元$$
$$= 27.26(万元)$$

例 3.11 某自营出口的生产企业为增值税一般纳税人，出口货物的征税税率为17%，退税率为15%。2014 年 6 月有关经营业务为：购原材料一批，取得的增值税专用发票注明的价款 400 万元，外购货物准予抵扣的进项税额 68 万元通过认证，上期末留抵税款 5 万元，本月内销货物不含税销售额 100 万元，收款 117 万元存入银行，本月出口货物的销售额折合人民币 200 万元。试计算该企业当期的"免、抵、退"税额。

第一步，剔税：

$$当期免抵退税不得免征和抵扣税额 = 200 \times (17\% - 15\%) = 4(万元)$$

第二步，抵税：

$$当期应纳税额 = 100 \times 17\% - (68 - 4) - 5 = 17 - 64 - 5 = -52(万元)$$

第三步，算尺度：

$$出口货物"免、抵、退"税额 = 200 \times 15\% = 30 (万元)$$

第四步，比较确定应退税额：按规定，如当期期末留抵税额＞当期免抵退税额时，当期应退税额＝当期免抵退税额，即

$$该企业当期应退税额 = 30(万元)$$

第五步，确定免抵税额：

$$当期免抵税额 = 当期免抵退税额 - 当期应退税额 = 30 - 30 = 0(万元)$$

因此，6 月期末留抵结转下期继续抵扣税额为(48-26)=22(万元)。

② 出口企业外销产品生产所需原材料中存在免税购进的原材料，"免、抵、退"办法计算步骤为 7 步，见表 3-11。

例 3.12 某自营出口生产企业是增值税一般纳税人，出口货物的征税税率为17%，退税率为14%。2014 年 8 月有关经营业务为：购原材料一批，取得的增值税专用发票注明的价款 200 万元，外购货物准予抵扣进项税额 34 万元通过认证，当月进料加工免税进口料件的组成计税价格 100 万元，上期末留抵税款 6 万元，本月内销货物不含税销售额 100 万元，收款 117 万元存入银行，本月出口货物销售额折合人民币 200 万元。试计算该企业当期的"免、抵、退"税额。

表 3-11　出口企业外销产品生产所需原材料中存在免税购进原材料的"免、抵、退"计算程序

步骤	内　　容	计　算　公　式
第一步	计算免抵退税不得免征和抵扣税的、外销货物的进项税额的抵减额	免抵退税不得免征和抵扣的外销货物的进项税额的抵减额＝免税购进的原材料价格×(出口货物征税率－出口货物退税率)
第二步，剔税	计算免抵退税不得免征和抵扣的外销货物的进项税额	免抵退税不得免征和抵扣的外销货物的进项税额＝出口货物离岸价格×外汇人民币×(出口货物征税率－出口货物退税率)－免抵退税不得免征和抵扣的外销货物的进项税额的抵减额
第三步，抵税	计算当期应纳增值税额	当期应纳税额＝当期内销货物的销项税额－(当期内、外销货物的进项税额－免抵退税不得免征和抵扣的外销货物的进项税额)－上期留抵税额
第四步	计算免抵退税额的抵减额	免抵退税额的抵减额＝免税购进原材料价格×出口货物退税率
第五步，算尺度	计算免抵退税额	免抵退税额＝出口货物离岸价格×外汇人民币牌价×出口货物的退税率－免抵退税额的抵减额
第六步	比较确定应退税额	第五步与第三步相比，谁小按谁退
第七步	确定免抵税额	当期免抵税额＝当期免抵退税总额－当期应退税额

第一步，计算免抵退税不得免征和抵扣的外销货物的进项税额的抵减额：

免抵退税不得免征和抵扣的外销货物的进项税额的抵减额
＝免税进口料件的组成计税价格×(出口货物征税税率－出口货物退税率)
＝100×(17％－14％)＝3(万元)

第二步，剔税，计算免抵退税不得免征和抵扣的外销货物的进项税额：

免抵退税不得免征和抵扣的外销货物的进项税额＝当期出口货物离岸价
×外汇人民币牌价×(出口货物征税税率－出口货物退税率)
－免抵退税不得免征和抵扣的外销货物的进项税额的抵减额
＝200×(17％－14％)－3＝6－3＝3(万元)

第三步，抵税，计算当期应纳增值税额：

当期应纳税额＝100×17％－(34－3)－6＝17－31－6＝－20(万元)

第四步，计算免抵退税额的抵减额：

免抵退税额的抵减额＝免税购进原材料的价格×出口货物退税率＝100×14％＝14(万元)

第五步，算尺度，计算免抵退税额：

出口货物"免、抵、退"税额＝200×14％－14＝14(万元)

第六步，比较确定应退税额：按规定，如当期期末留抵税额＞当期免抵退税额时，当期应退税额＝当期免抵退税额，即

该企业应退税额＝14(万元)

第七步，计算当期免抵税额：

当期免抵税额＝当期免抵退税额－当期应退税额＝14－14＝0(万元)

因此，8月期末留抵结转下期继续抵扣税额为20－14＝6(万元)。

2) 外贸企业出口货物劳务增值税"免、退税"计算办法

(1) 出口委托加工修理修配货物的增值税免退税，依下列公式计算：

$$出口委托加工修理修配货物的增值税应退税额 = 委托加工修理修配的增值税退(免)税计税依据 \times 出口货物退税率$$

例3.13 某进出口公司2012年6月购进牛仔布委托加工成服装出口，取得牛仔布增值税发票一张，注明计税金额10 000元；取得服装加工费计税金额2 000元，受托方将原材料成本并入加工修理修配费用并开具了增值税专用发票。假设退税税率为17%，该企业的应退税额：

$$(10\ 000＋2\ 000)\times17\%＝2\ 040(元)$$

(2) 外贸企业兼营的零税率应税服务增值税免退税，依下列公式计算：

$$外贸企业兼营的零税率应税服务应退税额 = 外贸企业兼营的零税率应税服务免退税计税依据 \times 零税率应税服务增值税退税率$$

(3) 退税率低于适用税率的，相应计算出的差额部分的税款计入出口货物劳务成本。

(4) 出口企业既有适用增值税"免、抵、退"项目，也有增值税即征即退、先征后退项目的，增值税即征即退和先征后退项目不参与出口项目"免、抵、退"税计算。出口企业应分别核算增值税"免、抵、退"项目和增值税即征即退、先征后退项目，并分别申请享受增值税即征即退、先征后退和"免、抵、退"税政策。

用于增值税即征即退或者先征后退项目的进项税额无法划分的，按照下列公式计算：

$$无法划分进项税额中用于增值税即征即退或者先征后退项目的部分 = 当月无法划分的全部进项税额 \times \frac{当月增值税即征即退或者先征后退项目销售额}{当月全部销售额、营业额合计}$$

(5) 实行"免、抵、退"税办法的零税率应税服务提供者如同时有货物劳务(劳务指对外加工修理修配劳务，下同)出口的，可结合现行出口货物"免、抵、退"税计算公式一并计算。税务机关在审批时，按照出口货物劳务、零税率应税服务"免、抵、退"税额比例划分出口货物劳务、零税率应税服务的退税额和免抵税额。

3.3 增值税会计核算的专用凭证、账簿、报表

一般纳税人进行增值税会计核算时，专用原始凭证为增值税专用发票、增值税普通发票，还需要设置应交增值税明细账，并编制应交增值税明细表。小规模纳税人的核算较为简单，只需要设置应交增值税明细账即可。

3.3.1 增值税专用发票与增值税普通发票

增值税发票有普通发票和专用发票两种。两种发票的内容相同，区别在于发票的抬头，分别是"增值税专用发票"与"增值税普通发票"。所有的增值税纳税人都可以使用增值税普通发票，只有一般纳税人可以使用专用发票。两者开具的对象不同，增值税专用

发票是对一般纳税人填开的,而增值税普通发票是对除一般纳税人以外的小规模纳税人、个体户及其他行业开具的,一般纳税人对上述这些企业或个体不能开具增值税专用发票,只允许开具增值税普通发票。增值税一般纳税人如果在购进货物、接受应税劳务或应税服务时,取得的是增值税专用发票,则可用于抵扣税款;如果取得的是增值税普通发票,则不能确认进项税额,也不能进行抵扣。以下重点介绍增值税专用发票。

增值税专用发票(以下简称专用发票)是增值税一般纳税人销售货物或者提供应税劳务开具的发票,是购买方支付增值税额并可按照增值税有关规定据以抵扣增值税进项税额的凭证。专用发票只限于增值税的一般纳税人领购使用。增值税的小规模纳税人和非增值税的纳税人不得领购使用专用发票。专用发票不仅是纳税人经济活动中的重要商业凭证,而且是兼记销货方销项税额和购货方进项税额进行税款抵扣的凭证,对增值税的计算和管理起着决定性的作用。

1. 专用发票的联次及票样

一般纳税人应通过增值税防伪税控系统(以下简称防伪税控系统)使用专用发票,包括领购、开具、缴销、认证纸质专用发票及其相应的数据电文。其中,防伪税控系统是指经国务院同意推行的,使用专用设备和通用设备、运用数字密码和电子存储技术管理专用发票的计算机管理系统;专用设备是指金税卡、IC 卡、读卡器和其他设备。

专用发票(票样见表 3-12)由基本联次或者基本联次附加其他联次构成,基本联次为 3 联:发票联、抵扣联和记账联。发票联,作为购买方核算采购成本和增值税进项税额的记账凭证;抵扣联,作为购买方报送主管税务机关认证和留存备查的凭证;记账联,作为销售方核算销售收入和增值税销项税额的记账凭证。其他联次用途,由一般纳税人自行确定。

货物运输业增值税专用发票分为三联票和六联票:第一联,记账联,承运人记账凭证;第二联,抵扣联,受票方扣税凭证;第三联,发票联,受票方记账凭证;第四至六联,发票使用单位自行安排。

2. 专用发票填开综合举例

(1) 增值税专用发票的开具。2014 年 10 月 28 日,甘肃科技成果转化中心向临汾市合力机电设备有限公司销售辅助电源柜 2 台,单价 29 914.5 元,税率 17%。增值税专用发票标样见表 3-12,其中,密码区的数字是由防伪税控系统内部自动产生的。

(2) 负数增值税专用发票的开具。接上例,2014 年 11 月 25 日,已售辅助电源柜中的 1 台因质量问题发生退货,销售方开具的红字专用发票见表 3-13。

(3) 带折扣增值税专用发票的开具。接上例,销售方提供的折扣率为 10%,其他条件不变,则专用发票票样见表 3-14。

(4) 带销货清单增值税专用发票的开具。一般纳税人销售货物或者提供应税劳务可汇总开具专用发票。汇总开具专用发票的,同时使用防伪税控系统开具《销售货物或者提供应税劳务清单》(见表 3-16),并加盖财务专用章或者发票专用章。

(5) 甘肃科技成果转化中心于 2014 年 10 月 25 日向临汾市合力机电设备有限公司销售软盘、打印纸、打印机、复印机等产品,总折扣率为 10%。销售方应开具的专用发票和销货清单见表 3-15 和表 3-16。

表3-12 增值税专用发票票样

甘肃省增值税专用发票

此联不做报销、扣税凭证使用

No 00078373

6200021140
00078373

开票日期：2014年10月28日

密码区：
/21-47<6/32>51<2017/*
4>969>81*4>2492<9+267
142*-788+2532*7298392
+7-/29/>>2+4678><>/9

购货单位	名称：临汾市合力机电设备有限公司
	纳税人识别号：51010770926××××
	地址、电话：临汾市一环路南一段××号 0357-366××××
	开户银行及账号：临汾市工行细金桥分理处 440226200902450××××

货物或应税劳务名称	规格型号	单位	数量	单价	金额	税率	税额
辅助电源柜	5#	台	2	29 914.5	59 829.00	17%	10 170.93
合　计					¥59 829.00		¥10 170.93

价税合计（大写）　人民币陆万玖仟玖百玖拾玖元玖角叁分　（小写）¥69 999.93

销货单位	名称：甘肃科技成果转化中心
	纳税人识别号：62010371275××××
	地址、电话：兰州市七里河区芙蓉平××号 0931-239××××
	开户银行及账号：工行电力支行 221003××××

收款人：李×× 　复核：李×× 　开票人：薛×× 　销货单位：（章）

6200021140

国税函[2001]873号西安印钞厂

68

表3-13 负数增值税专用发票的开具

甘肃省增值税专用发票

此联不做报销、扣税凭证使用

No 00078385

开票日期：2014年11月25日

购货单位	名称：临汾市合力机电设备有限公司					
	纳税人识别号：51010770926××××				密码区	/21-48＜6/75＞51＜3567/* 4＞969＞81*4＞2492＜9+267 142*-788+2563*8504392 +7-/29/＞＞2+4678＞＜＞＞/9
	地址、电话：临汾市一环路南一段××号　0357-366××××					
	开户银行及账号：临汾市工行细金桥分理处 44022620090245O××××					
货物或应税劳务名称	规格型号	单位	数量	单价	金额	税率	税额
---	---	---	---	---	---	---	---
辅助电源柜	5井	台	-1	29 914.5	-29 914.5	17%	-5 085.47
合　计					￥-29 914.5		￥-5 085.47

价税合计（大写）　（负数）叁万肆仟玖佰玖拾玖元玖角柒分　（小写）￥-34 999.97

销货单位	名称：甘肃科技成果转化中心	备注	对应正数发票 发票代码：6200021140 发票号：00078385
	纳税人识别号：62010371275××××		
	地址、电话：兰州市七里河区芙蓉平××号　0931-239××××		
	开户银行及账号：工行电力支行 221003××××		

收款人：李×× 　复核：李×× 　开票人：薛×× 　销货单位：（章）

表3-14 带折扣增值税专用发票的开具

甘肃省增值税专用发票

此联不做报销、扣税凭证使用

No 00078373

开票日期：2014年10月28日

购货单位	名称：临汾市合力机电设备有限公司				密码区	/21-47<6/32>51<2017/* 4>969>81*4>2492<9+267 142*-788+2532*7298392 +7-/29/>>2+4678><>/9
	纳税人识别号：51010770926××××					
	地址、电话：临汾市一环路南一段0357-366××××					
	开户银行及账号：临汾市工行细金桥分理处4402262009024 50××××					
货物或应税劳务名称	规格型号	单位	数量	单价	金额	税率	税额
---	---	---	---	---	---	---	---
辅助电源柜	5#	台	2	29 914.5	59 829.00	17%	10 170.93
折扣(10%)					-598.29	17%	-101.71
合　计					¥59 230.71		¥10 069.22

价税合计(大写) 陆万玖仟贰佰玖拾玖元玖角叁分　(小写) ¥69 299.93

销货单位	名称：甘肃科技成果转化中心	备注
	纳税人识别号：62010371275××××	
	地址、电话：兰州市七里河区芙蓉平×××号 0931-239××××	
	开户银行及账号：工行电力支行 221003××××	

收款人：李×× 复核：李×× 开票人：薛×× 销货单位：(章)

国税函[2001]873号 西安印钞厂

第3章 增值税及其纳税会计处理

表3-15 带销货清单增值税专用发票的开具

甘肃省增值税专用发票

No 00007837I

6200021140
00078371

开票日期：2014年10月25日

密码区：
/21-47＜6/32＞51＜2017/＊
4＞969＞81＊4＞3102＜9+267
142＊-898+2532＊7298392
+7-/29/＞＞2+4367＞＜＞/9

购货单位	名称：临汾市合力机电设备有限公司
	纳税人识别号：51010770926××××
	地址、电话：临汾市一环路南一段××号 0357-366××××
	开户银行及账号：临汾市工行细金桥分理处 44022620090245O××××

货物或应税劳务名称	规格型号	单位	数量	单价	金额	税率	税额
销售额					5 000	17%	850
折扣(10%)					-500	17%	-85
合　计					¥4 500.00		¥765.00

价税合计(大写) 伍仟贰佰陆拾伍元整　　(小写) ¥5 265.00

销货单位	名称：甘肃科技成果转化中心
	纳税人识别号：62010371275××××
	地址、电话：兰州市七里河区芙蓉平××号 0931-239××××
	开户银行及账号：工行电力支行 221003××××

备注：销售明细见销货清单

收款人：李×× 复核：李×× 开票人：薛×× 销货单位：(章)

此联不做报销、扣税凭证使用

发票联 购货方记账

国税函[2001]873号西安印钞厂

6200021140

表 3-16 销售货物或者提供应税劳务清单

购买方名称：临汾市合力机电设备有限公司
销售方名称：甘肃科技成果转化中心
所属增值税专用发票代码：6200021140   号码：00078371   共1页 第1页

序号	货物(劳务)名称	规格型号	单位	数量	单价	金额	税率	税额
1	软盘	3#	盒	3	80.00	240.00	17%	40.80
2	打印纸	A4	箱	60	56.00	3 360.00	17%	571.20
3	打印机	HP1000	套	4	100.00	400.00	17%	68.00
4	复印机	Td200	台	2	500.00	1 000.00	17%	170.00
5	折扣(10%)					-500.00	17%	-85.00
	合计					4 500.00		765.00
备注								

注：本清单一式两联：第一联，销售方留存；第二联，销售方送交购买方。填开日期：　　年　月　日

专用发票实行最高开票限额管理。最高开票限额是指单份专用发票开具的销售额合计数不得达到的上限额度。

最高开票限额由一般纳税人申请，税务机关依法审批。最高开票限额为10万元及以下的，由区县级税务机关审批；最高开票限额为100万元的，由地市级税务机关审批；最高开票限额为1 000万元及以上的，由省级税务机关审批。防伪税控系统的具体发行工作由区县级税务机关负责。

税务机关审批最高开票限额应进行实地核查。批准使用最高开票限额为10万元及以下的，由区县级税务机关派人实地核查；批准使用最高开票限额为100万元的，由地市级税务机关派人实地核查；批准使用最高开票限额为1 000万元及以上的，由地市级税务机关派人实地核查后将核查资料报省级税务机关审核。

一般纳税人申请最高开票限额时，需填报《最高开票限额申请表》，见表 3-17。

表 3-17 最高开票限额申请表

申请事项 (由企业填写)	企业名称		税务登记代码	
	地　　址		联系电话	
	申请最高开票限额	□一亿元　□一千万元　□一百万元 □十万元　□一万元　□一千元 (请在选择数额前的□内打"√")		
	经办人(签字)： 　　年　月　日			企业(印章)： 　　年　月　日
区县级税务机关意见	批准最高开票限额：			
	经办人(签字)： 　　年　月　日	批准人(签字)： 　　年　月　日		税务机关(印章)： 　　年　月　日

续表

地市级税务机关意见	批准最高开票限额： 经办人(签字)：　　　　　批准人(签字)：　　　　　税务机关(印章)： 　　年　月　日　　　　　　年　月　日　　　　　　年　月　日
省级税务机关意见	批准最高开票限额： 经办人(签字)：　　　　　批准人(签字)：　　　　　税务机关(印章)： 　　年　月　日　　　　　　年　月　日　　　　　　年　月　日

注：本申请表一式两联：第一联，申请企业留存；第二联，区县级税务机关留存。

3. 专用发票的开具范围

1) 蓝字专用发票的开具范围

一般纳税人之间销售货物(包括视同销售货物在内)，提供应税劳务，都必须向购买方开具专用发票。但是，有下列情形的不得开具专用发票。

(1) 向消费者销售应税项目。

(2) 销售免税货物。

(3) 销售报关出口的货物，在境外销售应税劳务。

(4) 将货物用于非应税项目。

(5) 将货物用于集体福利或个人消费。

(6) 提供非应税劳务(应当征收增值税的除外)，转让无形资产和销售不动产。

(7) 向商业企业零售的烟、酒、食品、服装、鞋帽、化妆品等消费品。

另外，为了不影响小规模纳税人的销售，同时又有利于加强专用发票的管理，国家税务总局决定凡是能够认真履行纳税义务的小规模企业，经县(市)税务局批准，其销售货物或应税劳务可由税务所代开专用发票。

凡符合代开专用发票条件的小规模企业，在销售行为发生后应向税务所提出代开专用发票的申请，填写《申请填开增值税专用发票的报告》。税务机关接到申请后，应先对企业申请内容进行审核，符合规定要求的才给予代开专用发票。

2) 红字专用发票的开具范围

增值税一般纳税人开具专用发票后，发生销货退回、销售折让以及开票有误等情况才可以开具红字专用发票的，其范围包括以下几部分。

(1) 因专用发票抵扣联、发票联均无法认证的，由购买方填报《开具红字增值税专用发票申请单》(以下简称申请单，见表3-18)，并在申请单上填写具体原因以及相对应蓝字专用发票的信息，主管税务机关审核后出具《开具红字增值税专用发票通知单》(以下简称通知单)，购买方不作进项税额转出处理。

(2) 购买方所购货物不属于增值税扣税项目范围，取得的专用发票未经认证的，由购买方填报申请单，并在申请单上填写具体原因以及相对应蓝字专用发票的信息，主管税务机关审核后出具通知单。购买方不作进项税额转出处理。

(3) 因开票有误购买方拒收专用发票的，销售方须在专用发票认证期限内向主管税务

表 3-18　开具红字增值税专用发票申请单　　　　　　　NO.

销售方	名　　称		购买方	名　　称	
	税务登记代码			税务登记代码	
开具红字专用发票内容	货物(劳务)名称	单价	数量	金额	税额
	合　计				
说　明	对应蓝字专用发票抵扣增值税销项税额情况： 　　已抵扣□ 　　未抵扣□ 　　纳税人识别号认证不符□ 　　专用发票代码、号码认证不符□ 　　对应蓝字专用发票密码区内打印的代码：_____ 　　　　　　　　　　　　　　　　　　号码：_____ 　　开具红字专用发票理由：				

申明：我单位提供的《申请单》内容真实，否则将承担相关法律责任。
购买方经办人：　　　　购买方名称(印章)：_____　　　年　　月　　日
注：本申请单一式两联：第一联，购买方留存；第二联，购买方主管税务机关留存。

机关填报申请单，并在申请单上填写具体原因以及相对应蓝字专用发票的信息，同时提供由购买方出具的写明拒收理由、错误具体项目以及正确内容的书面材料，主管税务机关审核确认后出具通知单。销售方凭通知单开具红字专用发票。

（4）因开票有误等原因尚未将专用发票交付购买方的，销售方须在开具有误专用发票的次月内向主管税务机关填报申请单，并在申请单上填写具体原因以及相对应蓝字专用发票的信息，同时提供由销售方出具的写明具体理由、错误具体项目以及正确内容的书面材料，主管税务机关审核确认后出具通知单。销售方凭通知单开具红字专用发票。

（5）发生销货退回或销售折让的，除按照《国家税务总局关于纳税人折扣折让行为开具红字增值税专用发票问题的通知》的规定进行处理外，销售方还应在开具红字专用发票后将该笔业务的相应记账凭证复印件报送主管税务机关备案。

税务机关为小规模纳税人代开专用发票需要开具红字专用发票的，比照一般纳税人开具红字专用发票的处理办法，通知单第二联交代开税务机关。

4．专用发票不得抵扣进项税额的规定

有下列情形之一的，不得作为增值税进项税额的抵扣凭证，税务机关退还原件，购买方可要求销售方重新开具专用发票。

（1）无法认证，指专用发票所列密文或者明文不能辨认，无法产生认证结果。

（2）纳税人识别号认证不符，指专用发票所列购买方纳税人识别号有误。

（3）专用发票代码、号码认证不符，指专用发票所列密文解译后与明文的代码或者号码不一致。

第 3 章　增值税及其纳税会计处理

5. 专用发票的保管

纳税人必须按照规定保管专用发票。纳税人应该按照税务机关的要求建立专用发票管理制度，设专人保管专用发票和专用设备，设置专门存放专用发票和专用设备的场所；将认证相符的专用发票抵扣联、《认证结果通知书》和《认证结果清单》装订成册；未经税务机关查验，不得擅自销毁专用发票的基本联次。

3.3.2　一般纳税人会计核算应设置的会计科目和账簿

1. 一般纳税人会计核算应设置的会计科目

根据增值税会计核算要求，一般纳税人应在"应交税费"总账科目下设置"应交增值税""未交增值税"等明细科目。

在"应交增值税"明细科目下附设"进项税额""已交税金""销项税额""出口退税""进项税额转出""转出未交增值税""转出多交增值税""减免税款""出口抵减内销产品应纳税额"等专栏（即3级明细科目）。为了更直观地说明该科目的用法，现用"T"型账户结构表示，见表 3-19。

表 3-19　应交税费——应交增值税

借方	应交税费——应交增值税	贷方
1. 进项税额 2. 实际已交纳的增值税 3. 减免税款 4. 转出未交增值税 5. 出口抵减内销产品应纳税额		1. 销项税额 2. 出口产品退税 3. 进项税额转出 4. 转出多交增值税
余额：尚未抵扣的进项税额		

"未交增值税"明细科目见表 3-20，主要用来核算企业月份终了从"应交税费——应交增值税"科目中转入的当月未交或多交的增值税。设置这个明细科目的目的是为了分别反映增值税一般纳税企业欠交增值税款和待抵扣增值税的情况，避免出现企业在以前月份有欠交增值税，以后月份有未抵扣增值税时，用以前月份欠交增值税抵扣以后月份未抵扣增值税的情况，以确保企业及时足额上交增值税。

表 3-20　应交税费——未交增值税

借方	应交税费——未交增值税	贷方
1. 转入的多交增值税 2. 交纳以前各期未交的增值税		1. 转入的未交增值税 2. 收到税务机关退回的多交增值税
余额：以前各期累计多交的增值税		余额：以前各期累计未交的增值税

2. 一般纳税人会计核算应设置的账簿

一般纳税人进行增值税会计核算时，应设置三栏式"应交增值税"和"未交增值税"明细账格式。表 3-21 所列"应交增值税明细账"中各专栏所反映的经济内容如下。

(1)"进项税额"专栏，记录企业购入货物或接受应税劳务而支付的、准予从销项税额中抵扣的增值税额。企业购入货物或接受应税劳务支付的进项税额，用蓝字登记，退回所购货物应冲销的进项税额，用红字登记。

(2)"已交税金"专栏，记录企业已交纳的增值税额。企业已交纳的增值税额用蓝字登记，退回多交的增值税额用红字登记。

(3)"减免税款"专栏，反映企业按规定减免的增值税款。

(4)"转出未交增值税"专栏，反映企业月份终了转出未交的增值税。

(5)"出口抵减内销产品应纳税额"专栏，反映企业出口货物的当期免抵税额。

(6)"销项税额"专栏，记录企业销售货物或提供应税劳务应收取的增值税额。企业销售货物或提供应税劳务应收取的销项税额，用蓝字登记，退回销售货物应冲销的销项税额，用红字登记。

表 3-21　应交税费——应交增值税明细账

20××年		凭证	摘要	借　方					
月	日			合计	进项税额	已交税金	减免税款	转出未交增值税	出口抵减内销产品应纳税额

贷　方					借或贷	余额
合计	销项税额	出口退税	进项税额转出	转出多交增值税		

(7)"出口退税"专栏，记录企业出口货物，向海关办理报关出口手续后，凭出口报关单等有关凭证向税务机关申报办理出口退税而收到退回的税款。出口货物退回的增值税额，用蓝字登记，出口货物办理退税后发生退货或者退关而补交已退的税款，用红字登记。

(8)"进项税额转出"专栏，记录企业购进货物、在产品、产成品等发生非正常损失以及出口退税等其他原因而不应从销项税额中抵扣，按规定应予转出的进项税额。

(9)"转出多交增值税"专栏，反映企业月份终了转出多交的增值税。

3.3.3 一般纳税人的增值税报表

一般纳税人增值税核算与缴纳有关的报表，主要有《应交增值税明细表》和《增值税纳税申报表》两种。

1. 应交增值税明细表

应交增值税明细表(表3-22)是总括反映纳税人的应缴增值税额以及其实际缴纳情况的会计报表,是资产负债表的附表,属于月报表。

应交增值税明细表应根据"应交税费——应交增值税"明细账各项目的有关资料填列。其中,各项目的本月数即为明细账中各项目的本期发生额合计数;本年累计数即为到本月末为止的各期发生额累计数。由于增值税实行滚存结算,所以本年累计数中的期末未交数即为本月末账面贷方余额数,也就是应当缴纳的增值税额。应交增值税明细表中各项目之间的关系为:

期末未交数＝年初未交数＋销项税额＋出口退税＋进项税额转出
＋转出多交增值税－进项税额－已交税金－减免税款
－转出未交增值税

表3-22 应交增值税明细表

会工(或商会)01表附表1
编制单位：　　　　　　　　　　　　　年　　月　　　　　　　　　　单位：元

项　目	行次	本月数	本年累计数
一、应交增值税			
1. 年初未抵扣数(用"－"号填列)	1		
2. 销项税额	2		
出口退税	3		
进项税额转出	4		
转出多交增值税	5		
3. 进项税额	6		
已交税金	7		
减免税款	8		
出口抵减内销产品应纳税额	9		
转出未交增值税	10		
4. 期末未抵扣数(用"－"号填列)	11		
二、未交增值税			
1. 年初未交数(多交数以"－"号填列)			
2. 本期转入数(多交数以"－"号填列)			
3. 本期已交数			
4. 期末未交数(多交数以"－"号填列)			

2. 增值税纳税申报表

增值税的纳税人不论有无销售额,都要按月填制纳税申报表,并于次月15日前向税务机关申报。一般纳税人的"增值税纳税申报表"(表3-23)一式两联。第一联为申报联,由纳税人按期向税务机关报送,税务机关将其作为档案资料存查;第二联为收执联,由纳税人在申报时连同申报联交税务机关签章后自行保存,作为申报纳税的凭证。

表 3-23 增值税纳税申报表(适用于增值税一般纳税人)

根据《中华人民共和国增值税暂行条例》第二十二条和第二十三条的规定制定本表。纳税人无论有无销售额,均应按主管税务机关核定的纳税期限按期填报本表,并于次月一日起十日内,向当地税务机关申报。

税款所属时间：自　年　月　日至　年　月　日　　　　填表日期：　年　月　日　　金额单位：元(至角分)

纳税人识别号					所属行业:	
纳税人名称		(公章)	法定代表人姓名		注册地址	
开户银行及账号			企业登记注册类型		电话号码	
					营业地址	

	项　目	栏次	一般货物及劳务和应税服务		即征即退货物及劳务和应税服务	
			本月数	本年累计	本月数	本年累计
销售额	(一)按适用税率征税货物及劳务销售额	1				
	其中：应税货物销售额	2				
	应税劳务销售额	3				
	应税服务销售额	4				
	纳税检查调整的销售额	5				
	(二)按简易征收办法征税货物销售额	6				
	其中：纳税检查调整的销售额	7				
	(三)免、抵、退办法出口货物销售额	8			—	—
	(四)免税货物、劳务、服务销售额	9			—	—
	其中：免税货物销售额	10			—	—
	免税劳务服务销售额	11			—	—
税款计算	销项税额	12				
	进项税额					

续表

	项目	计算式/序号					
税款计算	上期留抵税额	13	—	—	—	—	—
	进项税额转出	14		—	—		
	免抵退货物应退税额	15		—		—	
	按适用税率计算的纳税检查应补缴税额	16		—			—
	应抵扣税额合计	17＝12＋13－14－15＋16					
	实际抵扣税额	18（如 17＜11，则为 17，否则为 11）					
	应纳税额	19＝11－18			—		
	期末留抵税额	20＝17－18			—		
	简易计税办法计算的应纳税额	21					
	按简易计税办法计算的纳税检查应补缴税额	22					
	应纳税额减征额	23					
	应纳税额合计	24＝19＋21－23					
税款缴纳	期初未缴税额（多缴为负数）	25					
	实收出口开具专用缴款书退税额	26					
	本期已缴税额	27＝28＋29＋30＋31					
	①分次预缴税额	28		—			
	②出口开具专用缴款书预缴税额	29		—			
	③本期缴纳上期应纳税额	30					
	④本期缴纳欠缴税额	31					
	期末未缴税额（多缴为负数）	32＝24＋25＋26－27					
	其中：欠缴税额（≥0）	33＝25＋26－27		—			—

续表

税款缴纳	本期应补（退）税额	34＝24－28－29				—
	即征即退实际退税额	35		—	—	—
	期初未缴查补税额	36		—	—	—
	本期入库查补税额	37		—	—	—
	期末未缴查补税额	38＝16＋22＋36－37				—
授权声明	如果你已委托代理人申报，请填写下列资料：为代理一切税务事宜，现授权（地址） 为本纳税人的代理申报人，任何与本申报表有关的往来文件，都可寄予此人。 授权人签字：					
申报人声明	此纳税申报表是根据《中华人民共和国增值税暂行条例》的规定填报的，我确定它是真实的、可靠的、完整的。 声明人签字：					

主管税务机关盖章：

以下由税务机关填写：
收到日期：   接收人：

3.3.4 小规模纳税人会计核算设置的会计科目及纳税申报表

小规模纳税人可在"应交税费"总账科目下设置"应交增值税"明细科目,见表3-24,开设三栏式"应交税费——应交增值税"明细账户,进行增值税的明细分类核算。小规模纳税人按月申报纳税时,应填制纳税申报表,见表3-25。

表3-24 应交税费——应交增值税

借方	应交税费——应交增值税	贷方
1. 已交纳的增值税额		1. 应交纳的增值税额
2. 退回多交的增值税(红字)		2. 因发生销货退回或折让应冲减的增值税额(红字)
期末余额:多交的增值税额		期末余额:应交或欠交的增值税额

表3-25 增值税纳税申报表(适用于小规模纳税人)

纳税人识别号:□□□□□□□□□□□

纳税人名称(公章):　　　　　　　　　　　金额单位:元(列至角分)

税款所属期:　年　月　日至　年　月　日　　填表日期:　年　月　日

	项　目	栏次	本期数		本年累计	
			应税货物及劳务	应税服务	应税货物及劳务	应税服务
一、计税依据	(一)应征增值税不含税销售额	1				
	税务机关代开的增值税专用发票不含税销售额	2				
	税控器具开具的普通发票不含税销售额	3				
	(二)销售使用过的应税固定资产不含税销售额	4 (4≥5)		—		—
	其中:税控器具开具的普通发票不含税销售额	5		—		—
	(三)免税销售额	6=7+8+9				
	其中:小微企业免税销售额	7				
	未达起征点销售额	8				
	其他免税销售额	9				
	(四)出口免税销售额	10 (10≥11)				
	其中:税控器具开具的普通发票销售额	11				

续表

二、税款计算	本期应纳税额	12			
	本期应纳税额减征额	13			
	本期免税额	14			
	其中：小微企业免税额	15			
	未达起征点免税额	16			
	应纳税额合计	17＝12－13			
	本期预缴税额	18		—	—
	本期应补（退）税额	19＝17－18		—	—

纳税人或代理人声明： 本纳税申报表是根据国家税收法律、法规及相关规定填报的，我确定它是真实的、可靠的、完整的。	如纳税人填报，由纳税人填写以下各栏： 办税人员（签章）：　　　　　财务负责人（签章）： 法定代表人（签章）：　　　　　联系电话： 如委托代理人填报，由代理人填写以下各栏： 代理人名称：　　　　　经办人（签章）： 联系电话：　　　　　代理人（公章）：

主管税务机关：　　　　　接收人：　　　　　接收日期：

3.4 增值税的纳税会计处理

3.4.1 购进货物或接受应税劳务的账务处理

1. 一般纳税人购进货物或接受应税劳务的账务处理

（1）从一般纳税人处购入货物的账务处理。一般纳税人从一般纳税人处购入货物，应以专用发票的记账联为原始凭证作会计分录为

　　借：材料采购，固定资产等科目
　　　　应交税费——应交增值税（进项税额）
　　　　贷：银行存款等科目（根据结算方式确定会计科目）

【例 3.14】 A 公司为从事产品制造的一般纳税人，7 月 8 日购入原材料一批，专用发票上注明的价格为 10 万元，增值税额为 17 000 元，价税合计 117 000 元。该企业材料存货的核算按实际成本计价，材料已验收入库，货款尚未支付。

A 公司应以专用发票的发票联和材料验收入库单的记账联为原始凭证，作会计分录为

　　借：原材料　　　　　　　　　　　　　　　　　　　　100 000
　　　　应交税费——应交增值税（进项税额）　　　　　　　17 000

贷：应付账款	117 000

假设 8 月份该公司在领用原材料时，发现该批原材料有 10% 的质量不合格，要求对方办理了退货，收到红字专用发票一张，注明价款为 10 000 元，增值税额 1 700 元，价税合计 11 700 元。

A 公司应以红字专用发票的发票联为原始凭证，作会计分录为

借：应付账款	11 700
应交税费——应交增值税（进项税额）	1 700
贷：原材料	10 000

该笔会计分录也可以写成

借：应付账款	11 700
贷：应交税费——应交增值税（进项税额）	1 700
原材料	10 000

例 3.15 2014 年 8 月，A 公司购入 1 台需要安装的生产用设备，取得的增值税专用发票上著名的设备价款为 50 万元，增值税进项税额为 85 000 元，支付的运费为 2 500 元，款项已通过银行支付；安装设备时，领用本公司原材料一批，价值 3 万元，购进该批原材料时支付的进项税额为 5 100 元；支付安装工人的工资 4 900 元。假定不考虑其他相关税费，相关的账务处理如下。

支付设备款、增值税、运输费共计 587 500 元。

借：在建工程	502 325
应交税费——应交增值税（进项税额）（85 000＋2 500×7%）	85 175
贷：银行存款	587 500

使用本公司原材料、支付安装工人工资等费用合计为 34 900 元。

借：在建工程	34 900
贷：原材料	30 000
应付职工薪酬	4 900

设备安装完毕，达到预定可使用状态。

借：固定资产	537 225
贷：在建工程	537 225

（2）从小规模纳税人处购入货物的账务处理。一般纳税人从小规模纳税人处购入货物时，由于取得的是普通发票，因此支付的进项税额不能抵扣，而应该计入所购物资的成本中。

例 3.16 A 公司 7 月 10 日从小规模纳税人处购入材料一批，取得的普通发票上注明的价款为 10 600 元。A 公司签发一张 5 个月到期的商业承兑汇票进行货款结算，材料尚未验收入库。

A 公司取得的是普通发票，按规定不得抵扣进项税额。因此，A 公司应作会计分录为

借：材料采购	10 600
贷：应付票据	10 600

（3）收购免税农产品的账务处理。

例3.17 A公司7月10日从农村收购一批棉花，取得的普通发票注明的价款为134 600元，货款以银行汇票结算，棉花验收入库。

按规定，A公司可按买价和13%的扣除率计算进项税额，以发票上注明的价款扣除计算出的进项税额，作为物资的采购成本。

$$进项税额 = 134\ 600 \times 13\% = 17\ 498(元)$$
$$材料采购成本 = 134\ 600 - 17\ 498 = 117\ 102(元)$$

A公司应以普通发票为原始凭证，作会计分录为

借：原材料　　　　　　　　　　　　　　　　　　　　　　　117 102
　　应交税费——应交增值税（进项税额）　　　　　　　　　　17 498
　　贷：其他货币资金——银行汇票　　　　　　　　　　　　　134 600

（4）企业将购入货物直接用于非应税项目、免税项目、集体福利或个人消费的账务处理。按规定，这部分物资的进项税额不得从销项税额中抵扣，因此，其取得的专用发票上注明的增值税额应计入购进货物的成本中。

例3.18 A公司7月16日购进一批钢材用于厂房的建设，取得的增值税专用发票上注明的价款为30 000元，增值税额为5 100元，价税合计35 100元。钢材验收入库，货款以银行本票结算。作会计分录为

借：工程物资——专用材料　　　　　　　　　　　　　　　　35 100
　　贷：其他货币资金——银行本票　　　　　　　　　　　　　35 100

例3.19 A公司7月17日为退休职工兴办活动室，购入电视机一台，专用发票上注明价款6 000元，增值税额1 020元，价税合计7 020元。电视机已验收并交付使用，货款从银行转账支付。作会计分录为

借：固定资产　　　　　　　　　　　　　　　　　　　　　　　7 020
　　贷：银行存款　　　　　　　　　　　　　　　　　　　　　　7 020

（5）企业接受应税劳务的账务处理。用于增值税应税项目的应税劳务，其进项税额可以抵扣；否则，进项税额不能抵扣。

例3.20 A公司7月18日以现金支付生产车间办公用品修理费，专用发票上注明修理费800元，增值税额136元，价税合计936元。作会计分录为

借：制造费用　　　　　　　　　　　　　　　　　　　　　　　800
　　应交税费——应交增值税（进项税额）　　　　　　　　　　　136
　　贷：库存现金　　　　　　　　　　　　　　　　　　　　　　936

2. 小规模纳税人购进货物或接受劳务的账务处理

由于小规模纳税人按不含税销售额和规定的征收率计算应纳增值税而不得抵扣进项增值税额，所以小规模纳税人购入货物及接受应税劳务支付的增值税应直接计入有关货物或劳务的成本中。

例3.21 某印刷厂为小规模纳税人，购入一批纸张，货款3 876元，内含已交纳的增值税563.18元。材料验收入库，货款尚未支付。作会计分录为

借：原材料　　　　　　　　　　　　　　　　　　　　　　　　3 876

```
        贷：应付账款                                                   3 876
```

例3.22 某服装厂为小规模纳税人,7月份,将购入的一批鸭绒原绒委托某羽绒厂加工成精选绒,以转账支票支付加工费1 170元,内含增值税170元。作会计分录为

```
    借：委托加工物资                                               1 170
        贷：银行存款                                                 1 170
```

3.4.2 销售货物和提供劳务的账务处理

1. 一般纳税人销售货物或提供劳务的账务处理

一般纳税人销售货物或提供劳务时,应作会计分录为
```
    借：应收账款(根据结算方式确定会计科目)
        贷：主营业务收入(不含税收入)
            应交税费——应交增值税(销项税额)
```

例3.23 A公司7月15日以托收承付结算方式向B企业(一般纳税人)销售产品一批,专用发票上注明价款为20 000元,增值税额为3 400元,产品已发出,托收手续已办妥。公司应当根据专用发票的记账联和托收承付结算凭证的回单作会计分录为

```
    借：应收账款                                                   23 400
        贷：主营业务收入                                            20 000
            应交税费——应交增值税(销项税额)                         3 400
```

例3.24 A公司7月16日以委托收付款方式向C企业(小规模纳税人)销售产品一批,开具的普通发票上注明金额为11 700元,产品已发出并办妥托收手续。有关计算及作会计分录为

$$不含税收入额 = 11\ 700 \div (1 + 17\%) = 10\ 000(元)$$
$$销项税额 = 总收入 - 不含税收入 = 11\ 700 - 10\ 000 = 1\ 700(元)$$

或

$$销项税额 = 不含税收入 \times 17\% = 10\ 000 \times 17\% = 1\ 700(元)$$

```
    借：应收账款                                                   11 700
        贷：主营业务收入                                            10 000
            应交税费——应交增值税(销项税额)                         1 700
```

例3.25 A公司7月16日清理出租出借包装物,将逾期未还的包装物进行转账处理,并没收其原交存的押金4 400元,其中属于出租包装物的押金2 400元,属于出借包装物的押金2 000元。有关计算及会计分录如下。

包装物押金被没收,可理解为包装物的销售,原交存的押金4 400元为含税价格,须将其换算为不含税收入。

$$不含税收入额 = 4\ 400 \div (1 + 17\%) = 3\ 760.68(元)$$
$$销项税额 = 4\ 400 - 3\ 760.68 = 639.32(元)$$

```
    借：其他应付款                                                  4 400
        贷：其他业务收入                                           3 760.68
```

　　　　应交税费——应交税费（销项税额）　　　　　　　　　　　　　　　639.32

例3.26 A公司出口免税产品一批，价款为20 000元，出口手续已经办妥，货款尚未收到。作会计分录为

　　借：应收账款　　　　　　　　　　　　　　　　　　　　　　　　　20 000
　　　　贷：主营业务收入　　　　　　　　　　　　　　　　　　　　　　　20 000

2. 小规模纳税人销售货物或提供劳务的账务处理

小规模纳税人销售货物或者提供劳务开具的是普通发票，进行账务处理时，需要将普通发票上的含税收入换算为不含税收入，作会计分录为

　　借：银行存款等科目（由结算方式决定会计科目）
　　　　贷：主营业务收入（不含税收入）
　　　　　　应交税费——应交增值税（向购货方收取的增值税额）

例3.27 某商业企业为小规模纳税人，7月10日销售商品收入共计10 300元，货款均以现金收讫。

$$\text{不含税收入额} = 10\,300 \div (1+3\%) = 10\,000(元)$$
$$\text{应交增值税额} = 10\,300 - 10\,000 = 300(元)$$

或

$$\text{应交增值税额} = 10\,000 \times 3\% = 300(元)$$

作会计分录为

　　借：库存现金　　　　　　　　　　　　　　　　　　　　　　　　　10 300
　　　　贷：主营业务收入　　　　　　　　　　　　　　　　　　　　　　　10 000
　　　　　　应交税费——应交增值税　　　　　　　　　　　　　　　　　　　300

3.4.3 进项税额转出的账务处理

对于进项税额转出的账务处理，主要适用于两种情况：一是非正常损失的购进货物和非正常损失的在产品、产成品所耗用的购进货物或应税劳务；二是购进货物改变用途，用于非应税项目、免税项目、集体福利和个人消费等项目。

1. 发生非正常损失的账务处理

购进货物以及在产品、产成品发生非正常损失时的账务处理，分别在批准以前和批准以后编制会计分录。

报批前的会计分录为

　　借：待处理财产损溢——待处理流动资产损溢
　　　　贷：原材料（外购货物的采购成本）
　　　　　　库存商品（产成品的生产成本）
　　　　　　生产成本（在产品的成本）
　　　　　　应交税费——应交增值税（进项税额转出）

会计分录中转出的进项税额为发生非正常损失的购进货物的进项税额以及非正常损失

的在产品、产成品所消耗的外购货物的进项税额。

报批后会计分录为

借：原材料（残料收入）
　　其他应收款——应收赔款（保险公司和责任人的赔款）
　　营业外支出——非常损失（总损失扣除前两项后的余额）
　贷：待处理财产损溢——待处理流动资产损溢

例 3.28 A 公司 7 月 17 日因火灾造成损失如下。

(1) 原材料的价值 5 000 元，其进项税额为 850 元。
(2) 在产品的价值 10 000 元，其所耗用原材料成本为 8 000 元，进项税额为 1 360 元。
(3) 产成品的价值 15 000 元，其所耗原材料成本为 12 000 元，进项税额为 2 040 元。
另外，有残料收入 1 000 元。

报批前的会计分录为

借：待处理财产损溢——待处理流动资产损溢	34 250
贷：原材料	5 000
库存商品	15 000
生产成本	10 000
应交税费——应交增值税（进项税额转出）	4 250

对于该笔损失，保险公司赔款 20 000 元，其余损失报经主管部门批准后转作营业外支出处理。批准会计分录为

借：原材料	1 000
其他应收款——保险公司	20 000
营业外支出——非常损失	13 250
贷：待处理财产损溢——待处理流动资产损溢	34 250

2. 购入货物改变用途的账务处理

纳税人本应用于应税项目的购进货物转用于非应税项目、免税项目、集体福利和个人消费等用途的，应将其进项税额转入有关项目成本中，同时抵减已抵扣的进项税额。作会计分录为

借：在建工程
　　应付职工薪酬
　贷：原材料（低值易耗品、包装物等科目）
　　　应交税费——应交增值税（进项税额转出）

例 3.29 A 公司 7 月 25 日为建造职工宿舍领用库存材料一批，总价款 3 475 元，其中，购入成本 2 970 元，进项税额 505 元，作会计分录为

借：在建工程	3 475
贷：原材料	2 970
应交税费——应交增值税（进项税额转出）	505

3.4.4 视同销售的账务处理

视同销售行为可分为两类。第一类是未取得任何货币收入,但其行为被视同销售行为;第二类是虽有货币收入,但不是通过一般性的正常销售方式取得的,其行为也被视同一般性销售行为。这类行为包括将货物交付他人代销;受他人委托为其代销货物;将货物从一个机构移送统一核算的其他机构用于销售等。

(1) 将自产、委托加工或购买的货物分配给股东和投资者,或对外投资,或无偿赠送他人的账务处理。

例 3.30 A 公司 7 月 20 日将自产的一批产品无偿赠送给甲企业(小规模纳税人)作固定资产使用,按同类产品销售价格计算,价款为 50 000 元,该批货物的成本为 30 000 元,适用税率为 17%。A 公司开具专用发票,以专用发票的记账联和受赠方甲企业出具的票据作如下会计分录为

借:营业外支出　　　　　　　　　　　　　　　　　　　　　　38 500
　　贷:主营业务收入　　　　　　　　　　　　　　　　　　　　30 000
　　　　应交税费——应交增值税(销项税额)(=50 000×17%)　　 8 500

例 3.31 A 公司 7 月 22 日以外购紧俏物资向个人股持有者分配股利。该批货物原采购成本为 40 000 元,目前同类货物的市场销售价格为 60 000 元,适用税率为 17%,会计分录为

借:应付股利　　　　　　　　　　　　　　　　　　　　　　　70 200
　　贷:其他业务收入　　　　　　　　　　　　　　　　　　　　60 000
　　　　应交税费——应交增值税(销项税额)　　　　　　　　　　10 200

例 3.32 7 月 22 日,A 公司将一批产成品向天乐公司投资。该批货物的生产成本 50 000 元,同类货物的市场销售价格为 80 000 元,适用的税率为 17%。天乐公司将该批产品作为原材料处理。A 公司的会计分录为

借:长期股权投资　　　　　　　　　　　　　　　　　　　　　63 600
　　贷:主营业务收入　　　　　　　　　　　　　　　　　　　　50 000
　　　　应交税费——应交增值税(销项税额)(=80 000×17%)　　13 600

天乐公司的会计分录为

借:原材料　　　　　　　　　　　　　　　　　　　　　　　　50 000
　　应交税费——应交增值税(进项税额)　　　　　　　　　　　13 600
　　贷:实收资本　　　　　　　　　　　　　　　　　　　　　　63 600

(2) 将自产或委托加工的货物用于非应税项目的账务处理。

企业将自产或委托加工的货物不是直接用于对外销售,而是用于本企业的非应税项目,说明货物原有的使用价值虽然已被消耗掉,但货物只发生了一种内部结转关系,并未发生所有权转移,因此这种情况属于非会计销售行为。这时其账务处理方法是:按非应税项目领取货物的实际成本和按售价计算的增值税额之和借记"在建工程"等账户,按货物实际成本贷记"库存商品",按增值税额贷记"应交税金——应交增值税(销项税额)"账户。

借：在建工程
　　贷：库存商品等科目(按成本入账)
　　　　应交税费——应交增值税(销项税额)

(3) 将自产、委托加工的货物用于个人消费的账务处理。

《企业会计准则——应用指南》规定将自产委托加工的货物用于个人消费的账务处理为

借：应付职工薪酬
　　贷：主营业务收入
　　　　应交税费——应交增值税(销项税额)

例 3.33 7月25日，A公司将本企业产成品200件发放给企业职工，增值税率为17%，该产品单位售价为6元，每件成本5元。作会计分录为

借：应付职工薪酬　　　　　　　　　　　　　　　　　　　　　　　1 204
　　贷：主营业务收入　　　　　　　　　　　　　　　　　　　　　1 000
　　　　应交税费——应交增值税(销项税额)(＝1 200×17%)　　　　204

(4) 将货物交付他人代销、销售代销货物、将货物从一个机构移送统一核算的其他机构用于销售的账务处理。

代销是指委托方委托受托方代售商品的销售方式。根据相关规定委托代销货物的纳税义务发生时间为收到代销清单的当天。但是，如果发出代销商品超过180天仍未收到代销清单及货款的，纳税义务发生时间为发出代销商品满180天的当天。因此，纳税人将货物交付他人代销，应在受托方交回代销清单或发出代销商品超过180天时，作会计分录为

借：银行存款
　　销售费用(代销手续费)
　　贷：主营业务收入
　　　　应交税费——应交增值税(销项税额)

受托方将货物销售后，根据向购买方开具的专用发票等原始凭证作会计分录为

借：银行存款等科目
　　贷：应付账款
　　　　应交税费——应交增值税(销项税额)

受托方将代销款项及应负担的增值税额交给委托方进行结算时，根据委托方开具的专用发票和手续费发票作会计分录为

借：应付账款
　　应交税费——应交增值税(进项税额)
　　贷：其他业务收入
　　　　银行存款

例 3.34 A公司委托天宇公司代销一批商品，代销协议规定，天宇公司按照50 000元的价格代销商品，在商品售出之后可收取代销收入额的10%作为手续费。7月27日，天宇公司交来代销清单和有关款项，A公司向天宇公司开具了专用发票。

A公司的会计分录为

借：银行存款　　　　　　　　　　　　　　　　　　　　　　　　53 500
　　　　销售费用　　　　　　　　　　　　　　　　　　　　　　　　 5 000
　　　　　贷：主营业务收入　　　　　　　　　　　　　　　　　　　50 000
　　　　　　　应交税费——应交增值税(销项税额)　　　　　　　　　 8 500
天宇公司销售代销货物后，向购买方开具了专用发票，金额为50 000元，增值税为8 500元，价税合计58 500元，款项已收讫存入银行。作会计分录为
　　借：银行存款　　　　　　　　　　　　　　　　　　　　　　　　58 500
　　　　　贷：应付账款　　　　　　　　　　　　　　　　　　　　　50 000
　　　　　　　应交税费——应交增值税(销项税额)　　　　　　　　　 8 500
天宇公司向A公司归还代销货款并计算应收代销手续费时，作会计分录为
　　借：应付账款　　　　　　　　　　　　　　　　　　　　　　　　50 000
　　　　应交税费——应交增值税(进项税额)　　　　　　　　　　　　 8 500
　　　　　贷：银行存款　　　　　　　　　　　　　　　　　　　　　53 500
　　　　　　　其他业务收入　　　　　　　　　　　　　　　　　　　 5 000
设有两个以上机构并实行统一核算的纳税人将货物从一个机构移送不在同一县(市)的其他机构用于销售的，按规定两个机构均应作销售处理并计算纳税。移送机构按货物的原进价作视同销售处理，接收机构按市场销售价格作销售处理。

例3.35　某公司总机构购入货物140 000元，税款23 800元，价税合计163 800元，将其移送外地一分公司进行销售，移送时开具增值税专用发票，并作会计分录为
　　借：其他应收款——内部应收款　　　　　　　　　　　　　　　　163 800
　　　　　贷：主营业务收入　　　　　　　　　　　　　　　　　　　140 000
　　　　　　　应交税费——应交增值税(销项税额)　　　　　　　　　 23 800
分公司按售价售出货物后，向购货方开具专用发票，注明销售收入170 000元，增值税额28 900元，款项已经收妥存入银行。应作会计分录为
　　借：银行存款　　　　　　　　　　　　　　　　　　　　　　　　198 900
　　　　　贷：主营业务收入　　　　　　　　　　　　　　　　　　　170 000
　　　　　　　应交税费——应交增值税(销项税额)　　　　　　　　　 28 900

3.4.5　出口货物退税的账务处理

(1) 对于实行出口免税的产品出口后，确认收入时出口货物退税的会计分录
　　借：应收账款等科目
　　　　　贷：主营业务收入
对于实行出口不免税的产品出口后，确认收入的账务处理与产品内销相同。
(2) 出口产品按规定办妥退税手续时出口货物退税的会计分录
　　借：其他应收款——应收出口退税
　　　　应交税费——应交增值税(出口抵免内销产品应纳增值税)
　　　　　贷：应交税费——应交增值税(出口退税)
收到退税款时出口货物退税的会计分录

借：银行存款
　　贷：其他应收款——应收出口退税

例 3.36 接例 3.9，某自营出口的生产企业为增值税一般纳税人，出口货物的征税税率为 17%，退税率为 13%。2012 年 4 月的有关经营业务为：购进原材料一批，取得的增值税专用发票注明的价款 200 万元；外购货物准予抵扣的进项税额 34 万元通过认证；上月末留抵税款 3 万元；本月内销货物不含税销售额 100 万元；收款 117 万元存入银行；本月出口货物的销售额折合人民币 200 万元。

当期免抵退税不得免征和抵扣税额 = 200×(17%－13%) = 8(万元)

当期应纳税额 = 100×17%－(34－8)－3 = 17－26－3 = －12(万元)

出口货物"免、抵、退"税额 = 200×13% = 26(万元)

按规定，如当期期末留抵税额≤当期免抵退税额时：

当期应退税额 = 当期期末留抵税额，即该企业当期应退税额 = 12(万元)

当期免抵税额 = 当期免抵退税额－当期应退税额 = 26－12 = 14(万元)

依据上述计算结果，编制如下会计分录

借：其他应收款——应收出口退税　　　　　　　　　　　　　120 000
　　应交税费——应交增值税(出口抵免内销产品应纳增值税)　140 000
　　贷：应交税费——应交增值税(出口退税)　　　　　　　　　　　260 000

3.4.6 交纳增值税的账务处理

1. 一般纳税人交纳增值税的账务处理

(1) 月份终了，企业计算出当月应交而未交的增值税时，作会计分录为

借：应交税费——应交增值税(转出未交增值税)
　　贷：应交税费——未交增值税

(2) 月份终了，企业计算出当月多交增值税时，作会计分录为

借：应交税费——未交增值税
　　贷：应交税费——应交增值税(转出多交增值税)

(3) 企业交纳增值税时，作会计分录为

当月交纳当月的增值税时

借：应交税费——应交增值税(已交税金)
　　贷：银行存款

当月交纳以前月份的增值税时，作会计分录为

借：应交税费——未交增值税
　　贷：银行存款

2. 小规模纳税人交纳增值税的账务处理

小规模纳税人交纳增值税时，作会计分录为

借：应交税费——应交增值税

贷：银行存款

例 3.37 根据某公司的"应交税费——应交增值税"的明细账的记录，公司 7 月份的销项税额为 68 333.32 元，进项税额为 30 460 元，进项税额转出为 4 755 元，月初有未抵扣完进项税额为 5 000 元。则 7 月份应纳税额计算为：

应纳增值税额＝68 333.32－(30 460－4 755)－5 000 ＝37 628.32(元)

公司交纳当月的增值税时，作会计分录为

借：应交税费——应交增值税(已交税金)　　　　　　　　　　37 628.32
　　贷：银行存款　　　　　　　　　　　　　　　　　　　　37 628.32

若 A 公司 7 月份没有资金可用来交纳增值税，则 7 月底，公司应作会计分录为

借：应交税费——应交增值税(转出未交增值税)　　　　　　　37 628.32
　　贷：应交税费——未交增值税　　　　　　　　　　　　　37 628.32

以后月份交纳 7 月份欠交的增值税时，作会计分录为

借：应交税费——未交增值税　　　　　　　　　　　　　　　37 628.32
　　贷：银行存款　　　　　　　　　　　　　　　　　　　　37 628.32

本章小结

　　本章主要讲述了增值税的税制要素、增值税应纳税额的计算、增值税会计核算的专用凭证、账簿、报表以及增值税的纳税会计处理。增值税的税制要素包括增值税的征税范围和纳税义务人、税目与税率、纳税义务发生时间、纳税期限及纳税地点。增值税应纳税额的计算包括一般纳税人和小规模纳税人应纳税额的计算。前者采用税款抵扣，后者实行按率计征。出口货物退免税的计算是本部分的难点。

　　增值税的会计核算凭证主要涉及增值税专用发票，包括红字发票与蓝字发票。增值税的纳税会计处理涉及的科目，一般纳税人设置"应交税费——应交增值税"，并按"进项税额""销项税额""进项税额转出""已交税金""出口退税"等项目设置 3 级明细进行核算。小规模纳税人则通过"应交税费——应交增值税"进行核算。

　　一般纳税人购进货物和接受应税劳务、销售产品和提供应税劳务的账务处理是增值税的纳税会计处理的基本内容，视同销售的会计处理和进项税额转出的核算是本部分的难点。

复习思考题

1. 问答题

(1) 增值税按反映的内容不同，可以分为哪几种类型？
(2) 为什么说增值税是价外税？
(3) 如何区分一般纳税人和小规模纳税人？
(4) 一般纳税人和小规模纳税人在应纳税额计算方面有何差异？
(5) 增值税的征税范围如何规定？
(6) 纳税人的销售额如何确定？如何区分和换算含税销售额和不含税销售额？
(7) 什么是视同销售的货物？包括哪些内容？

(8) 什么是进项税额？进项税额的抵扣有什么规定？

(9) 什么是增值税专用发票？如何正确使用专用发票？

(10) 增值税的会计处理要设置什么账户？具体包括的项目和内容是什么？

2. **实务题**

(1) 某商场(一般纳税人)代销商品，按零售额的 10% 收取手续费 3.6 万元。其余款项以支票与委托方结算。

要求：

① 计算该商场的增值税销项税额。

② 分别替委托方和受托方作相关的会计分录。

(2) 某增值税一般纳税人以管材制造为主业，2011 年 12 月发生以下业务。

① 外购一批原料，取得的增值税专用发票上注明货款 100 万元、税款 17 万元，款项未付。

② 上月购进的一批货物因质量问题本月全部退货，取得红字专用发票并收到退货款 48 万元。

③ 受托加工一批应税消费品，收取加工费(不含税) 20 万元，税款 3.4 万元。

④ 销售自产货物，增值税专用发票上注明货款 300 万元，税款 51 万元，并随同收取包装物租金 5 万元和押金 8 万元(押金期限为 6 个月)，款项已收存银行。

⑤ 以银行存款外购原材料一批，取得的增值税专用发票上注明税款 1.5 万元、价款 8.82 万元。委托某企业制作一批礼品取得增值税专用发票注明制作费 3 万元，税款 5 100 元。该礼品的成本利润率为 10%，在当月销售货物时以赠送方式送出 60%。

⑥ 外购汽油作为公司车辆使用，取得增值税专用发票注明价款 11 万元，税款 1.87 万元；外购管材模具，取得增值税专用发票价款 20 万元，3.4 万元税款，货款以商业汇票结算。

⑦ 将自产产品一批作为福利发给企业职工，产品的成本为 20 万元，售价为 30 万元。

⑧ 以银行存款结缴本月应交增值税。

(相关增值税专用发票均通过税务机关认证并按规定期限申请抵扣)

要求：

① 计算该增值税一般纳税人当月应该缴纳的增值税。

② 做出相关的会计分录。

(3) 某自营出口的生产企业为增值税一般纳税人，适用的增值税税率 17%，退税率 13%。2014 年 5 月和 6 月的生产经营情况如下。

① 5 月份：外购原材料、燃料取得增值税专用发票，注明支付价款 850 万元、增值税额 144.5 万元，材料、燃料已验收入库；外购动力取得增值税专用发票，注明支付价款 150 万元、增值税额 25.5 万元，其中 20% 用于企业基建工程；以外购原材料 80 万元委托某公司加工货物，支付加工费取得增值税专用发票，注明价款 30 万元、增值税额 5.1 万元；内销货物取得不含税销售额 300 万元；出口销售货物取得销售额 500 万元。

② 6 月份：免税进口料件一批，支付国外买价 300 万元、运抵我国海关前的运输费用、保管费和装卸费用 50 万元，该料件进口关税税率 20%，料件已验收入库；出口货物

销售取得销售额 600 万元；内销货物 600 件，开具普通发票，取得含税销售额 140.4 万元；将与内销货物相同的自产货物 200 件用于本企业基建工程，货物已移送。

要求：

① 采用"免、抵、退"法计算企业 2014 年 5 月份应纳（或应退）的增值税。

② 采用"免、抵、退"法计算企业 2014 年 6 月份应纳（或应退）的增值税。

第4章

消费税及其纳税会计处理

教学目标

本章主要讲述消费税的税制要素及纳税会计处理。通过本章的学习,应了解消费税的概念、纳税义务发生时间、纳税期限及纳税地点;重点掌握应纳消费税的计算及与消费税有关的账务处理;本章的难点是进口卷烟应纳消费税额的计算及进出口应税消费品相关的账务处理。

教学要求

知识要点	能力要求	相关知识
消费税的税制要素	(1) 能够明确消费税的征税对象 (2) 能够判定消费税的纳税人 (3) 能够明确消费税的征税范围、税目 (4) 能识别消费税纳税义务人在何环节、何时、何地缴纳消费税	(1) 消费税的概念、特点 (2) 消费税的征税范围、税目、税率 (3) 消费税的纳税环节、纳税义务发生时间、纳税地点、纳税期限
应纳消费税税额的计算	(1) 能够掌握应纳消费税的3种计算方法 (2) 能够计算自产自用应税消费品的应纳消费税额 (3) 能够计算委托加工应税消费品的应纳消费税额 (4) 能够计算进口应税消费品的应纳消费税额	(1) 从价计税的计算 (2) 从量计税的计算 (3) 复合计税的计算 (4) 委托加工应税消费品应纳税额的计算 (5) 进口应税消费品应纳消费税额的计算

续表

知识要点	能力要求	相关知识
消费税的会计核算	(1) 掌握应税消费品对外销售的账务处理 (2) 掌握委托加工应税消费品的账务处理 (3) 掌握进出口应税产品的账务处理	(1) 会计科目的设置 (2) 企业将自己生产的应税消费品对外销售的账务处理 (3) 委托加工应税消费品的账务处理 (4) 进出口应税产品的账务处理 (5) 缴纳消费税的账务处理

■ 导入案例

成套销售未必好，消费税率有文章

由于应税消费品所适用的税率是固定的，只有在出现兼营不同税率应税消费品的情况下，纳税人才可以选择合适的销售方式和核算方式达到适用较低消费品税率的目的，从而降低税负。

消费税的兼营行为，主要是指消费税纳税人同时经营两种以上税率的应税消费品的行为。对于这种兼营行为，税法明确规定：纳税人兼营多种不同税率的应税消费税产品的企业，应当分别核算不同税率应税消费品的销售额、销售数量；未分别核算销售额、销售数量，或者将不同税率的应税消费品组成成套消费品销售的，应从高适用税率。这一规定要求企业在会计核算的过程中做到账目清楚，以免蒙受不必要的损失；在消费品销售过程中的组合问题，看有无必要组成成套消费品销售，避免给企业造成不必要的税收负担。

某酒厂既生产比例税率为20%，定额税率为0.5元/斤的粮食白酒，又生产税率为10%的药酒，还生产上述两类酒的小瓶装礼品套装。某年8月份，该厂对外销售12 000瓶粮食白酒，单价28元/瓶，每瓶为斤装；销售8 000瓶药酒，单价58元/瓶，每瓶为斤装；销售700套套装酒，单价120元/套，其中白酒3瓶、药酒3瓶，均为半斤装。如何做好该酒厂的税收筹划？

如果3类酒单独核算，应纳消费税税额具体如下。

白酒应纳消费税税额＝28×12 000×20%＋12 000×0.5＝73 200(元)

药酒应纳消费税税额＝58 ×8 000×10%＝ 46 400(元)

套装酒应纳消费税税额＝120×700×20%＋(6×0.5×700)×0.5＝17 850(元)

合计应纳消费税税额＝73 200＋46 400＋17 850＝137 450(元)

(1) 如果3类酒未单独核算，则应采用税率从高的原则，应纳消费税税额为：

(28×12 000＋58×8 000＋120×700)×20%＋(12 000＋8 000＋6×0.5×700)×0.5＝187 850(元)

(2) 如果企业将3种酒单独核算，可节税：

187 850－137 450＝50 400(元)

(3) 如果该企业不将两类酒组成套装酒销售还可节税：

120×700×20%＋6×0.5×700×0.5－[14×3×700×20%＋(3×0.5×700)×0.5＋29×3×700×10%]

＝17 850－(6 405＋6 090)＝5 355(元)

因此，企业兼营不同税率应税消费品时，能单独核算，最好单独核算，没有必要成套销售的，最好单独销售，尽量降低企业的税收负担。

第4章 消费税及其纳税会计处理

4.1 消费税概述

消费税是对我国境内从事生产、委托加工和进口依照消费税法规定的应税消费品为课税对象所征收的一种流转税。我国现行消费税的征税依据是2008年11月5日经国务院第34次常务会议修订通过并颁布,自2009年1月1日起实行的《中华人民共和国消费税暂行条例》(以下简称《消费税暂行条例》),以及2008年12月15日财政部、国家税务总局第51号令颁布的《中华人民共和国消费税暂行条例实施细则》(以下简称《消费税暂行条例实施细则》)。

4.1.1 消费税的特点

消费税是流转税,和增值税相比,具有以下几个显著特点。

1. 征税项目具有选择性

目前,我国消费税的征税项目主要限于奢侈品、高能耗消费品、不可再生消费品和一些具有特定财政意义的消费品。

2. 征税环节具有单一性

消费税并不在生产、流通、消费各环节多次征收,而只是选择在生产环节或零售环节等某一环节一次征收,实行一次课税。

3. 征收方法具有多样化

我国根据应税消费品的具体特点,分别可以采用从价征收、从量征收和复合征收3种方式。

4. 税收调节具有特殊性

这主要表现在:不同的征税项目税负差别较大,而且消费税是在增值税普遍征收的基础上进行选择性地征收,从而形成了一种特殊的对应税消费品的双重调节机制。

5. 税收负担具有转嫁性

消费税是一种间接税,无论在哪个环节征收,消费品中所含的消费税最终会转嫁给消费者,由消费者负担。

4.1.2 消费税的纳税义务人

根据《消费税暂行条例》的规定,消费税的纳税义务人是指在中华人民共和国境内生产、委托加工和进口规定的应税消费品的单位和个人,以及国务院确定的销售消费税暂行条例规定的应税消费品的其他单位和个人。

在中国境内是指生产、委托加工和进口应税消费品的起运地或所在地在我国境内。单位是指生产、委托加工和进口应税消费品的企业、行政单位、事业单位、军事单位、社会团体和其他单位。个人是指个体工商户和其他个人。

消费税纳税义务人及纳税环节见表4-1。

表4-1 消费税纳税义务人及纳税环节

消费税纳税义务人	纳 税 环 节
自产销售的单位和个人	纳税人销售时纳税
自产自用的单位和个人	纳税人自产的应税消费品，用于连续生产应税消费品的，不纳税
	纳税人自产的应税消费品，用于其他方面的，于移送使用时纳税
进口应税消费品的单位和个人	进口报关单位或个人为消费税的纳税人，进口消费税由海关代征
委托加工应税消费品的单位和个人	委托加工的应税消费品，除受托方为个人外，由受托方在向委托方交货时代收代缴税款
零售金银首饰的单位和个人	生产、进口和批发金银首饰、钻石、钻石饰品时不征收消费税，纳税人在零售时纳税
卷烟批发商	纳税人(卷烟批发商)销售给纳税人以外的单位和个人的卷烟于销售时纳税；纳税人之间销售的卷烟不缴纳消费税

需要说明的是，对既销售金银首饰又销售非金银首饰的生产、经营单位，应将两类商品划分清楚，分别核算销售额。凡划分不清楚或不能分别核算的，在生产环节销售的，一律从高适用税率征收消费税；在零售环节销售的，一律按金银首饰征收消费税。金银首饰与其他产品组成成套消费品销售的，应按销售额全额征收消费税。金银首饰连同包装物销售的，无论包装物是否单独计价，也无论会计上如何和核算，均应并入金银首饰的销售额，计征消费税。带料加工金银首饰，应按受托方销售同类金银首饰的销售价格确定计税依据计征消费税。没有同类金银首饰销售价格的，按照组成计税价格计算纳税。纳税人采取以旧换新方式销售金银首饰的，应按实际收取的不含增值税的全部价款确定计税依据计征消费税。

4.1.3 消费税的税目和税率

1. 消费税的征税范围

根据我国的经济发展状况和消费政策、产业政策，充分考虑人民群众的消费水平和消费结构以及保证国家财政收入的稳定增长，并适当借鉴国外征收消费税的成功经验和通行做法，我国《消费税暂行条例》的规定中列入我国消费税征税范围的消费品并不多，主要包括以下5类。

(1) 过渡消费会对人类健康、社会秩序、生态环境等造成危害的特殊消费品，如烟、酒及酒精、鞭炮与烟火、木制一次性筷子、电池、涂料等。

(2) 奢侈品和非生活必需品，如高档手表、贵重首饰、珠宝玉石等。

(3) 高能耗及高档消费品，如摩托车、小汽车、游艇等。

(4) 不可再生和替代的稀缺资源消费品，如成品油。

(5) 税基广,征收后不影响居民基本生活并具一定财政意义的消费品,如汽车轮胎等。

2. 消费税的税目和税率

上述 5 类应税消费品具体体现为 14 个税目,有的税目还进一步划分为若干子目。通过税目的设计界定了消费税征收的具体范围,并根据不同的税目(子目)设计了高低不等的税率。根据消费税课税对象的具体情况,我国现行消费税实行从价定率、从量定额和复合计税 3 种征收方式。对供求基本平衡、价格差异不大、计量单位规范的应税消费品,采用从量定额税率,如黄酒、啤酒、成品油;对价格差异大、计量不规范的应税消费品,采用从价比例税率,如化妆品、贵重首饰及珠宝玉石、鞭炮、焰火、摩托车、高档手表、实木地板等。消费税税目、税率(税额)详细资料见表 4-2。

表 4-2 消费税税目表

税 目	子 目		税 率
一、烟	1. 卷烟	甲类卷烟:每标准条(200 支)调拨价 70 元(含)以上	生产环节:56%加 0.003 元/支 批发环节:5%
		乙类卷烟:每标准条(200 支)调拨价 70 元以下	生产环节:36%加 0.003 元/支 批发环节:5%
	2. 雪茄烟		36%
	3. 烟丝		30%
二、酒及酒精	1. 白酒		20%加 0.5 元/500 克(或 500 毫升)
	2. 黄酒		240 元/吨
	3. 啤酒	甲类啤酒	250 元/吨
		乙类啤酒	220 元/吨
	4. 其他酒		10%
	酒精		5%
三、化妆品	含成套化妆品、高档护肤类化妆品;不含舞台、戏剧、影视化妆用的上妆油、卸妆油、油彩		30%
四、贵重首饰及珠宝玉石	1. 金银首饰、铂金首饰和钻石及钻石饰品		5%
	2. 其他贵重首饰和珠宝玉石		10%
五、鞭炮、焰火			15%
六、电池、涂料			4%

续表

税　目	子　目	税　率
七、成品油	1. 汽油	1.52元/升
	2. 柴油	1.2元/升
	3. 航空煤油	1.2元/升
	4. 石脑油	1.52元/升
	5. 溶剂油	1.52元/升
	6. 润滑油	1.52元/升
	7. 燃料油	1.2元/升
八、摩托车	1. 气缸容量在250毫升	3%
	2. 气缸容量在250毫升以上	10%
九、小汽车	1. 乘用车（按气缸容量征收） (1) 小于1.0升(含)	1%
	(2) 1.0～1.5升(含)	3%
	(3) 1.5～2.0升(含)	5%
	(4) 2.0～2.5升(含)	9%
	(5) 2.5～3.0升(含)	12%
	(6) 3.0～4.0升(含)	25%
	(7) 4.0升及以上	40%
	2. 中轻型商用客车	5%
十、高尔夫球及球具		10%
十一、高档手表		20%
十二、游艇		10%
十三、木制一次性筷子		5%
十四、实木地板		5%

我国消费税的税率采用列举法，征税界限清楚，一般不易发生错用税率的情况，但在具体适用税率的过程中，尚需注意以下几点。

（1）纳税人兼营不同税率的应税消费品，应当分别核算不同税率应税消费品的销售额、销售数量。未分别核算销售额、销售数量，或者将不同税率的应税消费品组成成套消费品销售的，从高适用税率。

（2）纳税人将应税消费品与非应税消费品或适用税率不同的应税消费品组成成套消费品销售的，应就成套消费品的销售额按应税消费品中的最高税率征收。

（3）我国消费税税目、税率（税额）可随着客观经济形式的变化，由国务院确定后，做出适当的合理的调整，地方政府无权调整。

4.1.4　消费税的纳税义务发生时间

纳税人生产的应税消费品于销售时纳税，进口的应税消费品应当于消费品报关进口环节纳税，但金银首饰、钻石及钻石饰品在零售环节纳税。消费税纳税义务发生的时间，以货款结算方式或行为发生时间分别确定。

(1) 纳税人对外销售应税消费品,其纳税义务发生时间分为以下几种情况。

① 纳税人采用赊销和分期收款结算方式的,为书面合同约定的收款日期的当天,书面合同没有约定收款日期或者无书面合同的,为发出应税消费品的当天。

② 纳税人采取预收货款结算方式的,为发出应税消费品的当天。

③ 纳税人采取托收承付和委托银行收款结算方式的,为发出应税消费品并办妥托收手续的当天。

④ 纳税人采取其他结算方式的,为收到销货款或者取得索取销货款凭据的当天。

⑤ 纳税人零售金银首饰的,为收到销货款或者取得索取销货款凭据的当天;将金银首饰用于馈赠、赞助、集资、广告、样品、职工福利、奖励等方面的,为移送当天;带料加工、翻新改制金银首饰的,为受托方交货的当天。

(2) 纳税人自产自用应税消费品,其纳税义务发生时间为移送使用的当天。

(3) 纳税人委托加工应税消费品,其纳税义务发生时间为纳税人提货的当天。

(4) 纳税人进口货物,其纳税义务发生时间为报关进口的当天,但生产经营单位进口金银首饰于零售环节征收。

4.1.5 消费税的纳税期限、纳税地点及纳税申报表

1. 纳税期限

消费税的纳税期限分别为1天、3天、5天、10天、15天、1个月或者1个季度。纳税人的具体纳税期限由主管税务机关根据纳税人应纳税额的大小分别核定;不能按照固定期限纳税的,可以按次纳税。

纳税人以1个月或以1个季度为一期纳税的,自期满之日起15天内申报纳税;以1天、3天、5天、10天、15天为一期纳税的,自期满之日起5天内预缴税款,并于次月1日起15日内申报纳税并结清上月应纳税款。

纳税人进口应税消费品,应当自海关填发海关进口消费税专用缴款书之日起15日内缴纳税款。

2. 纳税地点

(1) 纳税人销售的应税消费品,以及自产自用的应税消费品,除国家另有规定的外,应当向纳税人机构所在地或者居住地的主管税务机关申报纳税。

(2) 委托加工的应税消费品,除受托方为个人外,由受托方向机构所在地或者居住地的主管税务机关解缴消费税税款。

(3) 纳税人到外县(市)销售或委托外县(市)代销自产应税消费品的,于应税消费品销售后,回纳税人核算地或所在地缴纳消费税。

(4) 纳税人的总机构与分支机构不在同一县(市)的,应当分别向各自机构所在地的主管税务机关申报纳税;但经国家税务总局及所属税务分局批准,纳税人分支机构应纳消费税税款也可由总机构汇总向总机构所在地主管税务机关缴纳。

(5) 进口的应税消费品,由进口人或者其代理人向报关地海关申报纳税;个人携带或

邮寄进境的应税消费品,其应纳的消费税连同关税由海关一并计征。

(6)纳税人销售的应税消费品,如因质量等原因由购买者退回时,经所在地主管税务机关审核批准后,可退还已征收的消费税税款。但不能自行直接抵减应纳税额。

3. 纳税申报表

为了在全国范围内统一、规范消费税纳税申报资料,加强消费税管理的基础工作,税务总局制定了《烟类应税消费品消费税纳税申报表》《卷烟消费税纳税申报表》(批发)《酒类消费税纳税申报表》《成品油消费税纳税申报表》《小汽车消费税纳税申报表》《其他应税消费品消费税纳税申报表》。以上各类消费税纳税申报表格式分别见表4-3、表4-4、表4-5、表4-6、表4-7和表4-8。

表4-3 烟类应税消费品消费税纳税申报表

税款所属期: 年 月 日至 年 月 日
纳税人名称(公章): 纳税人识别号: □□□□□□□□□□□□□□□
填表日期: 年 月 日 计量单位:卷烟万支、雪茄烟支、烟丝千克 金额单位:元(列至角分)

应税消费品名称	项目 适用税率		销售数量	销售额	应纳税额
	定额税率	比例税率			
卷烟	30元/万支	56%			
卷烟	30元/万支	36%			
雪茄烟	—	36%			
烟丝	—	30%			
合计	—	—			

本期准予扣除税额:
_____

本期减(免)税额:
_____

期初未缴税额:
_____

本期缴纳前期应纳税额:
_____

本期预缴税额:
_____

本期应补(退)税额:
_____

期末未缴税额:
_____

声明
　　此纳税申报表是根据国家税收法律的规定填报的,我确定它是真实的、可靠的、完整的。
　　经办人(签章):
　　财务负责人(签章):
　　联系电话:

(如果你已委托代理人申报,请填写)
授权声明
　　为代理一切税务事宜,现授权_____(地址)_____为本纳税人的代理申报人,任何与本申报表有关的往来文件,都可寄予此人。
　　授权人签章:

以下由税务机关填写
受理人(签章): 受理日期: 年 月 日 受理税务机关(章):

表 4-4　卷烟消费税纳税申报表（批发）

税款所属期：　年　月　日至　年　月　日

纳税人名称（公章）：　　纳税人识别号：☐☐☐☐☐☐☐☐☐☐☐☐☐☐☐

填表日期：　年　月　日　　　　　　　　　单位：卷烟万支、金额单位：元（列至角分）

应税消费品名称＼项目	适用税率	销售数量	销售额	应纳税额
卷烟	5%			
合计	5%			

期初未缴税额：	声明 此纳税申报表是根据国家税收法律的规定填报的，我确定它是真实的、可靠的、完整的。 经办人（签章）： 财务负责人（签章）： 联系电话：
本期缴纳前期应纳税额：	
本期预缴税额：	（如果你已委托代理人申报，请填写） 　　　　　　授权声明 为代理一切税务事宜，现授权＿＿＿＿（地址） ＿＿＿＿为本纳税人的代理申报人，任何与本申报表有关的往来文件，都可寄予此人。 授权人签章：
本期应补（退）税额：	
期末未缴税额：	

以下由税务机关填写

受理人（签章）：　　　　受理日期：　年　月　日　　　　　受理税务机关（章）：

表 4-5　酒类消费税纳税申报表

税款所属期：　年　月　日至　年　月　日

纳税人名称（公章）：　　纳税人识别号：☐☐☐☐☐☐☐☐☐☐☐☐☐☐☐

填表日期：　年　月　日　　　　　　　　　　　　　金额单位：元（列至角分）

应税消费品名称＼项目	适用税率		销售数量	销售额	应纳税额
	定额税率	比例税率			
白酒	0.5元/斤	20%			
啤酒	250元/吨	—			
啤酒	220元/吨	—			
黄酒	240元/吨	—			
其他酒	—	10%			
合计	—	—			

续表

本期准予抵减税额：	声明 此纳税申报表是根据国家税收法律的规定填报的，我确定它是真实的、可靠的、完整的。 经办人(签章)： 财务负责人(签章)： 联系电话：
本期减(免)税额：	
期初未缴税额：	
本期缴纳前期应纳税额：	(如果你已委托代理人申报，请填写) 授权声明 为代理一切税务事宜，现授权_____（地址）_____为本纳税人的代理申报人，任何与本申报表有关的往来文件，都可寄予此人。 授权人签章：
本期预缴税额：	
本期应补(退)税额：	
期末未缴税额：	

以下由税务机关填写

受理人(签章)：　　　　受理日期：　年　月　日　　　　受理税务机关(章)：

表4-6　成品油消费税纳税申报表

税款所属期：　年　月　日至　年　月　日

纳税人名称(公章)：　　纳税人识别号：□□□□□□□□□□□□□□□

填表日期：　年　月　日　　　　　　　　计量单位：升　金额单位：元(列至角分)

项目 应税消费品名称	适用税率 /(元/升)	销售数量	应纳税额
1. 汽油	1.52元/升		
2. 柴油	1.2元/升		
3. 航空煤油	1.2元/升		
4. 石脑油	1.52元/升		
5. 溶剂油	1.52元/升		
6. 润滑油	1.52元/升		
7. 燃料油	1.2元/升		
合计		—	—
本期准予扣除税额：	声明 此纳税申报表是根据国家税收法律的规定填报的，我确定它是真实的、可靠的、完整的。 经办人(签章)： 财务负责人(签章)： 联系电话：		
本期减(免)税额：			
期初未缴税额：			

续表

本期缴纳前期应纳税额：	（如果你已委托代理人申报，请填写）
本期预缴税额：	授权声明 　为代理一切税务事宜，现授权_____（地址）_____为本纳税人的代理申报人，任何与本申报表有关的往来文件，都可寄予此人。 　授权人签章：
本期应补(退)税额：	
期末未缴税额：	

以下由税务机关填写

受理人(签章)：　　　　　　　受理日期：　年　月　日　　　　　受理税务机关(章)：

表 4-7　小汽车消费税纳税申报表

税款所属期：　　年　月　日至　　年　月　日

纳税人名称(公章)：　　　纳税人识别号：☐☐☐☐☐☐☐☐☐☐☐☐☐☐☐

填表日期：　　年　月　日　　　　　　　　　　　计量单位：辆　金额单位：元(列至角分)

应税消费品名称	项目	适用税率	销售数量	销售额	应纳税额
乘用车	气缸容量≤1.0升	1%			
	1.0升＜气缸容量≤1.5升	3%			
	1.5升＜气缸容量≤2.0升	5%			
	2.0升＜气缸容量≤2.5升	9%			
	2.5升＜气缸容量≤3.0升	12%			
	3.0升＜气缸容量≤4.0升	25%			
	气缸容量＞4.0升	40%			
中轻型商用客车		5%			
合计		—	—	—	
本期准予扣除税额：		声明 　此纳税申报表是根据国家税收法律的规定填报的，我确定它是真实的、可靠的、完整的。 　经办人(签章)： 　财务负责人(签章)： 　联系电话：			
本期减(免)税额：					
期初未缴税额：					

续表

本期缴纳前期应纳税额：	（如果你已委托代理人申报，请填写）
本期预缴税额：	授权声明 为代理一切税务事宜，现授权_____（地址）_____为本纳税人的代理申报人，任何与本申报表有关的往来文件，都可寄予此人。
本期应补(退)税额：	
期末未缴税额：	授权人签章：

以下由税务机关填写

受理人(签章)：　　　　　受理日期：　年　月　日　　　　　受理税务机关(章)：

表 4-8　其他应税消费品消费税纳税申报表

税款所属期：　　年　月　日至　　年　月　日
纳税人名称(公章)：　　纳税人识别号：☐☐☐☐☐☐☐☐☐☐☐☐☐☐☐
填表日期：　　年　月　日　　　　　　　　计量单位：辆　金额单位：元(列至角分)

项目 应税消费品名称	适用税率	销售数量	销售额	应纳税额
合计	—	—	—	

本期准予抵减税额：	声明
本期减(免)税额：	此纳税申报表是根据国家税收法律的规定填报的，我确定它是真实的、可靠的、完整的。 经办人(签章)： 财务负责人(签章)： 联系电话：
期初未缴税额：	
本期缴纳前期应纳税额：	（如果你已委托代理人申报，请填写）
本期预缴税额：	授权声明 为代理一切税务事宜，现授权_____（地址）_____为本纳税人的代理申报人，任何与本申报表有关的往来文件，都可寄予此人。
本期应补(退)税额：	
期末未缴税额：	授权人签章：

以下由税务机关填写

受理人(签章)：　　　　　受理日期：　年　月　日　　　　　受理税务机关(章)：

4.2 消费税应纳税额的计算

4.2.1 应纳消费税的计算方法

与增值税和营业税不同,消费税应纳税额的计算方法有从价定率、从量定额、复合计税法3种。

1. 从价定率法

消费税按从价定率法计算时,其计算公式为:

$$应纳消费税额 = 应税消费品的销售额 \times 消费税比例税率$$

1) 销售额的含义

销售额是指纳税人销售应税消费品向购买方收取的全部价款和价外费用。价外费用是指价外收取的基金、集资费、返还利润、补贴、违约金、延期付款利息、手续费、包装费、包装物租金、储备费、优质费、运输装卸费、代收款项、代垫款项以及其他各种性质的价外收费。但下列项目不包括在内:①同时符合以下条件的代垫运输费用,包括承运部门的运输费用发票开具给购买方的和纳税人将该项发票转交给购买方的;②同时符合以下条件代为收取的政府性基金或者行政事业性收费,包括由国务院或者财政部批准设立的政府性基金,由国务院或者省级人民政府及其财政、价格主管部门批准设立的行政事业性收费、收取时开具省级以上财政部门印制的财政票据以及所收款项全额上缴财政。

纳税人销售的应税消费品若以外汇结算销售额的,应选择结算当天或者当月1日的国家外汇牌价(原则上为中间价)折合为人民币销售额,然后计算缴纳消费税。纳税人应在事先确定采取何种折合率,确定后一年内不得变更。

应纳消费税的"销售额"不包括应向购货方收取的增值税税款。如果纳税人应税消费品的销售额中未扣除增值税税款或者因不得开具增值税专用发票而发生价款和增值税税款合并收取的,在计算消费税时,应当将含增值税的销售额换算为不含增值税税款的销售额。其换算公式为:

$$应税消费品的销售额 = 含增值税的销售额 \div (1 + 增值税税率或征收率)$$

例 4.1 某鞭炮厂(增值税小规模纳税人)2014年10月销售各类鞭炮,取得销售收入20 600元,根据规定,该鞭炮厂2014年10月应纳消费税额为:

$$应纳消费税额 = 20\,600 \div (1 + 3\%) \times 15\% = 3\,000(元)$$

2) 关于包装物的计税问题

(1)《消费税暂行条例》规定,实行从价定率办法计算应纳税额的应税消费品连同包装销售的,无论包装是否单独计价以及在会计上如何核算,均应并入应税消费品的销售额中征收消费税。

(2) 如果包装物不作价随同产品销售,而是收取押金,此项押金则不应并入应税消费品的销售额中征税。但对因逾期未收回的包装物不再退还的或者已收取的时间超过12个月的押金,应并入应税消费品的销售额,按照应税消费品的适用税率征收消费税。

(3) 对销售除啤酒、黄酒外的其他酒类产品而收取的包装物押金,无论是否返还以及会计上如何核算,均应并入当期销售额征税。因为啤酒、黄酒实行从量计征,其应纳消费税只与课税数量有关,而与押金金额无关,所以啤酒、黄酒生产企业销售啤酒、黄酒而收取的包装物押金不需要交纳消费税。

(4) 对作价随同应税消费品销售又另外收取押金的包装物,在这种情况下收取的包装物押金,一般不需并入应税消费品的销售额中计征消费税,但纳税人在规定的期限内不予退还的押金应并入应税消费品的销售额,并按照应税消费品的适用税率征收消费税。

(5) 将包装物押金并入销售额征税时,需要先将该押金换算为不含税价款,再并入销售额征税。

上述关于包装物的计税规则见表 4-9。

表 4-9 包装物的计税规则

计税方式	包装物状态
直接并入销售额计税	(1) 应税消费品连同包装物销售的,无论包装物是否单独计价,也不论在会计上如何核算,均应并入应税消费品的销售额中征收消费税 (2) 应税消费品包装物的租金 (3) 对酒类产品(除啤酒、黄酒以外)生产企业销售酒类产品而收取的包装物押金,无论押金是否返还及会计上如何核算,均应并入酒类产品销售额中征收消费税
逾期并入销售额计税	对收取押金(酒类以外)的包装物,未到期押金不计税;但对逾期未收回的包装物不再退还的和已收取 12 个月以上的押金,应并入应税消费品的销售额,按照应税消费品的适用税率征收消费税

例 4.2 某化妆品厂 2014 年 6 月销售自产化妆品一批,开具增值税专用发票上注明价款 40 万元,收取包装费 1.17 万元(开具普通发票),款项已收到,存入银行。另有由于买方过期未能返还包装物而不予退还的包装物押金 2.34 万元。则该化妆品厂本月应纳消费税额为:

应纳消费税额 = 40×30% + 1.17÷(1+17%)×30% + 2.34÷(1+17%)×30%
= 12 + 0.3 + 0.6
= 12.9(万元)

3) 关于白酒生产企业商业销售单位收取的"品牌使用费"征税问题

根据国家税务总局关于酒类产品消费税政策问题的通知(国税发〔2002〕109 号)的规定,白酒生产企业向商业销售单位收取的"品牌使用费"是随着应税白酒的销售而向购货方收取的,属于应税白酒销售价款的组成部分,因此,不论企业采取何种方式或以何种名义收取价款,该费用均应并入白酒的销售额中缴纳消费税。

例 4.3 某白酒生产企业为增值税一般纳税人,2014 年 5 月向某商场销售白酒 5.5 吨,价税合计为 234 000 元,并收取品牌使用费 11 700 元及包装物押金 7 020 元。根据规定,该白酒生产企业 2014 年 5 月应纳消费税额的计算分析如下。

分析:白酒应纳消费税采用复合计征的办法,消费税比例税率为 20%,从量计征为

0.5元/斤。

白酒生产企业向商业销售单位收取的"品牌使用费"及收取的包装物押金，按照规定，需将其换算为不含税价款，再并入销售额征税。

应纳消费税额计算为：

应纳消费税额＝(234 000＋11 700＋7 020)÷(1＋17%)×20%＋5.5×2 000×0.5
　　　　　　＝216 000×20%＋5 500
　　　　　　＝48 700(元)

4) 关于组成套装销售的计税依据

纳税人将自产的应税消费品与外购或自产的非应税消费品组成套装销售的，以套装产品的销售额(不含增值税)为计税依据。

例4.4 某化妆品厂既生产化妆品，也生产护肤护发品。为扩大销售量，组成成套销售，成套件内包括洗面奶、爽肤水、眼霜、面膜、防晒露、精华露、香水、指甲油各1瓶、口红、眉笔各1支，当月售出成套件1 000盒，每盒单件480元(不含增值税单价)。请计算该厂当月应纳消费税额。

应纳消费税额＝1 000×480×30%＝144 000(元)

2. 从量定额法

消费税按从量定额法计算时，其计算公式为：

应纳消费税税额＝应税消费品销售数量×单位税额

销售数量是指纳税人生产、加工和进口应税消费品的数量。具体规定如下。

(1) 销售自产应税消费品的，为应税消费品的销售量。
(2) 自产自用应税消费品的，为应税消费品的移送使用量。
(3) 委托加工应税消费品的，为纳税人收回的应税消费品量。
(4) 进口应税消费品的，为海关核定的应税消费品进口征税量。

2) 实行从量定额法的有关应税消费品计量单位的换算标准

根据我国现行税法规定，消费税中共有啤酒、黄酒、汽油、柴油、石脑油、溶剂油、润滑油、燃料油、航空煤油9种产品采用从量定额办法计征消费税。为了规范不同产品的计量单位，准确计算应纳税额，税法规定了吨与升两个计量单位的换算标准见表4－10。

表4－10　吨与升两个计量单位的换算标准表

啤酒	1吨＝988升	黄酒	1吨＝962升
汽油	1吨＝1 388升	柴油	1吨＝1 176升
石脑油	1吨＝1 385升	溶剂油	1吨＝1 282升
润滑油	1吨＝1 126升	燃料油	1吨＝1 015升
航空煤油	1吨＝1 246升		

例4.5 某炼油厂2014年1月销售汽油300吨，柴油500吨，润滑油300吨，计算该

厂当月应纳消费税额。

$$应纳消费税额 = 300 \times 1\,388 \times 1.52 + 500 \times 1\,176 \times 1.2 + 300 \times 1\,126 \times 1.52$$
$$= 18\,851\,984(元)$$

3. 复合计税法

复合计算法计算应纳消费税的公式为：

$$应纳消费税额 = 应税消费品销售额 \times 消费税比例税率$$
$$+ 应税消费品销售数量 \times 单位税额$$

在应税消费品中，只有卷烟和白酒两种产品采用复合计税的办法计算交纳消费税。

其中卷烟（包括甲类卷烟和乙类卷烟）的定额税率为每支0.003元；每标准条（200支）调拨价在70元以上（含70元），比例税率为56%；每标准条（200支）调拨价在70元以下，比例税率为36%。

卷烟的从价定率计税中的计税依据（销售额）为卷烟的调拨价格或核定价格。调拨价格是指卷烟生产企业通过卷烟交易市场与购货方签订的卷烟交易价格，并作为消费税计税价格由国家税务总局对外公布。已由各级国家税务局公示消费税计税价格的卷烟，生产企业实际销售价格高于消费税计税价格的，按实际销售价格征税；实际销售价格低于消费税计税价格的，按消费税计税价格征税。

例4.6 某卷烟厂2014年2月销售X牌卷烟100标准箱（每标准箱含卷烟5万支，即250条），每箱不含税售价（调拨价格）为1.3万元，款项已存入银行。计算该卷烟厂2014年2月销售卷烟应纳消费税额。

分析：卷烟采用复合计税，从价部分的税率按每标准条（200支）的调拨价来确定比例税率，故首先应计算每标准条的调拨价再判断适用的税率。

每标准条的调拨价 = 13 000÷250 = 52（元），故适用税率为36%，从量部分按150元/标准箱（5万支）计算。

$$应纳消费税额 = 13\,000 \times 100 \times 36\% + 150 \times 100 = 468\,000 + 15\,000 = 483\,000(元)$$

4.2.2 自产自用应税消费品的计税方法

根据《消费税暂行条例规定》，纳税人自产自用应税消费品用于连续生产应税消费品的，不纳消费税。纳税人自产自用的应税消费品，用于连续生产应税消费品的，是指作为生产最终应税消费品的直接材料并构成最终产品实体的应税消费品。

纳税人自产自用应税消费品，不是用于连续生产应税消费品，而是用于其他方面的，于移送使用时纳税。这里"用于其他方面"是指纳税人用于生产非应税消费品和在建工程，管理部门，非生产机构，提供劳务，以及用于馈赠、赞助、集资、广告、样品、职工福利、奖励等方面的应税消费品。例如，生产企业将自产石脑油用于本企业连续生产汽油等应税消费品的，不缴纳消费税；用于连续生产乙烯等非应税消费品或其他方面的，于移送使用时缴纳消费税。

根据《消费税暂行条例》，自产自用应税消费品的税务处理见表4-11。

表 4-11 自产自用应税消费品的税务处理表

自产自用应税消费品用途	税务处理
1. 用于连续生产应税消费品	不缴纳消费税
2. 用于其他方面 （1）生产非应税消费品 （2）在建工程 （3）管理部门、非生产机构 （4）馈赠、赞助、集资、广告、样品、职工福利、奖励等方面	（1）于移送使用时缴纳消费税 （2）从价定率：同类消费品价格或组成计税价格 （3）从量定额：移送数量 （4）复合计税：同类产品价格或组成计税价格、移送数量

纳税人自产自用应税消费品用于其他方面，应纳消费税额的计算分两种情况。

（1）如果纳税人当月有同类消费品的销售价格的，则按照纳税人生产的同类消费品的销售价格依据直接适用税率计算纳税额，公式为：

应纳消费税额＝同类消费品的销售价格×自产自用数量×适用税率

同类消费品的销售价格是指纳税人或代收代缴义务人当月销售的同类消费品的销售价格。如果当月同类消费品各期销售价格高低不同，应按销售数量加权平均计算。但销售的应税消费品有下列情况之一的，不得列入加权平均数计算。

① 销售价格明显偏低又无正当理由的。

② 无销售价格的。如果当月无销售或者当月未完结，应按照同类消费品上月或最近月份的销售价格计算纳税。

（2）如果纳税人当月没有同类消费品销售价格的，应以组成计税价格计算纳税。

实行从价定率办法计算纳税的组成计税价格计算公式：

组成计税价格＝（成本＋利润）÷（1－比例税率）

应纳税额＝组成计税价格×比例税率

实行复合计税办法计算纳税的组成计税价格计算公式：

组成计税价格＝（成本＋利润＋应税消费品的计税数量×定额税率）÷（1－比例税率）

应纳税额＝组成计税价格×比例税率＋应税消费品的计税数量×定额税率

式中，成本是指应税消费品的产品生产成本；利润是指根据应税消费品的全国平均成本利润率计算的利润。应税消费品全国平均成本利润率由国家税务总局确定，根据《消费税若干具体问题的规定》，应税消费品全国平均成本利润率规定见表 4-12。

表 4-12 应税消费品全国平均成本利润率表

应税消费品	平均成本利润率	应税消费品	平均成本利润率
甲类卷烟	10%	摩托车	6%
乙类卷烟、雪茄烟、烟丝	5%	中轻型商用客车	5%
薯类白酒、其他酒	5%	乘用车	8%
粮食类白酒	10%	高尔夫球及球具	10%

续表

应税消费品	平均成本利润率	应税消费品	平均成本利润率
化妆品	5%	高档手表	20%
鞭炮、焰火	5%	游艇	10%
贵重首饰及珠宝玉石	6%	木制一次性筷子、实木地板	5%
汽车轮胎	5%		

例4.7 某卷烟厂2014年7月新研制一种低焦油卷烟,提供10标准箱用于某展览会样品,并分送参会者。由于其难于确定销售价格,因此,只能按实际生产成本10 000元/标准箱计算价格,已知成本利润率为10%,适用消费税比例税率为56%。计算10标准箱卷烟应纳消费税税额。

分析: 由于卷烟应纳消费税额采用复合计税办法计算,故卷烟厂将卷烟分送给参加展览会的参会者,属于纳税人自产自用应税消费品用于其他方面,按规定应纳消费税,由于难以确定销售价格,其从价部分应纳消费税额,按组成计税价格计算,从量部分应纳消费税额按150元/标准箱计算。

① 每标准箱组成计税价格＝(10 000＋10 000×10%)÷(1－56%)＝25 000(元)。

② 卷烟从价部分应纳消费税税额＝25 000×10×56%＝140 000(元)。

③ 卷烟从量部分应纳消费税税额＝10×150＝1 500(元)。

④ 该卷烟厂分送10箱卷烟应纳消费税税额＝140 000＋1 500＝141 500(元)。

4.2.3 委托加工应税消费品的计税方法

委托加工的应税消费品,是指由委托方提供原料和主要材料,受托方只收取加工费和代垫部分辅助材料加工的应税消费品。属税法规定的委托加工行为,受托方必须严格履行代收代缴义务。

委托加工的应税消费品,按照受托方的同类消费品的销售价格计算纳税,同类消费品的销售价格是指受托方(即代收代缴义务人)当月销售的同类消费品的销售价格,如果当月同类消费品各期销售价格高低不同,应按销售数量加权平均计算。但销售的应税消费品有以下情况之一的,不得列入加权平均计算:①销售价格明显偏低又无正当理由;②无销售价格的;③如果当月无销售或者当月未完结,应按照同类消费品上月或最近月份的销售价格计算纳税。没有同类消费品销售价格的,按照组成计税价格计算纳税。

实行从价定率办法计算纳税的组成计税价格计算为:

组成计税价格＝(材料成本＋加工费)÷(1－消费税比例税率)

实行复合计税办法计算纳税的组成计税价格计算为:

组成计税价格＝(材料成本＋加工费＋委托加工数量×消费税定额税率)
÷(1－消费税比例税率)

式中,材料成本是指委托方所提供加工材料的实际成本;加工费是指受托方加工应税消费品向委托方所收取的全部费用(包括代垫辅助材料的实际成本,不包括增值税税金)。

委托加工应税消费品的纳税人,必须在委托加工合同上如实注明(或以其他方式提供)材料成本。凡未提供材料成本的,受托方所在地主管税务机关有权核定其材料成本。

受托方是法定的代收代缴义务人,由受托方在向委托方交货时代收代缴消费税;纳税人委托个体经营者加工应税消费品,一律于委托方收回后在委托方所在地缴纳消费税。委托加工的应税消费品,受托方在交货时已代收代缴消费税,委托方收回后直接销售的,不再征收消费税。

例4.8 某市人民银行下属金店,系增值税一般纳税人,主要经营金银首饰的零售业务和金银饰品的来料加工业务。2014年3月接受消费者委托加工金项链3条,收到黄金价值4 000元,同时收到加工费940元,当月加工完毕,并将加工好的金项链送交委托人,市场上暂无同类金项链的销售售价,该金店应向委托方代收代缴的消费税额计算如下。

$$组成计税价格=(4\ 000+940)÷(1-5\%)=5\ 200(元)$$
$$应代收代缴的消费税额=5\ 200×5\%=260(元)$$

假设市场上同类金项链的市场售价为每条2 100元,则该金店应向委托方代收代缴的消费税额为:

$$应代收代缴的消费税额=2\ 100×3×5\%=315(元)$$

4.2.4 进口的应税消费品的计税方法

进口的应税消费品应纳消费税的计算有从价定率和从量定额及复合计税3种计算方法。

(1) 进口的应税消费品,实行从价定率办法计算应纳税额的,按照组成计税价格计算纳税。组成计税价格计算公式为:

$$组成计税价格=(关税完税价格+关税)÷(1-消费税税率)$$
$$应纳消费税额=组成计税价格×税率$$

式中,关税完税价格是指海关核定的关税计税价格。

例4.9 某外贸进出口公司2014年4月从日本进口200辆小轿车,每辆小轿车的关税完税价格为30万元人民币,已知小轿车的关税税率为40%,消费税税率为5%。计算进口这些轿车应纳的消费税、增值税。

$$应纳消费税=200×(30+30×40\%)÷(1-5\%)×5\%=442.105\ 3(万元)$$
$$应纳增值税=[200×(30+30×40\%)+442.105\ 3]×17\%=1\ 503.157\ 9(万元)$$

(2) 进口的应税消费品,若实行从量定额办法计算应纳税额的,进口应税消费品应纳税额的计算公式为:

$$应纳消费税额=应税消费品进口数量×单位税额$$

例4.10 某公司2014年6月进口1 000箱啤酒,每箱24听,每听净重335mL,价格为CIF10 000美元,1美元兑换人民币7.05元。关税普通税率7.5元/升,消费税税率220元/吨。计算进口这些啤酒应纳的关税、消费税。

$$进口啤酒数量:335×1\ 000×24÷1\ 000=8\ 040(升)$$
$$=8\ 040÷988=8.137\ 7(吨)$$
$$应纳关税税额=7.5×8\ 040=60\ 300(元)$$

应纳消费税税额＝220×8.137 7＝1 790.29(元)

(3) 进口的应税消费品，若采用复合计税法，进口应税消费品应纳税额的计算公式为：

应纳消费税＝组成计税价格×消费税税率＋应税消费品进口数量×单位税额

式中，组成计税价格＝(关税完税价格＋关税＋进口数量×消费税定额税率)÷(1－消费税税率)。

特别需要注意的是，消费税是价内税，所以进口卷烟、白酒类采用复合计税的消费品时，计算从价消费税额时，应将从量应纳的消费税额计入组成计税价格中。

例如，进口卷烟应纳消费税额的计算公式如下：

进口卷烟消费税组成计税价格＝(关税完税价格＋关税＋消费税定额税)
÷(1－进口卷烟消费税适用比例税率)

应纳消费税税额＝进口卷烟消费税组成计税价格×进口卷烟消费税适用比例税率＋消费税定额税

式中，消费税定额税＝海关核定的进口卷烟数量×消费税定额税率，消费税定额税率为每标准箱(50 000 支)150 元。每标准条进口卷烟(200 支)确定消费税适用比例税率的价格≥70 元人民币的，适用比例税率为 56%；每标准条进口卷烟(200 支)确定消费税适用比例税率的价格＜70 元人民币的，适用比例税率为 36%。

例 4.11 某烟草进出口公司 2014 年 10 月进口卷烟 400 标准箱，进口完税价格 480 万元。假定进口关税税率为 40%，消费税固定税额为每标准箱 150 元，比例税率为 36%，则进口环节应纳消费税额为：

组成计税价格＝(480＋480×40%＋400×0.015)÷(1－36%)＝1 059.375 (万元)

应纳消费税额＝1 059.375×36%＋400×0.015＝387.375(万元)

4.2.5 允许抵扣已纳税款的应税消费品

1. 具体范围

根据《消费税暂行条例》及《国家税务总局关于进一步加强消费税纳税申报及税款抵扣管理的通知》(国税函[2006]769 号)有关规定，外购或委托加工收回的下列应税消费品，用于连续生产应税消费品的，已缴纳的消费税税款准予从应纳的消费税额中抵扣。

已纳消费税税款是指外购作为生产原料的应税消费品已纳的税款或委托加工的应税消费品由受托方代收代缴的消费税。下列应税消费品准予从应纳消费税税额中扣除原料已纳消费税税款。

(1) 外购或委托加工收回的已税烟丝为原料生产的卷烟。
(2) 外购或委托加工收回的已税化妆品为原料生产的化妆品。
(3) 外购或委托加工收回的已税珠宝玉石为原料生产的贵重首饰及珠宝玉石。
(4) 外购或委托加工收回的已税鞭炮、焰火为原料生产的鞭炮、焰火。
(5) 外购已税汽车轮胎(内胎或外胎)连续生产的汽车轮胎。
(6) 外购已税摩托车连续生产的摩托车(如用外购两轮摩托车改装三轮摩托车)。
(7) 外购或委托加工收回的已税杆头、杆身和握把为原料生产的高尔夫球杆。
(8) 外购或委托加工收回的已税润滑油为原料生产的润滑油。

(9) 外购已税石脑油、燃料油为原料生产的应税消费品。

(10) 外购或委托加工收回的已税木制一次性筷子为原料生产的木制一次性筷子。

(11) 外购或委托加工收回的已税实木地板为原料生产的实木地板。

(12) 对外购或委托加工收回的汽油、柴油用于连续生产甲醇汽油、生物柴油。

需要说明的是，纳税人用委托加工收回的已税珠宝玉石生产的改在零售环节征收消费税的金银首饰，在计税时一律不得扣除委托加工收回的珠宝玉石的已纳消费税税款。

2. 已纳消费税税款抵扣应提供的资料及有关具体规定

1) 已纳消费税税款抵扣应提供的资料

消费税纳税人在办理纳税申报时，如需办理消费税税款抵扣手续，除应按有关规定提供纳税申报所需资料外，还应提供的资料主要包括以下方面。

(1) 外购应税消费品连续生产应税消费品的，提供外购应税消费品增值税专用发票(抵扣联)原件和复印件。如果外购应税消费品的增值税专用发票属于汇总填开的，除提供增值税专用发票(抵扣联)原件和复印件外，还应提供随同增值税专用发票取得的由销售方开具并加盖财务专用章或发票专用章的销货清单原件和复印件。

(2) 委托加工收回应税消费品连续生产应税消费品的，提供"代扣代收税款凭证"原件和复印件。

(3) 进口应税消费品连续生产应税消费品的，提供"海关进口消费税专用缴款书"原件和复印件。

主管税务机关在受理纳税申报后将以上原件退还纳税人，复印件留存。

2) 已纳消费税税款抵扣的具体规定

《国家税务总局关于进一步加强消费税纳税申报及税款抵扣管理的通知》(国税函[2006]769号)又进一步明确了消费税税款抵扣的有关规定。

(1) 从商业企业购进应税消费品连续生产应税消费品，符合抵扣条件的，准予扣除外购应税消费品已纳消费税税款。例如，某企业从商业企业购进一次性筷子进行简单装饰后销售的，也可以抵扣已纳税款。

(2) 为加强管理，主管税务机关对纳税人提供的消费税申报抵扣凭证上注明的货物，无法辨别销货方是否申报缴纳消费税的，可向销货方主管税务机关发函调查该笔销售业务缴纳消费税情况，销货方主管税务机关应认真核实并回函。经销货方主管税务机关回函确认已缴纳消费税的，可以受理纳税人的消费税抵扣申请，按规定抵扣外购项目的已纳消费税。

(3) 对当期投入生产的原材料可抵扣的已纳消费税大于当期应纳消费税情形的，在目前消费税纳税申报表未增加上期留抵消费税填报栏目的情况下，采用按当期应纳消费税的数额申报抵扣，不足抵扣部分按结转下一期申报抵扣的方式处理。

3. 可抵扣消费税的已纳税款的计算

上述当期准予扣除应税消费品已纳税款的计算公式如下。

(1) 外购应税消费品连续生产应税消费品已纳税款的抵扣为：

当期准予扣除外购应税消费品已纳税款＝当期准予扣除外购应税消费品买价×外购应税消费品适用税率

当期准予扣除外购应税消费品买价＝期初库存外购应税消费品买价＋当期购进的外购应税消费品买价－期末库存的外购应税消费品买价

外购应税消费品买价为纳税人取得发票(含销货清单)注明的应税消费品的销售额(不包含增值税)。

允许扣除已纳税款的应税消费品仅限于从工业企业购进的应税消费品和进口环节已缴纳消费税的应税消费品。从境内商业企业购进应税消费品的已纳税款一律不得扣除。

(2) 委托加工收回应税消费品连续生产应税消费品为：

当期准予扣除的委托加工应税消费品已纳税款＝期初库存的委托加工应税消费品已纳税款＋当期收回的委托加工应税消费品已纳税款－期末库存的委托加工应税消费品已纳税款

(3) 进口应税消费品为：

当期准予扣除的进口应税消费品已纳税款＝期初库存的进口应税消费品已纳税款＋当期进口应税消费品已纳税款－期末库存的进口应税消费品已纳税款

进口应税消费品已纳税款为《海关进口消费税专用缴款书》注明的进口环节消费税。企业应按照税务机关的要求设立抵扣税款台账，详细反映抵扣情况。

4.2.6 出口应税消费品退税的计算

按照国际惯例，根据我国消费税暂行条例的规定，我国对纳税人出口应税消费品，免征消费税，国家限制出口的应税消费品除外。出口应税消费品的退(免)税办法由国务院财政税务主管部门规定。

1. 出口应税消费品退(免)税税收政策

出口应税消费品退免消费税政策与增值税类似，但对于出口免税并退税政策，只有出口经营权的外贸企业购进消费品直接出口，以及外贸企业受生产单位委托代理出口，才能适用退免消费税政策。具体来说，我国出口应税消费品退(免)税税收政策分为以下 3 种形式。

1) 出口免税并退税

有出口经营权的外贸企业购进应税消费品直接出口，以及外贸企业受其他外贸企业(不包括非生产性的商贸企业等其他企业)委托代理出口应税消费品，出口免税并退税。出口免税是指对货物在出口销售环节不征增值税、消费税；出口退税是指对货物在出口前已纳税款，按规定的退税率计算后予以退还。出口应税消费品免税并退税，实行全额退税，其退税率就是原来征税的税率或单位税额。

2) 出口免税不退税

有出口经营权的生产性企业自营出口或生产企业委托外贸企业代理出口自产的应税消

费品,依其实际出口数量免征消费税,不予办理退还消费税。免征消费税是指对生产性企业按其实际出口数量免征生产环节的消费税。不予办理退还消费税,因已免征生产环节的消费税,该应税消费品出口时,已不含有消费税,所以无须再办理退还消费税。

3) 出口不免税也不退税

除生产企业、外贸企业外的其他企业(即一般商贸企业),委托外贸企业代理出口应税消费品一律不予退(免)税。出口货物的消费税应退税额的计税依据,按购进出口货物的消费税专用缴款书和海关进口消费税专用缴款书确定。其中,出口不免税是指对国家限制或禁止出口的某些货物的出口环节照常征税;出口不退税是指对这些出口货物不退还出口前已纳税款。如无出口卷烟经营权的企业出口非计划内的卷烟在出口环节应征收增值税和消费税,出口后一律不退税。

2. 出口货物退(免)税条件

《出口货物退(免)税管理办法》规定,对出口的凡属于已征或应征消费税的货物,除国家明确规定不予退(免)税的货物外,都是出口货物退(免)税的货物范围,均应予以退还已征的消费税,但应同时具备以下4个条件。

(1) 必须是属于消费税征税范围内的货物。
(2) 必须是报关离境的货物,即货物必须输出海关。
(3) 必须是在财务上作销售处理的货物。
(4) 必须是出口收汇并已核销的货物。

出口货物只有在同时具备上述4个条件情况下,才能向税务部门办理退税,否则不予办理退税。

3. 出口应税消费品退税的计算

外贸企业出口和代理出口货物的应退消费税税款,凡属从价定率计征消费税的货物应依外贸企业从工厂购进货物时征收消费税的价格计算;凡属从量定额计征消费税的货物应依货物购进和报关出口的数量计算。上述两种情况计算退税的公式分为以下3种。

(1) 根据从价定率法计算的公式为:

应退消费税税款=实际出口应税消费品的工厂销售额×消费税比例税率

(2) 根据从量定额法计算的公式为:

应退消费税税款=实际出口应税消费品的数量×单位税额

(3) 属于复合计征消费税的货物应退税额的计算公式为:

应退消费税税款=实际出口应税消费品的工厂销售额×消费税比例税率
+实际出口应税消费品的数量×单位税额

有出口经营权的生产企业自营出口的消费税应税货物,依据其实际出口数量予以免征。出口货物的销售金额、进项金额及税额明显偏高而无正当理由的,税务机关有权拒绝办理退税或免税。出口应税消费品的退(免)税政策,按调整后的税目税率以及条例和有关规定执行。企业应将不同税率的货物分开核算和申报,凡划分不清适用税率的,一律从低适用税率计算。

出口的应税消费品办理退税后,发生退关或者国外退货进口时予以免税的,报关出口者必须及时向其所在地主管税务机关申报补缴已退的消费税税款。纳税人直接出口的应税消费品办理免税后,发生退关或国外退货进口时已予以免税的,经所在地主管税务机关批准,可暂不办理补税,待其转为国内销售时,再向其主管税务机关申报补缴消费税。

出口商以假报出口或其他欺骗手段骗取国家出口退税款的,税务机关应当按照《税收征管法》第六十六条规定处理。对骗取国家出口退税款的出口商,经省级以上(含本级)国家税务局批准,可以停止其6个月以上的出口退税权。在出口退税权停止期间自营、委托和代理出口的货物,一律不予办理退(免)税。

例 4.12 外贸企业为增值税一般纳税人,2014 年 7 月购进烟丝一批出口,取得专用发票上注明价款 160 万元,出口离岸价为 220 万元,烟丝消费税税率为 30%。要求计算出口环节应退的消费税。

出口环节应退的消费税额=160×30%=48(万元)

例 4.13 2014 年 4 月,某外贸企业从某摩托车厂购进摩托车 200 辆,取得增值税专用发票上注明单价是 0.5 万元,当月即全部报关出口,离岸单价是 800 美元(汇率为 1 美元=6.30 元人民币)。计算该企业应退消费税税额。

应退消费税款=200×0.5×10%=10(万元)

4.3 消费税的纳税会计处理

消费税的纳税会计处理包括会计科目的设置、对外销售应税消费品、委托加工应税消费品、进出口应税产品、交纳消费税等税务活动的会计处理。

4.3.1 会计科目的设置

纳税人应在"应交税费"账户下设置"应交消费税"明细账户进行会计处理。"应交消费税"明细账户采用3栏式账户记录,贷方核算企业按规定应缴纳的消费税,借方核算企业实际缴纳的消费税或代扣的消费税。期末,贷方余额表示尚未缴纳的消费税,借方余额表示企业多缴的消费税。企业按规定计算应交的消费税时借记"营业税金及附加"科目,贷记本科目;实际交纳时,借记本科目,贷记"银行存款"等科目。

4.3.2 对外销售应税消费品的账务处理

消费税属于价内税,企业销售应税消费品的售价应包含消费税(但不含增值税,增值税为价外税),因此,企业应缴纳的消费税应记入"营业税金及附加"科目,并由销售收入进行补偿。

(1) 企业实现销售时,按规定计算应缴纳的消费税,作如下会计分录。

借:营业税金及附加
  贷:应交税费——应交消费税

(2) 企业实际缴纳消费税时,作如下会计分录。

借:应交税费——应交消费税

贷：银行存款

若发生销货退回及退税时，作相反的会计分录。

例 4.14 某木材加工厂 2014 年 5 月销售给某装饰公司实木地板一批，增值税专业发票上注明的销售额 10 万元，增值税额为 1.7 万元，款项已存入银行。

$$应纳消费税额 = 10 \times 5\% = 0.5(万元)$$

木材加工厂应当根据专用发票的记账联和银行进账单，作如下会计分录。

借：银行存款　　　　　　　　　　　　　　　　　　　　　　　117 000
　　贷：主营业务收入　　　　　　　　　　　　　　　　　　　100 000
　　　　应交税费——应交增值税(销项税额)　　　　　　　　　 17 000

同时，还应作如下会计分录。

借：营业税金及附加　　　　　　　　　　　　　　　　　　　　5 000
　　贷：应交税费——应交消费税　　　　　　　　　　　　　　5 000

企业将自己生产或委托加工的应税消费品作为在建工程、非生产机构、馈赠可理解为视同销售应税消费品，按规定应纳的消费税，作如下会计分录。

借：在建工程
　　营业外支出
　　贷：库存商品(用于在建工程、非生产机构)
　　　　主营业务收入(用于馈赠)
　　　　应交税费——应交增值税(进项税额转出)
　　　　应交税费——应交消费税

企业将自己生产或委托加工的应税消费品作为股权投资、集体福利、个人消费等，作以下会计分录。

借：长期股权投资
　　应付职工薪酬
　　贷：主营业务收入
　　　　应交税费——应交增值税(销项税额)

同时，还应作如下会计分录。

借：营业税金及附加
　　贷：应交税费——应交消费税

例 4.15 某公司 2014 年 3 月 8 日将自产的一批高级化妆品作为职工福利分发给全体女职工，按同类产品销售价格计算，价款为 10 000 元，该批货物的成本为 6 000 元，适用的增值税税率为 17%，消费税税率为 30%。

$$应纳增值税额 = 10\,000 \times 17\% = 1\,700(元)$$
$$应纳消费税额 = 10\,000 \times 30\% = 3\,000(元)$$

该公司的会计分录如下。

借：应付职工薪酬　　　　　　　　　　　　　　　　　　　　　7 700
　　贷：主营业务收入　　　　　　　　　　　　　　　　　　　6 000
　　　　应交税费——应交增值税(销项税额)　　　　　　　　　 1 700

同时，还应作如下会计分录。
借：营业税金及附加　　　　　　　　　　　　　　　　　　　　　　　　3 000
　　贷：应交税费——应交消费税　　　　　　　　　　　　　　　　　　3 000

随同应税消费品出售但单独计价的包装物，按规定应缴纳的消费税，作如下会计分录。
借：其他业务成本
　　贷：应交税费——应交消费税

出租、出借包装物逾期未收回没收的押金，按规定应缴纳的消费税，作如下会计分录。
借：其他业务成本
　　贷：应交税费——应交消费税

例 4.16 某化妆品厂 2014 年 6 月销售自产化妆品一批，开具增值税专用发票上注明价款 40 万元，收取包装费 1.17 万元（开具普通发票），款项已收到，存入银行。另有由于买方过期未能返还包装物而不予退还的包装物押金 2.34 万元。则该化妆品厂本月应纳消费税额的计算如下。

应纳消费税额 $= 40 \times 30\% + 1.17 \div (1+17\%) \times 30\% + 2.34 \div (1+17\%) \times 30\%$
$= 12 + 0.3 + 0.6 = 12.9$（万元）

增值税销项税额 $= 40 \times 17\% + 1.17 \div (1+17\%) \times 17\% + 2.34 \div (1+17\%) \times 17\% = 7.31$（万元）

作如下会计分录。
借：银行存款　　　　　　　　　　　　　　　　　　　　　　　　　　483 100
　　贷：主营业务收入　　　　　　　　　　　　　　　　　　　　　　400 000
　　　　其他业务收入　　　　　　　　　　　　　　　　　　　　　　 10 000
　　　　应交税费——应交增值税（销项税额）　　　　　　　　　　　　73 100

同时，还应作如下会计分录。
借：营业税金及附加　　　　　　　　　　　　　　　　　　　　　　　120 000
　　其他业务成本　　　　　　　　　　　　　　　　　　　　　　　　　9 000
　　贷：应交税费——应交消费税　　　　　　　　　　　　　　　　　129 000

4.3.3　委托加工应税消费品的账务处理

根据《消费税暂行条例》，委托加工的应税消费品由受托方在向委托方交货时代收代缴税款，委托方收回应税消费品用于连续生产应税消费品的，可抵扣已纳的税款。委托加工的应税消费品直接出售的，不再征收消费税。

（1）当企业发给外单位加工物资时，按实际成本核算，作会计分录为
借：委托加工物资
　　贷：原材料（或库存商品）

（2）支付加工费、运杂费时，作会计分录为
借：委托加工物资

　　　　应交税费——应交增值税（进项税额）
　　　　　贷：银行存款等
　　（3）委托方收回委托加工的应税消费品后，对于支付的代扣的消费税款，根据委托加工物资的用途分两种情况进行核算。
　　① 收回的应税消费品的委托加工物资直接用于销售时，支付的消费税款直接计入"委托加工物资"账户的借方，作会计分录为
　　　　借：委托加工物资
　　　　　贷：应付账款（或银行存款）
　　② 收回的应税消费品的委托加工物资，用于连续生产应税消费品时，支付的消费税款可以抵扣，借记"应交税费——应交消费税"，作会计分录为
　　　　借：应交税费——应交消费税
　　　　　贷：应付账款（或银行存款）

例4.17　2014年10月，甲实木地板厂（增值税一般纳税人）从农业生产者手中收购一批原木，税务机关认可的收购凭证上注明收购价款20万元，支付收购运费，取得运输业增值税专用发票，注明运费金额2万元，将该批材料委托乙实木地板厂加工成素板（实木地板的一种），乙厂收取不含增值税加工费和辅料费3万元，甲实木地板厂收回素板后，将其中的20%以不含税价格8万元直接出售，另外80%继续加工成实木地板成品销售，取得不含税销售收入35万元，已知实木地板的成本利润率5%、消费税税率5%。

（1）乙厂代收代缴的消费税为：
　　材料成本=20×(1−13%)+2=19.40（万元）
　　组成计税价格=(19.40+3)÷(1−5%)=23.58（万元）
　　乙厂代收代缴消费税=23.58×5%=1.18（万元）

（2）甲厂销售成品实木地板应纳的消费税为：
　　应纳消费税=35×5%−1.18×80%=1.75−0.94=0.81（万元）

甲厂2014年10月应作会计分录如下。

① 外购原木时

借：原材料——原木	194 000
应交税费——应交增值税（进项税额）	26 000
贷：银行存款	220 000

② 发出原木委托加工素板时

借：委托加工物资	194 000
贷：原材料——原木	194 000

③ 支付委托加工费和支付代扣消费税款时

a. 支付委托加工费时

借：委托加工物资	30 000
应交税费——应交增值税（进项税额）	5 100
贷：银行存款	35 100

b. 支付的代扣消费税款11 800元时

收回后用于连续生产的素板的委托加工消费税，可以抵扣。

$$可抵扣的消费税额 = 11\,800 \times 80\% = 9\,440(元)$$

借：应交税费——应交消费税	9 440
贷：银行存款	9 440

如果收回的素板直接用于销售时，则支付的代扣代缴的消费税款计入委托加工物资成本。

借：委托加工物资	2360
贷：银行存款	2360

④ 实木地板成品销售，取得不含税销售收入35万元时

借：银行存款	409 500
贷：主营业务收入	350 000
应交税费——应交增值税（销项税额）	59 500

⑤ 销售收回的素板，收到不含税销售收入8万元时

借：银行存款	93 600
贷：主营业务收入	80 000
应交税费——应交增值税（销项税额）	13 600

⑥ 计算销售实木地板成品和素板应缴纳的消费税时

借：营业税金及附加	12 100
贷：应交税费——应交消费税	12 100

甲厂销售成品实木地板应纳的消费税 $= 35 \times 5\% - 1.18 \times 80\% = 1.75 - 0.94 = 0.81(万元)$

甲厂销售素板应缴消费税 $= 8 \times 5\% = 0.4(万元)$

⑦ 月末，缴纳应交的增值税、消费税时

$$应交的增值税 = 59\,500 + 13\,600 - 5\,100 - 26\,000 = 42\,000(元)$$

$$应交的消费税 = 12\,100 - 8100 = 4\,000(元)$$

缴纳本月应交的增值税、消费税时，作会计分录如下。

借：应交税费——应交增值税（已交税金）	42 000
应交税费——应交消费税	4 000
贷：银行存款	46 000

4.3.4 进出口应税产品的账务处理

1. 进口应税产品的账务处理

进口应税消费品时，进口单位缴纳的消费税连同应纳的关税一并计入应税消费品的成本中，借记"固定资产""材料采购""在途物资"等账户。由于进口货物应在海关缴纳了税款后才能提货，为简化核算，关税、消费税可不通过"应交税费"核算而直接贷记"银行存款"账户。可作会计分录如下。

借：材料采购
　　固定资产（如进口车辆）

　　　　应交税费——应交增值税(进项税额)
　　　贷：银行存款
　　　　　应付账款——××外商

例4.18 2014年7月，某外贸公司从国外进口成套化妆品一批，关税完税价格为30 000美元，关税税率为40%，增值税税率为17%，国家外汇折合牌价中间价为1∶6.85，款项和各种税款均已支付。该外贸公司进口该批成套化妆品作会计分录如下。

$$应纳的关税 = 30\,000 \times 6.85 \times 40\% = 82\,200(元)$$
$$应纳的消费税 = (30\,000 \times 6.85 + 82\,200) \div (1-30\%) \times 30\% = 123\,300(元)$$
$$应纳的增值税 = (30\,000 \times 6.85 + 82\,200 + 123\,300) \times 17\% = 69\,870(元)$$

借：材料采购（在途物资）　　　　　　　　　　　　　　411 000
　　应交税费——应交增值税(进项税额)　　　　　　　　 69 870
　贷：银行存款　　　　　　　　　　　　　　　　　　　480 870

2. 出口应税产品的账务处理

按照规定，除国家限制出口的应税消费品，符合国家规定的纳税人出口应税消费品时，具体可分为出口直接予以免税和先税后退两种情形进行会计处理。

(1) 生产企业直接出口自产应税消费品时，按规定直接予以免税的，不计算应交消费税。

(2) 应税消费品实行先税后退管理办法的，又可细分为两种情况。

① 生产企业将应税消费品销售给外贸企业，由外贸企业自营出口的，如按规定实行先税后退方法的，生产企业和外贸企业各自进行的会计处理如下。

a. 生产企业应作会计分录。

将应税消费品销售给外贸企业时，计算应交消费税额

借：营业税金及附加
　贷：应交税费——应交消费税

实际交纳消费税时。

借：应交税费——应交消费税
　贷：银行存款

发生销货退回及退税时作相反的会计分录。

b. 外贸企业应作会计分录。

应税消费品报关出口后申请出口退税时

借：其他应收款——出口退税
　贷：主营业务成本

实际收到应税消费品退回的税金时

借：银行存款
　贷：其他应收款——出口退税

出口后若发生退关或退货时，作相反的会计分录。

补交已退的消费税税款时

借：主营业务成本
　　贷：其他应收款——出口退税
实际补交退税款时
借：其他应收款——出口退税
　　贷：银行存款

② 没有出口经营权的生产企业委托外贸企业出口应税消费品，按规定实行先征后退管理办法的，生产企业和外贸企业各自进行的会计处理如下。

a. 生产企业应作会计分录。
计算应交消费税额时
借：其他应收款——出口退税
　　贷：应交税费——应交消费税
交纳消费税时
借：应交税费——应交消费税
　　贷：银行存款
收到退还的消费税时
借：银行存款
　　贷：其他应收款——出口退税

b. 代理出口应税消费品的外贸企业应作会计分录。
将应税消费品出口后，收到税务部门退回生产企业交纳的消费税时
借：银行存款
　　贷：应付账款——××生产企业
将此项税金退还生产企业时
借：应付账款——××生产企业
　　贷：银行存款
发生退关、退货而补交已退的消费税时
借：应收账款——应收生产企业消费税
　　贷：银行存款
收到生产企业退还的税款，作相反的会计分录。

例4.19 2014年2月，兴隆外贸公司（具有进出口经营权）从某日用化妆品公司购进出口化妆品500箱，取得的增值税专用发票注明的价款100万元，进项税额为17万元，货款已用银行存款支付。当月该商品已全部出口，售价为每箱300美元（当日汇率为1美元＝7.2人民币），申请退税的单证齐全，该化妆品的消费税税率为30%，按规定计算应退消费税。兴隆外贸公司有关会计分录（增值税退税略）如下。

（1）购进时
借：材料采购（在途物资）　　　　　　　　　　　　　　　　　1 000 000
　　应交税费——应交增值税（进项税额）　　　　　　　　　　　170 000
　　贷：银行存款　　　　　　　　　　　　　　　　　　　　　1 170 000
（2）商品验收入库时
借：库存商品——库存出口商品　　　　　　　　　　　　　　　1 000 000

  贷：材料采购（在途物资） 1 000 000
（3）出口报关销售时
  借：应收账款 1 080 000
    贷：主营业务收入——出口销售收入 1 080 000
（4）结转出口商品成本时
  借：主营业务成本 1 000 000
    贷：库存商品——库存出口商品 1 000 000
（5）申报出口，计算应退的消费税款时
  借：其他应收款——出口退税（消费税） 300 000
    贷：主营业务成本 300 000
（6）收到消费税税款时
  借：银行存款 300 000
    贷：其他应收款——出口退税（消费税） 300 000

例 4.20 某生产企业没有出口经营权，委托某外贸公司出口一批应税消费品，其出厂价格为 200 万元，按税法规定该企业销售的应税消费品实行先征后退管理办法，出口产品适用的消费税率为 10%。

该生产企业有关消费税的会计处理如下。
（1）计算应交消费税额时
  借：其他应收款——出口退税 200 000
    贷：应交税费——应交消费税 200 000
（2）交纳消费税时
  借：应交税费——应交消费税 200 000
    贷：银行存款 200 000
（3）收到退还的消费税时
  借：银行存款 200 000
    贷：其他应收款——出口退税 200 000

外贸公司有关消费税的会计处理如下。
（1）将应税消费品出口后，收到税务部门退回生产企业交纳的消费税时
  借：银行存款 200 000
    贷：应付账款——××生产企业 200 000
（2）将此项税金退还生产企业时
  借：应付账款——××生产企业 200 000
    贷：银行存款 200 000

4.3.5 交纳消费税的账务处理

企业实际交纳消费税时，应作会计分录如下。
  借：应交税费——应交消费税
    贷：银行存款

本章小结

本章主要讲述了消费税的税制要素、应纳消费税额的计算、消费税的征收管理以及消费税的纳税会计处理等内容。消费税是以特殊应税消费品为课税对象而征收的一种流转税。在我国，消费税是对我国境内从事生产、委托加工和进口依照消费税法规定的应税消费品为课税对象所征收的一种流转税。

消费税的税制要素包括消费税的纳税义务人和征税范围、税目与税率、纳税义务发生时间、纳税期限及纳税地点。

消费税的纳税义务人是在中华人民共和国境内生产、委托加工和进口规定的应税消费品的单位和个人。金银首饰消费税由生产环节改为零售环节后，其纳税人是在我国境内从事金银首饰零售业务的单位和个人，以及委托加工（除另有规定外）、委托代销金银首饰的受托人。

消费税的征税范围是在中国境内生产、委托加工和进口的应税消费品。我国现行消费税实行从价比例税率、从量定额税率和复合计税3种税率。消费税应纳税额的计算包括从价定率、从量定额、复合计税3种方法。在具体计算时要区别对外销售、视同销售、委托加工、进口应税消费品等几种情况。

按照国际惯例和我国消费税暂行条例的规定，我国对纳税人出口应税消费品免征消费税，但国家限制出口的应税消费品除外。外贸企业出口和代理出口货物的应退消费税税款，凡属从价定率计征消费税的货物应依外贸企业从工厂购进货物时征收消费税的价格计算；凡属从量定额计征消费税的货物应依货物购进和报关出口的数量计算。出口金银首饰在出口环节不退税。

消费税的纳税会计处理涉及的科目是"应交税费——应交消费税"。消费税的会计处理主要分4种情况进行：①自产应税消费品对外销售的账务处理；②委托加工应税消费品的账务处理；③进出口应税产品的账务处理；④交纳消费税的账务处理。其中，委托加工应税消费品的账务处理为重点，进出口应税产品的账务处理为难点。

复习思考题

1. 问答题

(1) 什么是消费税？消费税的作用有哪些？

(2) 为什么说消费税是价内税？

(3) 消费税的纳税环节有哪些？

(4) 消费税和增值税相比，在征税对象、纳税环节、计税方法、纳税义务发生时间、纳税期限、纳税地点方面有何异同？

(5) 委托加工应税消费品是如何计算和缴纳消费税的？进口应税消费品如何计算和缴纳消费税？

(6) 什么情况下要利用组成计税价格代替销售额来计算应纳消费税款？并归纳有关的计算公式。

(7) 试归纳哪些应税消费品采用从量计征？哪些应税消费品采用复合计征？

(8) 消费税的会计处理和增值税的会计处理有何区别？

2. 实务题

(1) 某卷烟厂为增值税一般纳税人，2014年5月有关生产经营情况如下。

① 从某烟丝厂购进已税烟丝200吨，每吨不含税单价2万元，取得烟丝厂开具的增值税专用发票，注明货款400万元、增值税68万元，烟丝已验收入库，款项已支付。

② 卷烟厂生产领用外购已税烟丝150吨，生产卷烟20 000标准箱(每箱50 000支，每条200支，每条调拨价在70元以上)，当月销售给卷烟专卖商18 000箱，取得不含税销售额36 000万元；烟丝消费税税率30%，卷烟比例税率56%，定额税率150元每箱，款项已收存银行。

要求：

① 分别计算卷烟厂2014年5月份应缴纳的增值税和消费税。

② 请做出相关的会计分录。

(2) 某烟草进出口公司2014年7月进口卷烟300标准箱，进口完税价格580万元。假定进口关税税率为60%，消费税固定税额为每标准箱150元，比例税率为36%。

要求：

① 计算进口环节应纳消费税。

② 请做出相关的会计分录。

(3) 某日用化妆品公司为增值税一般纳税人，从事化妆品的生产、进口以及销售经营，2014年7月发生下列经济业务。

① 本月销售自产化妆品一批，开具增值税专用发票上注明价款50万元，收取包装费1.17万元(开具普通发票)，另有过期不退的化妆品包装物押金为2.34万元。

② 将自产化妆品一批作为福利发放职工，成本6万元，成本利润率10%。

③ 将成本为10万元的自产化妆品一批，用于连续生产高档化妆品。

④ 批发销售成套化妆品15万件，开具增值税专用发票，注明销售额3 000万元；零售成套化妆品3万件，开具普通发票，注明销售额819万元。

⑤ 月末进口化妆品一批，关税完税价格30万元，关税税率40%，取得海关开具的完税凭证。

要求：

① 计算该化妆品厂2014年7月应纳的消费税额。

② 请做出相关的会计分录。

(4) 某外贸公司(具有进出口经营权)2014年3月从某摩托车厂购进出口摩托车6 000辆，取得的增值税专用发票注明的价款3 000万元，进项税额为510万元，货款已用银行存款支付。当月该商品已全部出口，售价为每辆1100美元(当日汇率为1美元＝6.31元人民币)，申请退税的单证齐全，该摩托车的消费税税率为10%。

要求：

① 计算应退消费税税额。

② 为该外贸公司做出有关会计分录(增值税退税略)。

第5章 营业税及其纳税会计处理

教学目标

本章主要讲述营业税的税制要素及纳税会计处理。通过本章的学习,主要掌握营业税的纳税范围,尤其是与增值税的区别;重点掌握营业税各应税劳务或业务应纳税额的计算及其账务处理;了解营业税的纳税义务人、扣缴义务人以及纳税期限、地点等内容。本章的难点在于纳税范围上与增值税的区别及计税依据上的特殊规定。

教学要求

知识要点	能力要求	相关知识
营业税税制要素	(1) 了解我国营业税的征税范围 (2) 掌握营业税与增值税在征税范围上的划分 (3) 了解营业税税率的设计原理 (4) 营业税的纳税时间、期限和地点	(1) 营业税的含义及纳税范围 (2) 增值税、营业税的征税范围 (3) 营业税现行税率 (4) 营业税纳税义务发生时间、纳税期限、纳税地点
营业税应纳税额的计算	应税劳务应交营业税的计算	(1) 营业税应税劳务的范围 (2) 每种应税劳务的计税依据的确定 (3) 每种应税劳务的税率的确定 (4) 当期应纳营业税额的确定

第5章 营业税及其纳税会计处理

续表

知识要点	能力要求	相关知识
营业税应纳税额的计算	转让无形资产和销售不动产应交营业税的计算	(1) 转让无形资产和销售不动产的含义 (2) 计税依据的确认 (3) 税率的确认 (4) 应纳税额的计算
营业税会计处理	(1) 能够判断该业务是否缴纳营业税 (2) 能够对企业涉及营业税的基本经济业务进行会计处理	(1) 业务的判断：税目的确认、税率的确定 (2) 会计科目的选用 (3) 营业税应税劳务的会计处理 (4) 转让无形资产的会计处理 (5) 销售不动产的会计处理 (6) 上缴营业税税款的会计处理

■ 导入案例

A公司是一家物流企业，营改增前按照3%的税率缴纳营业税，营改增后A公司符合一般纳税人标准按照11%的税率缴纳增值税。2013年A公司营业收入为500万元，成本费用为350万元。

为便于表述，将营业税、增值税、城建税和教育费附加并称为流转税。营业税属于价内税，按照营业税税收征管政策，营改增前企业应纳流转税额＝营业收入×3%×(1+10%)。

增值税属于价外税，根据增值税的征收原理和税收征管政策，增值税一般纳税人应纳增值税＝销项税额一税法准予抵扣的进项税额。则：

(1) 营改增后企业应纳流转税额＝[营业收入÷(1+11%)×11%－可抵扣项目不含税成本×17%]
　　　　　　　　　　　　　　　×(1+10%)
　　　　　　　　　　　　　　＝[营业收入÷(1+11%)×11%－可抵扣项目成本÷(1+17%)×17%]
　　　　　　　　　　　　　　　×(1+10%)
　　　　　　　　　　　　　　＝(营业收入×9.91%－可抵扣项目成本×14.53%)×1.1

(2) 营改增后企业流转税负升降额＝(营业收入×9.91%－可抵扣项目成本×14.53%－营业收入×3%)
　　　　　　　　　　　　　　　×(1+10%)
　　　　　　　　　　　　　　＝(营业收入×6.91%－可抵扣项目成本×14.53%)×1.1

依据上述公式，营改增前后，A公司的税负变化见表5-1。

表5-1 营改增前后税负变化

项目	税改前/万元	税改后/万元						
营业收入	500.00	450.45	450.45	450.45	450.45	450.45	450.45	450.45
销项税额		49.55	49.55	49.55	49.55	49.55	49.55	49.55
营业成本	350.00	334.74	329.66	324.57	319.49	315.45	314.40	309.32
营业税	15.00							
可抵扣比例		30%	40%	50%	60%	67.93%	70%	80%
进项税额		15.26	20.34	25.43	30.51	34.55	35.60	40.68
增值税额		34.29	29.21	24.12	19.04	15.00	13.95	8.87

由表5-1可以看出,当可以抵扣的进项税比例小于67.39%时,税改前缴纳的营业税小于税改后缴纳的增值税,营改增使得企业流转税税负增加;当可以抵扣的进项税比例大67.39%时,税改前缴纳的营业税大于税改后缴纳的增值税,营改增使得企业流转税税负降低。税改后A公司会计利润有所下降,且随着成本费用中可以抵扣的进项税比例越大,会计利润下降幅度有所减少,这说明,从长期角度来看,营改增对物流企业的发展仍是有利的。

物流企业营改增后其税负在短期内有所上升,利润有所下降,但是长期来看,行业整体的税负还是平衡的。随着营改增在全国及各行业的推广,必将会减轻物流企业的税负,促进物流企业更好更快地发展。

5.1 营业税概述

营业税是以在我国境内提供应税劳务、转让无形资产(不包括营改增中的转让商标权、著作权、转让非专利技术)或销售不动产所取得的营业额为课税对象而征收的一种流转税。我国现行的营业税的征收依据是2008年重新修订和颁布的《中华人民共和国营业税暂行条例》(以下简称《营业税暂行条例》)和2008年12月15日财政部、国家税务总局第52号令发布的《中华人民共和国营业税暂行条例实施细则》(以下简称《营业税暂行条例实施细则》)。

为了完善税收制度,2012年1月1日,我国开始在上海市对交通运输业包括陆路运输、水路运输、航空运输、管道运输和部分现代服务业包括研发和技术、信息技术、文化创意、物流辅助、有形动产租赁和鉴证咨询实施"营业税改征增值税"改革试点。自2013年8月1日起,在全国范围内试点,同时增加广播影视服务业。从2014年1月1日起,试点范围增加了铁路运输和邮政服务业。

5.1.1 营业税的特点

营业税是按营业额征收的一种流转税。与其他商品劳务税相比,营业税具有以下特点。

(1) 计税依据一般为营业额全额。营业税属于商品劳务税,计税依据为营业额全额,税额的计算不受成本、费用高低的影响,从而有利于保证国家财政收入的稳定增长。

(2) 税目、税率按行业设计。营业税实行普遍征收的方式,所以税率的设计一般也较低,但由于各行业的盈利水平不同,所以实行行业差别比例税率。比如对一些有利于社会稳定、发展的福利单位和教育、卫生部门给予免税;对一些关系国计民生的行业采用低税率,如电信业、文化体育业和建筑业等适用3%的税率;对一些收入较高的歌厅、舞厅、高尔夫球等娱乐行业适用5%～20%的高税率等。这种税目、税率的确定体现了国家的政策,有利于促进各行业的协调发展。

(3) 计算简便,便于征管。因为营业税按营业额全额征税,又实行的是比例税率,所以相对于其他税种来说计算简便,有利于纳税人计算缴纳和税务机关征收管理。

5.1.2 营业税的纳税义务人与扣缴义务人

1. 纳税义务人的一般规定

在中华人民共和国境内提供应税劳务、转让无形资产或者销售不动产的单位和个人为营业税的纳税义务人。其中,单位是指企业、行政单位、事业单位、军事单位、社会团体及其他单位;个人包括个体工商户和其他有经营行为的个人;应税劳务是指属于建筑业、金融保险业(不包括有形动产的融资租赁)、电信业、文化体育业(不包括营改增中的文化创意服务)、娱乐业、服务业(不包括营改增中的应税服务)税目征收范围的劳务。构成营业税纳税义务人的3个条件如下。

(1) 地域范围——在中华人民共和国境内,见表 5-2。

表 5-2 营业税征税对象地域范围的界定

营业税征收对象	"境内"的含义
劳务	提供或接受方在境内
转让无形资产	接受方在境内
出租或转让土地使用权、出租或销售不动产、转让自然资源使用权	土地、不动产、自然资源所在地在境内

境外单位或者个人在境外向境内单位或者个人提供的完全发生在境外的《营业税暂行条例》规定的劳务,不属于在境内提供条例规定的劳务,不征收营业税。上述劳务的具体范围由财政部、国家税务总局规定。

根据上述原则,对境外单位或者个人在境外向境内单位或者个人提供的文化体育业(除播映)、娱乐业,服务业中的旅店业、饮食业,以及其他服务业中的沐浴、理发、洗染、裱画、誊写、镌刻、复印、打包劳务,不征收营业税。

(2) 行为范围——提供应税劳务、转让无形资产或销售不动产的行为必须属于营业税的征税范围。要注意与增值税征税范围的划分,见表 5-3。

表 5-3 营业税与增值税的具体征税范围的比较

项目	营业税征税范围	增值税征税范围
资产类	土地使用权和自然资源使用权、不动产的转让	货物(有形动产)的销售、进口
劳务类	建筑业、金融保险业(不含有形动产融资租赁)、电信业、文化体育业(不含播映、会展)、娱乐业、服务业(不含"营改增"的现代服务)	加工、修理修配劳务 "营改增"试点的交通运输服务、邮政服务和部分现代服务

(3) 行为的有偿性——有偿或视同有偿提供应税劳务、转让无形资产的所有权或使用权、转让不动产的所有权。但是,单位和个体经营者聘用的员工为本单位或雇主提供劳务,不属于营业税的征收范围;单位或者个人自己新建(以下简称自建)建筑物后销售,要交纳两道营业税。

2. 纳税义务人的特殊规定

单位以承包、承租、挂靠方式经营的，承包人、承租人、挂靠人(以下统称承包人)发生应税行为，承包人以发包人、出租人、被挂靠人(以下统称发包人)名义对外经营并由发包人承担相关法律责任的，以发包人为纳税人；否则，以承包人为纳税义务人。

建筑安装业实行分包的，分包者为纳税义务人。

3. 营业税的扣缴义务人

在现实生活中，为了加强税源控制，减少税收流失，《营业税暂行条例》和实施细则规定了扣缴义务人。营业税的扣缴义务人主要有两种情形。

(1) 中华人民共和国境外的单位或者个人在境内提供应税劳务、转让无形资产或者销售不动产，在境内未设有经营机构的，以其境内代理人为扣缴义务人；在境内没有代理人的，以受让方或者购买方为扣缴义务人。

(2) 国务院财政、税务主管部门规定的其他扣缴义务人。

5.1.3 营业税的税目与税率

营业税的税目按照行业、类别的不同设置，现行的营业税共设置8个税目，分别采用不同的比例税率，见表5-4。

表5-4 营业税税目、税率表

序号	税目	税率
1	建筑业	3%
2	金融保险业	5%
3	电信业	3%
4	文化体育业	3%
5	娱乐业	5%～20%
6	服务业	5%
7	转让无形资产	5%
8	销售不动产	5%

5.1.4 营业税免税项目

1. 营业税的起征点

我国营业税法对营业税税额的征收规定了起征点，纳税人的营业额达到起征点的，应按营业额全额计算应纳税额，营业额低于起征点则免予征收营业税。营业税的起征点的适用范围限于个人。营业税起征点的幅度规定如下。

(1) 按期纳税的，月营业额不超过20 000元的企业或非企业性单位，暂免征收营业税。

(2) 按次纳税的,为每次(日)营业额 300～500 元。

省、自治区、直辖市财政厅(局)、税务局应当在规定的幅度内,根据实际情况确定本地区适用的起征点,并报财政部、国家税务总局备案。

2. 营业税减、免税项目及范围

(1) 根据《营业税暂行条例》规定,以下项目免征营业税。

① 托儿所、幼儿园、养老院、残疾人福利机构提供的育养服务,婚姻介绍,殡葬服务。

② 残疾人员个人为社会提供的劳务。

③ 学校和其他教育机构提供的教育劳务,学生勤工俭学提供的劳务。

④ 农业机耕、排灌、病虫害防治、植保、农牧保险以及相关技术培训业务,家禽、牲畜、水生动物的配种和疾病防治。

⑤ 纪念馆、博物馆、文化馆、美术馆、展览馆、书画院、图书馆、文物保护单位举办文化活动的门票收入,宗教场所举办文化、宗教活动的门票收入。

⑥ 医院、诊所和其他医疗机构提供的医疗服务。

⑦ 境内保险机构为出口货物提供的保险产品。

(2) 根据国家其他的规定,下列项目减征或免征营业税。

这一部分规定比较具体,学习时可以从国家税务总局的网站查到更详细的信息。

① 发生相关劳务方面减免税政策。

工会疗养院(所)可视为"其他医疗机构"的,免征营业税。

凡经中央及省级财政部门批准纳入预算管理或财政专户管理的行政事业性收费、基金,无论是行政单位收取的还是由事业单位收取的,均不征收营业税。

立法机关、司法机关、行政机关的收费同时具备下列条件的,不征收营业税:一是国务院、省级人民政府或其所属财政、物价部门以正式文件允许收费,而且收费标准符合文件规定的;二是所收费用由立法机关、司法机关、行政机关自己直接收取的。

社会团体按财政部门或民政部门规定标准收取的会费不征收营业税。社会团体是指在中华人民共和国境内经国家社团主管部门批准成立的非营利性的协会、学会、联合会、研究会、基金会、联谊会、促进会、商会等民间群众社会组织。社会团体会费是指社会团体在国家法规、政策许可的范围内,依照社团章程的规定收取的个人会员和团体会员的款额。各党派、共青团、工会、妇联、中科协、青联、台联、侨联收取的党费、会费,比照上述规定执行。

非营利性医疗机构疾病控制机构和妇幼保健机构等卫生机构按照国家规定的价格取得的医疗服务收入,免征营业税。营利性医疗结构取得的收入,按规定征收营业税,但直接用于改善医疗卫生条件的营利性医疗机构取得的收入,自取得执业登记之日起 3 年内对其取得的医疗服务收入免征营业税。

下岗失业人员从事雇工 7 人(含 7 人)以下的个体经营行为,免征营业税;军队转业干部、城镇退役士兵、随军家属,从事雇工 7 人(含 7 人)以下的个体经营行为,3 年内免征营业税。但是，以上人员从事的雇工8人（含8人）以上的个体经营业务，无论其注册的营业执照是否为个体工商业户，均按照新办服务型企业执行有关营业税优惠政策。

单位和个人提供的垃圾处置劳务属于非应税劳务，不征收营业税。

境外单位或个人在境外向境内单位或个人提供的国际通信服务（包括国际间通话、国际漫游、国际互联网、国际短信互通、国际彩信互通等服务），属于非应税劳务，不征收营业税。

境内单位外派本单位员工赴境外从事劳务服务取得的各项收入，不征收营业税。

② 无形资产转让方面减免税政策。

土地使用权转让给农业生产者用于农业生产的免税营业税。

个人转让著作权的，免征营业税。

转让企业产权的转让价格是由资产价值决定的，与企业销售不动产、转让无形资产的行为完全不同。所以，转让企业产权属于非应税业务，不缴纳营业税。

纳税人将土地使用权会还给土地所有者，只要出具含县级以上地方人民政府收回土地使用权的正式文件，无论支付征地补偿费的资金来源是否为政府财政资金，该行为为非应税业务，不征收营业税。

③ 不动产方面的减免税政策。

对按政府规定价格出租的公有住房和廉租住房暂免征收营业税；对个人按市场价格出租的居民住房，暂按3%的税率征收营业税。

房地产主管部门或其指定机构、公积金管理中心、开发企业以及物业管理单位代收的住房专项维修基金，不征收营业税。

个人向他人无偿赠与不动产，包括继承、遗产处分、其他无偿赠与三种情况的免征营业税，但必须手续齐全。

经营公租房所取得的租金收入，免征营业税。但必须与其他住房经营收入单独核算。

自2011年1月1日起，对个人销售自建自用住房，免征营业税。

自2013年5月1日起，纳税人（以下称投资方）与地方政府合作，投资政府土地改造项目（包括企业搬迁、危房拆除、土地平整等土地整理工作）。在上述过程中，投资方的行为属于投资行为，不属于营业税征税范围，其取得的投资收益不征收营业税；规划设计单位、施工单位提供规划设计劳务和建筑业劳务取得的收入，应照章征收营业税。

④ 金融、保险方面减免税政策。

金融机构往来业务暂不征收营业税。金融机构往来是指金融企业联行、金融企业与人民银行及同业之间的资金往来业务取得的利息收入，不包括相互之间提供的服务。

对金融机构的出纳长款收入，不征收营业税。

人民银行对金融机构的贷款业务，不征收营业税。中国人民银行对企业贷款或委托金融机构贷款的业务应征收营业税。

人民银行提供给地方商业银行转贷给地方政府，专项用于清偿农村合作基金债务的专项贷款的利息收入，免征营业税。

企业集团或集团内的核心企业委托企业集团所属财务公司代理统借统还贷款业务，从财务公司取得的用于归还金融机构的利息，不征收营业税；财务公司承担此项统借统还委托贷款业务，从贷款企业收取的贷款利息，不代扣代缴营业税。

信达、华融、长城和东方资产管理公司接受相关国有银行的不良债权取得的利息收入，以及销售转让不动产、无形资产以及利用不动产从事融资租赁业务取得的营业额，免征营业税。

住房公积金管理中心用住房公积金在指定的委托银行发放个人住房贷款取得的收入，免征营业税。

中国人民保险公司和中国进出口银行办理的出口信用保险业务，不作为境内提供的保险，不征收营业税。

保险公司开展的1年期限以上的返还性人身保险业务的保费收入，免征营业税。返还性人身保险业务是指保期1年以上（包括1年期），到期返还本利的普通人寿保险、养老金保险、健康保险。对保险公司开办的普通人寿保险、养老金保险、健康保险的具体险种，凡经财政部、国家税务总局审核并列入免税名单的可免征营业税，未列入免税名单的一律征收营业税。

保险分业经营改革中，综合性保险公司及其子公司将其所拥有的不动产所有权划转过户到分业新设立的财产保险公司和人寿保险公司的转让行为，不征收营业税。

保险业务取得的追偿款和摊回分保费用，不征收营业税。

纳入全国试点范围的非营利性中小企业信用担保、再担保机构，由地方政府确定后，其担保收入，3年内免征营业税。

社保基金理事会、投资管理人运用社保基金买卖证券投资基金、股票、债券后的差价收入，暂免征收营业税。

合格的境外机构投资者（qualified foreign institutional investors，QFII）委托境内公司在我国从事证券买卖业务取得的差价收入，免征营业税。

公司从事金融资产处置时：出售、转让股权，债权，或将债权转成股权的行为，不征收营业税；以及销售、转让不动产或土地使用权的行为，免征营业税。

以上免税项目一律按规定单独核算营业额，未单独核算的，一律照章征收营业税。在本节内容没有包容或不断出台的减免税条款可到中国税务总局网站查阅。

5.1.5 营业税的纳税义务发生时间及纳税期限

1. 纳税义务发生时间

营业税的纳税义务发生时间为纳税人收讫营业收入款项或者取得索取营业收入款项凭据的当天。对某些具体项目进一步明确如下。

（1）转让土地使用权或者销售不动产，采用预收款方式的，其纳税义务发生时间为收到预收款的当天。

纳税人提供建筑业或者租赁业劳务，采取预收款方式的，其纳税义务发生时间为收到预收款的当天。

（2）单位或者个人自己新建建筑物后销售，其自建行为的纳税义务发生时间，为其销售自建建筑物并收讫营业额或者取得索取营业额凭据的当天。

(3) 将不动产或土地使用权无偿赠与其他单位或个人的,其纳税义务发生时间为不动产所有权、土地使用权转移的当天。

(4) 会员费、席位费和资格保证金纳税义务发生时间为会员组织收讫会员费、席位费、资格保证金和其他类似费用款项或者取得索取这些款项凭据的当天。

(5) 扣缴税款义务发生时间为扣缴义务人代纳税人收讫营业收入款项或者取得索取营业收入款项凭据的当天。

(6) 金融经纪业和其他金融业务,纳税义务发生时间为取得营业收入或取得索取营业收入价款凭据的当天。

(7) 保险业务的纳税义务发生时间为取得保费收入或取得索取保费收入价款凭据的当天。

(8) 电信部门销售有价电话卡的纳税义务发生时间,为售出电话卡并取得售卡收入或取得索取售卡收入凭据的当天。

2. 纳税期限

(1) 营业税的纳税期限,分别为5日、10日、15日、1个月或1个季度。纳税人的具体纳税期限由主管税务机关根据纳税人应纳税额的大小分别核定;不能按照固定期限纳税的,可以按次纳税。纳税人以1个月或1个季度为一期纳税的,自期满之日起15日内申报纳税;以5日、10日或者15日为一期纳税的,自期满之日起5日内预缴税款,并于次月1日起15日内申报纳税并结清上月应纳税款。

(2) 扣缴义务人的解缴税款期限,比照上述规定执行。

(3) 银行、财务公司、信托投资公司、信用社、外国企业常驻代表机构的纳税期限为1个季度,自纳税期满之日起15日内申报纳税。

(4) 保险业的纳税期限为1个月。

5.1.6 营业税的纳税地点

营业税的纳税地点原则上采用属地征收的办法,就是纳税人纳税行为发生地缴纳应纳税款。具体包括以下几种。

(1) 纳税人供应劳务,应当向机构所在地/居住地的主管税务机关申报纳税。

(2) 纳税人转让土地使用权,应该向土地所在地主管税务机关申报纳税。纳税人转让其他无形资产,应当向其机构所在地主管税务机关申报纳税。

(3) 单位和个人出租土地使用权、不动产的营业税纳税地点为土地、不动产所在地;单位和个人出租物品、设备等动产的营业税纳税地点为出租单位机构所在地或个人居住地。

(4) 纳税人销售不动产,应当向不动产所在地主管税务申报纳税。

(5) 在我国境内的电信单位提供电信业务的营业税纳税地点为电信单位机构所在地。

(6) 在我国境内的单位提供的设计(包括在开展设计时进行的勘探、测量等业务)、工程监理、调试和咨询等应税劳务的,营业税的纳税地点为单位机构所在地。

(7) 在我国境内的单位通过网络为其他单位和个人提供培训、信息和远程调试、检测等服务的,营业税的纳税地点为单位机构所在地。

5.2 营业税应纳税额的计算

相对于增值税和消费税而言,营业税应纳税额的计算比较简单,即按照适用营业税税率和营业收入的乘积来确定。

5.2.1 计税依据的确认与计算

营业税的计税依据应当是各行业的营业额。营业额为纳税人提供应税劳务、转让无形资产或者销售不动产向对方收取的全部价款和价外费用。价外费用包括向对方收取的手续费、补贴、基金、集资费、返还利润、奖励费、违约金、滞纳金、延期付款利息、赔偿金、代收款项、代垫款项、罚息及其他各种性质的价外收费,但不包括同时符合以下条件代为收取的政府性基金或者行政事业性收费。

(1) 由国务院或者财政部批准设立的政府性基金,由国务院或者省级人民政府及其财政、价格主管部门批准设立的行政事业性收费。

(2) 收取时开具省级以上财政部门印制的财政票据。

(3) 所收款项全额上缴财政。

由于营业税的涉税范围广,甚至有些纳税人提供不止一项的应税劳务,再加上每个纳税行业中又有不同的税目,不同的应税劳务的营业额的确定有所不同,所以对于营业税的计税依据需要分行业、分税目来确定。

1. 建筑安装业

建筑安装业的计税依据分以下情况。

(1) 纳税人从事建筑、修缮等建筑业劳务(不含装饰劳务),其营业额均应包括工程所用原材料及其他物资和动力的价款在内,但不包括建筑方提供的设备的价款。

(2) 纳税人从事安装工程作业,凡所安装的设备的价值作为安装产值的,其营业额应包括设备的价款在内。如果设备由发包方提供,承包方只是提供安装劳务,营业额不应包括设备的价款;如果设备由承包方提供,与安装劳务一并收款,营业额应包括设备的价款。

(3) 建筑业的总承包人将工程分包或转包给他人的,以工程的全部承包额减去付给分包或者转包人的价款后的余额为营业额。

(4) 自建行为和单位将不动产无偿赠与他人的,由主管税务机关按照视同应税行为核定营业额的规定顺序核定营业额。自建行为是指纳税人自己建造房屋的行为,纳税人自建自用的房屋不纳税,如纳税人(包括个人自建自用住房销售)将自建的房屋对外销售,其自建行为应按建筑业缴纳营业税,再按销售不动产征收营业税。

2. 金融保险业

金融保险业的计税依据分以下情况。

(1) 一般贷款业务。一般贷款业务的营业额为贷款利息收入(包括各种加息和罚款)。

(2) 金融商品买卖业务。各类金融商品包括外汇、有价证券、期货等其他金融商品(货物期货不缴纳营业税),其转让营业额＝卖出价－买入价,其中:买入价是指金融商品的购进原价,不包括购进金融商品过程中支付的各种费用和税金,是股票、债券的购入价减去股票、债券持有期间取得的股票、债券红利收入;卖出价是指金融商品的卖出原价,不得扣除卖出过程中支付的任何费用和税金。

金融商品买卖业务,可在同一会计年度末,将不同纳税期出现的正差和负差按同一会计年度汇总的方式计算并交纳营业税。如果汇总计算应缴的营业税税额小于本年已缴纳的营业税税额,可以向税务机关申请退税,但不得将一个会计年度内汇总后仍为负差的部分结转下一会计年度。

(3) 金融经纪业务和其他金融业务(中间业务)。金融经纪业务和其他金融业务(中间业务)的营业额为手续费(佣金)类的全部收入。金融企业从事受托收款业务,如代收电话费、水电煤气费、信息费、学杂费等,以全部收入减去支付给委托方价款后的余额为营业额。

(4) 保险业业务。

① 初保业务。初保业务的营业额为向被保险人收取的全部保险费。

② 储金业务。储金业务是指保险公司以被保险人所交保险资金的利息收入作为保费收入,保险期满后将保险资金本金返还被保险人的业务,其营业额为纳税人在纳税期内的储金平均余额乘以人民银行公布的一年期存款的月利率,储金平均余额为纳税期期初储金余额与期末余额之和乘以50％。

③ 保险企业已征收过营业税的应收未收保费,在会计制度规定的期限内没有收回的,允许从营业额中扣除。但在会计核算期限过后又收回的已冲减的应收未收保费,再并入当期营业额中。

④ 保险企业开展的雾赔偿奖励业务的,以向投保人实际收取的保费为营业额。

⑤ 我国境内的保险人将其承保的以境内标的物为保险标的的保险业务向境外再保险人办理分保业务的,营业额为全部保费收入减去分保费用后的余额。

3. 电信业

电信部门以集中受理方式为集团客户提供跨省的出租电路业务,由受理地区的电信部门按取得的全部价款减去分割给参与提供跨省电信业务的电信部门的价款后的差额为营业额计征营业税;对参与提供跨省电信业务的电信部门,按各自取得的全部价款为营业额计征营业税。

集中受理是指电信部门应一些集团客户的要求,为该集团所属的众多客户提供跨地区的出租电信线路业务,以便该集团所属众多客户在全国范围内保持特定通信联络。

4. 文化体育业

文化体育业营业额为纳税人经营文化业、体育业取得的全部收入,包括演出收入、播映收入、经营游览场所的收入、体育收入和其他业务收入。但如果单位或个人进行演出,其营业额为全部收入减去付给提供演出场所的单位、演出公司或经纪人的费用后的余额。

第 5 章　营业税及其纳税会计处理

5. 娱乐业

娱乐业营业额为经营娱乐业向顾客收取的各项费用，包括门票、台位费、点歌费、烟酒、饮料收费和其他费用。

6. 服务业

服务业营业额为纳税人提供服务业劳务向对方收取的全部价款和价外费用。其中包括以下几种。

（1）代理业以纳税人从事代理业务向委托方实际收取的报酬为营业额。

（2）拍卖行以收取的委托方的手续费为营业额。

（3）电脑福利彩票投注点代销福利彩票取得的任何形式的手续费收入，照章征收营业税。

（4）旅游业。如果旅游企业组织旅游团到中国境外旅游，在境外凡改由其他旅游企业接团的，其营业额为全程旅游费减去付给接团企业的旅游费后的余额。纳税人从事旅游业务的，营业额为收取的全部价款和价外费用减去替旅游者支付给其他单位的房费、餐费、交通、门票和其他代付费用以及其他接团旅游企业的旅游费后的余额。单位或个人在旅游景区内经营旅游游船、观光电梯、观光电车、景区环保客运车所取得的收入按旅游业征收营业税。如果在兼有不同税目应税行为并采取"一票制"收费方式的，应当分别核算不同税目的营业额；未分别核算的或核算不清的，从高适用税率。

（5）从事物业管理的单位，以与物业管理有关的全部收入减去代业主支付的水、电、燃气以及代承租者支付的水、电、燃气、房屋租金的价款后的余额为营业额。

7. 转让无形资产和销售不动产

（1）单位和个人销售或转让其购置的不动产或受让的土地使用权，营业额为全部收入减去不动产或土地使用权的购置或受让原价后的余额。

（2）单位和个人销售或转让抵债所得的不动产或受让的土地使用权，营业额为全部收入减去抵债时该项不动产或土地使用权作价后的余额。

（3）自 2011 年 1 月 28 日起，个人将购买不足 5 年的非普通住房对外销售的，全额征收营业税；个人将购买超过 5 年（含 5 年）的非普通住房对外销售的，按其销售收入减去购买房屋的价款后余额征收营业税；个人将购买超过 5 年（含 5 年）的普通住房对外销售的，免征营业税。

（4）自 2011 年 9 月 1 日起，纳税人转让土地使用权或者销售不动产的同时一并销售的附着于土地或者不动产上的固定资产中，凡属于增值税应税货物的，计算缴纳增值税；凡属于不动产的，应按照"销售不动产"税目计算缴纳营业税。

纳税人应分别核算增值税应税货物和不动产的销售额，未分别核算或核算不清的，由主管税务机关核定其增值税应税货物的销售额和不动产的销售额。

（5）纳税人提供劳务、转让无形资产或销售不动产价格明显偏低而无正当理由，或者视同应税行为而无营业额的，或者视同发生应税行为而无营业额的，税务机关按下列顺序核定其营业额。

① 按纳税人当月提供的同类应税劳务或者销售的同类不动产的平均价格核定。
② 按纳税人最近时期提供同类应税劳务或者销售同类不动产的平均价格核定。
③ 按下列公式核定计税价格：

$$计税价格 = 营业成本或工程成本 \times (1 + 成本利润率) \div (1 - 营业税税率)$$

其中，成本利润率由省、自治区、直辖市地方税务局确定。

8．营业额的其他规定

（1）纳税人的营业额计算缴纳营业税后因发生退款减除营业额的，应当退还已缴纳营业税税款或者从纳税人以后的应缴纳营业税税额中减除。

（2）纳税人发生应税行为，如果将价款与折扣额在同一张发票上注明的，以折扣后的价款为营业额；如果将折扣额另开发票的，不论其在财务上如何处理，均不得从营业额中扣除。

电信单位销售的各种有价电话卡，由于其计费系统只能按有价电话卡面值出账并按有价电话卡面值确认收入，不能直接在销售发票上注明折扣折让额，以按面值确认的收入减去当期财务会计上体现的销售折扣折让后的余额为营业额。

（3）单位和个人提供应税劳务、转让无形资产和销售不动产时，因受让方违约而从受让方取得的赔偿金收入，并入营业额中征收营业税。

（4）单位和个人因财务会计核算办法改变，将已缴纳过营业税的预收性质的价款逐期转为营业收入时，允许从营业额中扣除。

（5）劳务公司接受用工单位的委托，为其安排劳动力，凡用工单位将其应支付给劳动力的工资和为劳动力上交的社会保险（包括养老保险金、医疗保险、失业保险、工伤保险等，下同）以及住房公积金统一交给劳务公司代为发放或办理的，以劳务公司从用工单位收取的全部价款减去代收转付给劳动力的工资和为劳动力办理社会保险及住房公积金后的余额为营业额。

（6）营业税纳税人购置税控收款机，经主管税务机关审核批准后，可凭购进税控收款机取得的增值税专用发票，按照发票上注明的增值税税额，抵免当期应纳营业税税额，或者按照购进税控收款机取得的普通发票上注明的价款，依下列公式计算可抵免税额：

$$可抵免的税额 = 价款 \div (1 + 17\%) \times 17\%$$

当期应纳税额不足抵免的，未抵免部分可在下期继续抵免。

除此之外，在本节内容没有包容或不断出台的计算营业税的办法可到国家税务总局网站（www.chinatax.gov.cn）查阅。

5.2.2 营业税应纳税额的计算

营业税应纳税额的计算，不论什么行业均按营业额全额为纳税基数，税率的设计也是按行业的，所以相对于其他流转税来说，其应纳税额的计算较为简单。其计算公式为：

$$应纳税额 = 营业额 \times 税率$$

其中，营业额的准确性直接影响着营业税应纳税额的准确性，一般情况下，营业额为纳税人提供应税劳务、转让无形资产或者销售不动产向对方收取的全部价款和价外费用；价外费用包括向对方收取的手续费、基集资费、代售款项、代垫款项即其他各种性质的价外收费，无论会计上如何核算价外费用，税法上要求均应并入营业额计算应纳税额。

例 5.1 某企业为其财产向甲保险公司购买保险，双方约定，企业以在保险公司的存款利息充抵保险费用，不再交纳保险费。2014 年 3 月初，企业在保险公司的存款为 200 万元，月末，企业在保险公司的存款为 100 万元。假设人民银行公布的 1 年期存款利率为 3%，计算保险公司该笔业务在 3 月份应纳的营业税额。

$$储金平均余额 = (200+100) \times 50\% = 150(万元)$$
$$月存款利率 = 3\% \div 12 = 0.25\%$$
$$营业额 = 150 \times 0.25\% = 0.375(万元)$$

例 5.2 某建筑公司自建楼房一栋竣工，建筑安装总成本 4 000 万元，将其 40% 售给另一单位，其余自用，总售价 7 000 万元，本月预收 5 000 万元。当地营业税成本利润率为 10%。计算该公司的建筑业营业税、销售不动产营业税和自建不动产出售共纳营业税。

$$建筑业营业税 = \frac{4\,000 \times (1+10\%) \times 40\%}{1-3\%} \times 3\% = 54.43(万元)$$
$$销售不动产营业税 = 售价(预收款) \times 5\% = 5\,000 \times 5\% = 250(万元)$$
$$自建不动产出售共纳营业税 = 54.43 + 250 = 304.43(万元)$$

例 5.3 2014 年北京市某集团公司某年发生以下业务，计算该企业应向各地申报缴纳和扣缴的营业税。

(1) 承包天津市某商务楼工程，价款 24 000 万元，其中内装修工程转给其他工程队承包，价款 9 200 万元，已付款，税率 3%。

(2) 销售给石家庄市某客户坐落在秦皇岛市的一座别墅 35 000 万元，已预收款 30 000 万元，其余款按协议于移交所有权时结清，税率 5%。

(3) 为天津市某工厂安装一套价值 150 万元的自动化设备(计入安装工程产值)，收到安装费 30 万元，代垫辅助材料费 10 万元，税率 3%。

(4) 安装天津市至石家庄市通信光缆，工程收入 7 000 万元，税率 3%。

(5) 在北京市组织跨国旅游，总收入 1 000 万元，支付给境外旅游团体接团支出 500 万元，支付境内交通费 200 万元，税率 5%。

相关业务应纳营业税计算如下。

$$向天津市缴营业税额 = (24\,000 - 9\,200) \times 3\% = 444(万元)$$
$$向天津市代扣代缴营业税额 = 9\,200 \times 3\% = 276(万元)$$
$$向秦皇岛市缴营业税额 = 30\,000 \times 5\% = 1\,500(万元)$$
$$向天津市缴营业税额 = (150+30+10) \times 3\% = 5.7(万元)$$
$$向北京市缴营业税额 = 7\,000 \times 3\% = 210(万元)$$
$$向北京市缴营业税额 = (1\,000-500-200) \times 5\% = 15(万元)$$

例 5.4 某银行 2014 年一季度吸收存款支付利息 56 万元，贷款取得利息收入 70 万元。同时，以 5% 的利率从境外筹措资金 5 000 万元，并将其中的 3 000 万元转贷给企业，获得转贷利息收入 210 万元。另外，取得结算业务手续费 10 万元。计算该银行的应纳营业税税额。

应纳营业税税额＝70×5％＋(210－3 000×5％)×5％＋10×5％＝7(万元)

例5.5 某房地产开发公司某年5月发生以下业务，计算该公司的应纳营业税税额。

(1) 销售商品房500套，每套售价25万元。

(2) 将新开发的一幢花园洋房作价100万元换取一块土地的使用权。经税务机关认定，其作价明显偏低。经查，该幢花园洋房的开发建设成本费用为120万元，税务机关核定的当地开发房地产的成本利润率为40％。

(3) 销售别墅两栋。第一栋别墅于当月10日实现销售，收取美元6万元；第二栋别墅于当月20日实现销售，取得美元8万元。假设5月1日、5月11日、5月21日和5月31日美元对人民币的汇率(中间价)分别为每100美元对人民币825元、826元、828元和830元。

应纳营业税税额＝500×25×5％＋120×(1＋40％)÷(1－5％)
　　　　　　　　×5％＋(6×8.25＋8×8.25)×5％
　　　　　　＝633.84＋5.78＝639.62(万元)

例5.6 A建筑公司2014年主要发生了如下几笔涉税经济业务。

(1) 该公司自建同一规格和标准的楼房3栋，建筑安装成本为6 000万元，成本利润率10％，房屋建成后，该公司将其中1栋留作自用，1栋对外出租，取得租金收入200万元，另1栋对外销售，取得销售收入3 500万元。

(2) A公司承接我国境内的某外国独资企业的建筑工程两起。其中一起工程在境外，工程总造价3 000万元，另一起在境内，工程总造价5 000万元。该公司将3 000万元的境内工程分包给B建筑公司。工程结束后，该外国企业除支付工程价款外，又支付给A公司材料差价款200万元、劳动保护费50万元、施工机构迁移费20万元、全优工程奖150万元、提前竣工奖100万元。A公司又将收取的五项价外费用各支付一半给B公司。

(3) A公司和C建筑公司共同承接某建设单位一项工程，工程总造价2 000万元。分工如下：工程合同由建设单位与C公司签订，A公司负责设计及对建设单位承担质量保证，并向C公司按工程总额的15％收取管理费300万元。

(4) A公司承接某商场建筑工程业务，其形式为实行一次包死承包到底，工程总造价1 000万元，其中包括商场电梯价款120万元。工程竣工后，经有关部门验收，发现工程质量存在一定的问题，按合同规定，该商场对A公司处以5万元的罚款，并从其中工程价款中扣除。此外，A公司在具体结算时，对电梯没有作为安装产值入账。

根据上述资料，A公司应纳的营业税及应代扣代缴的营业税相关计算如下。

业务(1)应纳营业税＝[6 000×(1/3)×(1＋10％)]
　　　　　　　　　÷(1－3％)×3％＋200×5％＋3 500×5％
　　　　　　　　＝253.04(万元)

业务(2)应纳营业税＝[5 000－3 000＋(200＋50＋20＋150＋100)×1/2]×3％＝67.8(万元)

业务(2)应代扣代缴营业税＝[3 000＋(200＋50＋20＋150＋100)×1/2]×3％＝97.8(万元)

业务(3)应按"服务业——代理服务"税目征收营业税：

应纳营业税＝300×5％＝15(万元)

业务(4)应纳营业税=(1 000-120)×3%=26.4(万元)

例 5.7 A公司2014年6月发生如下业务。

(1) 该公司开发部自建同一规格和标准的楼房两栋,建筑安装成本为3 000万元,成本利润率为20%,该公司将其中一栋留作自用,另一栋对外销售,取得销售收入2 400万元;销售现房取得销售收入3 000万元,预售房屋取得预收款2 000万元;以房屋投资入股某企业,现将其股权的60%出让,取得收入1 000万元;将一栋楼抵押给某银行使用以取得贷款,当月抵减应付银行利息100万元。

(2) 该公司下设非独立核算的娱乐中心当月舞厅取得门票收入5万元,台位费收入1万元,点歌费收入0.5万元,销售烟酒饮料收入0.8万元;台球室取得营业收入5万元;保龄球馆取得营业收入10万元。

分析并计算该公司当月应纳营业税额。

分析:

(1) 按税法规定,自建自用行为不征营业税,自建自售则要按"建筑业"和"销售不动产"各征一道营业税,其中,自建部分须组成计税价格计税;预售房与销售现房一样,按其实际收取的价款按"销售不动产"税目征税;以不动产投资入股不征税,将其股权转让的也不征税;将不动产抵押给银行使用,是以不动产租金抵冲贷款利息,所以应按"服务业"税目对借款人征税。

(2) 娱乐业的营业额包括门票、台位费、点歌费和烟酒饮料费等,计算娱乐业营业税还应注意其范围和不同地区适用的税率不同。

开发部应纳营业税额=[3 000×1/2×(1+20%)]÷(1-3%)
　　　　　　　　×3%+2 400×5%+3 000×5%+2 000×5%+100×5%
　　　　　　　　=430.67(万元)

娱乐中心业务应纳税额=(5+1+0.5+0.8+5+10)×20%=4.46(万元)

该公司当月共应缴纳营业税税额=430.670 1+4.46=435.13(万元)

5.2.3 特殊经营行为的税务处理

1) 混合销售行为

混合销售行为指一项销售行为既涉及增值税应税货物,又涉及营业税应税劳务(以下简称应税劳务)。

除"提供建筑业劳务的同时销售自产货物的行为"和"财政部、国家税务总局规定的其他情形"外,从事货物的生产、批发或者零售的企业、企业性单位和个体工商户的混合销售行为,视为销售货物,不缴纳营业税;其他单位和个人的混合销售行为,视为提供应税劳务,缴纳营业税。其中:货物是指有形动产,包括电力、热力、气体在内;所指的纳税企业包括以从事货物的生产、批发或者零售为主,并兼营应税劳务的企业、企业性单位和个体工商户在内。纳税人的销售行为是否属于混合销售行为,由国家税务总局所属征收机关确定。

2) 兼营应税劳务与货物或非应税劳务行为

应当分别核算应税行为的营业额和货物或者非应税劳务的销售额,其应税行为营业额缴纳营业税,货物或者非应税劳务销售额不缴纳营业税;未分别核算的,由主管税务机关核定其应税行为营业额。

纳税人兼营免税、减税项目的,应当单独核算免税、减税项目的营业额;未单独核算营业额的,不得免税、减税。

3) 兼营不同税目的应税行为

纳税人兼营同税种不同税目的应税行为,应该分别核算,分别纳税;未分别核算,从高适用税率。纳税人兼营应税劳务与(不同税种)货物或非应税劳务的行为,应该分别核算,分别纳税;未分别核算的,将从高适用税率计算应纳税额。

例 5.8　地处县城的某建筑工程公司具备建筑业施工(安装)资质,2014 年 2 月发生经营业务如下。

(1) 总承包一项工程,承包合同记载总承包额 9 000 万元,其中建筑劳务费 3 000 万元,建筑、装饰材料 6 000 万元。又将总承包额的三分之一分包给某安装公司(具备安装资质),分包合同记载劳务费 1 000 万元,建筑、装饰材料 2 000 万元。

(2) 工程所用建筑、装饰材料 6 000 万元(含增值税)中,4 000 万元由建筑公司以自产货物提供,2 000 万元由安装公司以自产货物提供。

(3) 建筑工程公司提供自产货物涉及材料的进项税额 236 万元已通过主管税务机关认证并当月可以抵扣,支付相关的运输费用,取得运输业增值税专用发票,注明运费金额 19.09 万元。

上述业务全部完成,相关款项全部结算,增值税按一般纳税人计算征收,计算相关公司应缴纳的营业税和增值税。

建筑工程公司承包工程应缴纳的营业税 $=(9\,000-4\,000-3\,000)\times 3\% = 60$(万元)

分包工程的安装公司应缴纳的营业税 $=1\,000\times 3\% = 30$(万元)

建筑工程公司应缴纳的增值税 $=4\,000\div(1+17\%)\times 17\% - (236+19.09\times 11\%)$

$=581.2-238.1=343.1$(万元)

5.3　营业税纳税会计处理

新会计准则规定,为了全面、准确、系统地反映营业税的提取、上缴和欠缴等情况,企业应通过"应交税费——应交营业税"账户进行核算。"应交税费——应交营业税"科目贷方发生额表示企业提供应税劳务、转让无形资产或者销售不动产按规定应当缴纳的营业税,借方发生额表示企业实际缴纳的营业税税额;余额在贷方表示应交而未交的营业税税额,余额在借方则表示多缴应退还的营业税税额。

由于营业税属于价内税,应纳税额是通过应税收入和适用税率计算而来的,所以应税收入核算的正确与否对应纳营业税金的计算与缴纳影响很大。因此,应准确核算企业的营业收入,即在取得应税收入时,借记"银行存款""应收账款"等账户,贷记"主营业务收入""其他业务收入"等账户;同时计提营业税金,借记"营业税金及附加""其他业务成本"等账户,贷记"应交税费——应交营业税"账户;缴纳营业税时,借记"应交税费——应交营业税"账户,贷记"银行存款"账户。

5.3.1 建筑业应交营业税的会计核算

施工企业应设置"主营业务收入""主营业务成本""工程施工——合同毛利"和"营业税金及附加"等账户,以核算施工企业的收入、成本、税金等。

1. 建筑业的总承包人将工程分包或转包给他人营业税的会计核算

建筑业的总承包人将工程分包或转包给他人的,以工程的全部承包额减去付给分包人或转包人的价款后的余额为营业额,总承包人在支付分包或转包款项时,应代扣代缴分包人或转包人的营业税税款。在总承包人收到全部承包款项或应确认收入时,借记"银行存款""应收账款"等账户,按应确认的收入贷记"主营业务收入"账户,按应支付给分包人或转包人的工程款项贷记"应付账款"账户;总承包人在计算本企业应纳的营业税时,借记"营业税金及附加"账户,贷记"应交税费——应交营业税"账户;总承包人在支付分包或转包款项并代扣营业税时,借记"应付账款"账户,贷记"应交税费——应交营业税"和"银行存款"账户。

例 5.9 A 建筑公司承包一项工程,工程总造价为 3 500 万元,其中将 1 000 万元土建工程分包给 B 施工公司。由于市场原材料价格上涨以及该工程提前竣工,建设单位付给 A 建筑公司材料差价款 450 万元和提前竣工奖 150 万元付给 B 企业,A 建筑公司会计处理如下(单位:万元)。

(1) A 公司在与建设单位结算工程价款,确认收入时

借:银行存款(或应收账款)　　　　　　　　　　　　　4 100
　　贷:主营业务收入　　　　　　　　　　　　　　　　2 950
　　　　应付账款　　　　　　　　　　　　　　　　　　1 150

(2) 计算应纳的营业税及代扣的营业税时

　　　　应纳营业税=(3 500-1 000+450)×5‰=88.5(万元)
　　　　应代扣代缴营业税=(1 000+150)×5‰=34.5(万元)

借:营业税金及附加　　　　　　　　　　　　　　　　　88.5
　　贷:应交税费——应交营业税　　　　　　　　　　　88.5

(3) 支付 B 施工企业的工程价款时

借:应付账款　　　　　　　　　　　　　　　　　　　1 150
　　贷:银行存款　　　　　　　　　　　　　　　　　　1 115.5
　　　　应交税费——代扣代缴营业税　　　　　　　　　34.5

2. 销售自产货物提供建筑业劳务的税务与会计处理

纳税人以签订建设工程施工总包或分包合同(包括建筑、安装、装饰、修缮等工程总包和分包合同,下同)方式开展经营活动时,销售自产货物、提供增值税应税劳务并同时提供建筑业劳务(包括建筑、安装、修缮、装饰、其他工程作业,下同),同时符合相关条件的对销售自产货物和提供增值税应税劳务取得的收入征收增值税,提供建筑业劳务收入(不包括按规定应征收增值税的自产货物和增值税应税劳务收入)征收营业税。但凡是不同

时符合以上条件的，对纳税人取得的全部收入征收增值税但不征收营业税。另外，不论签订建设工程施工合同的总承包人是销售自产货物、提供增值税应税劳务并提供建筑业劳务的单位和个人，还是仅销售自产货物、提供增值税应税劳务不提供建筑业劳务的单位和个人，均应当扣缴分包人或转包人（以下简称分包人）的营业税。

销售资产货物并确认收入时，借记"银行存款""应收账款"等账户，按应确认的收入贷记"主营业务收入""应交税费——应交增值税（销项税额）"账户；提供建筑业劳务并收到劳务款时，借记"银行存款""其他业务收入"和"应付账款"等账户；支付分包或转包款项并代扣营业税时，借记"应付账款"账户，贷记"应交税费——应交营业税"和"银行存款"账户。

例5.10 某市久安新型建筑防水材料有限公司，是一家集防水材料的研制开发、生产销售和防水施工于一体的增值税一般纳税人。该公司与建设单位签订建筑工程施工总包合同方式，销售给A单位自产材料，开具的普通发票金额468万元；由所属非独立核算的施工队负责建筑施工劳务，劳务价款234万元，其中80万元分包给具有建筑施工资质的B建筑公司。工程于月底完工，久安公司收到A单位全部货款与劳务款共计702万元，并将分包款80万元支付给B公司。8月末无增值税留抵税额。计算该公司应缴纳的税款，并作会计分录处理。

(1) 税款的计算。

久安公司销售自产材料并同时提供建筑业劳务是征收增值税，还是征收营业税，关键是看久安公司是否同时符合上述规定的两个条件。另外，作为总承包人的久安公司还负有代扣代缴建筑业营业税的法定义务。

$$应交增值税 = 4\ 680\ 000 \div (1 + 17\%) \times 17\% - 425\ 000 = 255\ 000（元）$$
$$应交营业税 = (2\ 340\ 000 - 800\ 000) \times 3\% = 46\ 200（元）$$
$$应代扣代缴B建筑公司建筑业营业税 = 800\ 000 \times 3\% = 24\ 000（元）$$

(2) 会计分录处理。

① 销售自产货物并收到货款时

借：银行存款   4 680 000
    贷：主营业务收入   4 000 000
        应交税费——应交增值税（销项税额）   680 000

② 提供建筑业劳务并收到劳务款时

借：银行存款   2 340 000
    贷：其他业务收入   1 540 000
        应付账款——B建筑公司   800 000

③ 支付分包款并代扣代缴营业税时

借：应付账款——B建筑公司   800 000
    贷：应交税费——代扣代缴营业税   24 000
        银行存款   776 000

④ 月末计提建筑业营业税时

借：其他业务成本   46 200

  贷：应交税费——应交营业税 46 200

5.3.2 服务业和娱乐业应交营业税的会计核算

  旅游、饮食服务业的主营业务收入包括饭店、宾馆、旅店、旅行社、理发、浴池等服务企业从事主营业务所取得的收入，其他业务收入包括房屋、场地、包装物的出租收入、特许权使用费收入以及材料销售收入。企业应设置"主营业务收入""其他业务收入"账户，分别核算主营业务收入和其他业务收入的增减变动情况，同时应设置"主营业务成本""营业税金及附加""其他业务成本"等账户，核算主营业务和其他业务的成本、税金及附加。娱乐业收入、成本和营业税金的会计处理方法与服务业基本相同。

  例 5.11 某旅行社 2011 年 8 月全部营业收入为 200 万元，其中代付的各项费用为 95 万元。则该旅行社会计处理如下。

  (1) 实现营业收入时

  借：银行存款(应收账款) 2 000 000
    贷：主营业务收入 2 000 000

  (2) 支付代收代付的费用时

  借：主营业务成本 950 000
    贷：银行存款(现金) 950 000

  (3) 计算营业税金时

$$应纳营业税额=(200-95)\times 5\%=5.25(万元)$$

  借：营业税金及附加 52 500
    贷：应交税费——应交营业税 52 500

5.3.3 承包费应交营业税的会计核算

  双方签订承包、租赁合同(协议，下同)，将企业或企业部分资产出包、租赁，出包、出租者向承包、承租方收取的承包费、租赁费(承租费，下同)按"服务业"税目征收营业税。出包方收取的承包费凡同时符合以下 3 个条件的，属于企业内部分配行为不征收营业税。

  (1) 承包方以出包方名义对外经营，由出包方承担相关的法律责任。

  (2) 承包方的经营收支全部纳入出包方的财务会计核算。

  (3) 出包方与承包方的利益分配是以出包方的利润为基础。

  例 5.12 甲企业将饭店承包给李某，承包方以出包方名义对外经营，但是承包方独立进行会计核算，并每年固定上缴承包费 10 万元。

  甲企业收取的承包费不符合内部承包条件，应按"服务业"缴纳营业税。企业会计处理如下。

  借：银行存款 100 000
    贷：其他业务收入 100 000
  借：营业税金及附加 5 000
    贷：应交税费——应交营业税 5 000

5.3.4 代销业务应交营业税的会计核算

如果企业的主营业务为代销业务，其收入应确认为在营业税的征税范围内，缴纳营业税应记入"应交税费——应交营业税"账户。

例 5.13 甲公司委托乙公司将货物销售给丙公司，货物价款 117 万元(含税)，甲企业将发票开给丙企业，丙企业将货款交给乙企业，乙企业按 10%的比例收取手续费，并开具服务业发票，金额 11.7 万元，余款转给甲方。分析相关公司应缴纳的营业税，并作会计分录处理。

分析：甲企业将货物发给丙企业并开出发票，为增值税的销售业务。销项税额为 17 万元，取得乙企业发票应确认为企业所得税税前可以扣除的佣金。

作会计处理如下。

(1) 货物发出时

  借：应收账款   1 170 000
    贷：主营业务收入   1 000 000
      应交税费——应交增值税(销项税额)   170 000

(2) 收到乙企业转来的款项时

  借：银行存款   1 053 000
    销售费用   117 000
    贷：应收账款   1 170 000

5.3.5 销售不动产应交营业税的会计核算

企业销售不动产，按照规定其按销售额计算的营业税应计入固定资产清理科目(房地产开发企业除外)。

作会计处理如下。

(1) 企业出售不动产，按规定计算应纳营业税时

  借：固定资产清理
    贷：应交税费——应交营业税

(2) 企业实际缴纳营业税时

  借：应交税费——应交营业税
    贷：银行存款

(3) 房地产开发企业销售不动产时

  借：营业税金及附加
    贷：应交税费——应交营业税

5.3.6 转让无形资产应交营业税的会计核算

企业对外销售无形资产，其按销售额计算的营业税按规定应计入"其他业务成本"等有关科目。一般情况下企业销售无形资产，按规定计算应纳营业税时，应借记"其他业务成本"账户，贷记"应交税费——应交营业税"账户。

第5章 营业税及其纳税会计处理

 本章小结

本章主要讲述了营业税作为流转类税重要组成部分在我国的有关情况。对本章的学习和理解不但有利于掌握营业税额等相关税制要素的规定,而且有利于帮助理解我国税制改革的发展以及改革动向。营业税是针对除增值税纳税范围的修理、修配劳务以外的其他应税劳务所征收的一种税。目前在我国的征税范围仍然十分广泛,主要有提供应税劳务、转让无形资产和销售不动产三大类,具体包括建筑业、金融保险业、电信业、文化体育业、娱乐业、服务业、转让无形资产和销售不动产等。

本章内容首先讲述营业税税制要素的构成,包括征税范围、纳税人、税率、税收优惠等;其次讲述了营业税应纳税额的计算,包括基本计算和特殊计算,这也是本章的重点。要求学生不但要掌握与营业税额计算相关的基本税收规定,关键还要了解国家税务总局随时出台的各项税收规定和营业税改制的发展动向;最后讲述了关于营业税的会计处理问题。营业税的纳税主体一般是提供劳务的企业,而我们在会计教学中常以工业企业为背景进行讲述,所以会计科目与工业企业的会有一定的出入,要求在学习的过程中要特别注意。

复习思考题

1. 问答题

(1) 简述营业税的征税范围。
(2) 营业税与增值税在征税范围上如何区分?
(3) 营业税各应税项目的营业额如何确定?有哪些特殊规定?
(4) 简述修建和销售不动产如何缴纳营业税及税务处理。
(5) 营业税的扣缴义务人有哪些?如何扣缴?

2. 实务题

(1) 某建筑安装公司以包工不包料的方式完成一项建筑工程,该公司自报用于计征营业税的工程价款为 1 358 万元;另外,建设单位提供建筑材料 600 万元,提前竣工奖 42 万元,则该企业应纳营业税额是多少?

(2) 某保险公司 2012 年 1 月取得财产保费收入 50 万元,其中无赔款奖励支出 2 万元;初保业务取得保费收入共 80 万元,付给分保人保费收入 30 万元,请计算该保险公司当月应纳营业税税额。

(3) 某工商银行 2011 年第一季度发生如下经济业务和副营业务。

① 取得人民币贷款利息收入 200 万元,外汇贷款利息收入折合人民币 90 万元,同时支付境外的借款利息为 70 万元。

② 转让某种债券的收入 120 万元,买入价为 100 万元。

③ 销售黄金 15 万元,其购入价为 12 万元。

④ 变卖房产取得收入 80 万元,出租另一处房产取得租金收入 15 万元。

要求:计算该银行第一季度的应纳营业税税额。

(4) 某卷烟厂为增值税一般纳税人,2011 年生产经营情况如下。

经烟草专卖机关批准,9月签订委托代销协议,委托某商场代销卷烟200箱,每箱按不含税销售额2.6万元与商场结算。为了占领销售市场,卷烟厂与商场商定以结算价为基数加价3%对外销售,另外再按每箱结算价支付商场2%的代销手续费。11月代销业务结束,双方按协议结算了款项,并开具了相应的合法票据。

要求:计算商场代销卷烟业务应缴纳的增值税、营业税。

第3篇

所得税会计

第6章 企业所得税及其纳税会计处理

教学目标

本章主要讲述以《中华人民共和国企业所得税法》(以下简称《企业所得税法》)以及《中华人民共和国企业所得税法实施条例》(以下简称《企业所得税法实施条例》)的有关规定为依据的企业所得税的税制要素、应纳税额的计算等内容。通过本章的学习,应掌握企业所得税法在纳税人、税率、税收优惠以及应纳税所得额的计算等方面的规定;在此基础上,学习《所得税会计准则》的有关内容,能够熟练运用资产负债表债务法进行有关所得税的会计处理。

教学要求

知识要点	能力要求	相关知识
企业所得税税制要素	(1) 能够识别我国企业所得税的纳税义务人并区别居民企业与非居民企业 (2) 掌握征税对象和税率 (3) 了解源泉扣缴的规定 (4) 了解税收优惠的有关政策	(1) 企业所得税的纳税义务人 (2) 征税对象 (3) 税率 (4) 扣缴义务人与源泉扣缴 (5) 税收优惠
应纳税所得额的计算	(1) 能够确定企业的应税收入总额 (2) 能够识别不征税收入和免税收入 (3) 能够确定准予扣除的项目及不得扣除的项目 (4) 能够按照亏损弥补的规定确定企业的应纳税所得额 (5) 能够计算企业所得税的应纳税所得额	(1) 收入总额的确定 (2) 不征税收入和免税收入 (3) 准予扣除的项目 (4) 不得扣除的项目 (5) 亏损弥补

续表

知识要点	能力要求	相关知识
资产的税务处理	能够掌握固定资产、生物资产、无形资产、长期待摊费用、存货、投资资产的税务处理的有关规定，以及税法规定与会计规定差异的处理	(1) 固定资产的税务处理 (2) 生物资产的税务处理 (3) 无形资产的税务处理 (4) 长期待摊费用的税务处理 (5) 存货的税务处理 (6) 投资资产的税务处理 (7) 税法规定与会计规定差异的处理
资产损失税前扣除的所得税处理	了解资产损失的界定，熟悉资产损失的扣除政策	(1) 资产损失及相关概念的界定 (2) 资产损失的扣除政策
应纳税额的计算	能够正确计算纳税人的应纳所得税额	(1) 居民企业应纳税额的计算 (2) 境外已纳税额的扣除 (3) 非居民企业应纳税额的计算
特别纳税调整	了解特别纳税调整的有关规定	调整范围、调整方法、核定征收、加收利息
纳税申报	了解纳税地点、纳税期限、纳税申报的有关规定	纳税地点、纳税期限、纳税申报
所得税会计核算	(1) 理解资产负债表债务法的概念 (2) 能够确定资产、负债的计税基础及相关的暂时性差异 (3) 能够应用资产负债表债务法进行企业有关业务的会计处理	(1) 资产负债表债务法的概念 (2) 资产、负债的计税基础 (3) 暂时性差异 (4) 递延所得税负债及递延所得税资产的确认与计量 (5) 所得税费用的确认与计量

导入案例

家具家饰市场每平方米租金才4元？——蹊跷合同曝出偷税疑点

这是一场偷税与反偷税的博弈！隐瞒收入、阻挠检查……广西某家具家饰市场投资有限公司采取种种手段偷逃国家税款，涉税金额达670多万元。在城区政府支持配合下，南宁市国税局第二稽查局（以下简称第二稽查局）一举破获了这起偷税大案。2014年1月14日，该家具家饰市场少缴的企业所得税、罚款以及滞纳金共370多万元被依法追缴入库。

时间回溯到2012年7月15日，南宁市国税局第二稽查局接到举报：某家具家饰市场每年收取租金近5 000万元，但很少给租户开具发票，大量偷漏国家税金。案情重大，7月16日，第二稽查局迅速成立专案组对该家具公司立案查处。

该家具家饰市场位于南宁市区，占地面积达10万平方米，共500多个铺面，是一家集家具展示、批发、零售为一体的超大型专业家具商贸城。

举报资料仅仅30多字，没有翔实证据，从何入手？经研究，专案组决定先从国税部门的税收征管信息系统中查询该企业的税务登记、申报纳税等信息。查询结果令人吃惊：2007—2011年间，其每年申报的经营收入从 17 万多元逐年增加至 800 多万元,但在每年向国税部门申报企业所得税时均做亏损申报,且申报情况与举报内容的出入很大。

案件的突破点在哪里?专案组认为,突破点应是该市场租金及收费情况。于是,调查按计划有序进行:从相关部门找来市场平面图查清了其铺面的真实数量;走访租户获取部分租赁合同和少量收款收据;一些租户称自承租以来从未得到过该市场开具的发票……外围调查情况显示:该企业存在少做收入、不如实申报纳税的情况。

迂回调查只是为了更好的正面交锋!2012 年 10 月 25 日,经批准,专案组调取了该市场 2007—2011 年度的账簿资料及 2010—2011 年度的收款收据。但该市场财务人员并不配合,他们声称,原始凭证因保管不善丢失了很多,不能准确入账。几经交涉,该市场不得已提供了几份每平方米租金才 4 元多的合同,并称其他租赁合同均没有保留。

面对着残缺不全的纳税材料、混乱的账目,专案组的每个成员无不皱起了眉头。怎么查账?如何确定其少报收入的具体数额?这是摆在面前的一道难题。

分析比对,寻找突破口!经对取得的证据资料进行比对分析,专案组发现:该企业仅给少部分商铺开具了发票,且所开发票金额远远小于实际收取金额,虚开的发票也仅用于账上记录收入,并未交给铺面承租人。

冰山已经撕开了一角。但面对检查,该企业依然采取种种手段进行阻挠。2013 年 1 月 5 日,第二稽查局将有关情况向该市场所在地的南宁市西乡塘区政府汇报,请求城区政府协调地税、公安、工商部门对该企业进行联合查处。经政府协调,该市场提供了 2010—2011 年度账外收款收据 3 000 余张和部分铺面的面积及租金单价。

调查取证自此加快了速度。专案组的检查人员一心扑到了这个案子里,日夜苦战,整理数据,核实收入。功夫不负有心人,该企业近两年的实际收入整理出来了,一笔笔租金、物业管理费、汇款凭证、促销费等费用订成的卷宗竟有厚厚的 30 多卷。面对专案组核实的数据,该市场仍以铺面没有出租为由,否认核实结果。当检查人员逐一指出数据的出处时,企业无法狡辩,只好签字确认了核实的收入及应纳税额。

根据《税收征管法》的相关规定,南宁市国家税务局第二稽查局依法对该市场作出处罚决定:补交 2010 年、2011 年的企业所得税 168 万多元,加收滞纳金 34 万多元,并处罚款 168 万多元,共计 370 多万元。

为进一步查实该市场其他各项偷税行为,南宁市地税局、南宁市公安局经侦大队也及时进驻该市场,调取账证资料,封存电脑数据。根据相关证据资料,也查实了该市场有偷逃营业税及各种地方税款的大量事实。

案件水落石出了,但办案人员的心里并不轻松。南宁市国税局稽查局负责人表示,近年来,随着税法宣传教育的不断深入,纳税人依法纳税、诚信纳税意识在不断地增强,但依然有少数纳税人以为不配合检查就可以逃避责任。该案的成功查处在一定程度上震慑了不法分子,对进一步规范南宁市专业市场税收秩序起到较好警示作用。

(资料来源:罗妮,温宇,蒋玉玲. 南宁市国税局第二稽查局查处一起涉税大案[N]. 广西日报,2014.01.20(07),有改动)

6.1 企业所得税概述

所得税是对法人或自然人的应税所得征收的税种。根据纳税主体的不同,可分为企业所得税和个人所得税两类。其中,企业所得税是指国家对我国境内的企业和其他取得收入的组织的生产经营所得和其他所得征收的税种。与其他税种相比,企业所得税具有其自身的特点:一是征税对象是净所得,而不是总收入;二是征税以量能负担为原则;三是一般实行按年计征、分期预缴的征收办法。

本章依据2007年3月16日第十届全国人民代表大会第五次会议通过并于2008年1月1日起实施的《企业所得税法》及2008年1月1日起施行的《企业所得税法实施条例》，以及后续的相关补充政策，讲述法人纳税主体的所得税征收与缴纳的有关内容，并依据《所得税会计准则》介绍企业所得税的相关会计处理。

6.1.1 纳税义务人

1. 纳税义务人的确定标准

企业所得税的纳税人是指负有缴纳所得税义务的企业或者组织。发达国家一般实行法人所得税制度，即以法人组织作为企业所得税的纳税义务人。我国的企业所得税法关于纳税义务人范围的规定，按照国际通行做法，并考虑到实践当中从事生产经营的经济主体组织形式多种多样，为充分体现税收公平、中性的原则，将纳税义务人确定为我国境内的企业和其他取得收入的组织（以下统称企业）。同时，为增强企业所得税与个人所得税的协调，避免重复征税，个人独资企业和合伙企业不作为企业所得税的纳税人。按照此标准，企业设有多个不具有法人资格营业机构的，实行由法人汇总纳税。

2. 纳税义务人的分类

企业所得税的纳税义务人，按照"登记注册地标准"和"实际管理机构地标准"相结合的标准，分为居民企业和非居民企业两类，这是确定纳税人是否负有全面纳税义务的基础。

判断标准中的实际管理机构是指对企业的生产经营、人员、账务、财产等实施实质性全面管理和控制的机构，是行使居民税收管辖权的国家判定法人居民身份的主要标准。实际管理机构所在地的认定，一般以股东大会的场所、董事会的场所以及行使指挥监督权力的场所等因素来综合判断。

居民企业是指依照中国法律、法规在中国境内成立或者依照外国（地区）法律成立但实际管理机构在中国境内的企业。这里的企业包括国有企业、集体企业、私营企业、联营企业、股份制企业、外商投资企业、外国企业，以及有生产、经营所得和其他所得的其他组织。

其中，有生产、经营所得和其他所得的其他组织是指经国家有关部门批准，依法注册、登记的事业单位、社会团体等组织。由于我国的一些社会团体组织、事业单位在完成国家事业计划的过程中开展多种经营和有偿服务活动，取得除财政部门各项拨款、财政部和国家价格主管部门批准的各项收入以外的经营收入，具有经营的特点，应当视同企业纳入征税范围。

非居民企业纳税人是指按照我国税法规定不符合居民企业标准的企业，即依照外国（地区）法律、法规成立且实际管理机构不在中国境内，但在中国境内设立机构、场所的，或者在中国境内未设立机构、场所，但有来源于中国境内所得的企业。

上述所称机构、场所，是指在中国境内从事生产经营活动的机构、场所，包括以下几种。

(1) 管理机构、营业机构、办事机构。

(2) 工厂、农场、开采自然资源的场所。

(3) 提供劳务的场所。

(4) 从事建筑、安装、装配、修理、勘探等工程作业的场所。

(5) 其他从事生产经营活动的机构、场所。

非居民企业委托营业代理人在中国境内从事生产经营活动的，包括委托单位或者个人经常代其签订合同，或者储存、交付货物等，该营业代理人视为非居民企业在中国境内设立的机构、场所。

把企业分为居民企业和非居民企业是为了更好地保障我国税收管辖权的有效行使。税收管辖权是各国政府在征税方面的主权，是国家主权的重要组成部分。根据国际上通行的做法，我国选择了地域管辖权和居民管辖权的双重管辖权标准，最大限度地维护我国的税收利益。

6.1.2 征税对象

1. 征税对象的确定原则

企业所得税的征税对象是企业取得的生产经营所得和其他所得，但并不是企业取得的任何一项所得都是企业所得税的征税对象。征税对象的确认应遵循以下原则。

(1) 企业所得税的征税对象必须是企业有符合国家法律来源的所得。企业从事非法行为的所得不构成企业所得税的征税对象。

(2) 应纳税所得额是扣除成本费用以后的净所得。即企业取得的任何一项所得在弥补相应的消耗和支出后的余额，才是企业所得税的应税所得。

(3) 企业所得税的应税所得必须是实物或货币所得。各种荣誉性、知识性及体能、心理上的收益都不是应纳税所得。

(4) 企业所得税的应税所得不包括财政拨款，依法收取并纳入财政管理的行政事业性收费、政府性基金以及国务院规定的其他不征税所得。

2. 征税对象的具体内容

企业所得税的征税对象是企业取得的生产经营所得、其他所得和清算所得。

居民企业承担全面纳税义务，就其来源于我国境内外的全部所得纳税，包括销售货物所得、提供劳务所得、转让财产所得、股息红利等权益性投资所得、利息所得、租金所得、特许权使用费所得、接受捐赠所得和其他所得等。

非居民企业在中国境内设立机构、场所的，应当就其所设机构、场所取得的来源于中国境内的所得，以及发生在中国境外但与其所设机构、场所有实际联系的所得缴纳企业所得税；在中国境内未设立机构、场所的，或者虽设立机构、场所但取得的所得与其所设机构、场所没有实际联系的非居民企业，应当就其来源于中国境内的所得缴纳企业所得税。上述所称实际联系，是指非居民企业在中国境内设立的机构、场所拥有的据以取得所得的股权、债权,以及拥有、管理、控制据以取得所得的财产。

3. 所得来源地的确定

所得来源地可以由以下几个方面确定。

(1) 销售货物所得,按照交易活动发生地确定。

(2) 提供劳务所得,按照劳务发生地确定。

(3) 转让财产所得,不动产转让所得按照不动产所在地确定;动产转让所得按照转让动产的企业或者机构、场所所在地确定;权益性投资资产转让所得按照被投资企业所在地确定。

(4) 股息、红利等权益性投资所得,按照分配所得的企业所在地确定。

(5) 利息所得、租金所得、特许权使用费所得,按照负担、支付所得的企业或者机构、场所所在地确定,或者按照负担、支付所得的个人的住所地确定。

(6) 其他所得,由国务院财政、税务主管部门确定。

6.1.3 税率

企业所得税的税率是指对纳税人应纳税所得额征税的比率,即企业应纳税额与应纳税所得额的比率,是体现国家与企业分配关系的核心要素。

现行企业所得税实行比例税率,这种税率形式简便易行,透明度高,不会因征税而改变企业间的收入分配比例,有利于提高效率。目前的规定如下。

1. 基本税率

企业所得税的基本税率为25%,适用于居民企业和在中国境内设立机构、场所且所得与机构、场所有关联的非居民企业。

2. 低税率

企业所得税的低税率为20%,适用于在中国境内未设立机构、场所的,或者虽设立机构、场所但取得的所得与其所设机构、场所没有实际联系的非居民企业。但在实际征税时减按10%的税率征收。

企业所得税税率归纳见表6-1。

表6-1 企业所得税税率表

纳税人			税率
居民企业			基本税率25%
非居民企业	在我国境内设立机构场所	取得所得与设立机构场所有实际联系	
		取得所得与设立机构场所没有实际联系	低税率20% 实际减按10%的税率征收
	未在我国境内设立机构场所的,但有来源于我国的所得		

现行企业所得税法将企业所得税税率确定为25%,既考虑了我国的财政承受能力,又

考虑了企业的实际税负水平。这一税率在国际上属于适中偏低的水平，有利于继续保持我国税制的竞争力，进一步促进和吸引外商投资。

6.1.4 扣缴义务人与源泉扣缴

为了有效保护税源，保证国家的财政收入，防止偷漏税，简化纳税手续，企业所得税实行源泉扣缴的办法。源泉扣缴是指以所得支付者为扣缴义务人，在每次向纳税人支付有关所得款项时，代为扣缴税款的做法。

1. 扣缴义务人

对非居民企业在中国境内未设立机构、场所的，或者虽设立机构、场所但取得的所得与其所设机构、场所没有实际联系的，应当就其来源于中国境内的所得应缴纳企业所得税，实行源泉扣缴，以支付人为扣缴义务人。税款由扣缴义务人在每次支付或者到期应支付时，从支付或者到期应支付的款项中扣缴。

其中，支付人是指依照有关法律规定或者合同约定对非居民企业直接负有支付相关款项义务的单位或者个人。

支付包括现金支付、汇拨支付、转账支付和权益兑价支付等货币支付和非货币支付。

到期应支付的款项是指支付人按照权责发生制原则应当计入相关成本、费用的应付款项。

对非居民企业在中国境内取得工程作业和劳务所得应缴纳的所得税，税务机关可以指定工程价款或者劳务费的支付人为扣缴义务人。

2. 扣缴办法

扣缴义务人未依法扣缴或者无法履行扣缴义务的，由纳税人在所得发生地缴纳。纳税人未依法缴纳的，税务机关可以从该纳税人在中国境内其他收入项目的支付人应付的款项中，追缴该纳税人的应纳税款。

所谓所得发生地，是指依照《实施条例》第七条规定的原则确定的所得发生地。在中国境内存在多处所得发生地的，由纳税人选择其中之一申报缴纳企业所得税。

该纳税人在中国境内其他收入，是指该纳税人在中国境内取得的其他各种来源的收入。

税务机关在追缴该纳税人应纳税款时，应当将追缴理由、追缴数额、缴纳期限和缴纳方式等告知该纳税人。

扣缴义务人每次代扣的税款，应当自代扣之日起 7 日内缴入国库，并向所在地的税务机关报送扣缴企业所得税报告表。

6.1.5 税收优惠

企业所得税的税收优惠指国家根据国民经济持续、健康、稳定发展需要和宏观经济调控的总体目标，运用税收政策在税收法律、行政法规中规定对某一部分特定纳税人和课税对象给予减轻或免除税收负担的一种措施。

现行企业所得税法根据国民经济和社会发展的需要,借鉴国际上的成功经验,按照"简税制、宽税基、低税率、严征管"的要求,对原内外资企业所得税双轨的税收优惠政策进行适当调整,建立起"以产业优惠为主、区域优惠为辅、兼顾社会进步"的新的税收优惠格局。税收优惠原则主要体现在:促进技术创新和科技进步,鼓励基础设施建设,鼓励农业发展及环境保护与节能,支持安全生产,统筹区域发展,促进公益事业和照顾弱势群体等。进一步促进国民经济全面、协调、可持续发展和社会全面进步,有利于构建和谐社会。

企业所得税的税收优惠方式包括免税、减税、加计扣除、加速折旧、减计收入、税额抵免等。

1. 免征与减征优惠

企业如果从事国家限制和禁止发展的项目,不得享受企业所得税优惠。企业的下列所得可以免征、减征企业所得税。

1) 从事农、林、牧、渔业项目的所得

企业从事下列项目的所得,免征企业所得税,包括:①蔬菜、谷物、薯类、油料、豆类、棉花、麻类、糖料、水果、坚果的种植;②农作物新品种的选育;③中药材的种植;④林木的培育和种植;⑤牲畜、家禽的饲养;⑥林产品的采集;⑦灌溉、农产品初加工、兽医、农技推广、农机作业和维修等农、林、牧、渔服务业项目;⑧远洋捕捞。

企业从事下列项目的所得,减半征收企业所得税:①花卉、茶以及其他饮料作物和香料作物的种植;②海水养殖、内陆养殖。

2) 从事国家重点扶持的公共基础设施项目投资经营的所得

国家重点扶持的公共基础设施项目,是指《公共基础设施项目企业所得税优惠目录》规定的港口码头、机场、铁路、公路、城市公共交通、电力、水利等项目。

企业从事上述规定的国家重点扶持的公共基础设施项目的投资经营的所得,自项目取得第一笔生产经营收入所属纳税年度起,第1年至第3年免征企业所得税,第4年至第6年减半征收企业所得税。

企业承包经营、承包建设和内部自建自用本条规定的项目,不得享受本条规定的企业所得税优惠。

3) 从事符合条件的环境保护、节能节水项目的所得

符合条件的环境保护、节能节水项目包括公共污水处理、公共垃圾处理、沼气综合开发利用、节能减排技术改造、海水淡化等。项目的具体条件和范围由国务院财政、税务主管部门商国务院有关部门制定,报国务院批准后公布施行。企业从事环境保护、节能节水项目的所得,自项目取得第一笔生产经营收入所属纳税年度起,第1年至第3年免征企业所得税,第4年至第6年减半征收企业所得税。

但是以上享受减免税优惠的项目,在减免税期限内转让的,受让方自受让之日起,可以在剩余期限内享受规定的减免税优惠;减免税期限届满后转让的,受让方不得就该项目重复享受减免税优惠。

4) 符合条件的技术转让所得

符合条件的技术转让所得免征、减征企业所得税是指在一个纳税年度内,居民企业技

术转让所得不超过500万元的部分免征企业所得税；超过500万元的部分减半征收企业所得税。

技术转让的范围，包括居民企业转让专利技术、计算机软件著作权、集成电路布图设计权、植物新品种、生物医药新品种，以及财政部和国家税务总局确定的其他技术。

符合条件的技术转让所得的计算方法为：

$$技术转让所得＝技术转让收入－技术转让成本－相关税费$$

式中，技术转让收入是指当事人履行技术转让合同后获得的价款，不包括销售或转让设备、仪器、零部件、原材料等非技术性收入。不属于与技术转让项目密不可分的技术咨询、技术服务、技术培训等收入，不得计入技术转让收入。

技术转让成本是指转让的无形资产的净值，即该无形资产的计税基础减除在资产使用期间按照规定计算的摊销扣除额后的余额。

相关税费是指技术转让过程中实际发生的有关税费，包括除企业所得税和允许抵扣的增值税以外的各项税金及其附加、合同签订费用、律师费等相关费用及其他支出。

技术转让应签订技术转让合同。其中，境内的技术转让须经省级以上（含省级）科技部门认定登记，跨境的技术转让须经省级以上（含省级）商务部门认定登记，涉及财政经费支持产生技术的转让，需经省级以上（含省级）科技部门审批。

居民企业技术出口应由有关部门按照商务部、科技部发布的《中国禁止出口限制出口技术目录》进行审查。居民企业取得禁止出口和限制出口技术转让所得，不享受技术转让减免企业所得税优惠政策。

居民企业从直接或间接持有股权之和达到100%的关联方取得的技术转让所得，不享受技术转让减免企业所得税的优惠政策。

享受技术转让所得减免企业所得税优惠的企业，应单独计算技术转让所得，并合理分摊企业的期间费用；没有单独计算的，不得享受技术转让所得企业所得税优惠。

2. 高新技术企业优惠

国家需要重点扶持的高新技术企业，减按15%的税率征收企业所得税。国家需要重点扶持的高新技术企业，是指拥有核心自主知识产权，并同时符合下列条件的企业。

(1) 拥有核心自主知识产权。
(2) 产品（服务）属于《国家重点支持的高新技术领域》规定的范围。
(3) 研究开发费用占销售收入的比例不低于规定比例。
(4) 高新技术产品（服务）收入占企业总收入的比例不低于规定比例。
(5) 科技人员占企业职工总数的比例不低于规定比例。
(6) 高新技术企业认定管理办法规定的其他条件。

《国家重点支持的高新技术领域》和高新技术企业认定管理办法由国务院科技、财政、税务主管部门商国务院有关部门制定，报国务院批准后公布施行。

根据《企业所得税法》及其实施条例，以及《财政部、国家税务总局关于企业境外所得税收抵免有关问题的通知》（财税〔2009〕125号）的有关规定，以境内、境外全部生产经营活动有关的研究开发费用总额、总收入、销售收入总额、高新技术产品（服务）收入等指标申请并经认定的高新技术企业,其来源于境外的所得可以享受高新技术企业所得税优惠政策,即对其来源于境外所得可以按照15%的优惠税率缴纳企业所得税,在计算境外抵免限额时,可按照15%的优惠税率计算境内外应纳税总额。上述高新技术企业境外所得税收抵免的其他事项,仍按照财税[2009]125号文件的有关规定执行。

3. 小型微利企业优惠

小型微利企业是指企业的全部生产经营活动所产生的所得均负有我国企业所得税纳税义务的企业。符合条件的小型微利企业,减按20%的税率征收企业所得税。

符合条件的小型微利企业从事国家非限制和禁止行业,并符合下列条件的企业。

(1) 工业企业,年度应纳税所得额不超过30万元,从业人数不超过100人,资产总额不超过3 000万元。

(2) 其他企业,年度应纳税所得额不超过30万元,从业人数不超过80人,资产总额不超过1 000万元。

自2012年1月1日至2015年12月31日,对年应纳税所得额低于6万元(含6万元)的小型微利企业,其所得减按50%计入应纳税所得额,按20%的税率缴纳企业所得税。

仅就来源于我国所得负有我国纳税义务的非居民企业来说,不适用下列规定。

4. 加计扣除优惠

加计扣除指按照税法规定在实际发生数额的基础上,再加成一定比例,作为计算应纳税所得额时扣除数额的一种税收优惠措施。

企业的下列支出,可以在计算应纳税所得额时加计扣除。

1) 开发新技术、新产品、新工艺发生的研究开发费用

企业为开发新技术、新产品、新工艺发生的研究开发费用,未形成无形资产计入当期损益的,在按照规定据实扣除的基础上,按照研究开发费用的50%加计扣除;形成无形资产的,按照无形资产成本的150%摊销。

2) 安置残疾人员及国家鼓励安置的其他就业人员所支付的工资

企业安置残疾人员所支付的工资,在按照支付给残疾职工工资据实扣除的基础上,按照支付给残疾职工工资的100%加计扣除。残疾人员的范围适用《中华人民共和国残疾人保障法》的有关规定。企业安置国家鼓励安置的其他就业人员所支付的工资的加计扣除办法,由国务院另行规定。

5. 创业投资企业优惠

创业投资企业从事国家需要重点扶持和鼓励的创业投资,可以按投资额的一定比例抵扣应纳所得税额。

创业投资企业采取股权投资方式投资于未上市的中小高新技术企业2年以上的,可以按照其投资额的70%在股权持有满2年的当年抵扣该创业投资企业的应纳税所得额;当年不足抵扣的,可以在以后纳税年度结转抵扣。

6. 加速折旧优惠

加速折旧是指按照税法规定准予采取缩短折旧年限、提高折旧率的办法，加快折旧速度，减少应纳税所得额的一种税收优惠措施。

企业的固定资产由于技术进步等原因，确需加速折旧的，可以缩短折旧年限或者采取加速折旧的方法。可以采取缩短折旧年限或者采取加速折旧的方法的固定资产包括以下两种。

（1）由于技术进步，产品更新换代较快的固定资产。
（2）常年处于强震动、高腐蚀状态的固定资产。

采取缩短折旧年限方法的，最低折旧年限不得低于规定折旧年限的60%；采取加速折旧方法的，可以采取双倍余额递减法或者年数总和法。

7. 减计收入优惠

减计收入是指按照税法规定准予对经营活动取得的应税收入按一定比例减少计算，进而减少应纳税所得额的一种税收优惠措施。

企业综合利用资源，生产符合国家产业政策规定的产品所取得的收入，可以在计算应纳税所得额时减计收入。综合利用资源是指企业以《资源综合利用企业所得税优惠目录》规定的资源作为主要原材料，生产国家非限制和禁止并符合国家和行业相关标准的产品取得的收入，减按90%计入收入总额。

上述所称原材料占生产产品材料的比例不得低于《资源综合利用企业所得税优惠目录》规定的标准。

8. 税额抵免优惠

企业购置并实际使用《环境保护专用设备企业所得税优惠目录》《节能节水专用设备企业所得税优惠目录》和《安全生产专用设备企业所得税优惠目录》规定的环境保护、节能节水、安全生产等专用设备的，该专用设备的投资额的10%可以从企业当年的应纳税额中抵免；当年不足抵免的，可以在以后5个纳税年度结转抵免。

享受上述规定的企业所得税优惠的企业，应当实际购置并自身实际投入使用上述规定的专用设备；企业购置上述专用设备在5年内转让、出租的，应当停止享受企业所得税优惠，并补缴已经抵免的企业所得税税款。

企业所得税优惠目录由国务院财政、税务主管部门商国务院有关部门制定，报国务院批准后公布施行。

企业同时从事适用不同企业所得税待遇的项目的，其优惠项目应当单独计算所得，并合理分摊企业的期间费用；没有单独计算的，不得享受企业所得税优惠。

自2009年1月1日起，增值税一般纳税人购进固定资产发生的进项税额可从其销项税额中抵扣。如增值税进项税额允许抵扣，其专用设备投资额不再包括增值税进项税额；如增值税进项数额不允许抵扣，其专用设备投资额应为增值税专用发票上注明的价税合计金额。企业购买专用设备取得普通发票的，其专用设备投资额为普通发票上注明的金额。

9. 民族自治地方的优惠

民族自治地方的自治机关对本民族自治地方的企业应缴纳的企业所得税中属于地方分享的部分，可以决定减征或者免征。自治州、自治县决定减征或者免征的，须报省、自治区、直辖市人民政府批准。其中民族自治地方是指依照《中华人民共和国民族区域自治法》的规定，实行民族区域自治的自治区、自治州、自治县。对民族自治地方内国家限制和禁止行业的企业，不得减征或者免征企业所得税。

10. 非居民企业的优惠

非居民企业在中国境内未设立机构、场所的，或者虽设立机构、场所但取得的所得与其所设机构、场所没有实际联系的，其来源于中国境内的所得，减按10%的税率征收企业所得税。该类非居民企业的下列所得可以免征企业所得税。

(1) 外国政府向中国政府提供贷款取得的利息所得。
(2) 国际金融组织向中国政府和居民企业提供优惠贷款取得的利息所得。
(3) 经国务院批准的其他所得。

非居民企业所得税征收的过渡性优惠见表6-2。

表6-2 非居民企业所得税征收的过渡性优惠

利润分配时间	被分配利润的来源	利润分配对象	所得税征免规定
2008年以前	2008年1月1日之前形成的累积未分配利润	外国投资者	免征
2008年以后	2008年及以后新增的累积未分配利润	外国投资者	征预提所得税

11. 其他优惠

为缓解现行企业所得税法出台对部分老企业税负增加的影响，避免对老企业持续经营造成不良影响和保证新税法的顺利实施，在新税法实施后，在一定期间对已经批准设立并依照设立时的税收法律、行政法规规定可以享受低税率和定期减免税优惠的老企业，给予过渡性照顾。即现行税法公布前（2007年3月16日）已经批准设立（已经完成工商登记注册）的企业，依照当时的税收法律、行政法规规定享受低税率优惠的，按照国务院规定，可以在新税法施行后5年内逐步过渡到新税法规定的税率；原享受定期优惠的企业，一律从新税法实施年度起（2008年1月1日），按原税法规定的优惠标准和年限开始计算免税期，在新税法实施后最长不超过10年的期限内享受尚未期满或尚未享受的优惠。

6.2 企业所得税应纳税所得额的计算

应纳税所得额是指企业每一纳税年度的收入总额，减除不征税收入、免税收入、各项扣除以及允许弥补的以前年度亏损后的余额，是计算企业所得税税额的计税依据。其基本公式是：

应纳税所得额＝收入总额－不征税收入－免税收入－各项扣除－以前年度亏损

与应纳税所得额相对应的一个概念就是会计利润，两者既有联系又有区别。应纳税所得额是一个税收概念，而会计利润是一个会计核算的概念，反映企业一定时期内生产经营的财务成果。会计利润是确定应纳税所得额的基础，但是不能等同于应纳税所得额。按照税法规定在计算应纳税所得额时，如果企业财务、会计处理办法同税收法律、行政法规的规定不一致，应当依照税收法律、行政法规的规定计算纳税所作的税务调整，并据此重新调整计算纳税。

以下主要探讨构成应纳税所得额的收入总额、不征税收入、免税收入、各项扣除以及允许弥补的以前年度亏损的确定问题。

6.2.1 收入总额的确定

企业所得税规定的应税收入总额是指企业以货币形式和非货币形式从各种来源取得的收入。具体包括下列项目：销售货物收入、提供劳务收入、转让财产收入、股息、红利等权益性投资收益、利息收入、租金收入、特许权使用费收入、接受捐赠收入及其他收入。

企业取得收入的货币形式包括现金、存款、应收账款、应收票据、准备持有至到期的债券投资以及债务的豁免等；而纳税人取得的非货币形式收入包括固定资产、生物资产、无形资产、股权投资、存货、不准备持有至到期的债券投资、劳务以及有关权益等，这些以非货币形式取得的收入，应当按照公允价值确定收入额。公允价值是指按照市场价格确定的价值。

1. 应税收入中一般项目的确认

应税收入中一般项目包括以下几种。

（1）销售货物收入。是指企业销售商品、产品、原材料、包装物、低值易耗品以及其他存货取得的收入。

（2）提供劳务收入。是指企业从事建筑安装、修理修配、交通运输、仓储租赁、金融保险、邮电通信、咨询经纪、文化体育、科学研究、技术服务、教育培训、餐饮住宿、中介代理、卫生保健、社区服务、旅游、娱乐、加工以及其他劳务服务活动取得的收入。

（3）转让财产收入。是指企业转让固定资产、生物资产、无形资产、股权、债权等财产取得的收入。

企业转让股权收入，应于转让协议生效、且完成股权变更手续时，确认收入的实现。股权转让所得是指转让股权收入扣除为取得该股权所发生的成本后的所得。企业在计算股权转让所得时，不得扣除被投资企业未分配利润等股东留存收益中按该股权所可能分配的金额。

（4）股息、红利等权益性投资收益。是指企业因权益性投资从被投资方取得的收入。股息、红利等权益性投资收益，除国务院财政、税务主管部门另有规定外，按照被投资方做出利润分配决定的日期确认收入的实现。

被投资企业将股权(票)溢价所形成的资本公积转为股本的，不作为投资方企业的股息、红利收入，投资方企业也不得增加该项长期投资的计税基础。

(5) 利息收入。是指企业将资金提供他人使用但不构成权益性投资，或者因他人占用本企业资金取得的收入，包括存款利息、贷款利息、债券利息、欠款利息等收入。利息收入，按照合同约定的债务人应付利息的日期确认收入的实现。

(6) 租金收入。是指企业提供固定资产、包装物或者其他有形资产的使用权取得的收入。租金收入，按照合同约定的承租人应付租金的日期确认收入的实现。其中，如果交易合同或协议中规定租赁期限跨年度，且租金提前一次性支付的，根据《企业所得税法实施条例》第九条规定的收入与费用配比原则，出租人可对上述已确认的收入，在租赁期内，分期均匀计入相关年度收入。

(7) 特许权使用费收入。是指企业提供专利权、非专利技术、商标权、著作权以及其他特许权的使用权取得的收入。特许权使用费收入，按照合同约定的特许权使用人应付特许权使用费的日期确认收入的实现。

(8) 接受捐赠收入。是指企业接受的来自其他企业、组织或者个人无偿给予的货币性资产、非货币性资产。接受捐赠收入，按照实际收到捐赠资产的日期确认收入的实现。

(9) 其他收入。是指企业取得的除上述收入外的其他收入，包括企业资产溢余收入、逾期未退包装物押金收入、确实无法偿付的应付款项、已作坏账损失处理后又收回的应收款项、债务重组收入、补贴收入、违约金收入、汇兑收益等。

2. 应税收入中特殊项目的确认

应税收入中特殊项目的确认包括以下几种。

(1) 以分期收款方式销售货物的，按照合同约定的收款日期确认收入的实现。

(2) 企业受托加工制造大型机械设备、船舶、飞机，以及从事建筑、安装、装配工程业务或者提供其他劳务等，持续时间超过12个月的，按照纳税年度内完工进度或者完成的工作量确认收入的实现。

(3) 采取产品分成方式取得收入的，按照企业分得产品的日期确认收入的实现，其收入额按照产品的公允价值确定。

(4) 企业发生非货币性资产交换，以及将货物、财产、劳务用于捐赠、偿债、赞助、集资、广告、样品、职工福利或者利润分配等用途的，应当视同销售货物、转让财产或者提供劳务，但国务院财政、税务主管部门另有规定的除外。

3. 处置资产收入的确认

企业发生下列情形的处置资产，除将资产转移至境外的情况外，由于资产所有权属于形式和实质上均不发生改变，可作为内部处置资产，不视同销售确认收入，相关资产的计税基础延续计算。

(1) 将资产用于生产、制造、加工另一产品。

(2) 改变资产形状、结构或性能。

(3) 改变资产用途（如自建商品房转为自用或经营）。

(4) 将资产在总机构及其分支机构之间转移。

(5) 上述两种或两种以上情形的混合。

(6) 其他不改变资产所有权属的用途。

下列情形是企业将资产移送他人，因资产所有权已发生改变而不属于内部处置资产，应按规定视同销售确认收入。

(1) 用于市场推广或销售。
(2) 用于交际应酬。
(3) 用于职工奖励或福利。
(4) 用于股息分配。
(5) 用于对外捐赠。
(6) 其他改变资产所有权属的用途。

上述视同销售的6种情形，属于企业自制的资产，应按企业同类资产同期对外销售价格确认销售收入；属于外购的资产，可按购入时的价格确定销售收入。

4．相关收入实现的确认

企业销售收入的确认，应当遵循权责发生制与实质重于形式的原则。

1）销售商品收入确认的一般条件

企业销售商品同时满足下列条件的，应确认收入的实现。

(1) 商品销售合同已经签订，企业已将商品所有权相关的主要风险和报酬转移给购货方。
(2) 企业对已售出的商品既没有保留通常与所有权相联系的继续管理权，也没有实施有效控制。
(3) 收入的金额能够可靠地计量。
(4) 已发生或将发生的销售方的成本能够可靠地核算。

2）特殊销售方式下收入的确认时间

(1) 销售商品采用托收承付方式的，在办妥托收手续时确认收入。
(2) 销售商品采取预收款方式的，在发出商品时确认收入。
(3) 销售商品需要安装和检验的，在购买方接受商品以及安装和检验完毕时确认收入。如果安装程序比较简单，可在发出商品时确认收入。
(4) 销售商品采用支付手续费方式委托代销的，在收到代销清单时确认收入。

3）特殊销售方式下收入的确认规则

(1) 售后回购方式销售商品收入的确认。

采用售后回购方式销售商品的，销售的商品按售价确认收入，回购的商品作为购进商品处理。有证据表明不符合销售收入确认条件的，如以销售商品方式进行融资，收到的款项应确认为负债，回购价格大于原售价的，差额应在回购期间确认为利息费用。

(2) 以旧换新方式销售商品收入的确认。

销售商品以旧换新的，销售商品应当按照销售商品收入确认条件来确认收入，回收的商品作为购进商品处理。

(3) 折扣折让方式销售商品收入的确认。

企业以促销为目的的商业折扣销售方式，往往在商品价格上给予客户价格扣除，商品销售涉及商业折扣的，应当按照扣除商业折扣后的金额确定销售商品收入金额。

债权人为鼓励债务人在规定的期限内付款而向债务人提供的债务扣除属于现金折扣，销售商品涉及现金折扣的，应当按扣除现金折扣前的金额确定销售商品收入金额，现金折扣在实际发生时作为财务费用扣除。

企业因售出商品的质量不合格等原因而在售价上给的减让属于销售折让；企业因售出商品质量、品种不符合要求等原因而发生的退货属于销售退回。企业已经确认销售收入的售出商品发生销售折让和销售退回，应当在发生当期冲减当期销售商品收入。

（4）买一赠一等方式组合销售本企业商品收入的确认。

企业以买一赠一等方式组合销售本企业商品的，不属于捐赠，应将总的销售金额按各项商品的公允价值的比例来分摊确认各项的销售收入。

4）提供劳务收入确认的一般规定

企业在各个纳税期末，提供劳务交易的结果能够可靠估计的，应采用完工进度（完工百分比）法确认提供劳务收入。

（1）提供劳务交易的结果能够可靠估计，是指同时满足下列条件。

① 收入的金额能够可靠地计量。

② 交易的完工进度能够可靠地确定。

③ 交易中已发生和将发生的成本能够可靠地核算。

（2）企业提供劳务完工进度的确定，可选用下列方法。

① 已完工作的测量。

② 已提供劳务占劳务总量的比例。

③ 发生成本占总成本的比例。

企业应按照从接受劳务方已收或应收的合同或协议价款确定劳务收入总额，根据纳税期末提供劳务收入总额乘以完工进度扣除以前纳税年度累计已确认提供劳务收入后的金额，确认为当期劳务收入；同时，按照提供劳务估计总成本乘以完工进度扣除以前纳税期间累计已确认劳务成本后的金额，结转为当期劳务成本。

（3）下列提供劳务满足收入确认条件的，应按规定确认收入。

① 安装费。应根据安装完工进度确认收入。安装工作是商品销售附带条件的，安装费在确认商品销售实现时确认收入。

② 宣传媒介的收费。在相关的广告或商业行为出现于公众面前时确认收入。广告的制作费根据制作广告的完工进度确认收入。

③ 软件费。为特定客户开发软件的收费，应根据开发的完工进度确认收入。

④ 服务费。包含在商品售价内可区分的服务费，在提供服务的期间分期确认收入。

⑤ 艺术表演、招待宴会和其他特殊活动的收费。在相关活动发生时确认收入。收费涉及几项活动的，预收的款项应合理分配给每项活动，分别确认收入。

⑥ 会员费。申请入会或加入会员，只允许取得会籍，所有其他服务或商品都要另行收费的，在取得该会员费时确认收入。申请入会或加入会员后，会员在会员期内不再付费就可以得到各种服务或商品，或者以低于非会员的价格销售商品或提供服务的，该会员费应在整个受益期内分期确认收入。

⑦ 特许权费。属于提供设备和其他有形资产的特许权费，在交付资产或转移资产所有权时确认收入，属于提供初始及后续服务的特许权费，在提供服务时确认收入。

⑧ 劳务费。长期为客户提供重复的劳务收取的劳务费，在相关劳务活动发生时确认收入。

5）其他收入实现的确认

企业取得财产(包括各类资产、股权、债权等)转让收入、债务重组收入、接受捐赠收入、无法偿付的应付款收入等，不论是以货币形式还是非货币形式体现，除另有规定外，均一次性计入确认收入的年度计算缴纳企业所得税。

6.2.2 不征税收入和免税收入的确定

国家为了扶持和鼓励某些特殊的纳税人和特定的项目，或者避免因征税影响企业的正常经营，对企业取得的某些收入予以不征税或免税的特殊政策，以减轻企业的负担，促进经济的协调发展。或者准予抵扣应纳税所得额，或者是对专项用途的资金作为非应税收入处理，减轻企业的税负，增加企业可用资金。

1. 不征税收入

不征税收入是指从性质和根源上不属于企业盈利性活动带来的经济利益、不负有纳税义务并不作为应纳税所得额组成部分的收入。

收入总额中的下列收入为不征税收入。

（1）财政拨款。是指各级人民政府对纳入预算管理的事业单位、社会团体等组织拨付的财政资金，但国务院和国务院财政、税务主管部门另有规定的除外。

（2）依法收取并纳入财政管理的行政事业性收费、政府性基金。行政事业性收费是指依照法律法规等有关规定，按照国务院规定程序批准，在实施社会公共管理，以及在向公民、法人或者其他组织提供特定公共服务的过程中向特定对象收取并纳入财政管理的费用；政府性基金是指企业依照法律、行政法规等有关规定，代政府收取的具有专项用途的财政资金。

（3）国务院规定的其他不征税收入。是指企业取得的，由国务院财政、税务主管部门规定专项用途并经国务院批准的财政性资金。

财政性资金是指企业取得的来源于政府及其有关部门的财政补助、补贴、贷款贴息，以及其他各类财政专项资金，包括直接减免的增值税和即征即退、先征后退、先征后返的各种税收，但不包括企业按规定取得的出口退税款。

企业的不征税收入用于支出所形成的费用或财产，不得扣除或计算对应的折旧、摊销，从而抵减应纳税所得额。

2. 免税收入

免税收入是指属于企业的应税所得但按照税法规定免予征收企业所得税的收入，具体包括以下几种情况。

（1）国债利息收入，是指企业持有国务院财政部门发行的国债取得的利息收入。

① 国债利息收入及转让收入的确认时间。简单来说，国债利息收入是免税收入，而国债转让收入并不是免税收入。国债利息收入及转让收入的确认时间见表6-3。

表6-3 国债相关收入的确认时间

国债收入类型		收入确认时间
利息收入	投资持有	应以国债发行时约定应付利息的日期，确认利息收入的实现
	转让时	应在国债转让收入确认时确认利息收入的实现
转让收入	未到期转让	应在转让国债合同、协议生效的日期，或者国债移交时确认转让收入的实现
	到期兑付	应在国债发行时约定的应付利息的日期，确认国债转让收入的实现

② 国债利息收入的计算及免税问题。企业到期前转让国债，或者从非发行者投资购买的国债，其持有期间尚未兑付的国债利息收入，应按以下公式计算确定：

国债利息收入＝国债金额×(适用年利率÷365)×持有天数

企业从发行者直接投资购买的国债持有至到期，其从发行者取得的国债利息收入，全额免征企业所得税。

企业到期前转让国债、或者从非发行者投资购买的国债，按照上述公式计算的国债利息收入，免征企业所得税。

③ 国债转让收益(损失)的计算及征税问题。企业转让或到期兑付国债取得的价款，减除其购买国债成本，并扣除其持有期间按照上述公式计算的国债利息收入以及交易过程中相关税费后的余额，为企业转让国债收益(损失)。企业转让国债，应作为转让财产，其取得的收益(损失)应作为企业应纳税所得额计算纳税。

④ 关于国债成本的确定问题。通过支付现金方式取得的国债，以买入价和支付的相关税费为成本；通过支付现金以外的方式取得的国债，以该资产的公允价值和支付的相关税费为成本。

⑤ 关于国债成本的计算方法问题。企业在不同时间购买同一品种国债的，其转让时的成本计算方法，可在先进先出法、加权平均法、个别计价法中选用一种。计价方法一经选用，不得随意改变。

(2) 符合条件的居民企业之间的股息、红利等权益性投资收益。是指居民企业直接投资于其他居民企业取得的投资收益。

(3) 在中国境内设立机构、场所的非居民企业从居民企业取得与该机构、场所有实际联系的股息、红利等权益性投资收益。上述股息、红利等权益性投资收益，不包括连续持有居民企业公开发行并上市流通的股票不足12个月取得的投资收益。

(4) 符合条件的非营利组织的收入。符合条件的非营利组织，是指同时符合下列条件的组织。

① 依法履行非营利组织登记手续。

② 从事公益性或者非营利性活动。

③ 取得的收入除用于与该组织有关的、合理的支出外，全部用于登记核定或者章程规定的公益性或者非营利性事业。

④ 财产及其孳息不用于分配。
⑤ 按照登记核定或者章程规定，该组织注销后的剩余财产用于公益性或者非营利性目的，或者由登记管理机关转赠给与该组织性质、宗旨相同的组织，并向社会公告。
⑥ 投入人对投入该组织的财产不保留或者享有任何财产权利。
⑦ 工作人员工资福利开支控制在规定的比例内，不变相分配该组织的财产。
⑧ 国务院财政、税务主管部门规定的其他条件。

上述所指的非营利组织的收入，不包括非营利组织从事营利性活动取得的收入，但国务院、税务主管部门另有规定的除外。具体而言，非营利组织的免税收入包括下列方面。
① 接受其他单位或个人捐赠的收入。
② 除财政拨款以外的其他政府补助收入，但不包括因政府购买服务取得的收入。
③ 按照省级以上民政、财政部门规定收取的会费。
④ 不征税收入和免税收入孳生的银行存款利息收入。
⑤ 财政部、国家税务总局规定的其他收入。

6.2.3 准予扣除项目的范围

在计算应纳所得税额时企业应充分了解允许税前扣除的项目范围及相应扣除标准，遵循权责发生制原则、配比原则、相关性原则、确定性原则和合理性原则等来确认扣除项目。

计算应纳税额时可根据税法规定准予扣除项目，即在计算应纳税所得额时可以从当期所得中扣除的项目，具体包括：①一般性限制扣除项目，这些扣除项目只要符合有关条件可以直接以当期发生额作为扣除依据；②应按扣除比例或限额扣除项目，部分扣除项目则应根据具体的范围和标准扣除。

1. 准予扣除的基本项目

企业实际发生的与取得收入有关的、合理的支出，包括成本、费用、税金、损失和其他支出，准予在计算应纳税所得额时扣除。即与取得收入直接相关的支出，以及符合生产经营活动常规，应当计入当期损益或者有关资产成本的必要和正常的支出。

在实际中，企业在确定应纳税所得额时还应注意以下内容。
（1）企业发生的支出应当区分收益性支出和资本性支出。收益性支出在发生当期直接扣除；资本性支出应当分期扣除或者计入有关资产成本，不得在发生当期直接扣除。
（2）企业的不征税收入用于支出所形成的费用或者财产，不得扣除或者计算对应的折旧、摊销扣除。
（3）除企业所得税法和实施条例另有规定外，企业实际发生的成本、费用、税金、损失和其他支出，不得重复扣除。

企业确定应纳税所得额时准予扣除的基本项目包括以下几种。
（1）成本。是指企业在生产经营活动中发生的销售成本、销货成本、业务支出以及其他耗费。即企业销售商品（产品、材料、下脚料、废料、废旧物资等）、提供劳务、转让固定资产和无形资产（包括技术转让）的成本。

企业必须将经营活动中发生的成本合理划分为直接成本和间接成本。直接成本是可以直接计入有关成本计算对象或劳务的经营成本中的直接材料、直接人工等;间接成本是指多个部门为同一成本对象提供服务的共同成本,或者同一种投入可以制造、提供两种或两种以上的产品或劳务的联合成本。

直接成本可根据有关会计凭证、记录直接计入有关成本计算对象或劳务的经营成本中。间接成本必须根据与成本计算对象之间的因果关系、成本计算对象的产量等,以合理的方法分配计入有关成本计算对象中。

(2) 费用。包括纳税人为生产、经营商品和提供劳务等所发生的销售(经营)费用、管理费用和财务费用(已经计入成本的费用除外)等。

(3) 税金。包括纳税人按照规定交纳的消费税、营业税、关税、资源税、土地增值税、城市维护建设税共6种税金以及教育费附加等(简称六税一费)会计处理计入"营业税金及附加"的税费,以及纳税人按照规定缴纳的房产税、车船税、城镇土地使用税、印花税等会计处理计入"管理费用"的税金。需要注意的是,增值税属于价外税,其缴纳不直接影响企业所得税,因此不包括在当期可扣除的税金当中。

企业所得税前准予扣除的税金有以下两种方式。

① 在发生当期扣除。上述所列举的税种即属于这种情况。

② 在发生当期计入相关资产的成本,在以后各期分摊扣除。

上述两种方式所涉及的税种可归纳见表6-4。

表6-4 企业所得税准予扣除的税金表

准予扣除的税金的方式		可扣除税金举例
在发生当期扣除	通过计入营业税金及附加在当期扣除	消费税、营业税、城市维护建设税、出口关税、资源税、土地增值税、教育费附加等营业税金及附加
	通过计入管理费在当期扣除	房产税、车船税、城镇土地使用税、印花税等
在发生当期计入相关资产的成本,在以后各期分摊扣除		车辆购置税、购置消费品(如小轿车等)不得抵扣的增值税等

例6.1 某市的一家汽车轮胎制造厂为增值税一般纳税人,企业所得税居民纳税人。2014年全年实现不含税销售额9 000万元,取得送货的运输费收入46.8万元;购进各种料件,取得增值税专用发票,注明购货金额2 400万元、进项税额408万元,发票已通过认证;支付购货的运输费50万元,取得运输公司开具的运输业增值税专用发票。7月1日将房产原值200万元的仓库出租给某商场存放货物,出租期限2年,共计租金48万元。签订合同时预收半年租金12万元,其余的在租用期的当月收取。

要求:计算该企业计入"营业税金及附加"在所得税前扣除的税额。

该企业计入"营业税金及附加"在所得税前扣除的税金计算如下。

应缴纳的增值税=[9 000+46.8÷(1+17%)]×17%−(408+50×11%)
=1 536.8−413.5=1123.3(万元)

应缴纳的消费税=[9 000+46.8÷(1+17%)]×3%=271.2(万元)

应缴纳的营业税=12×5%=0.6(万元)

应缴纳的城市维护建设税＝(1 123.3＋271.2＋0.6)×7％＝97.657(万元)

应缴纳的教育费附加＝(1 123.3＋271.2＋0.6)×3％＝41.853(万元)

所得税前可以扣除的税金合计＝271.2＋0.6＋97.657＋41.853＝411.31(万元)

(4) 损失。是指企业在生产经营活动中发生的固定资产和存货的盘亏、毁损、报废损失、转让财产损失、呆账损失、坏账损失、自然灾害等不可抗力因素造成的损失以及其他损失。企业发生的损失，减除责任人赔偿和保险赔款后的余额，依照国务院财政、税务主管部门的规定扣除。企业已经作为损失处理的资产，在以后纳税年度又全部收回或者部分收回时，应当计入当期收入。

(5) 其他支出。是指除成本、费用、税金、损失外，企业在生产经营活动中发生的与生产经营活动有关的、合理的支出。

2. 扣除项目的标准

在计算当期应纳税所得额时企业可以据实扣除或按规定标准扣除的项目包括以下几种。

1) 工资、薪金支出

对企业真实合理工资支出实行据实扣除。工资薪金，是指企业每一纳税年度支付给在本企业任职或者受雇的员工的所有现金形式或者非现金形式的劳动报酬，包括基本工资、奖金、津贴、补贴、年终加薪、加班工资，以及与员工任职或者受雇有关的其他支出。

上述所指合理的工资、薪金，是指企业按照股东大会、董事会、薪酬委员会或相关管理机构制定的工资薪金制度规定实际发放给员工的工资薪金。工资薪金的合理性体现在以下几方面。

(1) 企业制订有较为规范的员工工资、薪金制度。

(2) 企业所制订的工资薪金制度符合行业及地区水平。

(3) 企业在一定时期所发放的工资薪金是相对固定的，工资薪金的调整是有序进行的。

(4) 企业对实际发放的工资薪金，已依法履行了代扣代缴个人所得税义务。

(5) 有关工资、薪金的安排，不以减少或逃避税款为目的。

2) 职工福利费、工会经费和职工教育经费

企业发生的职工福利费、工会经费和职工教育经费按标准扣除，未超过标准的按实际数扣除，超过标准的只能按标准扣除。

企业发生的职工福利费支出，不超过工资薪金总额14％的部分，准予扣除。

下列实际发放或支付的现金补贴和非货币性集体福利允许在企业所得税前扣除。

(1) 尚未实行分离办社会职能的企业，其内设福利部门所发生的设备、设施和人员费用，包括职工食堂、职工浴室、理发室、医务所、托儿所、疗养院等集体福利部门的设备、设施及维修保养费用和福利部门工作人员的工资薪金、社会保险费、住房公积金、劳务费等。

(2) 为职工卫生保健、生活、住房、交通等所发放的各项补贴和非货币性福利，包括企业向职工发放的因公外地就医费用、未实行医疗统筹企业职工医疗费用、职工供养直系

亲属医疗补贴、供暖费补贴、职工防暑降温费、职工困难补贴、救济费、职工食堂经费补贴、职工交通补贴等。

(3) 按照其他规定发生的其他职工福利费，包括丧葬补助费、抚恤费、安家费、探亲假路费等。

企业拨缴的工会经费，不超过工资薪金总额2%的部分，准予扣除。

除国务院财政、税务主管部门另有规定外，企业发生的职工教育经费支出，不超过工资薪金总额2.5%的部分，准予扣除；超过部分，准予在以后纳税年度结转扣除。

上述计算职工福利费、工会经费、职工教育经费的"工资薪金总额"，是指企业按规定实际发放的工资薪金总和，不包括企业的职工福利费、职工教育经费、工会经费以及养老保险费、医疗保险费、失业保险费、工伤保险费、生育保险费等社会保险费和住房公积金。属于国有性质的企业，其工资薪金，不得超过政府有关部门给予的限定数额；超过部分，不得计入企业工资薪金总额，也不得在计算应纳税所得额时扣除。

例6.2 某市一家家电制造企业为企业所得税的居民纳税人，2014年计入成本、费用中合理的实发工资为500万元，当年发生的工会经费12万元、职工福利费76万元、职工教育经费10万元。

要求：计算职工工会经费、职工福利费、职工教育经费应调整的应纳税所得额。

本例的计算思路见表6-5。

表6-5 工资附加费扣除标准计算表

项目	限额/万元	实际发生额/万元	可扣除额/万元	超支额/万元
工会经费	500×2%=10	12	10	2
职工福利费	500×14%=70	76	70	6
职工教育经费	500×2.5%=12.5	10	10	0
合 计	500×18.5%=92.5	98	90	8

3) 社会保险费和其他保险费

(1) 准予扣除的各项社会保险费包括企业依照国务院有关主管部门或者省级人民政府规定的范围和标准为职工缴纳的"五险一金"，即基本养老保险费、基本医疗保险费、失业保险费、工伤保险费、生育保险费等基本社会保险费和住房公积金。

(2) 企业为投资者或者职工支付的补充养老保险费、补充医疗保险费，在国务院财政、税务主管部门规定的范围和标准内，准予扣除。企业依照国家规定为特殊工种职工支付的人身安全保险费和符合国务院财政、税务主管部门规定可以扣除的商业保险费准予扣除。

(3) 企业参加财产保险，按照规定缴纳的保险费，准予扣除。

(4) 企业为投资者或者职工支付的商业保险费，不得扣除。

4) 利息费用

企业在生产经营活动中发生的下列利息支出，准予扣除。

(1) 非金融企业向金融企业借款的利息支出、金融企业的各项存款利息支出和同业拆

第6章 企业所得税及其纳税会计处理

借利息支出、企业经批准发行债券的利息支出。

（2）非金融企业向非金融企业借款的利息支出，不超过按照金融企业同期同类贷款利率计算的数额的部分。

（3）关联企业利息费用的扣除。企业从其关联方接受的债权性投资与权益性投资的比例超过规定标准而发生的利息支出，不得在计算应纳税所得额时扣除。

在计算应纳税所得额时，企业实际支付给关联方的利息支出，不超过以下规定比例和税法及其实施条例有关规定计算的部分，准予扣除，超过的部分不得在发生当期和以后年度扣除。

企业实际支付给关联方的利息支出，除能够证明相关交易活动符合独立交易原则或企业的实际税负不高于境内关联方的，其接受关联方债权性投资与其权益性投资比例为金融企业5∶1；其他企业2∶1。

企业能证明关联方相关交易活动符合独立交易原则的；或者该企业的实际税负不高于境内关联方的，实际支付给关联方的利息支出，在计算应纳税所得额时准予扣除。

企业同时从事金融业务和非金融业务，其实际支付给关联企业的利息支出，应按照合理方法分开计算；没有按照合理方法分开计算的，一律按上述比例计算准予税前扣除的利息支出。

企业从关联方取得的不符合规定的利息收入应按规定缴纳企业所得税。

（4）企业向自然人借款的利息支出。

企业向股东或其他与企业有关联关系的自然人借款的利息支出，符合规定条件的（关联方债资比例和利率标准），准予扣除。

企业向除上述规定以外的内部职工或其他人员借款的利息支出，其借款情况同时符合以下条件的，其利息支出在不超过按照金融企业同期同类贷款利率计算的数额的部分，准予扣除。

① 企业与个人之间的借贷是真实、合法、有效的，并且不具有非法集资目的或其他违反法律、法规的行为。

② 企业与个人之间签订了借款合同。

例6.3 飞跃公司为企业所得税的居民企业，注册资金2 000万元，2014年度实现会计利润总额150万元。"财务费用"账户中包括以下3项利息费用。

（1）按照年利率8%向银行借入的期限9个月的生产经营用资金，支付利息20万元。

（2）按照年利率12%向股东借入与银行借款同期的生产经营用资金，支付利息45万元。

（3）经过批准向本企业职工（与企业无关联关系）借入同期限的生产周转用资金200万元，企业与个人签订了借款合同，支付借款利息15万元。

假定该公司没有其他纳税调整项目，要求：

（1）计算该公司2014年度计算应纳税所得额时可扣除的利息费用。

（2）计算该公司2014年度账面超支的利息费用。

（3）计算该公司2014年度的应纳税所得额。

相关计算过程如下：

(1) 企业当年计算应纳税所得额时可扣除的利息费用

股东借款金额＝45÷(12％÷12×9)＝500(万元)，小于公司注册资金的2倍

计算应纳税所得额时可以扣除的股东借款利息＝500×8％÷12×9＝30(万元)

超标准利息＝45－30＝15(万元)

计算应纳税所得额时可以扣除的职工借款利息＝200×8％÷12×9＝12(万元)

超标准利息＝15－12＝3(万元)

则企业当年计算应纳税所得额时可扣除的利息费用＝20+30+12＝62(万元)

(2) 账面超支利息＝15+3＝18(万元)

(3) 应纳税所得额＝150+18＝168(万元)

5) 借款费用

企业在生产经营活动中发生的合理的不需要资本化的借款费用，准予扣除。

企业为购置、建造固定资产、无形资产和经过12个月以上的建造才能达到预定可销售状态的存货发生借款的，在有关资产购置、建造期间发生的合理的借款费用，应当作为资本性支出计入有关资产的成本；有关资产交付使用后发生的借款利息，可在发生时扣除。

企业通过发行债券、取得贷款、吸收保户储金等方式融资而发生的合理的费用支出，符合资本化条件的，应计入相关资产成本；不符合资本化条件的，应作为财务费用，准予在企业所得税前据实扣除。

企业行为对应借款费用处理规则表见表6-6。

表6-6 企业行为对应借款费用处理规则表

企业行为	借款费用处理
企业为购置、建造固定资产、无形资产和经过12个月以上的建造才能达到预定可销售状态的存货借款，发生在有关资产购置、建造期间的合理的借款费用	资本化处理——列入资产成本，用折旧、摊销方式转移价值
有关固定资产、无形资产、12个月以上建造期的存货等交付使用后发生的借款利息	费用化处理——列入当期损益，直接在当期扣除(限符合金融机构同期同类等标准)
企业生产经营过程中的借款利息	

6) 汇兑损失

企业在货币交易中和纳税年度终了时，将人民币以外的货币性资产、负债按照期末即期人民币汇率中间价折算为人民币时产生的汇兑损失，除已经计入有关资产成本以及与所有者进行利润分配相关的部分外，准予扣除。

7) 业务招待费

企业发生的与生产经营活动有关的业务招待费支出，按照发生额的60％扣除，但最高不得超过当年销售(营业)收入的5‰。

对从事股权投资业务的企业(包括集团公司总部、创业投资企业等)，其从被投资企业所分配的股息、红利以及股权转让收入，可以按规定的比例计算业务招待费扣除限额。

企业在筹建期间,发生的与筹办活动有关的业务招待费支出,可按实际发生额的60%计入企业筹办费,并按有关规定在税前扣除。

例6.4 飞跃公司2014年实现销售货物收入3 000万元,让渡专利使用权收入360万元,包装物出租收入240万元,视同销售货物收入400万元,转让商标所有权收入200万元,捐赠收入20万元,债务重组收益10万元,当年实际发生业务招待费30万元。

要求:计算该企业当年可在所得税前列支的业务招待费金额。

相关计算过程如下。

业务招待费扣除限度计算基数为企业的销售(营业)收入,即主营业务收入和其他业务收入的合计,由此确定计算招待费的扣除限额的基数=3 000+360+240+400=4 000(万元)

转让商标所有权、捐赠收入、债务重组收益均属于营业外收入范畴,不能作为计算业务招待费的基数。

(1) 标准的计算,为业务招待费发生额的60%:30×60%=18(万元)
(2) 限度的计算:4000×5‰=20(万元)

两项计算结果择其小者,即该企业当年可在所得税前列支的业务招待费金额是18万元。

8) 广告费和业务宣传费

企业发生的符合条件的广告费和业务宣传费支出,除国务院财政、税务主管部门另有规定外,不超过当年销售(营业)收入15%的部分,准予扣除;超过部分,准予在以后纳税年度结转扣除。

企业在筹建期间,发生的广告费和业务宣传费,可按实际发生额计入企业筹办费,可按上述规定在税前扣除。

广告费支出应与赞助支出严格区分。企业申报扣除的广告费必须符合下列条件:通过工商部门批准的专门机构制作;已支付费用并取得相应发票;通过一定媒体传播。

9) 环境保护专项资金

企业依照法律、行政法规有关规定提取的用于环境保护、生态恢复等方面的专项资金,准予扣除。上述专项资金提取后改变用途的,不得扣除。

10) 租赁费

企业根据生产经营活动的需要租入固定资产支付的租赁费,按照以下方法扣除。

(1) 以经营租赁方式租入固定资产发生的租赁费支出,按照租赁期限均匀扣除。
(2) 以融资租赁方式租入固定资产发生的租赁费支出,按照规定构成融资租入固定资产价值的部分应当提取折旧费用,分期扣除。

11) 劳动保护费

企业发生的合理的劳动保护支出,准予扣除。

值得注意的是,劳动保护费和职工福利费不是等同概念。例如防暑降温用品和防暑降温费用,前者属于劳动保护费,没有开支的金额比例限制;后者属于职工福利费,有开支的金额比例限制。

不同来源的劳动保护用品与劳动保护费的涉税比较见表6-7。

表 6-7 不同来源的劳动保护用品与劳动保护费的涉税比较表

方　向	来　源	增值税	企业所得税
劳动保护用品	外购货物	可以抵扣进项	列入成本费用扣除
	自产货物	不计收入、不计销项	不属于企业所得税的应税收入
职工福利用品	外购货物	不得抵扣进项	在职工福利限度内扣除
	自产货物	视同销售计销项	属于企业所得税的应税收入

12) 公益性捐赠支出

公益性捐赠,是指企业通过公益性社会团体或者县级(含县级)以上人民政府及其部门,满足《中华人民共和国公益事业捐赠法》规定的公益事业的捐赠。

企业发生的公益性捐赠支出在年度利润总额12%以内的部分,准予在计算应纳税所得额时扣除。年度利润总额,是指企业依照国家统一会计制度的规定计算的年度会计利润。

非公益、救济性的捐赠和纳税人直接向受赠人的捐赠不准扣除。

13) 有关资产的费用

企业转让各类固定资产发生的费用,允许扣除;企业按规定计算的固定资产折旧费、无形资产和递延资产的摊销费,准予扣除。

14) 总机构分摊的费用

非居民企业在中国境内设立的机构、场所,就其中国境外总机构发生的与该机构、场所生产经营有关的费用,能够提供总机构出具的费用汇集范围、定额、分配依据和方法等证明文件,并合理分摊的,准予扣除。

15) 资产损失

企业当期发生的固定资产和流动资产盘亏、毁损净损失,由其提供清查盘存资料经主管税务机关审核后,准予扣除;企业因存货盘亏、毁损、报废等原因不得从销项税额中抵扣的进项税额,应视同企业财产损失,准予与存货损失一起在所得税前按规定扣除。

16) 其他项目

依照有关法律、行政法规和国家税法规定准予扣除的其他项目,如会员费、合理的会议费、差旅费、违约金、诉讼费等。

17) 手续费及佣金支出

手续费、佣金的支付对象应该是具有合法经营资格的中介服务企业或个人,并应按照国家有关规定进行支付。同时,手续费及佣金支出有计算基数和开支比例限制。

对于保险企业,财产保险企业按当年全部保费收入扣除退保金等后余额的15%(含本数,下同)计算限额;人身保险企业按当年全部保费收入扣除退保金等后余额的10%计算限额。

电信企业在发展客户、拓展业务等过程中(如委托销售电话入网卡、电话充值卡等),需向经纪人、代办商支付手续费及佣金的,其实际发生的相关手续费及佣金支出,不超过企业当年收入总额5%的部分,准予在企业所得税前据实扣除。

从事代理服务、主营业务收入为手续费、佣金的企业(如证券、期货、保险代理等企业),其为取得该类收入而实际发生的营业成本(包括手续费及佣金支出),准予在企业所得税前据实扣除。

对于其他企业,按与具有合法经营资格中介服务机构或个人(不含交易双方及其雇员、代理人和代表人等)所签订服务协议或合同确认的收入金额的5%计算限额。

企业应与具有合法经营资格的中介服务企业或个人签订代办协议或合同,并按国家有关规定支付手续费及佣金。除委托个人代理外,企业以现金等非转账方式支付的手续费及佣金不得在税前扣除。企业为发行权益性证券支付给有关证券承销机构的手续费及佣金不得在税前扣除。

手续费及佣金支出既不能变换名目计入回扣、业务提成、返利、进场费等费用。

企业已计入固定资产、无形资产等相关资产的手续费及佣金支出,应当通过折旧、摊销等方式分期扣除,不得在发生当期直接扣除。

企业支付的手续费及佣金不得直接冲减服务协议或合同金额,并如实入账。

企业应当如实向当地主管税务机关提供当年手续费及佣金计算分配表和其他相关资料,并依法取得合法真实凭证。

18) 企业维简费支出企业所得税税前扣除规定

维简费是指从成本费用中提取的专用于维持简单再生产的资金。企业实际发生的维简费支出,属于收益性支出的,可作为当期费用税前扣除;属于资本性支出的,应计入有关资产成本,并按企业所得税法规定计提折旧或摊销费用在税前扣除。

自2013年1月1日起,除煤矿企业继续执行《国家税务总局关于煤矿企业维简费和高危行业企业安全生产费用企业所得税税前扣除问题的公告》(国家税务总局公告2011第26号)外,其他各行业企业按以下规定处理。

(1) 企业按照有关规定预提的维简费,不得在当期税前扣除。

(2) 本规定实施前,企业按照有关规定提取且已在当期税前扣除的维简费,按照表6-8归纳的规则处理。

表6-8 企业已税前扣除的维简费处理规则简表

已税前扣除的维简费	处 理 规 则
未使用的(提而未用)	并未作纳税调整的,可不作纳税调整,应首先抵减2013年实际发生的维简费,仍有余额的,继续抵减以后年度实际发生的维简费,至余额为零时,企业方可按收益性支出、资本性支出各自的规定处理
	已作纳税调整的,不再调回,直接按收益性支出、资本性支出各自的规定处理
已使用的(提后已用)	已用于资产投资并形成相关资产全部成本的,该资产提取的折旧或费用摊销额,不得税前扣除;已用于资产投资并形成相关资产部分成本的,该资产提取的折旧或费用摊销额中与该部分成本对应的部分,不得税前扣除;已税前扣除的,应调整作为2013年度应纳税所得额

6.2.4 不得扣除的项目

在计算应纳税所得额时,我国《企业所得税法》不仅详细列举了准予扣除项目的范围和标准,而且规定了不允许扣除的项目,依现行税法规定,下列项目不得从收入总额中扣除。

(1) 向投资者支付的股息、红利等权益性投资收益款项。

(2) 企业所得税税款。

(3) 纳税人因违反税法规定,被处以的滞纳金。

(4) 纳税人因违反国家法律法规和规章,被有关部门处以的罚款,以及被司法部门处以的罚金和被没收的财物。

(5) 超过国家规定标准的捐赠支出。

(6) 企业发生的与生产经营活动无关的各种非广告性质支出。如果属于广告性赞助支出,可参照广告费用的相关规定扣除。

(7) 不符合国务院财政、税务主管部门规定的各项资产减值准备、风险准备等准备金支出。

(8) 企业之间支付的管理费、企业内营业机构之间支付的租金和特许权使用费,以及非银行企业内营业机构之间支付的利息。

(9) 与取得收入无关的其他支出。

6.2.5 亏损弥补

(1)《企业所得税法》规定的亏损,不是企业财务报表中反映的亏损额,而是指企业依照企业所得税法和实施条例的规定将每一纳税年度的收入总额减除不征税收入、免税收入和各项扣除后小于零的数额。纳税人年度发生亏损的,经税务机关审核认定后,可以用下一年度的应纳税所得弥补;下一纳税年度的所得不足弥补的,可以逐年延续弥补,但连续弥补期不得超过5年,5年内不论盈利还是亏损,都作为实际弥补年限计算。企业在汇总计算缴纳企业所得税时,其境外营业机构的亏损不得抵减境内营业机构的盈利。

例 6.5 某居民企业 2001 年开始投入生产经营,适用 25% 的企业所得税税率,各年应纳税所得额情况见表 6-9。

表 6-9 某企业 2001 年至 2007 年的获利情况 单位:万元

年度	2001	2002	2003	2004	2005	2006	2007
应纳税所得额	-500	-100	50	150	200	-50	250

要求:计算 2007 年该企业应缴纳的企业所得税额。

该企业 2001 年度亏损 500 万元,按照企业所得税法规定可以申请用 2002—2006 年 5 年的盈利弥补。虽然该企业分别在 2002 年度和 2006 年度也发生了亏损,但仍应作为计算 2001 年度亏损弥补的第 1 年和第 5 年。因此,2001 年度的亏损实际上是用 2003 年至 2005 年的盈利 400 万元来弥补的。当 2006 年结束后,2001 年度的亏损弥补期限已经结束,剩余的 100 万元亏损不能再用以后年度的税前盈利弥补。

对于 2002 年度的亏损额 100 万元,按照税法规定可以申请用 2003 年至 2007 年 5 年的盈利弥补。由于 2003 年至 2005 年的盈利已经用于弥补 2001 年的亏损,所以 2002 年度的亏损只能用 2007 年度的盈利弥补。2007 年度该企业的盈利为 250 万元,其中可以用 100 万元弥补 2002 年的亏损,另外用 50 万元弥补 2006 年的亏损,剩余 100 万元应按税法规定缴纳企业所得税。

因此,该企业 2007 年应纳企业所得税为:$(250-100-50) \times 25\% = 25$(万元)。

(2) 企业以前年度(包括 2008 年度新企业所得税实施以前年度)发生,按当时企业所得税有关规定符合资产损失确认条件的损失,在当年因各种原因未能扣除的,不得结转在以后年度扣除。

可以按照《企业所得税法》和《税收征管法》的有关规定,追补确认在该项资产损失发生的年度扣除,而不能改变该项资产损失发生的所属年度。

企业因以前年度资产损失未在税前扣除而多缴纳的企业所得税税款,可在审批确认年度企业所得税应纳税款中予以抵缴,抵缴不足的,可以在以后年度递延抵缴。

企业资产损失发生年度扣除追补确认的损失后如出现亏损,首先应调整资产损失发生年度的亏损额,然后按弥补亏损的原则计算以后年度多缴的企业所得税税款,并按前款办法进行税务处理。

(3) 企业筹办期间不计算为亏损年度,企业自开始生产经营的年度起计算企业损益的年度。企业从事生产经营之前进行筹办活动期间发生筹办费用支出,不得计算为当期的亏损,企业可以在开始经营之日的当年一次性扣除,也可以按照税法有关长期待摊费用的处理规定处理,但已经选定,不得改变。

(4) 税务机关对企业以前年度纳税情况进行检查时调增的应纳税所得额,凡企业以前年度发生亏损、且该亏损属于企业所得税法规定允许弥补的,应允许调增的应纳税所得额弥补该亏损。弥补该亏损后仍有余额的,按照企业所得税法规定计算缴纳企业所得税。对检查调增的应纳税所得额应根据其情节,依照《税收征管法》有关规定进行处理或处罚。

6.3 资产的税务处理

资产是由于资本投资而形成的财产,对于资本性支出以及无形资产受让、开办、开发费用,不允许作为成本费用从纳税人的收入总额中一次性扣除,只能采取分次计提折旧或分次摊销的方式予以扣除,即纳税人经营活动中使用的固定资产的折旧费用、无形资产和长期待摊费用的摊销费用可以扣除。税法规定企业的各项资产,包括固定资产、生物资产、无形资产、长期待摊费用、投资资产、存货等,均应以历史成本为计税基础。历史成本,是指企业取得该项资产时实际发生的支出。企业持有各项资产期间资产增值或者减值,除国务院财政、税务主管部门规定可以确认损益外,不得调整该资产的计税基础。由此可见,企业所得税法规定资产税务处理的目的在于通过对资产的分类,区分资本性支出和收益性支出,明确准予扣除的项目和不予扣除的项目以正确地计算应纳税所得额。

6.3.1 固定资产的税务处理

固定资产是指企业为生产产品、提供劳务、出租或者经营管理而持有的、使用时间超过12个月的非货币性资产,包括房屋、建筑物、机器、机械、运输工具以及其他与生产经营活动有关的设备、器具、工具等。

1. 固定资产的计税基础

固定资产的计税基础包括以下几个方面。

(1) 外购的固定资产,以购买价款和支付的相关税费以及直接归属于使该资产达到预定用途发生的其他支出为计税基础。

(2) 自行建造的固定资产,以竣工结算前发生的支出为计税基础。

(3) 融资租入的固定资产,以租赁合同约定的付款总额和承租人在签订租赁合同过程中发生的相关费用为计税基础,租赁合同未约定付款总额的,以该资产的公允价值和承租人在签订租赁合同过程中发生的相关费用为计税基础。

(4) 盘盈的固定资产,以同类固定资产的重置完全价值为计税基础。

(5) 通过捐赠、投资、非货币性资产交换、债务重组等方式取得的固定资产,以该资产的公允价值和支付的相关税费为计税基础。

(6) 改建的固定资产,除已提足折旧的固定资产和租入的固定资产以外的固定资产,以改建过程中发生的改建支出增加为计税基础。

2. 固定资产折旧的范围

企业所得税规定了固定资产折旧的范围,在计算应纳税所得额时,企业按照规定计算的固定资产折旧,准予扣除。

下列固定资产不得计算折旧扣除。

(1) 房屋、建筑物以外未投入使用的固定资产。

(2) 以经营租赁方式租入的固定资产。

(3) 以融资租赁方式租出的固定资产。

(4) 已足额提取折旧仍继续使用的固定资产。

(5) 与经营活动无关的固定资产。

(6) 单独估价作为固定资产入账的土地。

(7) 其他不得计算折旧扣除的固定资产。

3. 固定资产折旧计算

纳税人的固定资产应当从投入使用月份的次月起计提折旧。停止使用的固定资产应当从停止使用月份的次月起停止计提折旧。

企业应当根据固定资产的性质和使用情况,合理确定固定资产的预计净残值,固定资产的预计净残值一经确定,不得变更。

固定资产按照直线法计算的折旧,准予扣除。

例6.6 光华公司为增值税一般纳税人,2014年10月购入一台不需要安装的生产设备,取得增值税专用发票注明价款100万元,增值税17万元,购入设备发生设备运费1万元,取得运输发票,符合增值税抵扣规定。该设备当月投入使用,假定该企业生产设备采用10年折旧年限,预计净残值率5%。

要求:计算企业在所得税前扣除的该设备的月折旧额。

有关计算过程如下。

$$该设备计入固定资产原值的数额=100+1\times(1-7\%)=100.93(万元)$$
$$该设备可提折旧金额=100.93\times(1-5\%)=95.88(万元)$$
$$该设备月折旧=95.88/(10\times12)=0.80(万元)$$

4. 固定资产折旧的计提年限

除国务院财政、税务主管部门另有规定外,固定资产计算折旧的最低年限规定如下。
(1) 房屋、建筑物为20年。
(2) 飞机、火车、轮船、机器、机械和其他生产设备等为10年。
(3) 与生产经营活动有关的器具、工具、家具等为5年。
(4) 飞机、火车、轮船以外的运输工具为4年。
(5) 电子设备为3年。

从事开采石油、天然气等矿产资源的企业,在开始商业性生产前发生的费用和有关固定资产的折耗、折旧方法,由国务院财政、税务主管部门另行规定。

5. 固定资产改扩建的税务处理

自2011年7月1日起,企业对房屋、建筑物固定资产在未足额提取折旧前进行改扩建的,如属于推倒重置的,该资产原值减除提取折旧后的净值,应并入重置后的固定资产计税成本,并在该固定资产投入使用后的次月起,按照税法规定的折旧年限,一并计提折旧;如属于提升功能、增加面积的,该固定资产的改扩建支出,并入该固定资产计税基础,并从改扩建完工投入使用后的次月起,重新按税法规定的该固定资产折旧年限计提折旧,如该改扩建后的固定资产尚可使用的年限低于税法规定的最低年限的,可以按尚可使用的年限计提折旧。

6.3.2 生物资产的税务处理

生产性生物资产是指企业为生产农产品、提供劳务或者出租等而持有的生物资产,包括经济林、薪炭林、产畜和役畜等。生物资产分为消耗性生物资产、生产性生物资产和公益性生物资产。其中,消耗性生物资产,是指为出售而持有的、或在将来收获为农产品的生物资产,包括生长中的大田作物、蔬菜、用材林以及存栏待售的牲畜等。生产性生物资产,是指为产出农产品、提供劳务或出租等目的而持有的生物资产,包括经济林、薪炭林、产畜和役畜等。公益性生物资产,是指以防护、环境保护为主要目的的生物资产,包括防风固沙林、水土保持林和水源涵养林等。税法只对生产性生物资产作出了计税基础和折旧的规定。

1. 生产性生物资产的计税基础

外购的生产性生物资产,以购买价款和支付的相关税费为计税基础;通过捐赠、投资、非货币性资产交换、债务重组等方式取得的生产性生物资产,以该资产的公允价值和支付的相关税费为计税基础。

2. 生产性生物资产的折旧方法

生产性生物资产按照直线法计算的折旧,准予扣除。

企业应当自生产性生物资产投入使用月份的次月起计算折旧;停止使用的生产性生物资产,应当自停止使用月份的次月起停止计算折旧。企业应当根据生产性生物资产的性质和使用情况,合理确定生产性生物资产的预计净残值。生产性生物资产的预计净残值一经确定,不得变更。

3. 生物资产的折旧年限

生产性生物资产计算折旧的最低年限如下。

(1) 林木类生产性生物资产为 10 年。

(2) 畜类生产性生物资产为 3 年。

6.3.3 无形资产的税务处理

无形资产,是指企业为生产产品、提供劳务、出租或者经营管理而持有的、没有实物形态的非货币性长期资产,包括专利权、商标权、著作权、土地使用权、非专利技术、商誉等。

1. 无形资产的计税基础

(1) 外购的无形资产,以购买价款和支付的相关税费以及直接归属于使该资产达到预定用途发生的其他支出为计税基础。

(2) 自行开发的无形资产,以开发过程中该资产符合资本化条件后至达到预定用途前发生的支出为计税基础。

(3) 通过捐赠、投资、非货币性资产交换、债务重组等方式取得的无形资产,以该资产的公允价值和支付的相关税费为计税基础。

2. 无形资产摊销的范围

纳税人在计算应纳税所得额时,企业按照规定计算的无形资产摊销费用,准予扣除。下列无形资产不得计算摊销费用扣除。

(1) 自行开发的支出已在计算应纳税所得额时扣除的无形资产。

(2) 自创商誉。

(3) 与经营活动无关的无形资产。

(4) 其他不得计算摊销费用扣除的无形资产。

3. 无形资产摊销的方法及年限

无形资产按照直线法计算的摊销费用,准予扣除。无形资产的摊销年限不得低于

10年。

作为投资或者受让的无形资产,有关法律规定或者合同约定了使用年限的,可以按照规定或者约定的使用年限分期摊销。外购商誉的支出,在企业整体转让或者清算时,准予扣除。

6.3.4 长期待摊费用的税务处理

长期待摊费用是指企业发生的应在一个年度以上或几个年度进行摊销的费用。在计算应纳税所得额时,企业发生的下列支出作为长期待摊费用,按照规定摊销的,准予扣除。

(1) 已足额提取折旧的固定资产的改建支出。
(2) 租入固定资产的改建支出。
(3) 固定资产的大修理支出。
(4) 其他应当作为长期待摊费用的支出。

企业的固定资产修理支出可在发生当期直接扣除。企业的固定资产改良支出,如果有关固定资产尚未提足折旧,可增加固定资产价值;如有关固定资产已提足折旧,可作为长期待摊费用,在规定的期间内平均摊销。

固定资产的改建支出,是指改变房屋或者建筑物结构、延长使用年限等发生的支出。已足额提取折旧的固定资产的改建支出,按照固定资产预计尚可使用年限分期摊销;租入固定资产的改建支出,按照合同约定的剩余租赁期限分期摊销。改建的固定资产延长使用年限的,除已足额提取折旧的固定资产和租入固定资产外,应当适当延长折旧年限。

固定资产的大修理支出,是指同时符合下列条件的支出。

(1) 修理支出达到取得固定资产时的计税基础50%以上。
(2) 修理后固定资产的使用年限延长两年以上。

固定资产的大修理支出按照固定资产尚可使用年限分期摊销。其他应当作为长期待摊费用的支出,自支出发生月份的次月起,分期摊销,摊销年限不得低于3年。

6.3.5 存货的税务处理

存货是指企业持有以备出售的产品或者商品、处在生产过程中的在产品、在生产或者提供劳务过程中耗用的材料和物料等。

1. 存货的计税基础

通过支付现金方式取得的存货,以购买价款和支付的相关税费为成本;通过支付现金以外的方式取得的存货,以该存货的公允价值和支付的相关税费为成本;生产性生物资产收获的农产品,以产出或者采收过程中发生的材料费、人工费和分摊的间接费用等必要支出为成本。

2. 存货的成本计算方法

企业使用或者销售的存货的成本计算方法,可以在先进先出法、加权平均法、个别计价法中选用一种,计价方法一经选用,不得随意变更。企业转让上述资产,该项资产的净值准予在计算应纳税所得额时扣除。资产净值是指有关资产、财产的计税基础减除已经按照规定扣除的折旧、折耗、摊销、准备金等后的余额。除国务院财政、税务主管部门另有规定外,企业在重组过程中,应当在交易发生时确认有关资产的转让所得或者损失,相关资产应当按照交易价格重新确定计税基础。

6.3.6 投资资产的税务处理

投资资产是指企业对外进行权益性投资和债权性投资形成的资产。投资资产按照以下方法确定成本。

(1) 通过支付现金方式取得的投资资产,以购买价款为成本。

(2) 通过支付现金以外的方式取得的投资资产,以该资产的公允价值和支付的相关税费为成本。

投资资产成本的扣除方法为,企业对外投资期间,投资资产的成本在计算应纳税所得额时不得扣除,企业在转让或者处置投资资产时,投资资产的成本准予扣除。

投资企业撤回或减少投资的税务处理按如下规定进行,自 2011 年 7 月 1 日起,投资企业从被投资企业撤回或减少投资,其取得的资产中,相当于初始出资的部分,应确认为投资收回;相当于被投资企业累计未分配利润和累计盈余公积按减少实收资本比例计算的部分,应确认为股息所得;其余部分确认为投资资产转让所得。

被投资企业发生的经营亏损,由被投资企业按规定结转弥补;投资企业不得调整减低其投资成本,也不得将其确认为投资损失。

6.3.7 税法规定与会计规定差异的处理

税法与会计制度、准则之间出现差异,要按照税法规定计算缴纳所得税。企业在日常会计核算时,应按照会计准则进行账务处理,但在申报纳税时,对税法规定和会计准则规定有差异的,要按照税法规定进行纳税调整。

企业不能提供完整、准确的收入及成本、费用凭证,不能正确计算应纳税所得额的,由税务机关核定其应纳税所得额。

企业依法清算时,以其清算终了后的清算所得为应纳税所得额,按规定缴纳企业所得税。清算所得是指企业全部资产可变现价值或交易价格减除资产净值、清算费用以及相关税费后的余额。

投资方企业从被清算企业分得的剩余资产,其中相当于从被清算企业累计未分配利润和累计盈余公积中应当分得的部分,应当确认为股息所得;剩余资产减除上述股息所得后的余额,超过或者低于投资成本的部分,应当确认为投资资产转让所得或者损失。

企业应纳税所得额是根据企业所得税法计算而得的,它在数额上与依据会计准则计算的利润总额往往不一致。因此,税法规定对企业按照有关财务会计规定计算的利润总额,要按照税法规定进行必要调整后,才能作为应纳税所得额计算缴纳所得税。

6.4 资产损失税前扣除的所得税处理

6.4.1 资产损失及相关概念的界定

资产损失是指企业在生产经营活动中实际发生的、与取得应税收入有关的资产损失，包括现金损失，存款损失，坏账损失，贷款损失，股权投资损失，固定资产和存货的盘亏、毁损、报废、被盗损失，自然灾害等不可抗力因素造成的损失以及其他损失。

上述资产是指企业拥有或者控制的、用于经营管理活动且与取得应税收入有关的资产，包括库存现金、银行存款、应收及预付款项（包括应收票据）等货币资产，存货、固定资产、在建工程、生产性生物资产等非货币资产，以及债权性投资和股权（权益）性投资。

6.4.2 资产损失的扣除政策

依据财税[2009]第57号文的有关规定，企业资产损失的税前扣除政策应遵循以下方面。

企业清查出的现金短缺减除责任人赔偿后的余额，作为现金损失在计算应纳税所得额时扣除。

企业将货币性资金存入法定具有吸收存款职能的机构，因该机构依法破产、清算，或者政府责令停业、关闭等原因，确实不能收回的部分，作为存款损失在计算应纳税所得额时扣除。

企业除贷款类债权外的应收、预付账款符合下列条件之一的，减除可收回金额后确认的无法收回的应收、预付款项，可以作为坏账损失在计算应纳税所得额时扣除。

（1）债务人依法宣告破产、关闭、解散、被撤销，或者被依法注销、吊销营业执照，其清算财产不足清偿的。

（2）债务人死亡，或者依法被宣告失踪、死亡，其财产或者遗产不足清偿的。

（3）债务人逾期3年以上未清偿，且有确凿证据证明已无力清偿债务的。

（4）与债务人达成债务重组协议或法院批准破产重整计划后，无法追偿的。

（5）因自然灾害、战争等不可抗力导致无法收回的。

（6）国务院财政、税务主管部门规定的其他条件。

企业经采取所有可能的措施和实施必要的程序之后，符合下列条件之一的贷款类债权，可以作为贷款损失在计算应纳税所得额时扣除。

（1）借款人和担保人依法宣告破产、关闭、解散、被撤销，并终止法人资格，或者已完全停止经营活动，被依法注销、吊销营业执照，对借款人和担保人进行追偿后，未能收回的债权。

（2）借款人死亡，或者依法被宣告失踪、死亡，依法对其财产或者遗产进行清偿，并对担保人进行追偿后，未能收回的债权。

（3）借款人遭受重大自然灾害或者意外事故，损失巨大且不能获得保险补偿，或者以保险赔偿后，确实无力偿还部分或者全部债务，对借款人财产进行清偿和对担保人进行追偿后，未能收回的债权。

（4）借款人触犯刑律，依法受到制裁，其财产不足归还所借债务，又无其他债务承担者，经追偿后确实无法收回的债权。

（5）由于借款人和担保人不能偿还到期债务，企业诉诸法律，经法院对借款人和担保人强制执行，借款人和担保人均无财产可执行，法院裁定执行程序终结或终止（中止）后，仍无法收回的债权。

（6）由于借款人和担保人不能偿还到期债务，企业诉诸法律后，经法院调解或经债权人会议通过，与借款人和担保人达成和解协议或重整协议，在借款人和担保人履行完还款义务后，无法追偿的剩余债权。

（7）由于上述（1）至（6）项原因借款人不能偿还到期债务，企业依法取得抵债资产，抵债金额小于贷款本息的差额，经追偿后仍无法收回的债权。

（8）开立信用证、办理承兑汇票、开具保函等发生垫款时，凡开证申请人和保证人由于上述（1）至（7）项原因，无法偿还垫款，金融企业经追偿后仍无法收回的垫款。

（9）银行卡持卡人和担保人由于上述（1）至（7）项原因，未能还清透支款项，金融企业经追偿后仍无法收回的透支款项。

（10）助学贷款逾期后，在金融企业确定的有效追索期限内，依法处置助学贷款抵押物（质押物），并向担保人追索连带责任后，仍无法收回的贷款。

（11）经国务院专案批准核销的贷款类债权。

（12）国务院财政、税务主管部门规定的其他条件。

企业的股权投资符合下列条件之一的，减除可收回金额后确认的无法收回的股权投资，可以作为股权投资损失在计算应纳税所得额时扣除。

（1）被投资方依法宣告破产、关闭、解散、被撤销，或者被依法注销、吊销营业执照的。

（2）被投资方财务状况严重恶化，累计发生巨额亏损，已连续停止经营3年以上，且无重新恢复经营改组计划的。

（3）对被投资方不具有控制权，投资期限届满或者投资期限已超过10年，且被投资单位因连续3年经营亏损导致资不抵债的。

（4）被投资方财务状况严重恶化，累计发生巨额亏损，已完成清算或清算期超过3年以上的。

（5）国务院财政、税务主管部门规定的其他条件。

企业的股权（权益）投资当有确凿证据表明已形成资产损失时，应扣除责任人和保险赔款、变价收入或可收回金额后，再确认发生的资产损失。可收回金额一律暂定为账面余额的5%。

企业对外进行权益性（简称股权）投资所发生的损失，在经确认的损失发生年度，作为企业损失在计算企业应纳税所得额时一次性扣除。

下列股权和债权不得确认为在企业所得税前扣除的损失。

（1）债务人或者担保人有经济偿还能力，不论何种原因，未按期偿还的企业债权。

（2）违反法律、法规的规定，以各种形式、借口逃废或者悬空的企业债权。

(3) 行政干预逃废或者悬空的企业债权。
(4) 企业未向债务人和担保人追偿的债权。
(5) 企业发生非经营活动的债权。
(6) 国家规定可以从事贷款业务以外的企业因资金直接拆借而发生的损失。
(7) 其他不应当核销的企业债权和股权。

对企业盘亏的固定资产或存货,以该固定资产的账面净值或存货的成本减除责任人赔偿后的余额,作为固定资产或存货盘亏损失在计算应纳税所得额时扣除。

对企业毁损、报废的固定资产或存货,以该固定资产的账面净值或存货的成本减除残值、保险赔款和责任人赔偿后的余额,作为固定资产或存货毁损、报废损失在计算应纳税所得额时扣除。

对企业被盗的固定资产或存货,以该固定资产的账面净值或存货的成本减除保险赔款和责任人赔偿后的余额,作为固定资产或存货被盗损失在计算应纳税所得额时扣除。

企业因存货盘亏、毁损、报废、被盗等原因不得从增值税销项税额中抵扣的进项税额,可以与存货损失一起在计算应纳税所得额时扣除。

企业在计算应纳税所得额时已经扣除的资产损失,在以后纳税年度全部或者部分收回时,其收回部分应当作为收入计入收回当期的应纳税所得额。

企业境内、境外营业机构发生的资产损失应分开核算,对境外营业机构由于发生资产损失而产生的亏损,不得在计算境内应纳税所得额时扣除。

企业对其扣除的各项资产损失,应当提供能够证明资产损失确属已实际发生的合法证据,包括具有法律效力的外部证据、具有法定资质的中介机构的经济鉴证证明、具有法定资质的专业机构的技术鉴定证明等。

6.4.3 资产损失税前扣除管理

准予在企业所得税税前扣除的资产损失,是指企业在实际处置、转让上述资产过程中发生的合理损失(以下简称实际资产损失),以及企业虽未实际处置、转让上述资产,但符合财税[2009]57号文件和国家税务总局[2011年第25号]公告的规定条件计算确认的损失(以下简称法定资产损失)。

企业实际资产损失,应当在其实际发生且会计上已作损失处理的年度申报扣除;法定资产损失,应当在企业向主管税务机关提供证据资料证明该项资产已符合法定资产损失确认条件,且会计上已作损失处理的年度申报扣除。

企业发生的资产损失,应按规定的程序和要求向主管税务机关申报后方能在税前扣除。未经申报的损失,不得在税前扣除。

企业以前年度发生的资产损失未能在当年税前扣除的,可以按照本办法的规定,向税务机关说明并进行专项申报扣除。其中,属于实际资产损失的,准予追补至该项损失发生年度扣除,其追补确认期限一般不得超过5年,但因计划经济体制转轨过程中遗留的资产损失、企业重组上市过程中因权属不清出现争议而未能及时扣除的资产损失、因承担国家政策性任务而形成的资产损失以及政策定性不明确而形成资产损失等特殊原因形成的资产损失，其追补确认期限经国家税务总局批准后可适当延长。属于法定资产损失，应在申报年度扣除。

企业因以前年度实际资产损失未在税前扣除而多缴的企业所得税税款，可在追补确认年度企业所得税应纳税款中予以抵扣，不足抵扣的，向以后年度递延抵扣。

企业实际资产损失发生年度扣除追补确认的损失后出现亏损的，应先调整资产损失发生年度的亏损额，再按弥补亏损的原则计算以后年度多缴的企业所得税税款，并按前款办法进行税务处理。

6.5 企业所得税应纳税额的计算

企业所得税的应纳税额应区分居民企业和非居民企业分别按不同的规定计算确定。居民企业应纳税额的确定一般分为查账征收和核定征收两种方式，还涉及境外已纳税额的扣除。非居民企业应纳税额的计算相对比较简单。

6.5.1 居民企业应纳税额的计算

1. 查账征收

查账征收是指税务机关对财务健全的纳税人，依据其报送的纳税申报表、财务会计报表和其他有关纳税资料计算应纳税额，填写缴款书或完税证，并由纳税人到银行划解税款的征收方式。

一般情况下，居民企业若经营规模较大，财务会计制度健全、能够如实核算和提供生产经营情况、正确计算应纳税款的，应采用查账征收方式确定企业所得税的应纳税额。

居民企业应纳税额应依据如下基本公式计算。

居民企业应纳税额＝应纳税所得额×适用税率－减免税额－抵免税额

应纳税所得额的计算一般有下列两种方法。

1) 直接计算法

应纳税所得额等于企业每一纳税年度的收入总额，减除不征税收入、免税收入、各项扣除以及允许弥补的以前年度亏损后的余额。其计算公式为：

应纳税所得额＝应税收入总额－不征税收入－免税收入－
各项扣除－允许弥补的以前年度亏损

2) 间接计算法

在会计利润总额的基础上加或减按照税法规定的调整项目的金额，即为应纳税所得额。其计算公式为：

应纳税所得额＝会计利润总额±纳税调整项目金额

纳税调整项目包括两项内容：一是企业的财务会计处理和税收规定不一致的应予以调整的金额；二是企业按税法规定准予扣除的税收金额。

例 6.7 某居民企业 2014 年度发生相关业务如下。

（1）销售产品收入 2 000 万元。

(2) 转让一项商标所有权,取得营业外收入 60 万元。
(3) 收取当年让渡资产使用权的专利实施许可费,取得其他业务收入 50 万元。
(4) 取得国债利息收入 2 万元。
(5) 全年销售成本 1 000 万元。
(6) 全年销售费用 500 万元,含广告费 400 万元;全年管理费用 300 万元,含业务招待费 80 万元、新产品开发费用 90 万元;全年财务费用 50 万元。
(7) 全年营业外支出 40 万元,其中包括通过政府部门对灾区捐赠 20 万元、直接对某私立小学捐赠 10 万元以及违反政府规定被工商局罚款 2 万元。

要求:计算该企业 2014 年度实际应缴纳的企业所得税。

相关计算过程如下。

(1) 该企业的会计利润总额=2 000+60+50+2-1 000-500-300-50-40=222(万元)。

(2) 对收入的纳税调整:2 万元国债利息属于免税收入,应当调减 2 万元。

(3) 对广告费用的纳税调整如下。

调整基数包括主营业务收入和其他业务收入:2 000+50=2 050(万元)。

扣除限额=2 050×15%=307.5(万元),超支 400-307.5=92.5(万元),应当调增 92.5 万元。

(4) 对业务招待费的纳税调整:扣除限额为 80×60%=48(万元),2 050×5‰=10.25(万元)。

所以扣除限额为 10.25 万元,超支 80-10.25=69.75(万元),应当调增 69.75 万元。

(5) 对新产品开发费用加计扣除 90×50%=45(万元),应当调减 45 万元。

(6) 对营业外支出的纳税调整:捐赠扣除限额=222×12%=26.64(万元)。

所以通过政府部门对灾区捐赠 20 万元可以扣除,直接对某私立小学捐赠 10 万元以及违反政府规定被工商局罚款 2 万元不能扣除,应当调增 12(10+2)万元。

应纳税所得额=222-2+92.5+69.75-45+12=349.25(万元)

应纳所得税额=349.25×25%=87.312 5(万元)

2. 核定征收

为了加强企业所得税的征收管理,规范核定征收企业所得税的工作,保障税款及时足额入库,维护纳税人合法权益,核定征收企业所得税的有关规定如下。

(1) 核定征收企业所得税的范围。

居民企业具有下列情形之一的,核定征收企业所得税。

① 依照法律、行政法规的规定可以不设置账簿的。

② 依照法律、行政法规的规定应当设置但未设置账簿的。

③ 擅自销毁账簿或者拒不提供纳税资料的。

④ 虽设置账簿,但账目混乱或者成本资料、收入凭证、费用凭证残缺不全,难以查账的。

⑤ 发生纳税义务，未按照规定的期限办理纳税申报，经税务机关责令限期申报，逾期仍不申报的。

⑥ 申报的计税依据明显偏低，又无正当理由的。

特殊行业、特殊类型的居民企业和一定规模以上的居民企业不适用本办法。上述特定居民企业由国家税务总局另行明确。

自2012年1月1日起，专业从事股权（股票）投资业务的企业，不得核定征收企业所得税。

依法按核定应税所得率方式核定征收企业所得税的企业，取得的转让股权（股票）收入等转让财产收入，应全额计入应税收入额，按照主营项目（业务）确定适用的应税所得率计算征税；若主营项目（业务）发生变化，应在当年汇算清缴时，按照变化后的主营项目（业务）重新确定适用的应税所得率计算征税。

（2）税务机关应根据居民企业具体情况，对核定征收企业所得税的居民企业，核定应税所得率或者核定应纳所得税额。

（3）具有下列情形之一的，核定其应税所得率。

① 能正确核算（查实）收入总额，但不能正确核算（查实）成本费用总额的。

② 能正确核算（查实）成本费用总额，但不能正确核算（查实）收入总额的。

③ 通过合理方法，能计算和推定居民企业收入总额或成本费用总额的。

居民企业不属于以上情形的，核定其应纳所得税额。

（4）税务机关采用下列方法核定征收企业所得税。

① 参照当地同类行业或者类似行业中经营规模和收入水平相近的居民企业的税负水平核定。

② 按照应税收入额或成本费用支出额定率核定。

③ 按照耗用的原材料、燃料、动力等推算或测算核定。

④ 按照其他合理方法核定。

采用前款所列一种方法不足以正确核定应纳税所得额或应纳税额的，可以同时采用两种以上的方法核定。采用两种以上方法测算的应纳税额不一致时，可按测算的应纳税额从高核定。

（5）采用应税所得率方式核定征收企业所得税的，应纳所得税额计算公式为：

应纳所得税额＝应纳税所得额×适用税率

应纳税所得额＝应税收入额×应税所得率

或　　　应纳税所得额＝成本（费用）支出额÷（1－应税所得率）×应税所得率

（6）实行应税所得率方式核定征收企业所得税的居民企业，经营多业的，无论其经营项目是否单独核算，均由税务机关根据其主营项目确定适用的应税所得率。

主营项目应为居民企业所有经营项目中收入总额或者成本（费用）支出额或者耗用原材料、燃料、动力数量所占比重最大的项目。

应税所得率按表6-10规定的幅度标准确定。

居民企业的生产经营范围、主营业务发生重大变化，或者应纳税所得额或应纳税额增减变化达到20%的，应及时向税务机关申报调整已确定的应纳税额或应税所得率。

第6章 企业所得税及其纳税会计处理

表6-10 各行业企业应税所得率表

行　　业	应税所得率
农、林、牧、渔业	3%～10%
制造业	5%～15%
批发和零售贸易业	4%～15%
交通运输业	7%～15%
建筑业	8%～20%
饮食业	8%～25%
娱乐业	15%～30%
其他行业	10%～30%

(7) 主管税务机关应及时向居民企业送达《企业所得税核定征收鉴定表》，及时完成对其核定征收企业所得税的鉴定工作。具体包括以下程序。

① 居民企业应在收到《企业所得税核定征收鉴定表》后10个工作日内，填好该表并报送主管税务机关。《企业所得税核定征收鉴定表》一式三联，主管税务机关和县税务机关各执一联，另一联送达居民企业执行。主管税务机关还可根据实际工作需要，适当增加联次备用。

② 主管税务机关应在受理《企业所得税核定征收鉴定表》后20个工作日内，分类逐户审查核实，提出鉴定意见，并报县税务机关复核、认定。

③ 县税务机关应在收到《企业所得税核定征收鉴定表》后30个工作日内，完成复核、认定工作。

居民企业收到《企业所得税核定征收鉴定表》后，未在规定期限内填列、报送的，税务机关视同居民企业已经报送，按上述程序进行复核认定。

(8) 税务机关应在每年6月底前对上年度实行核定征收企业所得税的居民企业进行重新鉴定。重新鉴定工作完成前，居民企业可暂按上年度的核定征收方式预缴企业所得税；重新鉴定工作完成后，按重新鉴定的结果进行调整。

(9) 主管税务机关应当分类逐户公示核定的应纳所得税额或应税所得率。主管税务机关应当按照便于居民企业及社会各界了解、监督的原则确定公示地点、方式。居民企业对税务机关确定的企业所得税征收方式、核定的应纳所得税额或应税所得率有异议的，应当提供合法、有效的相关证据，税务机关经核实认定后调整有异议的事项。

(10) 居民企业实行核定应税所得率方式的，按下列规定申报纳税。

① 主管税务机关根据居民企业应纳税额的大小确定居民企业按月或者按季预缴，年终汇算清缴。预缴方法一经确定，一个纳税年度内不得改变。

② 居民企业应依照确定的应税所得率计算纳税期间实际应缴纳的税额进行预缴。按实际数额预缴有困难的，经主管税务机关同意，可按上一年度应纳税额的1/12或1/4预缴，或者按经主管税务机关认可的其他方法预缴。

③ 居民企业预缴税款或年终进行汇算清缴时，应按规定填写《中华人民共和国企业所得税月（季）度预缴纳税申报表（B类）》，在规定的纳税申报时限内报送主管税务机关。

（11）居民企业实行核定应纳所得税额方式的，按下列规定申报纳税。

① 居民企业在应纳所得税额尚未确定之前，可暂按上年度应纳所得税额的1/12或1/4预缴，或者按经主管税务机关认可的其他方法，按月或按季分期预缴。

② 在应纳所得税额确定以后，减除当年已预缴的所得税额，余额按剩余月份或季度均分，以此确定以后各月或各季的应纳税额，并由居民企业按月或按季填写《中华人民共和国企业所得税月（季）度预缴纳税申报表（B类）》，在规定的纳税申报期限内进行纳税申报。

③ 居民企业年度终了后，在规定的时限内按照实际经营额或实际应纳税额向税务机关申报纳税。申报额超过核定经营额或应纳税额的，按申报额缴纳税款；申报额低于核定经营额或应纳税额的，按核定经营额或应纳税额缴纳税款。

6.5.2 境外已纳税额的扣除

按照国际惯例，居住国政府对其居民企业来自国内外的所得一律汇总征税，但允许抵扣该居民企业在国外已纳的税额，即实行税收抵免，以避免国际重复征税。同时，我国企业所得税法规定了从境外其他企业分回利润的抵免限额，即税收抵免的最高限额，对跨国纳税人在外国已纳税款进行抵免的限度。

具体而言，居民企业来源于中国境外的应税所得，以及非居民企业在中国境内设立机构、场所，取得发生在中国境外但与该机构、场所有实际联系的应税所得，在并入当年应纳税所得额计征所得税时，允许从汇总纳税的应纳税额中扣除纳税人已在境外缴纳的所得税税款，但扣除数额不得超过其境外所得依我国税法规定计算的所得税税额。超过抵免限额的部分，可以在以后5个年度内，用每年度抵免限额抵免当年应抵税额后的余额进行抵补。

居民企业从其直接或者间接控制的外国企业分得的来源于中国境外的股息、红利等权益性投资收益，外国企业在境外实际缴纳的所得税税额中属于该项所得负担的部分，可以作为该居民企业的可抵免境外所得税税额，在抵免限额内抵免。

直接控制是指居民企业直接持有外国企业20%以上股份。

间接控制是指居民企业以间接持股方式持有外国企业20%以上股份，具体认定办法由国务院财政、税务主管部门另行制定。

已在境外缴纳的所得税税额是指企业来源于中国境外的所得依照中国境外税收法律以及相关规定应当缴纳并已经实际缴纳的企业所得税性质的税款。企业依照企业所得税法的规定抵免企业所得税税额时，应当提供中国境外税务机关出具的税款所属年度的有关纳税凭证。

抵免限额是指企业来源于中国境外的所得，依照企业所得税法和本条例的规定计算的应纳税额。除国务院财政、税务主管部门另有规定外，该抵免限额应当分国（地区）不分项

计算,计算公式为:

$$\text{境外所得税税款抵免限额} = \text{境内、境外所得按税法计算的应纳税总额} \times \frac{\text{来源于某国(地区)的应纳税所得额}}{\text{中国境内、境外应纳税所得总额}}$$

式中有几个需要注意的关键问题。

(1) 境内、境外所得按税法计算的应纳税总额,税率一律按25%计算。

(2) "来源于某国(地区)的应纳税所得额"是来源于同一国家(地区)的不同应税所得的合计,而且是税前利润;如果是税后利润,不能直接用于公式计算,而需还原成税前利润再运用公式,还原方法为:

来源于某国(地区)的应纳税所得额(税前) = 境外分回利润÷(1-来源国公司所得税税率)

或 = 境外分回利润+境外已纳税款

(3) 上述所称5个年度,是指从企业取得的来源于中国境外的所得,已经在中国境外缴纳的企业所得税性质的税额超过抵免限额的当年的次年起连续5个纳税年度。

例6.8 某居民企业2014年度应纳税所得额为100万元。另外,该企业分别在A、B两国设有分支机构(我国与A、B两国已经缔结避免双重征税协定),在A国分支机构的应纳税所得额为50万元,A国税率为20%;在B国的分支机构的应纳税所得额为30万元,B国税率为30%。假设该企业在A、B两国所得按我国税法计算的应纳税所得额和按A、B两国税法计算的应纳税所得额是一致的,两个分支机构在A、B两国分别缴纳10万元和9万元的所得税。计算该企业汇总在我国应缴纳的企业所得税税额。

相关计算过程如下。

(1) 该企业按我国税法计算的境内、境外所得的应纳税额为:

应纳税额=(100+50+30)×25%=45(万元)

(2) A、B两国的扣除限额:

A国扣除限额=45×[50÷(100+50+30)]=12.5(万元)

B国扣除限额=45×[30÷(100+50+30)]=7.5(万元)

在A国缴纳的所得税为10万元,低于扣除限额12.5万元,可全额扣除。在B国缴纳的所得税为9万元,高于扣除限额7.5万元,其超过扣除限额的部分1.5万元不能扣除。

(3) 在我国应缴纳的所得税:

应纳税额=45-10-7.5=27.5(万元)

例6.9 某市一居民企业2014年度发生相关业务如下。

(1) 销售产品取得不含税销售额8 000万元,债券利息收入240万元,其中国债利息收入40万元。

(2) 应扣除的销售成本4 000万元,缴纳增值税600万元、城市维护建设税及教育附加60万元。

(3) 发生销售费用1 000万元,其中广告费用800万元。

(4) 发生财务费用200万元,其中支付集资借款2 000万元一年的利息160万元(同期银行贷款利率为6%)。

(5) 发生管理费用 800 万元,其中用于新产品、新工艺研制而实际支出的研究开发费用 400 万元,研发费用可实行 150% 加计扣除。

(6) 2012 年度、2013 年度经税务机关确认的亏损额分别为 70 万元和 30 万元。

(7) 2014 年度在 A 国设立了全资子公司甲公司,应纳税所得额 400 万元,在 A 国按 30% 缴纳了所得税,该企业要求其税后利润全部汇回。

要求:计算 2014 年度实际应缴纳的企业所得税。

相关计算如下。

(1) 国债利息收入是免税收入,计入应纳税所得额的收入为 $8\,000+240-40=8\,200$(万元)。

(2) 发生的销售成本 4 000 万元可全额扣除,缴纳增值税 600 万元不得扣除,缴纳的城市维护建设税及教育费附加 60 万元可全额扣除。

(3) 广告费扣除限额 $=8\,000\times15\%=1\,200$(万元),实际广告费 800 万元小于扣除限额,准予扣除的销售费用为 1 000 万元。

(4) 利息费用扣除限额 $=2\,000\times6\%=120$(万元),准予扣除的财务费用 $=200-160+120=160$(万元)。

(5) 新产品开发费用加计扣除 $=400\times50\%=200$(万元),准予扣除的管理费用 $=800+200=1\,000$(万元)。

(6) 对于 2012—2013 年度亏损,按照企业所得税亏损弥补的规定,可以用 2014 年度的应纳税所得弥补,所以,2014 年度的应纳税所得额为弥补完 2012—2013 年度亏损之后的余额。

(7) 2014 年境内应纳税所得额 $=8\,200-4\,000-60-1\,000-160-1\,000-70-30=1\,880$(万元)。

(8) 境外利润的抵免限额 $(1\,880+400)\times25\%\times400\div(1\,880+400)=100$(万元),或者 $400\times25\%=100$(万元)。

实际在 A 国按 30% 缴纳了所得税,即 $400\times30\%=120$ 万元,超过了抵免限额,只能扣除 100 万元。

(9) 2014 年应缴纳的企业所得税 $=(1\,880+400)\times25\%-100=470$(万元)。

6.5.3 非居民企业应纳税额的计算

1. 查账征收

非居民企业在中国境内未设立机构、场所的,或者虽设立机构、场所但取得的所得与其所设机构、场所没有实际联系的,按照下列方法计算其应纳税所得额。

(1) 股息、红利等权益性投资收益和利息、租金、特许权使用费所得,以收入全额为应纳税所得额。

营改增试点中的非居民企业,应以不含增值税的收入全额作为应纳税所得额。

(2) 转让财产所得,以收入全额减去财产净值后的余额为应纳税所得额。

(3) 其他所得，参照前两项规定的方法计算应纳税所得额。

财产净值是指财产的计税基础减除已经按照规定扣除的折旧、折耗、摊销、准备金等后的余额。

例 6.10 国外某咨询公司于 2014 年 12 月在我国上海市设立代表处，拟从事企业管理咨询业务。由于代表处刚设立，该月仅取得如下收入。

(1) 转让使用过的 1 辆小汽车取得转让收入 20 万元，购置原价为 30 万元，已提折旧 15 万元。

(2) 取得利息收入 40 万元。

要求：若不考虑其他相关税费，计算该非居民企业 2014 年应缴纳的企业所得税。

按照上述非居民企业应纳税所得额的有关规定，股息、红利等权益性投资收益和利息、租金、特许权使用费所得，以收入全额为应纳税所得额；转让财产所得，以收入全额减去财产净值后的余额为应纳税所得额。

相关计算如下。

$$应纳税所得额 = 20 - (30 - 15) = 5(万元)$$
$$应纳税所得额 = 40(万元)$$

因此，该企业名义上应缴纳企业所得税 = $(5+40) \times 20\% = 9(万元)$。

由于对于此类非居民纳税企业在实际征收时减按 10% 征收，所以该企业实际应纳税为 4.5 万元。

2. 核定征收

非居民企业因会计账簿不健全，资料残缺难以查账，或者其他原因不能准确计算并据实申报其应纳税所得额的，税务机关有权采取依法核定其应纳税所得额。

非居民企业核定征收企业所得税常用的方法总结见表 6-11。

表 6-11 非居民企业核定征收企业所得税常用的方法

核定方法	适用状况及计算公式
按收入总额核定应纳税所得额	适用于能够正确核算收入或通过合理方法推定收入总额，但不能正确核算成本费用的非居民企业 计算公式：应纳税所得额 = 收入总额 × 经税务机关核定的利润率
按成本费用核定应纳税所得额	适用于能够正确核算成本费用，但不能正确核算收入总额的非居民企业 计算公式：应纳税所得额 = 成本费用总额 ÷ (1 - 经税务机关核定的利润率) × 经税务机关核定的利润率
按经费支出换算收入核定应纳税所得额	适用于能够正确核算经费支出总额，但不能正确核算收入总额和成本费用的非居民企业 计算公式：应纳税所得额 = 经费支出总额 ÷ (1 - 经税务机关核定的利润率 - 营业税税率) × 经税务机关核定的利润率

税务机关可按照以下标准确定非居民企业的利润率。

(1) 从事承包工程作业、设计和咨询劳务的,利润率为15%~30%。
(2) 从事管理服务的,利润率为30%~50%。
(3) 从事其他劳务或劳务以外经营活动的,利润率不低于15%。

税务机关有根据认为非居民企业的实际利润率明显高于上述标准的,可以按照比上述标准更高的利润率核定其应纳税所得额。

非居民企业与中国居民企业签订机器设备或货物销售合同,同时提供设备安装、装配、技术培训、指导、监督服务等劳务,其销售货物合同中未列明提供上述劳务服务收费金额,或者计价不合理的,主管税务机关可以根据实际情况,参照相同或相近业务的计价标准核定劳务收入。无参照标准的,以不低于销售货物合同总价款的10%为原则,确定非居民企业的劳务收入。

6.6 特别纳税调整

反避税制度是完善企业所得税制度的重要内容之一。借鉴国外反避税立法经验和结合我国税收征管工作实践,企业所得税法将反避税界定为"特别纳税调整",进一步完善现行转让定价和预约定价法律、法规。

为更好地防止避税行为,《企业所得税法》明确了转让定价的核心原则,即"独立交易原则";明确了企业及相关方提供资料的义务;增列了"成本分摊协议"条款。增加这些内容,进一步完善了转让定价和预约定价立法的内容,强化了纳税人及相关方在转让定价调查中的协力义务。对成本分摊协议的认可和规范有利于保护本国居民无形资产收益权,防止滥用成本分摊协议,乱摊成本费用,侵蚀税基。

6.6.1 调整范围

特别纳税调整是指税务机关出于实施反避税目的而对纳税人特定纳税事项所作的税务调整,包括针对纳税人转让定价、资本弱化、避税港避税及其他避税情况所进行的税务调整。

特别纳税调整主要针对关联业务往来进行调整。主要针对企业与其关联方之间的业务往来,不符合独立交易原则而减少企业或者其关联方应纳税收入或者所得额的,税务机关有权按照合理的方法调整。独立交易原则也称"公平独立原则""公平交易原则""正常交易原则"等,是指完全独立的无关联关系的企业或个人,依据市场条件下所采用的计价标准或价格来处理其相互之间的收入和费用分配的原则。独立交易原则目前已被世界大多数国家接受和采纳,成为税务当局处理关联企业间收入和费用分配的指导原则。

1. 关联方

关联业务往来是指具有关联关系的企业或者个人之间发生的转移资源或义务的经济业务事项。其中,关联方是指与企业有下列关联关系之一的企业、其他组织或者个人。

(1) 在资金、经营、购销等方面,存在直接或者间接的拥有或者控制关系。
(2) 直接或者间接地同为第三者所拥有或者控制。

(3) 在利益上具有相关联的其他关系。

2. 关联企业之间关联业务的税务处理

(1) 企业与其关联方共同开发、受让无形资产，或者共同提供、接受劳务发生的成本，在计算应纳税所得额时应当按照独立交易原则进行分摊。

(2) 企业与其关联方分摊成本时，应当按照成本与预期收益相配比的原则进行分摊，并在税务机关规定的期限内按照税务机关的要求报送有关资料。

(3) 企业与其关联方分摊成本时违反上述规定的，其自行分摊的成本不得在计算应纳税所得额时扣除。

(4) 企业可以向税务机关提出与其关联方之间业务往来的定价原则和计算方法，税务机关与企业协商、确认后，达成预约定价安排。

转让定价是指关联企业之间在销售货物、提供劳务、转让无形资产等时制定的价格。在跨国经济活动中，利用关联企业之间的转让定价进行避税已成为一种常见的税收逃避方法，其一般做法是：高税国企业向其低税国关联企业销售货物、提供劳务、转让无形资产时制定低价；低税国企业向其高税国关联企业销售货物、提供劳务、转让无形资产时制定高价。这样，利润就从高税国转移到低税国，从而达到最大限度减轻其税负的目的。

预约定价也称预约定价协议或预约定价安排，是纳税人与其关联方在关联交易发生之前，向税务机关提出申请，主管税务机关和纳税人之间通过事先制定一系列合理的标准(包括关联交易所适用的转让定价原则和计算方法等)来解决和确定未来一个固定时期内关联交易的定价及相应的税收问题，是国际通行的一种转让定价调整方法。

(5) 企业向税务机关报送年度企业所得税纳税申报表时，应当就其与关联方之间的业务往来，附送年度关联业务往来报告表。

税务机关在进行关联业务调查时，企业及其关联方，以及与关联业务调查有关的其他企业，应当按照规定提供相关资料。相关资料包括：与关联业务往来有关的价格、费用的制定标准、计算方法和说明等同期资料；关联业务往来所涉及的财产、财产使用权、劳务等的再销售(转让)价格或者最终销售(转让)价格的相关资料；与关联业务调查有关的其他企业应当提供的与被调查企业可比的产品价格、定价方式以及利润水平等资料；其他与关联业务往来有关的资料。

(6) 由居民企业或者由居民企业和中国居民控制的设立在实际税负明显低于25%的国家(地区)的企业，并非由于合理的经营需要而对利润不作分配或者减少分配的，上述利润中应归属于该居民企业的部分，应当计入该居民企业的当期收入。

控制是指下列情况：①居民企业或者中国居民直接或者间接单一持有外国企业10%以上有表决权股份，且由其共同持有该外国企业50%以上股份；②居民企业或者居民企业和中国居民持股比例没有达到上述规定的标准，但在股份、资金、经营、购销等方面对该外国企业构成实质控制。实际税负明显偏低是指实际税负明显低于企业所得税法规定的25%税率水平的50%。

(7) 企业从其关联方接受的债权性投资与权益性投资的比例超过规定标准而发生的利

息支出，不得在计算应纳税所得额时扣除。

债权性投资是指企业直接或者间接从关联方获得的，需要偿还本金和支付利息或者需要以其他具有支付利息性质的方式予以补偿的融资。企业间接从关联方获得的债权性投资包括：关联方通过无关联第三方提供的债权性投资；无关联第三方提供的、由关联方担保且负有连带责任的债权性投资；其他间接从关联方获得的具有负债实质的债权性投资。

权益性投资是指企业接受的不需要偿还本金和支付利息，投资人对企业净资产拥有所有权的投资。

(8) 母子公司间提供服务支付费用的有关企业所得税处理。

① 母公司为其子公司(以下简称子公司)提供各种服务而发生的费用，应按照独立企业之间公平交易原则确定服务的价格，作为企业正常的劳务费用进行税务处理。

母子公司未按照独立企业之间的业务往来收取价款的，税务机关有权予以调整。

② 母公司向其子公司提供各项服务，双方应签订服务合同或协议，明确规定提供服务的内容、收费标准及金额等，凡按上述合同或协议规定所发生的服务费，母公司应作为营业收入申报纳税；子公司作为成本费用在税前扣除。

③ 母公司向其多个子公司提供同类项服务，其收取的服务费可以采取分项签订合同或协议收取；也可以采取服务分摊协议的方式，由母公司与各子公司签订服务费用分摊合同或协议，以母公司为其子公司提供服务所发生的实际费用并附加一定比例利润作为向子公司收取的总服务费，在各服务受益子公司(包括盈利企业、亏损企业和享受减免税企业)之间按《企业所得税法》第四十一条第二款规定合理分摊。

④ 母公司以管理费形式向子公司提取费用，子公司因此支付给母公司的管理费，不得在税前扣除。

⑤ 子公司申报税前扣除向母公司支付的服务费用，应向主管税务机关提供与母公司签订的服务合同或者协议等与税前扣除该项费用相关的材料。不能提供相关材料的，支付的服务费用不得税前扣除。

(9) 关于资本弱化的企业所得税处理。

资本弱化是指企业通过加大借贷款(债权性筹资)而减少股份资本(权益性筹资)比例的方式增加税前扣除，以降低企业税负的一种行为。借贷款支付的利息，作为财务费用一般可以税前扣除，而为股份资本支付的股息一般不得税前扣除，因此，有些企业为了加大税前扣除而减少应纳税所得额，在筹资时多采用借贷款而不是募集股份的方式，以此来达到避税的目的。目前，一些国家在税法中制定了防范资本弱化条款，对企业取得的借贷款和股份资本的比例作出规定，对超过一定比例的借贷款利息支出不允许税前扣除。借鉴国际经验，企业所得税法规定，企业从其关联方接受的债权性投资与权益性投资的比例超过标准而发生的利息支出，不得在税前扣除。

至此，可以根据企业所得税法以及相关规定，归纳出企业所得税前利息支付规则，见表 6-12。

表 6-12　企业所得税前利息支付规则

可费用化扣除的利息	（1）向金融机构借入的生产经营贷款利息 （2）向非金融机构借入的不超过金融机构同期同类贷款利率的经营性借款利息 （3）购置建造固定资产、无形资产和经过 12 个月以上的建造才能达到预定可销售状态的存货等有关资产交付使用后发生的利息 （4）逾期偿还经营贷款，银行加收的罚息 （5）支付给关联企业的不超过债资比且不超过金融机构同期同类贷款利率的正常经营借款利息
可资本化扣除的利息（非当期扣除，而随资产价值转移扣除）	需要资本化的借款费用，购置建造固定资产、无形资产和经过 12 个月以上的建造才能达到预定可销售状态的存货建造交付使用前发生借款的利息支出
不可扣除的利息	（1）向投资者支付的利息 （2）非银行企业内营业机构之间支付的利息 （3）注册资金未投足时充当资本金使用的借款利息 （4）支付税负持平或较低关联方的超过债资比的关联利息 （5）特别纳税调整加收的利息

6.6.2　调整方法

税法规定对关联方所得不实的，调整方法如下。

（1）可比非受控价格法。是指按照没有关联关系的交易各方进行相同或者类似业务往来的价格进行定价的方法。

（2）再销售价格法。是指按照从关联方购进商品再销售给没有关联关系的交易方的价格，减除相同或者类似业务的销售毛利进行定价的方法。

（3）成本加成法。是指按照成本加合理的费用和利润进行定价的方法。

（4）交易净利润法。是指按照没有关联关系的交易各方进行相同或者类似业务往来取得的净利润水平确定利润的方法。

（5）利润分割法。是指将企业与其关联方的合并利润或者亏损在各方之间采用合理标准进行分配的方法。

（6）其他符合独立交易原则的方法。

6.6.3　核定征收

企业不提供与其关联方之间业务往来资料，或者提供虚假、不完整资料，未能真实反映其关联业务往来情况的，税务机关有权依法核定其应纳税所得额。

核定企业的应纳税所得额时，可以采用下列方法。

（1）参照同类或者类似企业的利润率水平核定。

（2）按照企业成本加合理的费用和利润的方法核定。

（3）按照关联企业集团整体利润的合理比例核定。

(4) 按照其他合理方法核定。

企业对税务机关按照前款规定的方法核定的应纳税所得额有异议的，应当提供相关证据，经税务机关认定后，调整核定的应纳税所得额。

6.6.4 加收利息

企业实施其他不具有合理商业目的的安排而减少其应纳税收入或者所得额的，税务机关有权按照合理方法调整。不具有合理商业目的，是指以减少、免除或者推迟缴纳税款为主要目的。

对于税务机关做出纳税调整，需要补征税款的，应当补征税款并按照国务院规定加收利息。应当对补征的税款，自税款所属纳税年度的次年 6 月 1 日起至补缴税款之日止的期间，按日加收利息，加收的利息，不得在计算应纳税所得额时扣除。

上述利息，应当按照税款所属纳税年度中国人民银行公布的与补税期间同期的人民币贷款基准利率加 5 个百分点计算。企业依照企业所得税法规定提供有关资料的，可以只按前款规定的人民币贷款基准利率计算利息。企业与其关联方之间的业务往来，不符合独立交易原则，或者企业实施其他不具有合理商业目的安排的，税务机关有权在该业务发生的纳税年度起 10 年内进行纳税调整。

6.7 企业所得税的征收管理

6.7.1 纳税地点

除税收法律、行政法规另有规定外，居民企业以企业登记注册地为纳税地点，但登记注册地在境外的，以实际管理机构所在地为纳税地点。企业登记注册地是指企业依照国家有关规定登记注册的住所地。

居民企业在中国境内设立不具有法人资格的营业机构的，应当汇总计算并缴纳企业所得税。企业汇总计算并缴纳企业所得税时，应当统一核算应纳税所得额，具体办法由国务院财政、税务主管部门另行制定。

在中国境内设立机构、场所的非居民企业，其所设机构、场所取得的来源于中国境内的所得，以及发生在中国境外但与其所设机构、场所有实际联系的所得，以机构、场所所在地为纳税地点。非居民企业在中国境内设立两个或者两个以上机构、场所的，经税务机关审核批准，可以选择由其主要机构、场所汇总缴纳企业所得税。非居民企业经批准汇总缴纳企业所得税后，需要增设、合并、迁移、关闭机构、场所或者停止机构、场所业务的，应当事先由负责汇总申报缴纳企业所得税的主要机构、场所向其所在地税务机关报告，需要变更汇总缴纳企业所得税的主要机构、场所的，依照上述规定办理。

在中国境内未设立机构、场所的非居民企业，或者虽设立机构、场所但取得的所得与其所设机构、场所没有实际联系的，以扣缴义务人所在地为纳税地点。

除国务院另有规定外，企业之间不得合并缴纳企业所得税。

6.7.2 纳税期限

企业所得税按年计征，分月或者分季预缴，年终汇算清缴，多退少补，具体规定如下。

(1) 企业所得税是按照纳税人每一纳税年度的应纳税所得额和适用税率计算征收的。纳税年度是指自公历1月1日起至12月31日止。企业在一个纳税年度中间开业，或者终止经营活动，使该纳税年度的实际经营期不足12个月的，应当以其实际经营期为一个纳税年度。企业依法清算时，应当以清算期间作为一个纳税年度。

税款的入库必定在纳税年度终了后的一段时间，这样会影响到国家财政收入的稳定均衡，为此，企业所得税税款的缴纳采用分月或者分季预缴的方式。

(2) 企业应当自年度终了之日起5个月内，向税务机关报送年度企业所得税纳税申报表，并汇算清缴，结清应缴应退税款。

汇算清缴是指纳税人在纳税年度终了后规定时期内，依照税收法律、法规、规章及其他有关企业所得税的规定，自行计算全年应纳税所得额和应纳所得税额；根据月度或季度预缴的所得税数额，确定该年度应补或者应退税额，并填写年度企业所得税纳税申报表，向主管税务机关办理年度企业所得税纳税申报，提供税务机关要求提供的有关资料，结清全年企业所得税税款的行为。

企业在年度中间终止经营活动的，应当自实际经营终止之日起60日内，向税务机关办理当期企业所得税汇算清缴。

6.7.3 纳税申报

企业应当自月份或者季度终了之日起15日内，向税务机关报送预缴企业所得税纳税申报表，预缴税款。

企业在报送企业所得税纳税申报表时，应当按照规定附送财务会计报告和其他有关资料。

企业应当在办理注销登记前，就其清算所得向税务机关申报并依法缴纳企业所得税。清算所得是指纳税人清算时的全部资产或财产扣除各项清算费用、损失、负债、企业未分配利润、公益金和公积金后的金额超过实缴资本的部分。

纳税人缴纳的企业所得税以人民币计算，所得以人民币以外的货币计算的，应当折合成人民币计算并缴纳税款。

企业在纳税年度内无论盈利还是亏损，都应当依照企业所得税法规定的期限向税务机关报送企业所得税申报表、年度企业所得税纳税申报表、财务会计报告和税务机关规定应当报送的其他有关资料。

表6-13为企业所得税年度纳税申报表样表，该表适用于实行查账征收企业所得税的居民纳税人填报。企业应根据《企业所得税法》及其实施条例的规定计算填报，并依据企业会计制度、企业会计准则等企业的《利润表》以及纳税申报表相关附表的数据填报。

表 6-13 中华人民共和国企业所得税年度纳税申报表(A类)

税款所属期间： 年 月 日至 年 月 日

纳税人名称：

纳税人识别号：

金额单位：元(列至角分)

类别	行次	项目	金额
利润总额计算	1	一、营业收入(填附表一)	
	2	减：营业成本＝(填附表二)	
	3	营业税金及附加	
	4	销售费用＝(填附表二)	
	5	管理费用＝(填附表二)	
	6	财务费用＝(填附表二)	
	7	资产减值损失	
	8	加：公允价值变动收益	
	9	投资收益	
	10	二、营业利润	
	11	加：营业外收入(填附表一)	
	12	减：营业外支出(填附表一)	
	13	三、利润总额(10＋11－12)	
应纳税所得额计算	14	加：纳税调整增加额(填附表三)	
	15	减：纳税调整减少额(填附表三)	
	16	其中，不征税收入	
	17	免税收入	
	18	减计收入	
	19	减、免税项目所得	
	20	加计扣除	
	21	抵扣应纳税所得额	
	22	加：境外应税所得弥补境内亏损	
	23	纳税调整后所得(13＋14－15＋22)	
	24	减：弥补以前年度亏损(填附表四)	
	25	应纳税所得额(23－24)	

续表

类别	行次	项目	金额
应纳税额计算	26	税率(25%)	
	27	应纳所得税额(25×26)	
	28	减：减免所得税额(填附表五)	
	29	减：抵免所得税额(填附表五)	
	30	应纳税额(27－28－29)	
	31	加：境外所得应纳所得税额(填附表六)	
	32	减：境外所得抵免所得税额(填附表六)	
	33	实际应纳所得税额(30＋31－32)	
	34	减：本年累计实际已预缴的所得税额	
	35	其中：汇总纳税的总机构分摊预缴的税额	
	36	汇总纳税的总机构财政调库预缴的税额	
	37	汇总纳税的总机构所属分支机构分摊的预缴税额	
	38	合并纳税(母子体制)成员企业就地预缴比例	
	39	合并纳税企业就地预缴的所得税额	
	40	本年应补(退)的所得税额(33－34)	
附列资料	41	以前年度多缴的所得税额在本年抵减额	
	42	以前年度应缴未缴在本年入库所得税额	

纳税人公章：	代理申报中介机构公章：	主管税务机关受理专用章：
经办人：	经办人及执业证件号码：	受理人：
申报日期：　年　月　日	代理申报日期：　年　月　日	受理日期：　年　月　日

6.8　企业所得税的纳税会计处理

我国企业所得税会计核算采用资产负债表债务法。要求从资产负债表出发，通过比较资产负债表上列示的资产、负债按照企业会计准则规定确定的账面价值与按照税法规定确定的计税基础；对于两者之间的差额分应纳税暂时性差异与可抵扣暂时性差异，确认相关的递延所得税负债与递延所得税资产，并在此基础上确定每一期间利润表中的所得税费用。

6.8.1 资产负债表债务法概述

资产负债表债务法在所得税的会计核算方面贯彻了资产、负债的界定。从资产负债的角度出发,比较资产和负债的账面价值与计税基础的大小,从而确认递延所得税资产与递延所得税负债。

一般情况下,企业于每一资产负债表日进行所得税会计核算。

若发生特殊的交易与事项,如企业合并,在交易或事项产生的资产、负债的时点确认相关的所得税影响。

所得税会计的核算程序如图 6.1 所示。

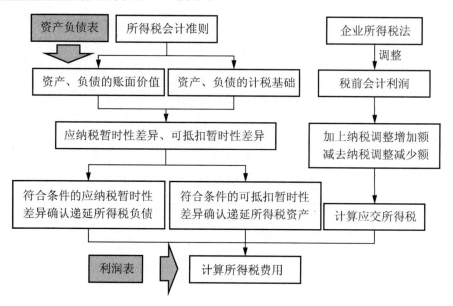

图 6.1 所得税会计的核算程序

6.8.2 资产、负债的计税基础

企业所得税会计核算的关键在于确定资产、负债的计税基础。这与企业所得税法的有关规定密切相关,因此应当遵循税法中对于资产的税务处理以及费用的税前扣除标准。企业在取得资产、负债时应当确定其计税基础。

1. 资产的计税基础

资产的计税基础是指企业收回资产账面价值的过程中,计算应纳税所得额时按照税法规定可以自应税经济利益中抵扣的金额。资产在初始确认时,其计税基础一般为取得该项资产时所支付的成本,为该项资产在未来期间计税时可以扣除的金额。以公式表示为:

$$资产的计税基础=未来可税前列支的金额$$

资产在初始确认时,其计税基础一般为取得成本,即企业为取得某项资产支付的成本在未来期间准予税前扣除。在资产持续持有的过程中,其计税基础是指资产的取得成本减去以前期间按照税法规定已在税前扣除金额后的余额。一般从税收角度考虑，资产的计税基础是假定企业按照税法规定进行核算所提供的资产负债表中资产的应有金额。一般情况下，企业于每一资产负债表日进行所得税会计核算，则公式表示为：

某一资产负债表日资产的计税基础＝成本－以前期间已税前列支的金额

按照上式，固定资产、无形资产等长期资产在某一资产负债表日的计税基础是指其成本扣除按照税法规定已在以前期间税前扣除的累积折旧或累计摊销后的余额。

以下举例说明部分资产计税基础的确定。

1）固定资产

固定资产在取得时入账价值一般等于计税基础，但在持有期间进行后续计量时，由于会计准则与企业所得税法关于固定资产折旧方法、折旧年限以及计提固定资产减值准备等方面的规定有所不同，可能造成固定资产账面价值与计税基础产生差异。

（1）折旧方法、折旧年限产生的差异。会计准则规定，企业可以根据固定资产带来经济利益的方式合理选择折旧方法，既可以选择直线法，也可以选择快速折旧的方法，并且可以按照固定资产为企业带来经济利益的年限估计折旧年限。税法规定，固定资产的折旧方法一般情况下为直线法，由于技术进步等原因，确需加速折旧的，可以缩短折旧年限或者采取加速折旧的方法。另外，税法还规定了每一类固定资产的最低折旧年限（详见6.3节相关内容）。

（2）计提固定资产减值准备产生的差异。在固定资产的持有期间，税法规定对企业计提的固定资产减值准备在发生实际损失前不允许扣除，也会造成固定资产账面价值与计税基础的差异。

按照会计准则：固定资产的账面价值＝实际成本－会计累计折旧－减值准备

按照企业所得税法：资产的计税基础＝实际成本－税法累计折旧

例6.11 光华公司拥有一项生产设备，原值1 000万元，预计使用年限10年，会计处理按直线法计提折旧，由于常年处于高腐蚀状态，税法允许按加速折旧法，企业计税时按双倍余额递减法计提折旧，预计净残值为0。使用两年后，会计期末企业对其计提了80万元的固定资产减值准备，未经税务机关核定，该项设备的账面价值和计税基础分别为：

$$账面价值=1\,000-100-100-80=720(万元)$$

$$计税基础=1\,000-200-160=640(万元)$$

该项生产设备的账面价值720万元与其计税基础640万元之间的80万元差额，将于未来期间计入企业的应纳税所得额。

2）无形资产

除内部研究开发形成的无形资产外，其他方式取得的无形资产在初始确认时入账价值一般等于计税基础。无形资产账面价值与计税基础的差异主要来源于内部研究开发形成的无形资产以及使用寿命不确定的无形资产。

（1）内部研究开发形成的无形资产。按照会计准则，开发阶段符合资本化条件以后至达到预定用途前的支出则计入无形资产成本，其他支出应予以费用化计入损益；而按照企业所得税法，以开发过程中该资产符合资本化条件后至达到预定用途前发生的支出为计税基础。按照上述规定，内部研究开发形成的无形资产初始确认时，其成本为符合资本化条件以后发生的支出总额，与计税基础没有差异；而税法规定，企业为开发新技术、新产品、新工艺发生的研究开发费用，未形成无形资产计入当期损益的，在按照规定据实扣除的基础上，按照研究开发费用的50%加计扣除；形成无形资产的，按照无形资产成本的150%摊销，则形成的无形资产的计税基础就应是会计入账价值的基础上加计50%，由此产生了账面价值与计税基础之间的差异。但如该项无形资产的确认并未产生在企业合并交易中，既不影响会计利润，又不影响应纳税所得额，即不确认暂时性差异对所得税的影响。

例6.12 光华公司当期开发新产品发生研究开发支出计1 000万元，其中研究阶段的支出200万元，开发阶段符合资本化条件前发生的支出为200万元，符合资本化条件后发生的支出为600万元。税法规定企业为开发新技术、新产品、新工艺发生的研究开发费用，未形成无形资产计入当期损益的，在按照规定据实扣除的基础上，按照研究开发费用的50%加计扣除；形成无形资产的，按照无形资产成本的150%摊销。该企业开发形成的无形资产在当期期末已达到预定用途（尚未开始摊销）。

相关分析如下。

光华公司当期发生的研究开发支出中，按照会计准则规定应予费用化的金额为400万元，形成无形资产的成本为600万元，即期末所形成无形资产的账面价值为600万元。

光华公司于当期发生的研究开发支出1 000万元，可在税前扣除的金额为600万元。无形资产可以摊销的金额为900万元。无形资产的账面价值600万元与计税基础900万元之间产生了差异。

（2）无形资产后续计量产生的差异主要来源于无形资产摊销和减值准备的计提。按照会计准则，按照无形资产使用寿命的情况，可分为寿命有限的无形资产和寿命不确定的无形资产两类。对于寿命有限的无形资产，应在预计的寿命内采用系统合理的方法对应摊销金额进行摊销；对于寿命不确定的无形资产，则不要求摊销，而是在持有期间每年进行减值测试。按照企业所得税法，企业取得的无形资产成本（外购商誉除外）应在一定期间内摊销。所以对于寿命不确定的无形资产，会计处理不予摊销，而税法规定确定的摊销额可以在计税时扣除，造成账面价值与计税基础的差异。

此外，在对无形资产计提减值准备的情况下，因税法规定对企业计提的无形资产减值准备在发生实际损失前不允许扣除，这样也会造成无形资产账面价值与计税基础的差异。

寿命有限的无形资产：账面价值＝实际成本－会计累计摊销－减值准备

计税基础＝实际成本－税法累计摊销

寿命不确定的无形资产：账面价值＝实际成本－减值准备

计税基础＝实际成本－税法累计摊销

例6.13 光明公司于2014年1月1日取得某项无形资产，取得成本为100万元，因其使用寿命无法合理估计，会计上视为使用寿命不确定的无形资产。2014年12月31日，对该项无形资产进行减值测试表明其未发生减值。但税法规定按不短于10年的期限采用直线法摊销，摊销金额允许税前扣除。

2014年12月31日，该项无形资产的账面价值与计税基础分别为：

账面价值＝100（万元）

计税基础＝100－100÷10＝90(万元)

账面价值大于计税基础，未来期间产生的经济利益流入有 10 万元不能在税前扣除，因此产生暂时性差异，该暂时性差异在未来期间转回时会增加未来期间的应纳税所得额。

3) 以公允价值计量且其变动计入当期损益的金融资产

按照会计准则，以公允价值计量且其变动计入当期损益的金融资产应以公允价值作为某一会计期末的账面价值。税法规定，计税时不考虑公允价值变动损益，待实际处置或结算时，处置取得的价款扣除历史成本后的差额应计入处置或结算期间的应纳税所得额。由此，该类金融资产在某一会计期末的计税基础即金融资产的取得成本，在公允价值变动的情况下，计税基础会与账面价值产生差异。

企业持有的可供出售的金融资产计税基础的确定可比照上述方法。

例 6.14 2014 年 11 月 2 日，佳绩公司自公开市场取得一项权益性投资，支付价款 1 500 万元，作为交易性金融资产核算。2014 年 12 月 31 日，该投资的市价为 1 800 万元。

相关分析如下。

该项交易性金融资产的期末市价为 1 800 万元，按照会计准则规定，在 2014 年资产负债表日的账面价值为 1 800 万元。

因税法规定交易性金融资产在持有期间的公允价值变动不计入应纳税所得额，其在 2014 年资产负债表日的计税基础应维持原取得成本不变，为 1 500 万元。

该交易性金融资产的账面价值 1 800 万元与其计税基础 1 500 万元之间产生了 300 万元的暂时性差异，该暂时性差异在未来期间转回时会增加未来期间的应纳税所得额。

例 6.15 2014 年 10 月 3 日，淮北公司从公开的市场上取得一项基金投资，作为可供出售金融资产核算。该投资的成本为 2 000 万元，2014 年 12 月 31 日，其市价为 2 100 万元。

相关分析如下。

按照会计准则规定，该项金融资产在会计期末应以公允价值计量，其账面价值应为期末公允价值 2 100 万元。

因税法规定资产在持有期间公允价值变动不计入应纳税所得额，则该项可供出售金融资产的期末计税基础应维持其原取得成本不变，为 2 000 万元。

该金融资产在 2014 年资产负债表日的账面价值 2 100 万元与其计税基础 2 000 万元之间产生的 100 万元暂时性差异，将会增加未来该资产处置期间的应纳税所得额。

4) 其他资产

因会计准则与企业所得税法的规定不同，企业持有的其他资产也可能造成账面价值与计税基础之间存在差异。比较典型的有采用公允价值模式进行后续计量的投资性房地产，以及其他计提了减值准备的各项资产。

(1) 采用公允价值模式进行后续计量的投资性房地产，企业持有的投资性房地产进行后续计量时，会计准则规定可以采取两种模式，成本模式和公允价值模式。采用成本模式计量的投资性房地产其账面价值与计税基础的确定与固定资产和无形资产相同，而采用公允价值模式计量的投资性房地产，可参照固定资产或无形资产确定计税基础。

例 6.16 塞克公司于 2014 年 1 月 1 日将其某自用房屋用于对外出租，该房屋的成本为 1 000 万元，预计使用年限为 20 年，转为投资性房地产之前，已使用 4 年，企业按照年限平均法计提折旧，预计净残值为零。转为投资性房地产核算后，能够持续可靠取得该投资性房地产的公允价值，塞克公司采用公允价值对该投资性房地产进行后续计量。假定税法规定的折旧方法、折旧年限及净残值与会计规定相同；同时，税法规定资产在持有期间公允价值的变动不计入应纳税所得额，待处置时一并计算确定应计入应纳税所得额的金额。该项投资性房地产在 2014 年 12 月 31 日的公允价值为 900 万元。

相关计算如下。

该投资性房地产在 2014 年 12 月 31 日的账面价值为其公允价值 900 万元，其计税基础为取得成本扣除按照税法规定允许税前扣除的折旧额后的金额，即：

$$计税基础 = 1\ 000 - 1\ 000 \div 20 \times 5 = 750(万元)$$

该项投资性房地产的账面价值 900 万元与其计税基础 750 万元之间产生了 150 万元的暂时性差异，会增加企业在未来期间的应纳税所得额。

（2）其他计提了减值准备的各种资产。有关资产计提了减值准备后，其账面价值会随之下降，而税法规定资产在发生实质性损失之前，不允许税前扣除已提取的减值准备，即可能造成该项资产账面价值与计税基础之间的差异。

例 6.17 东岳公司 2014 年购入原材料成本为 5 000 万元，因部分生产线停工，当年未领用任何原材料，2014 年资产负债表日估计该原材料的可变现净值为 4 500 万元。假定该原材料在 2014 年的期初余额为 0。

相关计算如下。

该项原材料因期末可变现净值低于成本，应计提的存货跌价准备 = 5 000 - 4 500 = 500(万元)。计提该存货跌价准备后，该项原材料的账面价值为 4 500 万元。

该项原材料的计税基础不会因存货跌价准备的提取而发生变化，其计税基础为 5 000 万元不变。

该存货的账面价值 4 500 万元与其计税基础 5 000 万元之间产生了 500 万元的暂时性差异，该差异会减少企业在未来期间的应纳税所得额。

2. 负债的计税基础

负债的计税基础，是指负债的账面价值减去未来期间计算应纳税所得额时按照税法规定可予以抵扣的金额。用公式表示为：

$$负债的计税基础 = 账面价值 - 未来按照税法规定可税前列支的金额$$

负债的确认与偿还一般不会影响企业的损益，也不会影响其应纳税所得额，未来期间计算应纳税所得额时按照税法规定可以抵扣的金额为 0，计税基础即为账面价值，如企业的短期借款、应付账款等。但是在某些情况下，负债的确认可能会影响企业的损益，进而影响不同期间的应纳税所得额，使得其计税基础与账面价值之间产生差额，如按照企业会计准则确认的某些预计负债。

概括而言，一般负债的确认和清偿不影响所得税的计算，账面价值与计税基础的差异主要是因自费用中提取的负债。

1) 企业因销售商品提供售后服务等原因确认的预计负债

按照会计准则，企业对于预计提供售后服务将发生的支出在满足有关确认条件时，销售商品当期应确认为费用，同时确认预计负债。税法规定，与销售有关的支出应于发生时税前扣除，由于该类事项产生的预计负债在期末的计税基础为其账面价值与未来期间可以税前扣除的金额之间的差额，因有关的支出在实际发生时可全部税前扣除，其计税基础为0，由此产生了预计负债账面价值与计税基础之间的差异。如果税法规定对于费用支出按照权责发生制原则确定税前扣除时点，则所形成负债的计税基础等于账面价值。

例 6.18 光华公司因销售商品提供售后服务等原因于当期确认了 200 万元的预计负债。税法规定，有关产品的售后服务等与取得经营收入直接相关的费用在实际发生时允许税前列支。假定企业在确认预计负债的当期未发生售后服务费用。

相关计算如下。

$$预计负债的账面价值＝200（万元）$$
$$预计负债的计税基础＝200－200＝0（万元）$$

账面价值大于计税基础，说明未来期间可以税前扣除的金额为 200 万元，产生暂时性差异。

因其他事项确认的预计负债，应按照税法规定的计税原则确定其计税基础。在某些情况下，有些事项确认的预计负债如果税法规定无论是否实际发生均不允许税前扣除，即未来期间按照税法规定可予抵扣的金额为 0，账面价值与计税基础相同。

2) 预收账款

企业在收到客户预付的款项时，因不符合收入确认条件，会计上将其确认为负债。税法中对于收入的确认原则一般与会计准则相同，即会计上未确认收入的，计税时一般不计入应纳税所得额，计税基础等于账面价值。

在某些情况下，如果有些预收账款因不符合企业会计准则规定的收入确认条件，未确认为收入，但税法规定应计入当期应纳税所得额，并且未来期间可全额扣除，则有关预收账款的计税基础为 0，账面价值与计税基础产生差异。

例 6.19 光华公司收到客户预付的款项 100 万元。

（1）若收到预收账款的当期该企业按税法规定未将预收账款计入应纳税所得额，则该项预收账款的账面价值＝100（万元），由于未计入应纳税所得额，该部分经济利益在未来期间计税时可予税前扣除的金额为 0，计税基础＝100－0＝100（万元），所以不产生暂时性差异。

（2）若收到预收账款的当期该企业已按税法规定将预收账款计入应纳税所得额，并且税法规定未来期间可全额扣除，则该项预收账款的账面价值为 100 万元，计税基础＝100－100＝0（万元）。

3) 应付职工薪酬

企业会计准则规定，企业为获得职工提供的服务给予的各种形式的报酬以及其他相关支出均应作为企业的成本费用，在未支付之前确认为负债。税法规定，企业支付给职工的合理支出可以税前列支，则未来期间不再扣除。但如果税法中规定了税前扣除标准的，按照会计准则规定计入成本费用支出的金额超过规定标准部分，应进行纳税调整。因超过部分在发生当期不允许税前扣除，在以后期间也不允许税前扣除，即该部分差额对未来期间计税不产生影响。所以在一般情况下，对于应付职工薪酬，其计税基础为账面价值减去在未来期间可予以税前扣除的金额0之间的差额，即账面价值等于计税基础。

需要说明的是，对于以现金结算的股份支付，企业在每一个资产负债表日应确认应付职工薪酬。税法规定，实际支付时可计入应纳税所得额，未来期间可予税前扣除的金额为其账面价值，即计税基础为0。

例6.20 兴隆公司2014年12月计入成本费用的职工工资总额为4 000万元，至2014年12月31日尚未支付。按照适用税法规定，当期计入成本费用的4 000万元工资支出中，可予税前扣除的合理部分为3 500万元。

相关分析如下。

该项应付职工薪酬负债于2014年12月31日的账面价值为4 000万元。

该项应付职工薪酬负债于2014年12月31日的计税基础＝账面价值4 000万元－未来期间计算应纳税所得额时按照税法规定可予抵扣的金额0＝4 000万元。

该项负债的账面价值4 000万元与其计税基础4 000万元相同，不形成暂时性差异。

4）其他负债

其他负债如企业应交的罚金和滞纳金等，在尚未支付之前按照会计准则确认为费用，同时作为负债反映。税法规定，罚金和滞纳金不得税前扣除，其计税基础为账面价值减去未来期间计税时可予以税前扣除的金额0之间的差额，即计税基础等于账面价值。

其他交易或事项中产生的负债，计税基础应当按照适用税法的相关规定确定。

例6.21 佳华公司2014年12月因违反当地有关环保法规的规定，接到环保部门的处罚通知，要求其支付罚款500万元。税法规定，企业因违反国家有关法律、法规支付的罚款和滞纳金，计算应纳税所得额时不允许税前扣除。至2014年12月31日，该项罚款尚未支付。

相关计算如下。

$$应支付罚款产生的负债账面价值＝500(万元)$$
$$该项负债的计税基础＝500－0＝500(万元)$$

该项负债的账面价值500万元与其计税基础500万元相同，不形成暂时性差异。

3. 特殊交易或事项中产生资产、负债计税基础的确定

除企业在正常生产经营活动中取得的资产和负债以外，对于某些特殊交易中产生的资产、负债同样应按照税法的有关规定确定其计税基础。较典型的是企业合并中取得的有关资产、负债计税基础的确定。

按照企业会计准则，企业合并视参与合并各方在合并前后是否为同一方或相同的多方最终控制，可分为同一控制下的企业合并与非同一控制下的企业合并两种类型。对于同一控制下的企业合并，合并中取得的有关资产、负债基本上维持其原账面价值不变，合并中不产生新的资产或负债；对于非同一控制下的企业合并，合并中取得的有关资产、负债应按其在购买日的公允价值计量，企业合并成本大于合并中取得可辨认净资产公允价值的份额部分确认为商誉，企业合并成本小于合并中取得可辨认净资产公允价值的份额部分计入

合并当期损益。

对于企业合并的税务处理，通常情况下被合并企业应视为按公允价值转让的，处置全部资产，计算资产的转让所得，依法缴纳所得税。合并企业接受被合并企业的有关资产，计税时可以按经评估确认的价值确定计税成本。另外，在考虑有关企业合并是应税合并还是免税合并时，某些情况下还需要考虑在合并中涉及的非股权支付额的比例，具体划分标准和条件应遵循税法规定。

由于会计准则与所得税法对企业合并的划分标准不同，处理原则不同，在某些情况下，会造成企业合并中取得的有关资产、负债的入账价值与其计税基础的差异。

6.8.3 暂时性差异

暂时性差异是指资产或负债的账面价值与其计税基础之间的差额。账面价值是指按照企业会计准则规定确定的有关资产、负债在企业的资产负债表中应列示的金额。由于资产、负债的账面价值与其计税基础不同，产生了在未来收回资产或清偿负债的期间内应纳税所得额增加或减少并导致未来期间应交所得税增加或减少的情况，在这些暂时性差异发生的当期，应当确认相应的递延所得税负债与递延所得税资产。

根据暂时性差异对未来期间应税金额影响的不同，分为应纳税暂时性差异和可抵扣暂时性差异。

除因资产、负债的账面价值与其计税基础不同产生的暂时性差异以外，按照税法规定可以结转以后年度的未弥补亏损和税款抵减，也视同可抵扣暂时性差异处理。

1. 应纳税暂时性差异

应纳税暂时性差异是指在确定未来收回资产或清偿负债期间的应纳税所得额时，将导致产生应税金额的暂时性差异。该差异在未来期间转回时，会增加转回期间的应纳税所得额，即在未来期间不考虑该事项影响的应纳税所得额的基础上，由于该暂时性差异的转回，会进一步增加转回期间的应纳税所得额和应交所得税金额。在该暂时性差异产生当期，应当确认相关的递延所得税负债。

应纳税暂时性差异通常产生于以下情况。

1) 资产的账面价值大于其计税基础

一项资产的账面价值代表的是企业在持续使用及最终出售该项资产时会取得的经济利益的总额，而计税基础代表的是一项资产在未来期间可予税前扣除的总金额。资产的账面价值大于其计税基础，该项资产未来期间产生的经济利益不能全部税前抵扣，两者之间的差额需要交税，产生应纳税暂时性差异。例如，一项固定资产的账面价值为200万元，计税基础为180万元，账面价值大于计税基础，表明未来经济利益的流入大于可以税前扣除的金额，差额将导致未来应纳税所得额和应交所得税金额的增加，在其产生的当期应当确认为递延所得税负债。

2) 负债的账面价值小于其计税基础

一项负债的账面价值为企业预计在未来期间清偿该项负债时的经济利益流出，而其计税基础代表的是账面价值在扣除税法规定未来期间允许税前扣除的金额之后的差额。因负债的账面价值与其计税基础不同产生的暂时性差异实质上是税法规定就该项负债在未来期间可以税前扣除的金额，即与该项负债相关的费用支出在未来期间可予税前扣除的金额。

负债产生的暂时性差异＝账面价值－计税基础
　　　　　　　　　　＝账面价值－（账面价值－税法规定未来期间允许税前扣除的金额）
　　　　　　　　　　＝税法规定未来期间允许税前扣除的金额

负债的账面价值小于其计税基础，则意味着就该项负债在未来期间可以税前扣除的金额为负数，即应在未来期间应纳税所得额的基础上调增，增加应纳税所得额和应交所得税金额，产生应纳税暂时性差异。

2. 可抵扣暂时性差异

可抵扣暂时性差异是指在确定未来收回资产或清偿负债期间的应纳税所得额时，将导致产生可抵扣金额的暂时性差异。该差异在未来期间转回时会减少转回期间的应纳税所得额，减少未来期间的应交所得税。在该暂时性差异产生的当期，应当确认相关的递延所得税资产。

可抵扣暂时性差异一般产生于以下情况。

1）资产的账面价值小于其计税基础

从经济意义上看，资产在未来期间产生的经济利益少，按照税法规定允许税前扣除的金额多，则企业在未来期间可以减少应纳税所得额并减少应交所得税，形成可抵扣暂时性差异。例如，一项无形资产的账面价值为200万元，计税基础为220万元，账面价值小于计税基础，表明未来经济利益的流入小于可以税前扣除的金额，即未来期间该项资产可以在自身取得经济利益的基础上多扣除20万元，因此未来期间应纳税所得额减少，应交所得税额相应减少，在其产生的当期应当确认为递延所得税资产。

2）负债的账面价值大于其计税基础

如上所述，负债产生的暂时性差异实质上是税法规定就该负债可以在未来期间税前扣除的金额。一项负债的账面价值大于其计税基础，意味着未来期间按照税法规定构成负债的全部或部分金额可以自未来应税经济利益中扣除，减少未来期间的应纳税所得额和应交所得税，产生可抵扣暂时性差异。符合有关确认条件时，应确认为相关的递延所得税资产。

3. 特殊项目的暂时性差异

1）未作为资产、负债确认的项目产生的暂时性差异

某些交易或事项发生后，因为不符合资产、负债的确认条件而未体现为资产负债表中的资产或负债，但按照税法规定能够确认其计税基础的，其账面价值0和计税基础之间的差异也构成了暂时性差异，例如超标的广告费。按照企业会计准则，企业为销售商品、提供劳务发生的广告费，应计入销售费用，冲减当期损益。企业所得税法规定不超过当年销售（营业）收入15%的部分，准予扣除；超过部分，准予在以后纳税年度结转扣除，结转到以后纳税年度扣除的部分，能够减少未来期间的应纳税所得额，进而减少未来期间的应交所得税，与可抵扣暂时性差异的处理相同，符合条件的应确认相应的递延所得税资产。

例 6.22 佳誉公司 2014 年发生了 1 800 万元广告费支出,发生时已作为销售费用计入当期损益,税法规定,该类支出不超过当年销售收入 15% 的部分允许当期税前扣除,超过部分允许向以后年度结转税前扣除。佳誉公司 2014 年实现销售收入 10 000 万元。

相关分析如下。

该广告费支出因按照会计准则规定在发生时已计入当期损益,不体现为期末资产负债表中的资产,如果将其视为资产,其账面价值为 0。

因按照税法的规定,该类支出税前列支有一定的标准限制,根据当期佳誉公司销售收入 15% 计算,当期可予税前扣除 1 500 万元(10 000×15%),当期末予税前扣除的 300 万可以向以后年度结转,其计税基础为 300 万元。

该项资产的账面价值 0 与其计税基础 300 万元之间产生了 300 万元的暂时性差异,该暂时性差异在未来期间可减少企业的应纳税所得额,为可抵扣暂时性差异,符合确认条件时,应确认相关的递延所得税资产。

2) 可抵扣亏损和税款抵减产生的暂时性差异

对于按照税法规定可以结转以后年度的未弥补亏损及税款抵减,虽不是因资产、负债的账面价值与计税基础不同产生的,但本质上可抵扣亏损和税款抵减与可抵扣暂时性差异具有相同的作用,均能减少未来期间的应纳税所得额,进而减少未来期间的应交所得税,在会计处理上,视同可抵扣暂时性差异,在符合条件的情况下,应确认与其相关的递延所得税资产。

例 6.23 佳誉公司于 2014 年因经营不善发生经营亏损 2 000 万元,按照税法规定,该亏损可用于抵减以后 5 个年度的应纳税所得额。该经营亏损不是资产、负债的账面价值与其计税基础不同产生的,但从性质上可以减少未来期间企业的应纳税所得额和应交所得税,属于可抵扣暂时性差异。企业预计未来期间能够产生足够的应纳税所得额利用该可抵扣亏损时,应确认相关的递延所得税资产。

假如:(1)该公司预计其于未来 5 年期间能够产生足够的应纳税所得额弥补该亏损,则

2014 年 12 月 31 日应确认递延所得税资产=2 000×25%=500(万元)

(2)该公司预计其于未来 5 年期间只能产生税前会计利润为 600 万元,则

2014 年 12 月 31 日应确认递延所得税资产=600×25%=150(万元)

(3)该公司预计其于未来 5 年期间仍然难以摆脱亏损,则 2014 年 12 月 31 日不确认递延所得税资产

6.8.4 递延所得税负债及递延所得税资产的确认与计量

按照资产负债表债务法,企业所得税的有关核算在确定了应纳税暂时性差异和可抵扣暂时性差异的计税上,应当确认相关的递延所得税负债和递延所得税资产。

1. 递延所得税负债的确认与计量

1) 递延所得税负债的确认

企业在确认因应纳税暂时性差异产生的递延所得税负债时,应遵循以下原则:除企业

会计准则中明确规定可不确认递延所得税负债的情况外,企业对于所有的应纳税暂时性差异均应确认相关的递延所得税负债。除直接计入所有者权益的交易或事项以及企业合并外,在确认递延所得税负债的同时,应增加利润表中的所得税费用。

可作会计分录为

借:所得税费用
　　贷:递延所得税负债

例6.24 佳誉公司为居民企业,适用的所得税税率为25%。该公司于2001年12月19日购入某项设备,取得成本为500万元,会计上采用年限平均法计提折旧,使用年限为10年,净残值为零,因该资产长年处于强震动状态,计税时按双倍余额递减法计列折旧,使用年限及净残值与会计相同。假定该企业不存在其他会计与税收处理的差异。要求:编制相关的会计分录。

2002年资产负债表日,该项固定资产按照会计规定计提的折旧额为50万元,计税时允许扣除的折旧额为100万元,则该固定资产的账面价值450万元与其计税基础400万元的差额构成应纳税暂时性差异,企业应确认相关的递延所得税负债。

2002年及2003年资产负债表日的相关会计处理如下。

2002年12月31日

　　递延所得税负债余额=(450-400)×25%=12.5(万元)

借:所得税费用　　　　　　　　　　　　　　　　　　　　　　　　　　12.5
　　贷:递延所得税负债　　　　　　　　　　　　　　　　　　　　　　　12.5

2003年12月31日

资产账面价值=500-500÷10×2=400(万元)

资产计税基础=500-500×2/10-400×2/10=320(万元)

递延所得税负债余额=(400-320)×25%=20(万元)

当期确认递延所得税负债=20-12.5=7.5(万元)

借:所得税费用　　　　　　　　　　　　　　　　　　　　　　　　　　7.5
　　贷:递延所得税负债　　　　　　　　　　　　　　　　　　　　　　　7.5

2)不确认递延所得税负债的特殊情况

在有些情况下,虽然资产、负债的账面价值与计税基础不同,产生了应纳税暂时性差异,但出于各方面因素的考虑,不确认递延所得税负债。其主要包括以下几种情况。

(1)商誉的初始确认。在非同一控制的企业合并中,企业合并成本大于合并中取得的被购买方可辨认净资产公允价值份额的差额,按照企业会计准则的规定确认为商誉。用公式表示为:

商誉=合并成本-被购买方可辨认净资产公允价值的份额

因会计准则与税法的划分标准不同,会计上作为非同一控制下的企业合并但按照税法规定计税时作为免税合并的情况下,商誉的计税基础为0,其账面价值与计税基础形成的应纳税暂时性差异,会计准则规定不确认相关的递延所得税负债。

需要说明的是,按照会计准则规定在同一控制下企业合并中确认了商誉,并且按照所得税法的规定商誉在初始确认时计税基础等于账面价值的,该商誉在后续计量过程中因会计准则与税法规定不同产生暂时性差异的,应当确认相关的所得税影响。

(2) 除企业合并以外的其他交易或事项中,如果该项交易或事项发生时既不影响会计利润,也不影响应纳税所得额,则所产生的资产、负债的初始确认金额与其计税基础不同,形成应纳税暂时性差异的,交易或事项发生时不确认相应的递延所得税负债。

(3) 与子公司、联营企业、合营企业投资等相关的应纳税暂时性差异,一般应确认相应的递延所得税负债,但同时满足以下两个条件的除外:一是投资企业能够控制暂时性差异转回的时间;二是该暂时性差异在可预见的未来很可能不会转回。满足上述条件时,投资企业可以运用自身的影响力决定暂时性差异的转回,如果不希望其转回,则在可预见的未来该项暂时性差异即不会转回,对未来期间的计税不产生影响,从而无须确认相应的递延所得税负债。

对于权益法核算的长期股权投资,其计税基础与账面价值产生的有关暂时性差异是否应确认相关的所得税影响,应当考虑该项投资的持有意图:① 如果企业拟长期持有,长期股权投资账面价值与计税基础之间的差异,投资企业一般不确认相关的所得税影响。② 在投资企业改变持有意图拟对外出售的情况下,长期股权投资的账面价值与计税基础不同产生的有关暂时性差异,均应确认相关的所得税影响。

3) 递延所得税负债的计量

按照会计准则,在资产负债表日,递延所得税负债应以相关应纳税暂时性差异转回期间适用的所得税税率计量,并且无论应纳税暂时性差异的转回期间如何,相关的递延所得税负债不要求折现。

2. 递延所得税资产的确认与计量

1) 递延所得税资产的确认

资产和负债的账面价值与其计税基础不同产生可抵扣暂时性差异的,在估计未来期间能够取得足够的应纳税所得额以抵扣暂时性差异时,应当以未来期间可能取得的应纳税所得额为限,确认相关的递延所得税资产,同时减少确认当期的所得税费用。

可作会计分录为

借:递延所得税资产
　　贷:所得税费用

与直接计入所有者权益的交易与事项相关的可抵扣暂时性差异,相应的递延所得税资产应计入所有者权益。

在可抵扣暂时性差异转回的未来期间内,企业无法产生足够的应纳税所得额用以抵减可抵扣暂时性差异的影响,使得与递延所得税资产相关的经济利益无法实现的,该部分递延所得税资产不应确认。

在判断企业在可抵扣暂时性差异转回的未来期间是否能够产生足够的应纳税所得额时,应考虑企业在未来期间正常的生产经营活动实现的应纳税所得额,以及以前期间产生的应纳税暂时性差异在未来期间转回时将增加的应纳税所得额。

(1) 按照税法规定,可以结转以后年度的未弥补亏损和税款抵减,应视同可抵扣暂时性差异处理。在有关的亏损或税款抵减得到税务机关认可或预计能够认可且预计可以利用可弥补亏损或税款抵减的未来期间内能够取得足够的应纳税所得额时，除会计准则规定不予确认的情况外，应当以未来期间可能取得的应纳税所得额为限，确认相关的递延所得税资产。

例 6.25 飞达公司为居民企业，适用企业所得税税率为 25%。在 2001—2004 年每年应税收益分别为-600 万元、200 万元、200 万元、100 万元。假设在 2001 年发生的亏损弥补期内很可能获得足够的应纳税所得额用来抵扣可抵扣暂时性差异，无其他暂时性差异。要求：编制相关的会计分录。

所作会计分录如下。

2001 年

  借：递延所得税资产   150

    贷：所得税费用   150

差异转回时

2002 年和 2003 年

  借：所得税费用   50

    贷：递延所得税资产   50

2004 年

  借：所得税费用   25

    贷：递延所得税资产   25

（2）符合以下条件的与子公司、联营企业、合营企业投资相关的可抵扣暂时性差异，应当确认相关的递延所得税资产：①该暂时性差异在可预见的未来很可能转回；②未来很可能获得用来抵扣可抵扣暂时性差异的应纳税所得额。

对子公司、联营企业、合营企业投资相关的可抵扣暂时性差异，主要产生于权益法下被投资单位发生亏损时，投资企业按照持股比例确认应予以承担的部分相应减少长期股权投资的账面价值，但税法规定长期股权投资的成本在持有期间不发生变化，造成长期股权投资的账面价值小于计税基础，产生可抵扣暂时性差异。

2）不确认递延所得税资产的情况

在某些情况下，除企业合并以外的其他交易或事项中，如果交易或事项发生时既不影响会计利润，又不影响应纳税所得额，并且该项交易产生的资产、负债的初始确认金额与其计税基础不同，产生可抵扣暂时性差异的，会计准则规定在该类交易或事项发生时不确认相应的递延所得税资产。

例 6.26 怀远公司于 2014 年度发生研发支出共计 200 万元，其中研究阶段支出 20 万元，开发阶段不符合资本化条件支出为 60 万元，符合资本化条件支出为 120 万元，假定该项研发于 2014 年 7 月 30 日达到预定用途，采用直线法按 5 年摊销。该公司 2014 年税前会计利润为 1 000 万元，适用的所得税税率为 25%。不考虑其他纳税调整事项。假定无形资产摊销计入管理费用。

相关计算如下。

  2014 年按准则规定计入管理费用金额=20+60+120÷5÷12×6=92（万元）

  2014 年纳税调减金额=92×50%=46（万元）

2014年应交所得税＝(1 000－46)×25％＝238.5(万元)

2014年12月31日无形资产账面价值＝120－120÷5÷12×6＝108(万元)

计税基础＝108×150％＝162(万元)

可抵扣暂时性差异＝162－108＝54(万元)(但不能确认递延所得税资产)

3) 递延所得税资产的计量

与递延所得税负债的计量相同，在资产负债表日，递延所得税资产应以相关可抵扣暂时性差异转回期间适用的所得税税率计量，并且无论可抵扣暂时性差异的转回期间如何，相关的递延所得税资产不要求折现。

企业确认了递延所得税资产以后，资产负债表日，应当对递延所得税资产的账面价值进行复核。如果未来期间很可能无法取得足够的应纳税所得额利用可抵扣暂时性差异带来的利益，应当减计递延所得税资产的账面价值。除原确认时记入所有者权益的递延所得税资产应将减计金额也记入所有者权益外，其他情况均应增加所得税费用。

因无法取得足够的应纳税所得额利用可抵扣暂时性差异减计递延所得税资产账面价值的，以后期间根据新的环境和情况判断能够产生足够的应纳税所得额利用可抵扣暂时性差异使得递延所得税资产包含的经济利益能够实现的，应相应的恢复递延所得税资产的账面价值。

此外，无论是递延所得税资产还是递延所得税负债的计量，均应考虑资产负债表日企业预期收回资产或清偿负债方式的所得税影响，在计量递延所得税资产和递延所得税负债时，应当采用与收回资产和清偿债务的预期方式一致的税率和计税基础。

3. 特殊交易或事项中涉及递延所得税的确认

1) 与直接计入所有者权益的交易或事项相关的所得税

与当期及以前期间直接计入所有者权益的交易或事项相关的当期所得税及递延所得税应当计入所有者权益。直接计入所有者权益的交易或事项主要有：①会计政策变更采用追溯调整法或对前期差错更正采用追溯重述法调整期初留存收益；②可供出售金融资产公允价值变动计入所有者权益；③同时包含负债及权益成份的金融工具在初始确认时计入所有者权益等。

2) 与企业合并相关的递延所得税

在企业合并中，购买方取得的可抵扣暂时性差异，例如，购买日取得的被购买方在以前期间发生的未弥补亏损等可抵扣暂时性差异，按照税法规定可以用于抵减以后年度应纳税所得额，但在购买日不符合递延所得税资产确认条件而不予以确认。购买日后12个月内，如取得新的或进一步信息表明购买日的相关情况已经存在，预期被购买方在购买日可抵扣暂时性差异带来的经济利益能够实现的，应当确认相关的递延所得税资产，同时减少商誉，商誉不足冲减的，差额部分确认为当前损益；除上述情况以外，确认与企业合并相关的递延所得税资产，应当计入当期损益。

例6.27 嘉义公司于2014年1月1日购买飞达公司80％股权，形成非同一控制下企业合并。因会计准则规定与适用税法规定的处理方法不同，在购买日产生可抵扣暂时性差异300万元。假定购买日及未来期间企业适用的所得税税率为25％。

购买日，因预计未来期间无法取得足够的应纳税所得额，未确认与可抵扣暂时性差异相关的递延所得税资产 75 万元。购买日确认的商誉为 50 万元。

在购买日后 6 个月，嘉义公司预计能够产生足够的应纳税所得额用以抵扣企业合并时产生的可抵扣暂时性差异 300 万元，且该事实于购买日已经存在，则嘉义公司应作如下会计处理。

借：递延所得税资产　　　　　　　　　　　　　　　　　　　　　　　75
　　贷：商誉　　　　　　　　　　　　　　　　　　　　　　　　　　50
　　　　所得税费用　　　　　　　　　　　　　　　　　　　　　　　25

假定，在购买日后 6 个月，嘉义公司根据新的事实预计能够产生足够的应纳税所得额用以抵扣企业合并时产生的可抵扣暂时性差异 300 万元，且该新的事实于购买日并不存在，则嘉义公司应作如下会计处理。

借：递延所得税资产　　　　　　　　　　　　　　　　　　　　　　　75
　　贷：所得税费用　　　　　　　　　　　　　　　　　　　　　　　75

4. 适用税率变化对已确认递延所得税资产和递延所得税负债的影响

因企业所得税法规的变化，导致企业在某一个会计期间适用的所得税税率发生变化的，企业应对确认的递延所得税资产和递延所得税负债按照新的税率进行重新计量。递延所得税资产和递延所得税负债的金额代表的是有关可抵扣暂时性差异或应纳税暂时性差异于未来期间转回时导致企业应交所得税金额减少或增加的情况。在适用税率变动的情况下，应对原已确认的递延所得税资产和递延所得税负债的金额进行调整。

除直接计入所有者权益的交易或事项产生的递延所得税资产和递延所得税负债，相关的金额应计入所有者权益外，其他情况下产生的调整金额应相应调整所得税费用。

6.8.5　所得税费用的确认与计量

采用资产负债表债务法核算所得税，利润表中的所得税费用由两部分组成：当期所得税和递延所得税。

1. 当期所得税

当期所得税是指企业按照税法规定计算确定的针对当期发生的交易与事项应交纳给税务机关的所得税金额，即应交所得税，应以税收法规为基础计算确定。

企业在确定当期应交所得税时，对于当期发生的交易或事项，由于会计准则与税法的规定有所不同，所以要在会计利润的基础上，按照企业所得税法的规定进行调整，计算应纳税所得额，以应纳税所得额乘以当期适用所得税税率，得出当期应交所得税金额。计算公式为：

应纳税所得额＝会计利润＋按照会计准则计入利润表但计税时不允许税前扣除的费用±
　　　　　　　计入利润表的费用与按照税法规定可予以税前抵扣金额的差额±
　　　　　　　计入利润表的收入与按照税法规定应计入应纳税所得额的收入之间的差额－
　　　　　　　税法规定的不征税收入与免税收入±其他需要调整的因素

2. 递延所得税

递延所得税是指企业在某一会计期间确认的递延所得税资产与递延所得税负债的综合结果。用公式为：

递延所得税＝当期递延所得税负债的增加＋当期递延所得税资产的减少－
当期递延所得税负债的减少－当期递延所得税资产的增加
本期递延所得税资产、递延所得税负债的发生额
＝递延所得税资产、递延所得税负债(期末余额－期初余额)

递延所得税资产、递延所得税负债的发生额要扣除不影响所得税费用的部分，即按照会计准则规定直接计入所有者权益的交易和事项对所得税的影响，以及企业合并中取得的资产、负债其账面价值与计税基础的差异调整商誉或计入当期损益的金额。

例 6.28 海洋公司为居民企业，适用的企业所得税税率为25%。2014年12月1日取得一项可供出售金融资产，成本为210万元，2014年12月31日，该项可供出售金融资产的公允价值为200万元。要求：编制相关的会计分录。

2014年12月31日该项可供出售金融资产产生可抵扣暂时性差异为10万元，应确认的递延所得税资产为2.5万元。会计处理如下。

借：递延所得税资产　　　　　　　　　　　　　　　　　　　　　2.5
　　贷：资本公积——其他资本公积　　　　　　　　　　　　　　　2.5

3. 所得税费用

所得税费用在利润表中单独列示，金额为当期所得税与递延所得税两者之和，其公式为：

所得税费用＝当期所得税＋递延所得税
本期所得税费用＝本期应交所得税＋本期递延所得税资产、递延所得税负债贷方发生额－
本期递延所得税资产、递延所得税负债的借方发生额

4. 资产负债表债务法的会计处理举例

例 6.29 爱华公司2014年度利润表中利润总额为3 000万元，该公司适用的所得税税率为25%，递延所得税资产及递延所得税负债不存在期初余额。

与所得税核算有关的情况如下。

(1) 2014年1月开始计提折旧的一项固定资产，成本为1 500万元，使用年限为10年，净残值为0，会计处理按直线法计提折旧，由于常年处于强震动状态，税收处理按双倍余额递减法计提折旧。假定税法规定的使用年限及净残值与会计规定相同。

(2) 违反环保法规定应支付罚款200万元。

(3) 期末对持有的存货计提了50万元的存货跌价准备。

相关计算如下。

(1) 2014年度当期应交所得税：

应纳税所得额＝3 000－150＋200＋50＝3 100(万元)

应交所得税＝3 100×25％＝775(万元)

(2) 2014年度递延所得税：

递延所得税资产＝50×25％＝12.5(万元)

递延所得税负债＝150×25％＝37.5(万元)

递延所得税＝37.5－12.5＝25(万元)

所得税费用＝775＋25＝800(万元)

该公司2014年资产负债表相关项目金额及其计税基础见表6-14。

表6-14 资产负债表相关项目金额及其计税基础　　　　　　单位：万元

项 目	账面价值	计税基础	差 异	
			应纳税暂时性差异	可抵扣暂时性差异
存货	2 000	2 050		50
固定资产				
固定资产原价	1 500	1 500		
减：累计折旧	150	300		
减：固定资产减值准备	0	0		
固定资产账面价值	1 350	1 200	150	
其他应付款	200	200		
总计			150	50

(3) 确认的所得税费用。

确认所得税费用的账务处理作会计分录如下。

借：所得税费用　　　　　　　　　　　　　　　　　　　　　　　　800
　　递延所得税资产　　　　　　　　　　　　　　　　　　　　　　12.5
　　贷：应交税费——应交所得税　　　　　　　　　　　　　　　　775
　　　　递延所得税负债　　　　　　　　　　　　　　　　　　　　37.5

例6.30 2001年12月31日购入价值10 000元的设备，预计使用期5年，无残值。采用直线法计提折旧，税法允许采用双倍余额递减法计提折旧。2004年前适用税率为33％，以后适用税率25％。假定各年税前会计利润均为500 000元，无其他纳税调整事项。相关计算分别见表6-15、表6-16和表6-17。

表6-15 各年递延所得税负债的余额和发生额的计算

项 目	2001	2002	2003	2004	2005	2006
固定资产原值	10 000	10 000	10 000	10 000	10 000	10 000
减：会计累计折旧	0	2 000	4 000	6 000	8 000	10 000
账面价值	10 000	8 000	6 000	4 000	2 000	0

续表

项　目	2001	2002	2003	2004	2005	2006
减：税法累计折旧	0	4 000	6 400	7 840	8 920	10 000
计税基础	10 000	6 000	3 600	2 160	1 080	0
应纳税暂时性差异的期末余额	0	2 000	2 400	1 840	920	0
应纳税暂时性差异的本期发生额	0	2 000	400	−560	−920	−920
适用税率	33%	33%	33%	25%	25%	25%
递延所得税负债期末余额	0	660	792	460	230	0
递延所得税负债本期发生额	0	660	132	−332	−230	−230

注：由于资产的账面价值大于计税基础，所以形成应纳税暂时性差异，需相应确认递延所得税负债。

在适用税率变动的情况下，应对原已确认的递延所得税负债的金额进行调整。

$$2\ 400\times(25\%-33\%)-560\times25\%=-192-140=-332(元)$$

表 6-16　各年应交所得税的计算

项　目	2001	2002	2003	2004	2005	2006
税前会计利润	500 000	500 000	500 000	500 000	500 000	500 000
纳税调整金额	0	−2 000	−400	560	920	920
应纳税所得额	500 000	498 000	499 600	500 560	500 920	500 920
税率	33%	33%	33%	25%	25%	25%
本期应交所得税	165 000	164 340	164 868	125 140	125 230	125 230

表 6-17　各年所得税费用的计算

项　目	2001	2002	2003	2004	2005	2006
本期应交所得税	165 000	164 340	164 868	125 140	125 230	125 230
递延所得税负债本期发生额	0	660	132	−332	−230	−230
本期所得税费用	165 000	165 000	165 000	124 808	125 000	125 000

各年会计分录如下。

2001 年

借：所得税费用　　　　　　　　　　　　　　　　　　　　　165 000
　　贷：应交税费——应交所得税　　　　　　　　　　　　　　　　165 000

2002 年

借：所得税费用　　　　　　　　　　　　　　　　　　　　　165 000
　　贷：应交税费——应交所得税　　　　　　　　　　　　　　　　164 340
　　　　递延所得税负债　　　　　　　　　　　　　　　　　　　　660

2003 年

借：所得税费用　　　　　　　　　　　　　　　　　　　　　　　　165 000
　　贷：应交税费——应交所得税　　　　　　　　　　　　　　　　　　164 868
　　　　递延所得税负债　　　　　　　　　　　　　　　　　　　　　　　　132

2004 年

借：所得税费用　　　　　　　　　　　　　　　　　　　　　　　　124 808
　　递延所得税负债　　　　　　　　　　　　　　　　　　　　　　　　　332
　　贷：应交税费——应交所得税　　　　　　　　　　　　　　　　　　125 140

2005 年与 2006 年

借：所得税费用　　　　　　　　　　　　　　　　　　　　　　　　125 000
　　递延所得税负债　　　　　　　　　　　　　　　　　　　　　　　　　230
　　贷：应交税费——应交所得税　　　　　　　　　　　　　　　　　　125 230

5. 合并财务报表中因抵消未实现内部销售损益产生的递延所得税

企业在编制合并财务报表时，因抵消未实现内部销售损益导致合并资产负债表中资产、负债的账面价值与其在纳入合并范围的企业按照适用税法规定确定的计税基础之间产生暂时性差异的，在合并资产负债表中应当确认递延所得税资产或递延所得税负债，同时调整合并利润表中的所得税费用，但与直接计入所有者权益的交易或事项及企业合并相关的递延所得税除外。

企业在编制合并财务报表时，按照合并报表的编制原则，应将纳入合并范围的企业之间发生的未实现内部交易损益予以抵消。因此，对丁所涉及的资产负债项目在合并资产负债表中列示的价值与其在所属的企业个别资产负债表中的价值会不同，并进而可能产生与有关资产、负债所属个别纳税主体计税基础的不同，从合并财务报表作为一个完整经济主体的角度，应当确认该暂时性差异的所得税影响。

例 6.31　嘉义公司拥有飞达公司 80% 表决权股份，能够控制飞达公司的生产经营决策。2014 年 9 月嘉义公司以 800 万元将一批资产产品销售给飞达公司，该批产品在嘉义公司的生产成本为 500 万元。至 2014 年 12 月 31 日，飞达公司尚未对外销售该批产品。假定设计商品未发生减值。嘉义公司和飞达公司适用的所得税税率均为 25%，且在未来期间预计不会发生改变。税法规定，企业的存货以历史成本作为计税基础。

嘉义公司在编制合并财务报表时，对于与飞达公司发生的内部交易应进行以下抵消处理。

借：营业收入　　　　　　　　　　　　　　　　　　　　　　　　　　800
　　贷：营业成本　　　　　　　　　　　　　　　　　　　　　　　　　500
　　　　存货　　　　　　　　　　　　　　　　　　　　　　　　　　　300

经过上述抵消后，该项内部交易中涉及的存货在合并资产负债表中体现的价值为 500 万元，即未发生减值的情况下，为出售方的成本，其计税基础为 800 万元，两者之间产生了 300 万元可抵扣暂时性差异，该暂时性差异相关的递延所得税在飞达公司并未确认，为此在合并财务报表中应进行以下处理。

```
借：递延所得税资产                                              75
    贷：所得税费用                                                    75
```

6. 所得税的列报

企业对所得税的核算结果，除利润表中列示的所得税费用以外，在资产负债表中形成的应交税费（应交所得税）以及递延所得税资产和递延所得税负债应当遵循会计准则规定列报。其中，递延所得税资产和递延所得税负债一般应当分别作为非流动资产和非流动负债在资产负债表中列示，所得税费用应当在利润表中单独列示，同时还应在附注中披露与所得税有关的信息。

一般情况下，在个别财务报表中，当期所得税资产与负债及递延所得税资产及递延所得税负债可以以抵销后的净额列示。在合并财务报表中，纳入合并范围的企业中，一方的当期所得税资产或递延所得税资产与另一方的当期所得税负债或递延所得税负债一般不能予以抵销，除非所涉及的企业具有以净额结算的法定权利并且意图以净额结算。

 本章小结

本章主要以我国颁布实施的《企业所得税法》及相关政策为依据，介绍了企业所得税的纳税人及其分类、征税对象、扣缴义务人及源泉扣缴、税率、税收优惠以及纳税期限、纳税地点及纳税申报等税制要素的构成内容。在此基础上介绍了企业应纳税所得额的确定，包括应税收入总额、不征税收入与免税收入、计算所得税时准予扣除的项目与不予扣除的项目，以及企业应纳税额的计算与境外已纳税额的抵免等内容。

对于所得税会计核算，企业会计准则要求采用资产负债表债务法。按照该方法，比较资产负债表上列示的资产、负债，按照企业会计准则规定确定的账面价值与按照税法规定确定的计税基础，对于两者之间的差额分为应纳税暂时性差异与可抵扣暂时性差异。确认相关的递延所得税负债与递延所得税资产，并在此基础上确定每一期间利润表中的所得税费用。通过本章的学习，要求掌握应纳税所得额及企业应交所得税额的有关计算，并运用资产负债表债务法进行相关的所得税会计处理。

复习思考题

1. 思考题

（1）企业所得税法如何进行纳税人的分类？
（2）不征税收入和免税收入分别指什么？
（3）应纳税所得额与会计利润有什么区别？
（4）特别纳税调整的调整范围有哪些？
（5）什么是资产负债表债务法？
（6）应纳税暂时性差异和可抵扣暂时性差异形成的原因分别有哪些？

2. 实务题

（1）新欣家电有限公司为居民企业，2014年有关经济业务如下：

① 取得主营业务收入 7 935 万元。

② 应扣除的主营业务成本 6 550 万元，营业税金及附加 726.5 万元。

③ 发生销售费用 215 万元，其中：业务宣传费 60 万元，全都作了扣除。

④ 发生管理费用 368 万元，其中：企业全年发生的业务招待费用 45 万元。

⑤ 发生财务费用 105.5 万元，其中：2014 年 1 月向银行借款 300 万元购建固定资产，借款期限 1 年；购建的固定资产于 2014 年 9 月 30 日完工并交付使用(本题不考虑该项固定资产折旧)，企业支付给银行的年利息费用共计 18 万元，全部计入了财务费用。

⑥ 取得投资收益 65 万元，其中含国债利息收入 7 万元，金融债券利息收入 20 万元；从境外子公司取得权益性投资收益 38 万元，已在子公司所在国按 24% 的税率缴纳了企业所得税。

⑦ 2014 年 12 月转让一项土地使用权，取得收入 60 万元，未作收入处理，相关税金未计算缴纳，并且该项土地使用权的账面成本 35 万元也未转销。

⑧ "营业外支出"账户中列示了上半年缴纳的税款滞纳金 3 万元，银行借款超期罚息 6 万元，意外事故损失 8 万元，非广告性赞助 10 万元，全都如实作了扣除。

⑨ 企业自行计算的全年收入总额 8 000 万元，成本、费用、税金和损失总额 7 992 万元，并已缴纳企业所得税 2 万元，以前年度的所得税款已全部缴纳。

要求：按照《企业所得税法》的规定对以上公司 2014 年度的业务进行纳税调整，计算企业应补交的企业所得税税款。

(2) 东方娱乐城成立于 2013 年 1 月 1 日，是某市一家专门经营歌厅舞厅、游戏游艺、保龄球台球业务的娱乐企业。2014 年 2 月，娱乐城向当地主管税务机关报送了《企业所得税年度纳税申报表》等纳税资料。资料显示的财务收支及纳税情况如下。

① 取得门票收入 150 万元，点歌费收入 50 万元，提供小食品收入 30 万元，烟酒饮料收入 70 万元，会员卡费收入 100 万元。

② 成本支出 220 万元。

③ 销售税金及附加 71.5 万元，其中营业税 65 万元[(150＋50＋100)×20%＋(30＋70)×5%]、城市维护建设税 4.55 万元(65×7%)、教育费附加 1.95 万元(65×3%)。

④ 发生期间费用 108.5 万元，其中以经营租赁方式租入的固定资产折旧 2 万元，广告费用 30 万元，支付利息 40 万元(金融机构同期、同类贷款利息为 25 万元)。

⑤ 应纳税额所得额为 0。

要求：逐一找出娱乐城在税款计算方面存在的问题，并正确计算应纳的各种税款及教育费附加。

(3) 心远公司 2014 年度利润表中利润总额为 5 000 万元，该公司适用的所得税税率为 25%，递延所得税资产及递延所得税负债不存在期初余额。

与所得税核算有关的情况如下。

① 2014 年 1 月开始计提折旧的一项固定资产，成本为 1 500 万元，使用年限为 10 年，净残值为 0，会计处理按双倍余额递减法计提折旧，税收处理按直线法计提折旧。假定税法规定的使用年限及净残值与会计规定相同。

② 违反环保法规定应支付罚款 100 万元。

③ 当期取得作为交易性金融资产核算的股票投资成本为 800 万元，2014 年 12 月 31 日的公允价值为 1 000 万元。税法规定，以公允价值计量的金融资产持有期间市价变动不计入应纳税所得额。

要求：运用资产负债表债务法进行有关会计处理。

（4）2001 年 12 月 31 日购入价值 20 000 元的设备，预计使用期 5 年，无残值。采用双倍余额递减法计提折旧，税法允许直线法计提折旧。2004 年前适用税率为 33％，之后税率为 25％，假定各年税前会计利润均为 500 000 元，无其他纳税调整事项。

要求：运用资产负债表债务法进行有关会计处理。

（5）东方公司持有的某项可供出售金融资产，成本为 600 万元，会计期末其公允价值为 700 万元，该企业适用的所得税税率为 25％。除该事项外，该企业不存在其他会计与税收法规之间的差异，且递延所得税资产和递延所得税负债不存在期初余额。

要求：运用资产负债表债务法进行有关会计处理。

第 7 章

个人所得税及其纳税会计处理

教学目标

本章主要介绍个人所得税的概念、征税项目、费用扣除标准、税收优惠政策、纳税申报、计税所得额的确定、应纳税额的计算及相应的会计处理。通过本章的学习,应掌握个人所得税的课征制度,应纳税额的计算及相应的会计处理。

教学要求

知识要点	能力要求	相关知识
个人所得税的税制要素	(1) 能够识记相关概念和税法规定 (2) 能够理解应税所得项目的计税依据和费用扣除规定,工资薪金所得与劳务报酬的区别,承包、承租经营所得与工资薪金所得、个体工商业户所得的区别,工资薪金所得减除费用的规定等	(1) 个人所得税的概念 (2) 个人所得税的纳税义务人 (3) 个人所得税的征税范围 (4) 个人所得税的税收优惠政策 (5) 个人所得税的纳税地点和纳税申报期限

第7章 个人所得税及其纳税会计处理

续表

知识要点	能力要求	相关知识
个人所得税应纳税额的计算	掌握纳税义务人应交个人所得税额的计算	(1) 工资、薪金所得应纳税额的计算 (2) 个体工商户的生产、经营所得应纳税额的计算 (3) 对企事业单位的承包经营、承租经营所得应纳所得税的计算 (4) 劳务报酬所得应纳税额的计算 (5) 稿酬所得应纳税额的计算 (6) 财产转让所得应纳税额的计算 (7) 特许权使用费所得、财产租赁所得应纳税额的计算 (8) 利息、股息、红利所得、偶然所得、其他所得应纳税额的计算 (9) 关于个人捐赠应纳税所得额的规定 (10) 境外所得的税额扣除
个人所得税的征收管理	掌握个人所得税的两种纳税申报办法	(1) 自行申报纳税 (2) 代扣代缴纳税
个人所得税的纳税会计核算	能够对企业涉及个人所得税的基本经济业务进行会计处理	(1) 个体工商户纳税的账务处理 (2) 扣缴义务人代扣代缴个人所得税的账务处理

■ 导入案例

定向增发收购自然人股权的个税之殇①

2014年6月,北纬通信发布重组方案,拟以"发行股份+支付现金"的方式,以总计约3.62亿元的价格收购蔡红兵等六个自然人股东和北京汇成众邦科贸有限公司("汇成众邦")持有的杭州掌盟软件技术有限公司("杭州掌盟")共计82.97%股权。按重组协议的约定,现金对价部分总计约6800万。其中,6个自然人股东获得的现金对价约5900万。2014年11月20日,中国证监会做出《关于核准北京北纬通信科技股份有限公司向蔡红兵等发行股份购买资产的批复》(证监许可[2014]1220号),核准本次交易。

然而,令人意外的是,2015年1月13日,北纬通信收到交易对方《关于终止履行与北纬通信重组协议的函》,声明交易对手将单方面终止履行重组协议并承担违约责任。杭州掌盟的股东声称,由于公司6名自然人股东"无法筹措税务主管机关要求的因本次交易所产生的个人所得税款,并可预见地将导致本次交易无法继续完成交割",才不得已终止本次交易。

事实上,北纬通信重组案并不是自然人股东以其持有的非上市公司股权认购上市公司增资而被要求征收的第一案。早在2011年,国家税务总局就曾对此类情形下自然人股东是否应该缴纳个人所得税的问题,发布《关于个人以股权参与上市公司定向增发征收个人所得税问题的批复》(国税函[2011]89号)。

---

① 根据《中国税网》(http://220.181.188.136/xinwen/shendu/201502/t20150205_54690.htm)公布案例整理

国税函[2011]89号规定，根据《中华人民共和国个人所得税法》及其实施条例等规定，南京浦东建设发展有限公司自然人以其所持该公司股权评估增值后，参与苏宁环球股份有限公司定向增发股票，属于股权转让行为，其取得所得，应按照"财产转让所得"项目缴纳个人所得税。随后，国税总局又发布了《国家税务总局关于切实加强高收入者个人所得税征管的通知》(国税发[2011]50号)等文件，强调今后将"重点加强个人以评估增值的非货币性资产对外投资取得股权(份)的税源管理，完善征管链条"。

为加强股权转让所得个人所得税的征收管理，国家税务总局于2014年12月7日再次发布《股权转让所得个人所得税管理办法(试行)》的公告(以下简称"67号公告")。67号公告，对自然人股权转让的个人所得税征管作出了比以往更为严格的规定。根据67号公告第20条，具有下列情形之一的，扣缴义务人、纳税人应当依法在次月15日内向主管税务机关申报纳税：①受让方已支付或部分支付股权转让价款的；②股权转让协议已签订生效的；③受让方已经实际履行股东职责或者享受股东权益的；④国家有关部门判决、登记或公告生效的；⑤本办法第三条的第四至第七项行为已完成的；⑥税务机关认定的其他有证据表明股权已发生转移的情形。

本次交易的标的资产为杭州掌盟82.97%的股权，交易各方在参照资产评估报告评估结果的基础上经协商确定杭州掌盟82.97%股权的作价为36 180万元。

按上述交易价格和20%的个人所得税税率计算，蔡红兵等六人需要缴纳超过7 000万元的税款。但杭州掌盟的六个自然人股东从重组交易中可获得的现金对价总计才5 900万元，远远不够缴纳本次重组交易涉及的个人所得税。由于杭州地税不同意六个自然人股东暂缓缴纳税款的请求，而六个自然人股东又无法再短期内筹集足额的税款，该重组交易最终以失败告终。

由于税负原因导致自然人股权转让失败的案例并不多见(起码公开信息较少)。实践中，如股权转让方(个人)没有足够的资金缴纳个人所得税，一般可以通过两种较为可行的方式解决。第一种方式，是转让方与购买方协商，通过调整交易方式，让购买方支付更多的现金，使转让方有充足的现金来缴纳个税；第二种方式，转让方征得主管税务机关同意，向税务机关承诺并保证在合理的期限内分期、或在股票出售时缴纳相关税款。

相对来说，转让人与购买方在转让意见上更易达成一致，但是这要求购买方企业拥有足够的现金流。关于第二种方式，虽然属于个案申请事项(如本案中税务机关坚持要求转让方全额一次性缴纳个税)，但此类操作属于并购重组税务管理的发展趋势，也符合国家鼓励企业并购重组的鼓励方向。

目前，实践中企业所得税法对于缺乏现金支付的非货币交易持较为宽容的态度，如国发[2013]38号《国务院关于印发中国(上海)自由贸易试验区总体方案的通知》规定，注册在试验区内的企业或个人股东，因非货币性资产对外投资等资产重组行为而产生的资产评估增值部分，可在不超过5年期限内，分期缴纳所得税。财税2014年116号文《关于非货币性资产投资企业所得税政策问题的通知》规定，居民企业以非货币性资产对外投资确认的非货币性资产转让所得，可在不超过5年期限内，分期均匀计入相应年度的应纳税所得额，按规定计算缴纳企业所得税。

上市公司在涉及针对自然人股东的股权收购中应额外关注相关税务问题对并购交易的影响，并采取有效措施防范相关交易风险。

7.1 个人所得税概述

个人所得税是以自然人取得的各类应税所得为征税对象而征收的一种所得税，是政府利用税收对个人收入进行调节的一种手段。它是所得税系列中的一个税种。个人所得税是世界各国普遍征收的一种税，目前世界上已有140多个国家开征了这一税种。我国现行的个人所得税，我国的《个人所得税法》诞生于1980年。党的十一届三中全会以后，随着

第7章 个人所得税及其纳税会计处理

改革开放方针的贯彻落实,为了维护我国税收权益,遵循国际惯例,需相应制定对个人所得征税的法律和法规。1980年9月10日第五届全国人民代表大会第三次会议审议通过了《个人所得税法》,并同时公布实施。是在1980年9月10日颁布的《中华人民共和国个人所得税法》基础上,将1986年1月开征的城乡个体工商业户所得税、1987年1月开征的个人收入调节税合并修改而成的,多年来通过了六次修改。目前适用的个人所得税的征收依据是2011年6月30日修改通过并公布的,自2011年9月1日起开始施行的《中华人民共和国个人所得税法》(以下简称《个人所得税法》)。

该法律、法规体现了适当调节个人收入、贯彻公平税负、实施合理负担的原则,采取分项的征收制,具有税率低、扣除额宽、征税面小、计算简便等特点。对在中国境内居住的个人和不在中国境内居住但有来自中国境内的所得都要征税。这项重要立法体现着属地兼属人原则,是中国税制建设的一个重大发展,对于在国际经济交往中合理地实施中国的税收管辖权,按照平等互利原则处理国家间的税收权益和鼓励外籍人员来华从事业务,都有着积极的意义。

1986年,国务院根据我国社会经济发展的状况,为了有效调节社会成员收入水平的差距,分别发布了《城乡个体工商业户所得税暂行条例》和《个人收入调节暂行条例》,从而形成了我国对个人所得课税3个税收法律、法规并存的状况。随着形势的发展,这些税收法律、法规逐渐暴露出一些矛盾和问题。

为了规范和完善对个人所得课税的制度,适应建立社会主义市场经济体制的要求,有必要对3个个人所得课税的法律、法规进行修改和合并,建立一部统一的个人所得税法。1993年10月31日第八届全国人民代表大会常务委员会第四次会议通过了《关于修改〈中华人民共和国个人所得税法〉的决定》,同时公布了修改后的《个人所得税法》,并于1994年1月1日起施行。1994年1月28日国务院第142号令发布《中华人民共和国个人所得税法实施条例》(以下简称《个人所得税法实施条例》)。1999年8月30日第九届全国人民代表大会常务委员会第十一次会议通过了第二次修正的《中华人民共和国个人所得税法》。

2000年9月,财政部、国家税务总局根据《国务院关于个人独资企业和合伙企业征收所得税问题的通知》有关"对个人独资企业和合伙企业停征企业所得税,只对其投资者的经营所得征收个人所得税"的规定,制定了《关于个人独资企业和合伙企业投资者征收个人所得税的规定》(以下简称《规定》)。《规定》明确从2000年1月1日起,个人独资企业和合伙企业投资者将依法缴纳个人所得税。

其后,我国《个人所得税法》又通过了四次修订,分别是:2005年10月27日第十届全国人民代表大会常务委员会第十八次会议的第三次修订,规定个人所得税免征额为1 600元,于2006年1月1日起施行;2007年6月29日第十届全国人民代表大会常务委员会第二十八次会议的第四次修订,将第十二条修改为:"对储蓄存款利息所得开征、减征、停征个人所得税及其具体办法,由国务院规定";2007年12月29日第十届全国人民代表大会常务委员会第三十一次会议的第五次修订,规定个人所得税免征额自2008年3月1日起由1 600元提高到2 000元;2008年暂免征收储蓄存款利息所得个人所得税;2011年6月30日第十一届全国人民代表大会常务委员会第二十一次会议的第六次修订,将个人所得税免征额从2 000元提高到3 500元,同时,将现行个人所得税第1级税率由

5%修改为3%，9级超额累进税率修改为7级，取消15%和40%两档税率，扩大3%和10%两个低档税率的适用范围。

从世界范围看，个人所得税的税制模式包括分类征收制、综合征收制和混合征收制三种。分类征收制就是将纳税人不同来源、性质的所得项目，分别规定不同的税率征税；综合征收制是对纳税人全年的各项所得加以汇总，分别按照不同的税率征税，然后将全年的各项所得进行汇总征税；混合征收制是对纳税人不同来源、性质的所得先分别按照不同的税率征税，然后将全年的各项所得进行汇总征税。目前，我国个人所得税的征收采用的是第一种模式，即分类征收制。该模式的优点是对纳税人全部所得区分性质进行区别征税，能够体现国家的政治、经济与社会政策，缺点是对纳税人整体所得把握得不一定全面，容易导致实际税负的不公平。因此，我国也初步确定把个人所得税制由分类征收制向分类与综合相结合的模式转变。

7.1.1 个人所得税的纳税义务人

个人所得税的纳税义务人，包括中国公民、个体工商业户、个人独资企业、合伙企业投资者以及在中国有所得的外籍人员（包括无国籍人员，下同）和香港、澳门、台湾同胞。上述纳税义务人依据住所和居住时间两个标准，区分为居民纳税人和非居民纳税人，分别承担不同的纳税义务。

1. 居民纳税义务人

居民纳税义务人负有无限纳税义务。其所取得的应纳税所得，无论是来源于中国境内还是中国境外任何地方，都要在中国缴纳个人所得税。根据《个人所得税法》规定，居民纳税义务人是指在中国境内有住所，或者无住所而在中国境内居住满1年的个人。

在中国境内有住所的个人是指因户籍、家庭、经济利益关系而在中国境内习惯性居住的个人。这里所说的习惯性居住，是判定纳税义务人属于居民还是非居民的一个重要依据，它是指个人因学习、工作、探亲等原因消除之后，没有理由在其他地方继续居留时所要回到的地方，而不是指实际居住或在某一个特定时期内的居住地。一个纳税人因学习、工作、探亲、旅游等原因，原来是在中国境外居住，但是在这些原因消除之后，如果必须回到中国境内居住的，则中国为该人的习惯性居住地。尽管该纳税义务人在一个纳税年度内，甚至连续几个纳税年度都未在中国境内居住过1天，他仍然是中国居民纳税义务人，应就其来自全球的应纳税所得，向中国缴纳个人所得税。

在境内居住满1年是指在一个纳税年度（即公历1月1日起至12月31日止，下同）内，在中国境内居住满365日。在计算居住天数时，对临时离境应视同在华居住，不扣减其在华居住的天数。这里所说的临时离境，是指在一个纳税年度内，一次不超过30日或者多次累计不超过90日的离境。综上可知个人所得税的居民纳税义务人包括以下两类。

（1）在中国境内定居的中国公民和外国侨民。但不包括虽具有中国国籍，却并没有在中国内地定居，而是侨居海外的华侨和居住在香港、澳门、台湾的同胞。

（2）从公历1月1日起至12月31日止，居住在中国境内的外国人、海外侨胞和香港、澳门、台湾同胞。这些人如果在一个纳税年度内，一次离境不超过30日，或者多次离境累计不超过90日的,仍应被视为全年在中国境内居住,从而判定为居民纳税义务人。例如,一个外籍人员从2013年10月起到中国境内的公司任职,在2014纳税年度内,曾于3月7~12日离境回国,向其总公司述职,12月23日又离境回国欢度圣诞节和元旦。这两次离境时间相加,没有超过90日的标准,应视作临时离境,不扣减其在华居住天数。因此,该纳税义务人应为居民纳税人。

现行税法中关于"中国境内"的概念是指中国内地,目前还不包括香港、澳门和台湾地区。

2. 非居民纳税人

非居民纳税义务人,是指不符合居民纳税义务人判定标准(条件)的纳税义务人,非居民纳税义务人承担有限纳税义务,即仅就其来源于中国境内的所得,向中国缴纳个人所得税。《个人所得税法》规定,非居民纳税义务人是"在中国境内无住所又不居住或者无住所而在境内居住不满1年的个人"。也就是说,非居民纳税义务人是指习惯性居住地不在中国境内,而且不在中国居住,或者在一个纳税年度内,在中国境内居住不满1年的个人。在现实生活中,习惯性居住地不在中国境内的个人只有外籍人员、华侨或香港、澳门和台湾同胞。因此,非居民纳税义务人,实际上只能是在一个纳税年度中,没有在中国境内居住,或者在中国境内居住不满1年的外籍人员、华侨或香港、澳门、台湾同胞。

自2004年7月1日起,对境内居住的天数和境内实际工作期间按以下规定为准。

(1) 判定纳税义务及计算在中国境内居住的天数。

对在中国境内无住所的个人,需要计算确定其在中国境内居住天数,以便依照税法和协定或安排的规定判定其在华负有何种纳税义务时,均应以该个人实际在华逗留天数计算。上述个人入境、离境、往返或多次往返境内外的当日,均按1天计算其在华实际逗留天数。

(2) 对个人入、离境当日及计算在中国境内实际工作期间。

对在中国境内、境外机构同时担任职务或仅在境外机构任职的境内无住所个人,在按《国家税务总局关于在中国境内无住所的个人计算缴纳个人所得税若干具体问题的通知》(国税函发[1995]125号)第一条的规定计算其境内工作期间时,对其入境、离境、往返或多次往返境内外的当日,均按半天计算为在华实际工作天数。

自2000年1月1日起,个人独资企业和合伙企业投资者也为个人所得税的纳税义务人。

纳税人的纳税义务、判定标准与征税对象范围的对应关系可以概括为表7-1。

表7-1 个人所得税纳税人与征税范围对照

纳税义务人	判定标准(两条标准满足其一即可)	征税对象范围
居民纳税人 (负无限纳税义务)	(1) 在中国境内有住所的个人 (2) 在中国境内无住所,而在中国境内居住满一年的个人 其中:"居住满1年"是指在一个纳税年度(即公历1月1日起至12月31日止,下同)内,在中国境内居住365日;"临时离境"指一次离境不超过30日,多次离境不超过90日	境内所得 境外所得
非居民纳税人 (负有限纳税义务)	(1) 在中国境内无住所且不居住的个人 (2) 在中国境内无住所且居住不满一年的个人	境内所得

7.1.2 个人所得税的征税范围

个人所得税以个人取得的所得为课征对象,具体范围包括下列各项。

1. 工资、薪金所得

工资、薪金所得是指个人因任职或者受雇而取得的工资、薪金、奖金、年终加薪、劳动分红、津贴、补贴以及与任职或者受雇有关的其他所得,包括现金、有价证券和实物等。

一般来说,工资、薪金所得属于非独立个人劳动所得。非独立个人劳动是指个人所从事的是由他人指定、安排并接受管理的劳动,工作或服务于公司、工厂、行政、事业单位的人员(私营企业主除外)均为非独立劳动者。他们从上述单位取得的劳动报酬,是以工资、薪金的形式体现的,在这类报酬中,工资和薪金的收入主体略有差异。通常情况下,把直接从事生产、经营或服务的劳动者(工人)的收入称为工资,即所谓"蓝领阶层"所得;而将从事社会公职或管理活动的劳动者(公职人员)的收入称为薪金,即所谓"白领阶层"所得。但实际立法过程中,各国都从简便易行的角度考虑,将工资、薪金合并为一个项目计征个人所得税。

除工资、薪金以外,奖金、年终加薪、劳动分红、津贴、补贴也被确定为工资、薪金范畴。其中,年终加薪、劳动分红不分种类和取得情况,一律按工资、薪金所得课税,津贴、补贴等则有例外。根据我国目前个人收入的构成情况,规定对于一些不属于工资、薪金性质的补贴、津贴或者不属于纳税人本人工资、薪金所得项目的收入,不予征税。这些项目包括以下几种。

(1) 独生子女补贴。

(2) 执行公务员工资制度未纳入基本工资总额的补贴、津贴差额和家属成员的副食品补贴。

(3) 托儿补助费。

(4) 差旅费津贴、误餐补助。其中,误餐补助是指按照财政部规定,个人因公在城区、郊区工作,不能在工作单位或返回就餐的,根据实际误餐顿数,按规定的标准领取的误餐费。单位以误餐补助名义发给职工的补助、津贴不能包括在内。

奖金是指所有具有工资性质的奖金,免税奖金的范围在税法中另有规定。

关于企业减员增效和行政、事业单位、社会团体在机构改革过程中实行内部退养办法人员取得收入如何征税问题,现行规定如下。

(1) 实行内部退养的个人在其办理内部退养手续后至法定离退休年龄之间从原任职单位取得的工资、薪金,不属于离退休工资,应按"工资、薪金所得"项目计征个人所得税。

(2) 个人在办理内部退养手续后从原任职单位取得的一次性收入,应按办理内部退养手续后至法定离退休年龄之间的所属月份进行平均,并与领取当月的"工资、薪金"所得合并后减除当月费用扣除标准,以余额为基数确定适用税率,再将当月工资、薪金加上取得的一次性收入,减去费用扣除标准,按适用税率计征个人所得税。

(3) 个人在办理内部退养手续后至法定离退休年龄之间重新就业取得的"工资、薪金"所得,应与其从原任职单位取得的同一月份的"工资、薪金"所得合并,并依法自行向主管税务机关申报缴纳个人所得税。

参照2001年11月9日国税函[2001]832号批复的规定,公司职工取得的用于购买企业国有股权的劳动分红,按"工资、薪金所得"项目计征个人所得税。

出租汽车经营单位对出租车驾驶员采取单车承包或承租方式运营,出租车驾驶员从事客货营运取得的收入,按工资、薪金所得征税。

2. 个体工商户的生产、经营所得

个体工商户的生产、经营所得具体包括以下几个方面。

(1) 个体工商户从事工业、手工业、建筑业、交通运输业、商业、饮食业、服务业、修理业,以及其他行业生产、经营取得的所得。

(2) 个人经政府有关部门批准,取得执照,从事办学、医疗、咨询以及其他有偿服务活动取得的所得。

(3) 上述个体工商户和个人取得的与生产、经营有关的各项应纳税所得。

(4) 个人因从事彩票代销业务取得所得,应按"个体工商户的生产、经营所得"项目计征个人所得税。

(5) 从事个体出租车运营的出租车驾驶员取得的收入,按个体工商户的生产、经营所得项目缴纳个人所得税。

出租车属个人所有,但挂靠出租汽车经营单位或企事业单位,驾驶员向挂靠单位缴纳管理费的,或出租汽车经营单位将出租车所有权转移给驾驶员的,出租车驾驶员从事客货运营取得的收入,比照个体工商户的生产、经营所得项目征税。

(6) 个体工商户和从事生产、经营的个人,取得与生产、经营活动无关的其他各项应税所得,应分别按照其他应税项目的有关规定,计算征收个人所得税。如取得银行存款的利息所得、对外投资取得的股息所得,应按"股息、利息、红利"税目的规定单独计征个人所得税。

(7) 个人独资企业、合伙企业的个人投资者以企业资金为本人、家庭成员及其相关人员支付与企业生产经营无关的消费性支出及购买汽车、住房等财产性支出,视为企业对个人投资者利润分配,并入投资者个人的生产经营所得。依照"个体工商户的生产经营所得"项目计征个人所得税。

(8) 其他个人从事个体工商业生产、经营取得的所得。

个体工商户的上述生产、经营所得实际上可以分为两类:一类是纯生产、经营所得,它是指个人直接从事工商各行业生产、经营活动而取得的生产性、经营性所得以及有关的其他所得;另一类是独立劳动所得。所谓独立劳动,是指个人所从事的是由自己自由提供的、不受他人指定、安排和具体管理的劳动。例如,私人诊所的医生、私人会计师事务所的会计师,以及独立从事教学、文艺等活动的个人均为独立劳动者,他们的收入具有不确定性。在国际税收协定中,也将独立的个人劳务严格界定为从事独立的科学、文学、艺术、教育或教学活动,以及医师、律师、工程师、建筑师、牙医师和会计师的独立活动。

严格来说，个体工商户的劳动虽然也属于独立劳动，但没有包括在人们通常所说的"独立劳动"之内。

3. 对企事业单位的承包经营、承租经营所得

对企事业单位的承包、承租经营所得是指个人对企事业单位承包、承租经营以及转包、转租取得的所得，包括个人按月或者按次取得的工资、薪金性质的所得。承包项目包括如生产经营、采购、销售、建筑安装等各种形式。转包包括全部转包或部分转包。

个人对企事业单位的承包、承租经营分配方式大体上可以分为两类。

(1) 个人对企事业单位承包、承租经营后，工商登记改变为个体工商户的经营所得，属于个体工商户的生产、经营所得，应按个体工商户的生产、经营所得项目征收个人所得税，不再征收企业所得税。

(2) 个人对企事业单位承包、承租经营后，工商登记仍为企业的，不论其分配方式如何，均应先按照企业所得税的有关规定缴纳企业所得税。然后根据承包、承租经营者按合同(协议)规定取得的所得，依照个人所得税法的有关规定缴纳个人所得税。具体为：①承包、承租人对企业经营成果不拥有所有权，仅按合同(协议)规定取得一定所得的，应按工资、薪金所得项目征收个人所得税；②承包、承租人按合同(协议)规定只向发包方、出租人交纳一定费用，交纳承包、承租费后的企业的经营成果归承包、承租人所有的，其取得的所得，按企事业单位承包、承租经营所得项目征收个人所得税。

外商投资企业采取发包、出租经营且经营人为个人的，对经营人从外商投资企业分享的收益或取得的所得，亦按照个人对企事业单位的承包、承租经营所得征收个人所得税。

4. 劳务报酬所得

劳务报酬所得指个人独立从事各种非雇佣的各种劳务所取得的所得，内容如下。

(1) 设计，指按照客户的要求，代为制定工程、工艺等各类设计业务。

(2) 装潢，指接受委托，对物体进行装饰、修饰，使之美观或具有特定用途的作业。

(3) 安装，指按照客户要求，对各种机器、设备的装配、安置，以及与机器、设备相连的附属设施的装设和被安装机器设备的绝缘、防腐、保温、油漆等工程作业。

(4) 制图，指受托按实物或设想物体的形象，依体积、面积、距离等，用一定比例绘制成平面图、立体图、透视图等的业务。

(5) 化验，指受托用物理或化学的方法检验物质的成分和性质等业务。

(6) 测试，指利用仪器仪表或其他手段代客对物品的性能和质量进行检测试验的业务。

(7) 医疗，指从事各种病情诊断、治疗等医护业务。

(8) 法律，指受托担任辩护律师、法律顾问，撰写辩护词、起诉书等法律文书的业务。

(9) 会计，指受托从事会计核算的业务。

(10) 咨询，指对客户提出的政治、经济、科技、法律、会计、文化等方面的问题进行解答、说明的业务。

(11) 讲学，指应邀(聘)进行讲课、作报告、介绍情况等业务。

(12) 新闻，指提供新闻信息、编写新闻消息等业务。

(13) 广播，指从事播音等劳务。

(14) 翻译，指受托从事中、外语言或文字的翻译(包括笔译和口译)等业务。

(15) 审稿，指对文字作品或图形作品进行审查、核对等业务。

(16) 书画，指按客户要求，或自行从事书法、绘画、题词等业务。

(17) 雕刻，指代客镌刻图章、牌匾、碑、玉器、雕塑等业务。

(18) 影视，指应邀或应聘在电影、电视节目中出任演员，或担任导演、音响、化妆、道具、制作、摄影等与拍摄影视节目有关的业务。

(19) 录音，指用录音器械代客录制各种音响带的业务，或者应邀演讲、演唱、采访而被录音的服务等。

(20) 录像，指用录像器械代客录制各种图像、节目的业务，或者应邀表演、采访被录像的业务等。

(21) 演出，指参加戏剧、音乐、舞蹈、曲艺等文艺演出活动的业务。

(22) 表演，指从事杂技、体育、武术、健美、时装、气功以及其他技巧性表演活动的业务等。

(23) 广告，指利用图书、报纸、杂志、广播、电视、电影、招贴、路牌、橱窗、霓虹灯、灯箱、墙面及其他载体，为介绍商品、经营服务项目、文体节目或通告、声明等事项所做的宣传和提供相关服务的业务。

(24) 展览，指举办或参加书画展、影展、盆景展、邮展、个人收藏品展、花鸟虫鱼展等各种展示活动的业务。

(25) 技术服务，指利用一技之长而进行技术指导、提供技术帮助等业务。

(26) 介绍服务，指介绍供求双方商谈，或者介绍产品、经营服务项目等服务的业务。

(27) 经纪服务，指经纪人通过居间介绍，促成各种交易和提供劳务等服务的业务。

(28) 代办服务，指代委托人办理受托范围内的各项事宜的业务。

(29) 其他劳务，指上述列举 28 项劳务项目之外的各种劳务。

自 2004 年 1 月 20 日起，对商品营销活动中，企业和单位对其营销业绩突出的非雇员以培训班、研讨会、工作考察等名义组织旅游活动，通过免收差旅费、旅游费对个人实行的营销业绩奖励(包括实物、有价证券等)的，应根据所发生费用的全额作为该营销人员当期的劳务收入，按照"劳务报酬所得"项目征收个人所得税，并由提供上述费用的企业和单位代扣代缴。

在实际操作过程中，还可能出现难以判定一项所得是属于工资、薪金所得，还是属于劳务报酬所得的情况。这两者的区别在于：工资、薪金所得是属于非独立个人劳务活动，即在机关、团体、学校、部队、企业、事业单位及其他组织中任职、受雇而得到的报酬；而劳务报酬所得，则是个人独立从事各种技艺、提供各项劳务取得的报酬。

5. 稿酬所得

稿酬所得是指个人因其作品被以图书、报刊形式出版、发表而取得的所得。

将稿酬所得独立划归一个征税项目,而不是归为劳务报酬所得,主要是考虑了出版、发表作品的特殊性。首先,以图书、报刊的形式出版、发表是一种较高智力创作的精神产品;其次,出版、发表具有普遍性;再次,它与社会主义精神文明和物质文明密切相关;最后,它的稿酬相对较低。因此,稿酬所得应当与一般的劳务报酬相区别,并给予适当优惠照顾。

6. 特许权使用费所得

特许权使用费所得,是指个人提供专利权、商标权、著作权、非专利技术以及其他特许权的使用权取得的所得。提供著作权的使用权取得的所得不包括稿酬所得。

专利权是由国家专利主管机关依法授予专利申请人或其权利继承人在一定期间内实施其发明创造的专有权。对于专利权,许多国家只将提供他人使用取得的所得,列入特许权使用费,而将转让专利权所得列为资本利得税的征税对象。我国没有开征资本利得税,故将个人提供和转让专利权取得的所得都列入特许权使用费所得征收个人所得税。

商标权,即商标注册人享有的商标专用权。著作权,即版权,是作者依法对文学、艺术和科学作品享有的专有权。个人提供或转让商标权、著作权、专有技术或技术秘密、技术诀窍取得的所得,应当依法缴纳个人所得税。

7. 利息、股息、红利所得

利息、股息、红利所得是指个人拥有债权、股权而取得的利息、股息、红利所得。利息是指个人拥有债权而取得的报酬。包括存款利息、贷款利息和各种债券的利息。按税法规定,个人取得的利息所得,除国债和国家发行的金融债券利息外,应当依法缴纳个人所得税。股息、红利指个人拥有股权取得的股息、红利。按照一定的比率对每股发给的息金叫股息;公司、企业应分配的利润按股份分配的叫红利。股息、红利所得,除另有规定外,都应当缴纳个人所得税。

除个人独资企业、合伙企业以外的其他企业的个人投资者,以企业资金为本人、家庭成员及其相关人员支付与企业生产经营无关的消费性支出及购买汽车、住房等财产性支出,视为企业对个人投资者的红利分配,依照"利息、股息、红利所得"项目计征个人所得税。企业的上述支出不允许在所得税前扣除。

纳税年度内个人投资者从其投资企业(个人独资企业、合伙企业除外)借款,在该纳税年度终了后既不归还又未用于企业生产经营的,其未归还的借款可视为企业对个人投资者的红利分配,依照"利息、股息、红利所得"项目计征个人所得税。

个人在个人银行结算账户的存款自 2003 年 9 月 1 日起孳生的利息,应按"利息、股息、红利所得"项目计征个人所得税,税款由办理个人银行结算账户业务的储蓄机构在结付利息时代扣代缴。2008 年 10 月 9 日起,暂免征收。

8. 财产租赁所得

财产租赁所得是指个人出租建筑物、土地使用权、机器设备、车船以及其他自有财产而取得的所得。

个人取得的财产转租收入,属于"财产租赁所得"的征税范围,由财产转租人缴纳个人所得税。在确认纳税义务人时,应以产权凭证为依据;对无产权凭证的,由主管税务机关根据实际情况确定。产权所有人死亡,在未办理产权继承手续期间,该财产出租而有租金收入的,以领取租金的个人为纳税义务人。

9. 财产转让所得

财产转让所得是指个人转让有价证券、股权、建筑物、土地使用权、机器设备、车船,以及其他财产取得的所得。

在现实生活中,个人进行的财产转让主要是个人财产所有权的转让。财产转让实际上是一种买卖行为,当事人双方通过签订、履行财产转让合同,形成财产买卖的法律关系,使出让财产的个人从对方取得价款(收入)或其他经济利益。财产转让所得因其性质的特殊性,需要单独列举项目征税。对个人取得的各项财产转让所得,除股票转让所得外,都要征收个人所得税。具体规定如下。

1) 股票转让所得

根据《个人所得税法实施条例》规定,对股票所得征收个人所得税的办法,由财政部另行制定,报国务院批准施行。鉴于我国证券市场发育还不成熟,股份制还处于试点阶段,对股票转让所得的计算、征税办法和纳税期限的确认等都需要做深入的调查研究后,结合国际通行的做法,作出符合我国实际的规定。因此,国务院决定,对股票转让所得暂不征收个人所得税。

2) 量化资产股份转让

集体所有制企业在改制为股份合作制企业时,对职工个人以股份形式取得的拥有所有权的企业量化资产,暂缓征收个人所得税;待个人将股份转让时,就其转让收入额,减除个人取得该股份时实际支付的费用和合理转让费用后的余额,按"财产转让所得"项目计征个人所得税。

3) 个人出售自有住房所得

(1) 根据《个人所得税法》的规定,个人出售自有住房取得的所得应按照"财产转让所得"项目征收个人所得税。应纳税所得税额按下列原则确定。

① 个人出售除已购公有住房以外的其他自有住房,其应纳税所得额按照个人所得税法的有关规定确定。

② 个人出售已购公有住房,其应纳税所得额为个人出售已购公有住房的销售价,减除住房面积标准的经济适用房价款、原支付超过住房面积标准的房价款、向财政或原产权单位缴纳的所得收益以及税法规定的合理费用后的余额。

已购公有住房是指城镇职工根据国家和县级(含县级)以上人民政府有关城镇住房制度改革政策规定,按照成本价(或标准价)购买的公有住房。

经济适用住房价格按县级(含县级)以上地方人民政府规定的标准确定。

③ 职工以成本价(或标准价)出资的集资合作建房、安居工程住房、经济适用住房,以及拆迁安置住房,比照已购公有住房确定应纳税所得额。

(2) 为鼓励个人换购住房,对出售自有住房并拟在现住房出售后 1 年内按市场价重新购房的纳税人,其出售现住房所应缴纳的个人所得税,视其重新购房的价值可全部或部分予以免税。具体办法如下。

① 个人出售现住房所应缴纳的个人所得税税款,应在办理产权过户手续前,以纳税保证金形式向当地主管税务机关缴纳。税务机关在收取纳税保证金时,应向纳税人正式开具"中华人民共和国纳税保证金收据",并纳入专户存储。

② 个人出售现住房后1年内重新购房的,按照购房金额大小相应退还纳税保证金。购房金额大于或等于原住房销售额(原住房为已购公有住房的,原住房销售额应扣除已按规定向财政或原产权单位缴纳的所得收益,下同)的,全部退还纳税保证金;购房金额小于原住房销售额的,按照购房金额占原住房销售额的比例退还纳税保证金,余额作为个人所得税缴入国库。

③ 个人出售现住房后1年内未重新购房的,所缴纳的纳税保证金全部作为个人所得税缴入国库。

④ 个人在申请退还纳税保证金时,应向主管税务机关提供合法、有效的售房、购房合同和主管税务机关要求提供的其他有关证明材料,经主管税务机关审核确认后方可办理纳税保证金退还手续。

⑤ 跨行政区域售、购住房又符合退还纳税保证金条件的个人,应向纳税保证金缴纳地主管税务机关申请退还纳税保证金。

(3) 企事业单位将自建住房以低于购置或建造成本价格销售给职工的个人所得税的征税规定如下。

① 根据住房制度改革政策的有关规定,国家机关、企事业单位及其他组织(以下简称单位)在住房制度改革期间,按照所在地县级以上人民政府规定的房改成本价格向职工出售公有住房,职工因支付的房改成本价格低于房屋建造成本价格或市场价格而取得的差价收益,免征个人所得税。

② 除上述符合规定的情形外,根据《中华人民共和国个人所得税法》及其实施条例的有关规定,单位按低于购置或建造成本价格出售住房给职工,职工因此而少支出的差价部分,属于个人所得税应税所得,应按照"工资、薪金所得"项目缴纳个人所得税。

其中"差价部分"是指职工实际支付的购房价款低于该房屋的购置或建造成本价格的差额。

③ 对职工取得的上述应税所得,比照《国家税务总局关于调整个人取得全年一次性奖金等计算征收个人所得税方法问题的通知》(国税发[2005]9号)规定的全年一次性奖金的征税办法,计算征收个人所得税;即先将全部所得数额除以12,按其商数并根据个人所得税法规定的税率表确定适用的税率和速算扣除数,再根据全部所得数额、适用的税率和速算扣除数,按照税法规定计算征税。此前未征税款不再追征,已征税款不予退还。

(4) 对个人转让自用5年以上并且是家庭唯一生活用房取得的所得,继续免征个人所得税。

(5) 为了确保有关住房转让的个人所得税政策得到全面、正确的实施,各级房地产交易管理部门应与税务机关加强协作、配合,主管税务机关需要有关本地区房地产交易情况的,房地产交易管理部门应及时提供。

(6) 个人现自有住房房产证登记的产权人为1人,在出售后1年内又以产权人配偶名义或产权人夫妻双方名义按市场价重新购房的,产权人出售住房所得应缴纳的个人所得税,可以按照《财政部 国家税务总局 建设部关于个人出售住房所得征收个人所得税有关问题的通知》(财税字[1999]278号)第三条的规定,全部或部分予以免税;以其他人名义按市场价重新购房的,产权人出售住房所得应缴纳的个人所得税,不予免税。

10. 偶然所得

偶然所得是指个人得奖、中奖、中彩以及取得其他带有偶然性质的所得。得奖是指参加各种有奖竞赛活动取得名次得到的奖金;中奖、中彩是指参加各种有奖活动,如有奖销售、有奖储蓄,或者购买彩票,经过规定程序,抽中、摇中号码而取得的奖金。偶然所得应缴纳的个人所得税税款,一律由发奖单位或机构代扣代缴。

11. 经国务院财政部门确定征税的其他所得

除上述列举的各项个人应税所得外,其他确有必要征税的个人所得,由国务院财政部门确定。个人取得的所得难以界定应纳税所得项目的,由主管税务机关确定。

7.1.3 个人所得税的税收优惠政策

自我国开征个人所得税以来,为适应经济形势的发展需要,体现对纳税人的支持、鼓励和照顾,国家对纳税人因特定行为取得的所得和特定纳税人取得的所得给予了税收优惠,具体有如下内容。

1. 免征个人所得税的优惠

《个人所得税法》所列的法定免征个人所得税的项目包括以下几种。

(1) 省级人民政府、国务院部委和中国人民解放军以上单位,以及外国组织、国际组织颁发的科学、教育、技术、文化、卫生、体育、环境保护等方面的奖金。

(2) 国债和国家发行的金融债券利息。这里所说的国债利息,是指个人持有中华人民共和国财政部发行的债券而取得的利息所得;所说的国家发行的金融债券利息,是指个人持有的经国务院批准发行的金融债券而取得的利息所得。

(3) 按照国家统一规定发给的补贴、津贴。这里所说的按照国家统一规定发给的补贴、津贴,是指按照国务院规定发给的政府特殊津贴和国务院规定免纳个人所得税的补贴、津贴。如发给中国科学院资深院士和中国工程院资深院士每人每年1万元的资深院士津贴免予征收个人所得税。

(4) 福利费、抚恤金、救济金。这里所说的福利费是指根据国家有关规定,从企业、事业单位、国家机关、社会团体提留的福利费或者工会经费中支付给个人的生活补助费;所说的救济金是指国家民政部门支付给个人的生活困难补助费。

(5) 保险赔款。

(6) 军人的转业费、复员费。

(7) 按照国家统一规定发给干部、职工的安家费、退职费、退休工资、离休工资、离休生活补助费。

(8) 依照我国有关法律规定应予免税的各国驻华使馆、领事馆的外交代表、领事官员和其他人员的所得。

(9) 中国政府参加的国际公约、签订的协议中规定免税的所得。

(10) 发给见义勇为者的奖金。对乡、镇（含乡、镇）以上人民政府或经县（含县）以上人民政府主管部门批准成立的有机构、有章程的见义勇为基金或者类似性质组织，奖励见义勇为者的奖金或奖品，经主管税务机关核准，免征个人所得税。

(11) 企业和个人按照省级以上人民政府规定的比例提取并缴付的住房公积金、医疗保险金、基本养老保险、失业保险；个人领取的原提存的住房公积金、医疗保险金、基本养老保险。

(12) 对个人取得的教育储蓄存款利息所得以及国务院财政部门确定的其他专项储蓄存款或储蓄性专项基金存款的利息所得，免征个人所得税。

(13) 储蓄机构内从事代扣代缴工作的办税人员取得的扣缴利息税手续费所得，免征个人所得税。

(14) 生育妇女按照县级以上人民政府根据国家有关规定制定的生育保险办法，取得的生育津贴、生育医疗费或其他属于生育保险性质的津贴、补贴，免征个人所得税。

(15) 对工伤职工及其近亲属按照《工伤保险条例》规定取得的工伤保险待遇，免征个人所得税。工伤保险待遇，包括工伤职工按照该条例规定取得的一次性伤残补助金、伤残津贴、一次性工伤医疗补助金、一次性伤残就业补助金、工伤医疗待遇、住院伙食补助费、外地就医交通食宿费用、工伤康复费用、辅助器具费用、生活护理费等，以及职工因死亡，其近亲属按照该条例规定取得的丧葬补助金、供养亲属抚恤金和一次性工亡补助金等。

(16) 对达到离休、退休年龄，但确因工作需要，适当延长离休退休年龄的高级专家，从其劳动人事关系所在单位取得的，单位按国家有关规定向职工统一发放的工资、薪金、奖金、津贴、补贴等收入，视同离休、退休工资，免征个人所得税；除上述收入以外各种名目的津补贴收入等，以及高级专家从其劳动人事关系所在单位之外的其他地方取得的讲课费、稿酬等各种收入，依法计征个人所得税。

延长离休退休年龄的高级专家是指：享受国家发放的政府特殊津贴的专家、学者；中国科学院、中国工程院院士。

(17) 个人通过扣缴单位统一向灾区的捐赠，由扣缴单位凭政府机关或非营利组织开具的汇总捐赠凭据、扣缴单位记载的个人捐赠明细表等，由扣缴单位在代扣代缴税款时，依法据实扣除。

个人直接通过政府机关、非营利组织向灾区的捐赠，采取扣缴方式纳税的，捐赠人应及时向扣缴单位出示政府机关、非营利组织开具的捐赠凭据，由扣缴单位在代扣代缴税款时，依法据实扣除；个人自行申报纳税的，税务机关凭政府机关、非营利组织开具的接受捐赠凭据，依法据实扣除。

扣缴单位在向税务机关进行个人所得税全员全额扣缴申报时，应一并报送由政府机关或非营利组织开具的汇总接受捐赠凭据(复印件)、所在单位每个纳税人的捐赠总额和当期扣除的捐赠额。

(18) 经国务院财政部门批准免税的所得。

2. 暂免征收个人所得税的优惠

(1) 外籍个人以非现金形式或实报实销形式取得的住房补贴、伙食补贴、搬迁费、洗衣费等。

(2) 外籍个人按合理标准取得的境内、外出差补贴等。

(3) 外籍个人取得的探亲费、语言训练费、子女教育费等，经当地税务机关审核批准为合理的部分。可以享受免征个人所得税优惠的探亲费，仅限于外籍个人在我国的受雇地与其家庭所在地(包括配偶或父母居住地)之间搭乘交通工具，且每年不超过两次的费用。

(4) 个人举报、协查各种违法、犯罪行为而获得的奖金。

(5) 个人办理代扣代缴税款手续，按规定取得的扣缴手续费。

(6) 个人转让自用达5年以上并且是唯一的家庭居住用房取得的所得。

(7) 对按《国务院关于高级专家离休退休若干问题的暂行规定》和《国务院办公厅关于杰出高级专家暂缓离休审批问题的通知》精神，达到离休、退休年龄，但确因工作需要，适当延长离休、退休年龄的高级专家(指享受国家发放的政府特殊津贴的专家、学者)，其在延长离休、退休期间的工资、薪金所得，视同退休工资、离休工资，免征个人所得税。

(8) 外籍个人从外商投资企业取得的股息、红利所得。

(9) 凡符合下列条件之一的外籍专家取得的工资、薪金所得可免征个人所得税。

① 根据世界银行专项贷款协议由世界银行直接派往我国工作的外国专家。

② 联合国组织直接派往我国工作的专家。

③ 为联合国援助项目来华工作的专家。

④ 援助国派往我国专为该国无偿援助项目工作的专家。

⑤ 根据两国政府签订文化交流项目来华工作两年以内的文教专家，其工资、薪金所得由该国负担的。

⑥ 根据我国大专院校国际交流项目来华工作两年以内的文教专家，其工资、薪金所得由该国负担的。

⑦ 通过民间科研协定来华工作的专家，其工资、薪金所得由该国政府机构负担的。

(10) 股权分置改革中非流通股股东通过对价方式向流通股股东支付的股份、现金等收入，暂免征收流通股股东应缴纳的个人所得税。

(11) 对被拆迁人按照国家有关城镇房屋拆迁管理办法规定的标准取得的拆迁补偿款，免征个人所得税。

(12) 个人取得单张有奖发票奖金所得不超过800元(含800元)的，暂免征收个人所得税；个人取得单张有奖发票奖金所得超过800元的，应全额按照个人所得税法规定的"偶然所得"项目征收个人所得税。

(13) 自 2006 年 6 月 1 日起，对保险营销员佣金中的展业成本免征个人所得税；对佣金中的劳务报酬部分，扣除实际缴纳的营业税及附加后，依照税法有关规定计算征收个人所得税。保险营销员的佣金由展业成本和劳务报酬构成，所谓"展业成本"即营销费，根据目前保险营销员展业的实际情况，佣金中展业成本的比例暂定为 40%。

(14) 高等学校教学名师奖奖金，免予征收个人所得税。高等学校教学名师奖获奖人数为 100 人，每人奖金 2 万元。

3. 减征个人所得税的优惠

以下 3 项经主管税务机关批准后可实行减征个人所得税。
(1) 残疾、孤老人员和烈属的所得。
(2) 因严重自然灾害造成重大损失的。
(3) 其他经国务院财政部门批准减税的。

4. 对在中国境内无住所但在境内居住 1 年以上、不到 5 年的纳税人的减免税优惠

《个人所得税法实施条例》规定：在中国境内无住所，但是居住 1 年以上 5 年以下的个人，其来源于中国境外的所得，经主管税务机关批准，可以只就由中国境内公司、企业以及其他经济组织或者个人支付的部分缴纳个人所得税；居住超过 5 年的个人，从第 6 年起，应当就其来源于中国境内外的全部所得缴纳个人所得税。

1995 年 9 月 16 日，财政部、国家税务总局又发出通知，对执行上述规定时 5 年期限的计算问题作了以下明确规定。

1) 关于 5 年期限的具体计算

个人在中国境内居住满 5 年是指个人在中国境内连续居住满 5 年，即在连续 5 年中的每一纳税年度内均居住满 1 年。

2) 关于个人在华居住满 5 年以后纳税义务的确定

个人在中国境内居住满 5 年后，从第 6 年起的以后年度中，凡在境内居住满 1 年的应当就其来源于境内、境外的所得申报纳税；凡在境内居住不满 1 年的，则仅就该年内来源于境内的所得申报纳税。如该个人在第 6 年起以后的某一纳税年度内在境内居住不足 90 日，可以按《个人所得税法实施条例》第七条的规定确定纳税义务，并从再次居住满 1 年的年度起重新计算 5 年期限。

3) 关于计算 5 年期限的起始日期

个人在境内是否居住满 5 年，自 1994 年 1 月 1 日起开始计算。

5. 对在中国境内无住所，但在一个纳税年度中在中国境内居住不超过 90 日的纳税人的减免税优惠

《个人所得税法实施条例》规定：在中国境内无住所但是在一个纳税年度中在中国境内连续或者累计居住不超过 90 日的个人，其来源于中国境内的所得，由境外雇主支付并且不由该雇主在中国境内的机构、场所负担的部分，免予缴纳个人所得税。

6. 个人所得税减免的一般程序

(1) 纳税人向主管税务机关提出书面申请并提供有关资料证明。

(2) 基层主管税务机关对纳税人进行初步审核,形成书面调查报告并向上一级税务机关报送申请资料。

(3) 上级税务机关对下级机关报送的资料进行审核后提交审理委员会审议。

7.1.4 个人所得税的纳税地点和纳税申报期限

1. 个人所得税的纳税地点

按照规定,纳税人在两处以上取得工资、薪金所得的和没有扣缴义务人的,应当在取得所得当地的主管税务机关申报纳税;从境外取得所得的,应当向境内户籍所在地或者经常居住地的主管税务机关申报纳税。

2. 个人所得税的纳税申报期限

(1) 扣缴义务人每月所扣缴的税款、自行申报纳税人每月应纳的税款都应当在次月7日之内缴入国库,并向当地主管税务机关报送纳税申报表。

(2) 工资、薪金所得应纳税款按月计征,由扣缴义务人或者纳税人在次月7日之内缴入国库,并向当地主管税务机关报送纳税申报表。特定行业的工资、薪金所得应纳税款,可以根据国家有关规定按年计算,分月预缴,年终汇算清缴,多退少补。

(3) 个体工商户的生产经营所得应纳税款按年计算,分月预缴,由纳税义务人在次月7日内预缴,年度终了后3个月内汇算清缴,多退少补。

(4) 对企事业单位的承包经营、租赁经营所得应纳税款按年计算,由纳税义务人在年度终了后30日内缴入国库,并向当地主管税务机关报送纳税申报表。纳税义务人在1年内分次取得承包经营、租赁经营所得的,应当在取得每次所得后7日内预缴,年度终了后30日内汇算清缴,多退少补。

(5) 从我国境外取得所得的纳税义务人,应当在年度终了后30日内将应纳的税款缴入国库,并向当地主管税务机关报送纳税申报表。

7.2 个人所得税应纳税额的计算

对个人所得税的征收,国际上通行两种方法,即总额课征和分项课征。我国采取分项课征:对工资、薪金所得以7级超额累进税率计征;对劳务报酬、稿酬、特许权使用费、财产租赁、财产转让以及利息、股息、红利所得等采用比例税率计征;而对个体工商户生产经营所得、对企事业单位承包、承租经营所得采用5级超额累进税率计征。对各项所得相关费用的扣除,也都采取了分项计算的方法。各征税项目适用税率及征税规则可概括见表7-2。

表7-2 个人所得税征税项目的适用税率及征税规则一览表

征税项目	计税依据和费用扣除	税率	计税方法	计税公式
工资、薪金所得	应纳税所得额＝月工薪收入－3 500元 外籍、港澳台在华人员及其他特殊人员附加减除费用1 300元 对经营成果不拥有所有权的承包经营、承租经营所得视同工资薪金计税	七级超额累进税率	按月计税	应纳税额＝应纳税所得额×适用税率－速算扣除数
个体工商户生产、经营所得	应纳税所得额＝全年收入总额－成本、费用以及损失	五级超额累进税率	按年计算分月缴纳	
对企事业单位承包、承租经营所得	应纳税所得额＝纳税年度收入总额－必要费用(每月3 500元)对经营成果拥有所有权		按年计算分次缴纳	
劳务报酬所得	每次收入不足4 000元的： 应纳税所得额＝每次收入额－800 每次收入4 000元以上的： 应纳税所得额＝每次收入额×(1－20%)	20%比例税率	按次纳税 特殊规定： ① 劳务报酬所得实行超额累进加征； ② 稿酬所得减征30%； ③ 个人出租住房(用于居住)取得的所得减按10%的税率征收	① 应纳税额＝应纳税所得额×20% ② 劳务报酬所得超额累进加征： 应纳税额＝应纳税所得额×适用税率－速算扣除数 ③ 稿酬所得减征： 应纳税额＝应纳税所得额×20%×(1－30%)
稿酬所得				
特许权使用费所得				
财产租赁所得				
财产转让所得	应纳税所得额＝转让收入－财产原值－合理费用			
利息、股息、红利所得	来自上市公司的股息、红利减按50%计算应纳税所得额；利息所得和来自非上市公司股息、红利按收入总额为应纳税所得额 2008年10月9日(含)起，对储蓄存款利息所得暂免征收个人所得税			
偶然所得	按收入总额计税，不扣费用			
其他所得				

7.2.1 工资、薪金所得应纳税额的计算

1. 税率

工资、薪金所得采用超额累进税率，税率为3%～45%，具体见表7-3。

其中，速算扣除数是指在采用超额累进税率征税的情况下，根据超额累进税率表中划分的应纳税所得额级距和税率，先用全额累进方法计算出税额，再减去用超额累进方法计算的应征税额以后的差额。当超额累进税率表中的级距和税率确定后，各级速算扣除数也

表7-3 工资、薪金所得适用的个人所得税税率

级数	全月应纳税所得额		税率/%	速算扣除数/元
	含税级距	不含税级距		
1	不超过1 500元的	不超过1 455元的	3	0
2	超过1 500~4 500元的部分	超过1 455~4 155元的部分	10	105
3	超过4 500~9 000元的部分	超过4 155~7 755元的部分	20	555
4	超过9 000~35 000元的部分	超过7 755~27 255元的部分	25	1 005
5	超过35 000~55 000元的部分	超过27 255~41 255元的部分	30	2 755
6	超过55 000~80 000元的部分	超过41 255~57 505元的部分	35	5 505
7	超过80 000元的部分	超过57 505元的部分	45	13 505

注:本表所称全月应纳税所得额是指依照税法的规定,以每月收入额减除费用3 500元后的余额或者减除附加减除费用后的余额。

固定不变,成为计算应纳税额时的常数。

2. 应纳税所得额的计算

1) 费用减除标准

按税法规定,工资、薪金所得以每月收入额减除费用3 500元后的余额(2011年9月1日前每月2 000元、2008年3月1日前每月1 600元)为应纳税所得额。

上面讲到的计算个人应纳税所得额的费用减除标准,对所有纳税人都是普遍适用。但考虑到外籍人员和在境外工作的中国公民的生活水平比国内公民要高,而且,我国汇率的变化情况对他们的工资、薪金所得也有一定的影响。为了不因征收个人所得税而加重他们的负担,现行税法对外籍人员和在境外工作的中国公民的工资、薪金所得增加了附加减除费用的照顾。

按照税法的规定,对在中国境内无住所而在中国境内取得工资、薪金所得的纳税义务人和在中国境内有住所而在中国境外取得工资、薪金所得的纳税义务人,可以根据其平均收入水平、生活水平以及汇率变化情况确定附加减除费用,附加减除费用适用的范围和标准由国务院规定。

国务院在发布的《个人所得税法实施条例》中对附加减除费用适用的范围和标准作了具体规定。

(1) 附加减除费用适用的范围包括以下几种。

① 在中国境内的外商投资企业和外国企业中工作取得工资、薪金所得的外籍人员。

② 应聘在中国境内的企业、事业单位、社会团体、国家机关中工作取得工资、薪金所得的外籍专家。

③ 在中国境内有住所而在中国境外任职或者受雇取得工资、薪金所得的个人。

④ 财政部确定的取得工资、薪金所得的其他人员。

(2) 附加减除费用标准。

上述适用范围内的人员每月工资、薪金所得在减除 3 500 元费用的基础上,再减除 1 300 元。

(3) 华侨和香港、澳门、台湾同胞参照上述附加减除费用标准执行。

2) 应纳税额的计算

每月取得工资收入后,先减去个人承担的基本养老保险金、医疗保险金、失业保险金,以及按省级政府规定标准缴纳的住房公积金,再减去费用扣除额 3 500 元/月(来源于境外的所得以及外籍人员、华侨和香港、澳门、台湾同胞在中国境内的所得每月可减除费用 4 800 元)为应纳税所得额,按 3% 至 45% 的 7 级超额累进税率计算缴纳个人所得税。

因此,对于工资、薪金所得应纳税额的计算公式为:

应纳税额＝应纳税所得额×适用税率－速算扣除数
　　　　＝(每月收入额－3 500 或 4 800 元)×适用税率－速算扣除数

例 7.1 某中国公民 2014 年 5 月工资薪金收入为 3 700 元人民币,该纳税人不适用附加减除费用的规定。计算该公民当月应纳的个人所得税额。

有关计算为:

应纳税额＝(3 700－3 500)×3%－0＝6(元)

例 7.2 某一法国专家(假设为非居民纳税人)2014 年 8 月取得工资收入 20 800 元人民币。计算该专家当月应纳的个人所得税额。

有关计算为

应纳税所得额＝20 800－4 800＝16 000(元)
应纳税额＝16 000×25%－1 005＝2 995(元)

3. 对个人取得全年一次性奖金等计算征收个人所得税的方法

全年一次性奖金是指行政机关、企事业单位等扣缴义务人根据其全年经济效益和对雇员全年工作业绩的综合考核情况,向雇员发放的一次性奖金。一次性奖金也包括年终加薪、实行年薪制和绩效工资办法的单位根据考核情况兑现的年薪和绩效工资。

纳税人取得的全年一次性奖金,单独作为 1 个月工资、薪金所得计算纳税,自 2005 年 1 月 1 日起按以下计税办法,由扣缴义务人发放时代扣代缴。

(1) 先将雇员当月内取得的全年一次性奖金除以 12 个月,按其商数确定适用税率和速算扣除数。

如果在发放年终一次性奖金的当月,雇员当月工资薪金所得低于税法规定的费用扣除额,应将全年一次性奖金减除"雇员当月工资薪金所得与费用扣除额的差额"后的余额,按上述办法确定全年一次性奖金的适用税率和速算扣除数。

(2) 将雇员个人当月内取得的全年一次性奖金,按上述第 1 条确定的适用税率和速算扣除数计算征税,计算公式如下。

① 如果雇员当月工资薪金所得高于(或等于)税法规定的费用扣除额的,适用公式为:

应纳税额＝雇员当月取得全年一次性奖金×适用税率－速算扣除数

② 如果雇员当月工资薪金所得低于税法规定的费用扣除额的,适用公式为:

应纳税额＝(雇员当月取得全年一次性奖金－雇员当月工资薪金所得与费用扣除额的差额)×适用税率－速算扣除数

(3) 在一个纳税年度内,对每一个纳税人,该计税办法只允许采用一次。

(4) 实行年薪制和绩效工资的单位、个人取得年终兑现的年薪和绩效工资按上述第2条、第3条规定执行。

(5) 雇员取得除全年一次性奖金以外的其他各种名目奖金,如半年奖、季度奖、加班奖、先进奖、考勤奖等,一律与当月工资、薪金收入合并,按税法规定缴纳个人所得税。

(6) 对无住所个人取得上述第5条所述的各种名目奖金,如果该个人当月在我国境内没有纳税义务,或者该个人由于出入境原因导致当月在我国工作时间不满1个月的,仍按照《国家税务总局关于在我国境内无住所的个人取得奖金征税问题的通知》(国税发[1996]183号)计算纳税。

例 7.3 中国公民刘向伟 2014 年 1 月份取得当月工薪收入 3 800 元和 2013 年的年终奖金 36 000 元。计算其 1 月份应纳的个人所得税。

有关计算如下。

首先,判断全年一次性奖金的适用税率和速算扣除数:

36 000÷12=3 000(元),适用的个人所得税税率为10%,速算扣除数是105元。

其次,计算税额:

$$刘向伟1月份应纳个人所得税 = (3\ 800 - 3\ 500) \times 3\% + 36\ 000 \times 10\% - 105$$
$$= 9 + 3\ 495 = 3\ 504(元)$$

例 7.4 中国公民王薇 2014 年 1 月份工资取得当月工薪收入 3 300 元,当月一次性取得上年奖金 6 200 元。计算其 1 月份应纳的个人所得税。

有关计算如下。

首先,判断全年一次性奖金的适用税率和速算扣除数:

[6 200-(3 500-3 300)]÷12=500(元);适用的个人所得税税率为3%,速算扣除数为0。

其次,计算税额:

王薇1月份应纳个人所得税=[6 200-(3 500-3 300)]×3%=180(元)

7.2.2 个体工商户的生产、经营所得应纳税额的计算

1. 税率

个体工商户、独资企业、合伙企业的生产经营所得和对企业、事业单位承包经营、承租经营所得,适用5%~35%的5级超额累进税率,具体见表7-4。

表7-4 个体工商户、独资企业、合伙企业生产经营所得适用税率表

级数	全月应纳税所得额		税率/%	速算扣除数/元
	含税级距	不含税级距		
1	不超过15 000元的	不超过14 250元的	5	0
2	超过15 000~30 000元的部分	超过14 250~27 750元的部分	10	750

续表

级数	全月应纳税所得额		税率/%	速算扣除数/元
	含税级距	不含税级距		
3	超过30 000～60 000元的部分	超过27 750～51 750元的部分	20	3 750
4	超过60 000～100 000元的部分	超过51 750～79 750元的部分	30	9 750
5	超过100 000元的部分	超过79 750元的部分	35	14 750

注：本表所称全年应纳税所得额，对个体工商户的生产、经营所得来源，是指以每一纳税年度的收入总额，减除成本、费用以及损失后的余额；对企事业单位的承包经营、承租经营所得来源，是指以每一纳税年度的收入总额减除必要费用后的余额。

2. 应纳税额的计算

1）费用减除标准

个体工商户的生产、经营所得，以每一纳税年度的收入总额，减除成本、费用以及损失后的余额为应纳税所得额。成本、费用是指纳税义务人从事生产、经营所发生的各项直接支出和分配计入成本的间接费用以及销售费用、管理费用、财务费用；损失是指纳税义务人在生产、经营过程中发生的各项营业外支出。

从事生产、经营的纳税义务人未提供完整、准确的纳税资料，不能正确计算应纳税所得额的，由主管税务机关核定其应纳税所得额。

个人独资企业的投资者以全部生产经营所得为应纳税所得额。合伙企业的投资者按照合伙企业的全部生产经营所得和合伙协议约定的分配比例，确定应纳税所得额；合伙协议没有约定分配比例的，以全部生产经营所得和合伙人数量平均计算每个投资者的应纳税所得额。

上述所称生产经营所得，包括企业分配给投资者个人的所得和企业当年留存的所得（利润）。

2）应纳税额的计算

个体工商户的生产、经营所得应纳税额的计算公式为

应纳税额＝应纳税所得额×适用税率－速算扣除数
　　　　＝（全年收入总额－成本、费用以及损失）×适用税率－速算扣除数

这里需要指出的是对个体工商户个人所得税计算征收包括以下的规定。

（1）自2011年9月1日起，该标准统一提高到42 000元/年，即3 500元/月。

（2）个体工商户、个人独资企业和合伙企业向其从业人员实际支付的合理的工资、薪金支出，允许在税前据实扣除。

（3）个体工商户、个人独资企业和合伙企业拨缴的工会经费、发生的职工福利费、职工教育经费支出分别在工资薪金总额2％、14％、2.5％的标准内据实扣除。

（4）个体工商户、个人独资企业和合伙企业每一纳税年度发生的广告费和业务宣传费用不超过当年销售（营业）收入15％的部分，可据实扣除；超过部分，准予在以后纳税年度结转扣除。

(5) 个体工商户、个人独资企业和合伙企业每一纳税年度发生的与其生产经营业务直接相关的业务招待费支出,按照发生额的 60% 扣除,但最高不得超过当年销售(营业)收入的 5‰。

(6) 个体工商户在生产、经营期间借款利息支出,凡有合法证明的,不高于按金融机构同类、同期贷款利率计算的数额的部分,准予扣除。

(7) 个体工商户或个人专营种植业、养殖业、饲养业、捕捞业,应对其所得计征个人所得税。兼营上述四业并且四业的所得单独核算的,对属于征收个人所得税的,应与其他行业的生产、经营所得合并计征个人所得税;对于四业的所得不能单独核算的,应就其全部所得计征个人所得税。

(8) 个体工商户和从事生产、经营的个人,取得与生产、经营活动无关的各项应税所得,应分别适用各应税项目的规定计算征收个人所得税。

例 7.5 中国公民王方经营一家服装店,2014 年全年收入总额为 120 000 元,经核算其经营过程中所发生的各项直接支出和分配计入成本的间接费用为 30 000 元,各项费用为 11 000 元,2014 年度每月预缴个人所得税 1 000 元。要求计算该个体工商户 2014 年度应纳的个人所得税税额和年终补缴税额。

有关计算为:

$$应纳税所得额 = 120\ 000 - 30\ 000 - 11\ 000 = 79\ 000(元)$$
$$应纳税额 = 79\ 000 \times 30\% - 9\ 750 = 13\ 950(元)$$
$$应补税额 = 13\ 950 - 1\ 000 \times 12 = 1\ 950(元)$$

7.2.3 对企事业单位承包经营、承租经营所得应纳所得税的计算

1. 费用减除标准

对企事业单位的承包经营、承租经营所得,以每一纳税年度的收入总额减除必要费用后的余额为应纳税所得额。每一纳税年度的收入总额是指纳税义务人按照承包经营、承租经营合同规定分得的经营利润和工资、薪金性质的所得,减除必要费用是指按月减除 3 500 元。

2. 应纳税额的计算

对企事业单位的承包经营、承租经营所得,应纳个人所得税的计算公式为:

$$应纳税额 = 应纳税所得额 \times 适用税率 - 速算扣除数$$
$$= (纳税年度收入总额 - 必要费用) \times 适用税率 - 速算扣除数$$

对该项所得应纳个人所得税的计算包括以下 3 点说明。

(1) 对企事业单位的承包经营、承租经营所得,是以每一纳税年度的转让总额减除必要费用后的余额为应纳税所得额。在一个纳税年度中,承包经营、承租经营的经营期不足 1 年的,以其实际经营期为纳税年度。

(2) 对企事业单位的承包经营、承租经营所得适用的速算扣除数与个体工商业户的生产、经营所得适用的速算扣除数相同(表 7-4)。

(3) 式中,每一纳税年度的收入总额,是指纳税人按照承包经营、承租经营合同规定分得的经营利润和工资、薪金性质的所得,必要费用的减除为每月 3 500 元。

例 7.6 2014 年 1 月 1 日,王琦与某事业单位签订承包合同经营招待所,合同规定承包期为一年,王琦全年上缴费用 20 000 元,年终招待所实现利润总额 89 400 元。计算王琦 2014 年度应纳的个人所得税税额。

有关计算为:

$$应纳税所得额 = 89\ 400 - 20\ 000 - 3\ 500 \times 12 = 27\ 400(元)$$

$$应纳税额 = 27\ 400 \times 10\% - 750 = 1\ 990(元)$$

7.2.4 劳务报酬所得应纳税额的计算

1. 税率

劳务报酬所得,适用比例税率,税率为 20%。对劳务报酬所得一次收入畸高的,可以实行加成征收,具体办法由国务院规定。

根据《个人所得税法实施条例》规定。劳务报酬所得一次收入畸高,是指个人一次取得劳务报酬,其应纳税所得额超过 20 000 元。对应纳税所得额超过 20 000~50 000 元的部分,依照税法规定计算应纳税额后再按照应纳税额加征五成;超过 50 000 元的部分,加征十成。因此,劳务报酬所得实际上适用 20%、30%、40% 的 3 级超额累进税率(表 7-5)。

表 7-5 劳务报酬所得适用速算扣除数表

级数	每次应纳税所得额	税率/%	速算扣除数/元
1	不超过 20 000 元的部分	20	0
2	超过 20 000~50 000 元的部分	30	2 000
3	超过 50 000 元的部分	40	7 000

注:每次应纳税所得额是指每次收入额减除费用 800 元(每次收入额不超过 4 000 元时)或减除 20% 的费用(每次收入额超过 4 000 元时)后的余额。

2. 费用减除标准

劳务报酬所得每次收入额不超过 4 000 元的,减除费用 800 元;每次收入额超过 4 000 元的,减除 20% 的费用,其余额为应纳税所得额。

3. 每次收入的确定

(1) 只有一次性收入的,以取得该项收入为一次。例如从事设计、安装、装潢、制图、化验、测试等劳务,往往是接受客户的委托,按照客户的要求,完成一次劳务后取得的收入。因此,是属于只有一次性的收入,应以每次提供劳务取得的收入为一次。

(2) 属于同一事项连续取得收入的,以一个月内取得的收入为一次,而不能以每天取得的收入为一次。

4. 应纳税额的计算

对劳务报酬所得，其个人所得税应纳税额的计算公式分3种情况。

(1) 每次收入不足4 000元的计算公式为：

应纳税额＝应纳税所得额×适用税率＝(每次收入额－800)×20％

(2) 每次收入额超过4 000元以上但不超过20 000元的计算公式为：

应纳税额＝应纳税所得额×适用税率＝每次收入额×(1－20％)×20％

(3) 每次收入的应税所得额超过20 000元的计算公式为：

应纳税额＝应纳税所得额×适用税率－速算扣除数
　　　　＝每次收入额×(1－20％)×适用税率－速算扣除数

劳务报酬所得适用速算扣除数见表7－5。

例7.7 某演奏家2014年7月应某公司邀请在艺术剧院举行个人钢琴演奏会，取得劳务报酬100 000元。计算该演奏家当月应纳的个人所得税税额。

有关计算为：

应纳税所得额＝100 000×(1－20％)＝80 000(元)

应纳税额＝80 000×40％－7 000＝25 000(元)

例7.8 中国公民张健承揽一项房屋装饰工程，工程2个月完工。房主第一个月支付给张健15 000元，第二个月支付20 000元。计算张健应交纳的个人所得税额。

有关计算为：

应税所得额＝(15 000＋20 000)×(1－20％)＝28 000(元)

应纳税额＝28 000×30％－2 000＝6 400(元)

张健应交纳的个人所得税为6 400元。

5. 为纳税人代付税款的计算方法

如果单位或个人为纳税人代付税款，应当将单位或个人支付给纳税人的不含税支付额(或称纳税人取得的不含税收入额)换算为应纳税所得额，然后按规定计算应代付的个人所得税款。计算公式分以下两种情况。

(1) 不含税收入额不超过3 360元的。

① 应纳税所得额＝(不含税收入额－800)÷(1－税率)。

② 应纳税额＝应纳税所得额×适用税率。

(2) 不含税收入额超过3 360元的。

① 应纳税所得额＝[(不含税收入额－速算扣除数)×(1－20％)]÷[1－税率×(1－20％)]

或＝[(不含税收入额－速算扣除数)×(1－20％)]÷当级换算系数

② 应纳税额＝应纳税所得额×适用税率－速算扣除数

上述(1)中的式①和(2)中的式①的税率，是指不含税劳务报酬收入所对应的税率(表7－6)；(1)中的式②和(2)中的式②的税率，是指应纳税所得额按含税级距所对应的税率(表7－5)。

表 7-6 不含税劳务报酬所得适用速算扣除数表

级数	每次不含税应纳税所得额	税率/%	速算扣除数/元	换算系数/%
1	不超过 3 360 元的部分	20	0	无
2	不超过 3 360~21 000 元的部分	20	0	84
3	超过 21 000~49 500 元的部分	30	2 000	76
4	超过 49 500 元的部分	40	7 000	68

例 7.9 高级工程师赵某为泰华公司进行一项工程设计，按照合同规定，公司应支付赵某的劳务报酬 48 000 元，与其报酬相关的个人所得税由公司代付。在不考虑其他税收的情况下，计算公司应代付的个人所得税税额。

有关计算为：

（1）代付个人所得税的应纳税所得额＝[（48 000－2 000）×（1－20％）]÷76％＝48 421.05（元）。

（2）应代付个人所得税＝48 421.05×30％－2 000＝12 526.32（元）。

7.2.5 稿酬所得应纳税额的计算

1. 应纳税额的计算

稿酬所得，适用比例税率，税率为 20％，并按应纳税额减征 30％。稿酬所得应纳税额的计算公式为分以下两种情况。

（1）每次收入不足 4 000 元的计算公式为：

应纳税额＝应纳税所得额×适用税率×（1－30％）

＝（每次收入额－800）×20％×（1－30％）

（2）每次收入额在 4 000 元以上的计算公式为：

应纳税额＝应纳税所得额×适用税率×（1－30％）

＝每次收入额×（1－20％）×20％×（1－30％）

2. 每次收入的确定

应纳税额计算公式中每次收入是指以每次出版、发表取得的收入为一次，具体可分为以下情况。

（1）同一作品再版取得的所得，应视为另一次稿酬所得计征个人所得税。

（2）同一作品先在报刊上连载，然后再出版，或者先出版，再在报刊上连载，应视为两次稿酬所得征税，即连载作为一次，出版作为另一次。

（3）同一作品在报刊上连载取得收入的，以连载完成后取得的所有收入合并为一次，计征个人所得税。

（4）同一作品在出版和发表时，以预付稿酬或分次支付稿酬等形式取得的稿酬收入，应合并计算为一次。

（5）同一作品出版、发表后因添加印数而追加稿酬的，应与以前出版、发表时取得的稿酬合并计算为一次,计征个人所得税。

例 7.10 某作家撰写小说一部,取得稿酬收入 28 000 元。计算该作家应纳的个人所得税税额。

有关计算为:

应纳税所得额=28 000×(1-20％)=22 400(元)

应纳税额=22 400×20％×(1-30％)=3 136(元)

例 7.11 某大学两名教师合作编著并出版一本教材,共获稿酬 4 000 元。其中,教师甲得到 3 200 元,教师乙得到 800 元。计算教师甲、乙两人稿费收入应纳的个人所得税税额。

按税法规定,两个或两个以上的个人共同取得同一项目收入的对每个人取得的收入分别按照税法规定减除费用后计算纳税。

有关计算为:

教师甲应纳税所得额=3 200-800=2 400(元)

教师甲应纳税税额=2 400×20％×(1-30％)=336(元)

教师乙获稿酬 800 元,扣除费用后无余额,按税法规定,教师乙无须交个人所得税。

7.2.6 财产转让所得应纳税额的计算

财产转让所得,是指个人转让有价证券、股权、建筑物、土地使用权、机器设备、车船以及其他财产取得的所得。以一次转让财产收入额(不管分多少次支付,均应合并为一次转让财产收入)减去财产原值和合理费用后的余额为应纳税所得额,适用 20％的税率计算缴纳个人所得税。

1. 一般情况下财产转让所得应纳税额的计算

财产转让所得应纳税额的计算公式为:

应纳税额=应纳税所得额×适用税率

=(收入总额-财产原值-合理费用)×20％

式中的"财产原值"是指有价证券,为买入价以及买入时按照规定缴纳的有关费用,如手续费等;转让建筑物所得为建造费或购进价格以及其他有关费用;转让土地使用权所得为取得土地使用权所支付的金额,开发土地的费用以及其他有关的费用;转让机器设备、车船所得,为购进价格、运输费、安装费以及其他有关费用;其他财产,参照以上办法确定。所谓的合理费用是指卖出财产时按照规定支付的有关费用。

纳税人未提供完整、准确的财产原值凭证,不能正确计算的,由主管机关核定其财产原值。

例 7.12 中国公民李某 2014 年建房一栋,造价 80 000 元,支付有关费用 5 000 元;2014 年,李某将房屋转让,售价 120 000 元,在卖房过程中按规定支付交易等相关费用 4 000 元。计算其转让房屋应纳的个人所得税税额。

有关计算为:

应纳税所得额=120 000-80 000-5 000-4 000=31 000(元)

应纳税额＝31 000×20%＝6 200(元)

2. 个人住房转让所得应纳税额的计算

对个人转让住房征收个人所得税中出现了需要进一步明确的问题，为完善征收管理制度，加强征管，根据个人所得税法和税收征收管理法的有关规定精神，国税发[2006]108号文件进一步明确了个人住房转让的征收管理规定。自2006年8月1日起，个人转让住房所得应纳个人所得税的计算具体规定如下。

(1) 以实际成交价格为转让收入。纳税人申报的住房成交价格明显低于市场价格且无正当理由的，征收机关依法有权根据有关信息核定其转让收入，但必须保证各税种计税价格一致。

(2) 纳税人可凭原购房合同、发票等有效凭证，经税务机关审核后，允许从其转让收入中减除房屋原值、转让住房过程中缴纳的税金及有关合理费用。

(3) 纳税人未提供完整、准确的房屋原值凭证，不能正确计算房屋原值和应纳税额的，税务机关可根据《中华人民共和国税收征收管理法》第三十五条的规定，对其实行核定征税，即按纳税人住房转让收入的一定比例核定应纳个人所得税额。具体比例由省级地方税务局或者省级地方税务局授权的地市级地方税务局根据纳税人出售住房的所处区域、地理位置、建造时间、房屋类型、住房平均价格水平等因素，在住房转让收入1%～3%的幅度内确定。

(4) 为方便出售住房的个人依法履行纳税义务，加强税收征管，主管税务机关要在房地产交易场所设置税收征收窗口，个人转让住房应缴纳的个人所得税，应与转让环节应缴纳的营业税、契税、土地增值税等税收一并办理；地方税务机关暂没有条件在房地产交易场所设置税收征收窗口的，应委托契税征收部门一并征收个人所得税等税收。

3. 个人销售无偿受赠不动产应纳税额的计算

为加强房地产交易中个人无偿赠与不动产行为的税收管理，国税发[2006]144号文件规定个人将受赠的不动产对外销售应征收个人所得税。受赠人取得赠与人无偿赠与的不动产后，再次转让该项不动产的，在缴纳个人所得税时，以财产转让收入减除受赠、转让住房过程中缴纳的税金及有关合理费用后的余额为应纳税所得额，按20%的适用税率计算缴纳个人所得税。

(1) 按财产转让所得征。

(2) 按财产转让收入减除受赠、转让住房过程中缴纳的税金及有关合理费用后的余额为应纳税所得额，按20%的适用税率计算缴纳个人所得税。

(3) 税务机关不得核定征收，必须严格按照税法规定据实征收。

个人转让住房和受赠住房涉及的其他税金，按相关的规定处理。

4. 自然人转让投资企业股权(份)

自然人转让所投资企业股权(份)(以下简称股权转让)取得所得，按照公平交易价格计算并确定计税依据。计税依据明显偏低且无正当理由的，主管税务机关可采用以下列举的方法核定。

(1) 符合下列情形之一且无正当理由的,可视为计税依据明显偏低。

① 申报的股权转让价格低于初始投资成本或低于取得该股权所支付的价款及相关税费的。

② 申报的股权转让价格低于对应的净资产份额的。

③ 申报的股权转让价格低于相同或类似条件下同一企业同一股东或其他股东股权转让价格的。

④ 申报的股权转让价格低于相同或类似条件下同类行业的企业股权转让价格的。

⑤ 经主管税务机关认定的其他情形。

(2) 上述所称正当理由,是指以下情形。

① 所投资企业连续三年以上(含三年)亏损。

② 因国家政策调整的原因而低价转让股权。

③ 将股权转让给配偶、父母、子女、祖父母、外祖父母、孙子女、外孙子女、兄弟姐妹以及对转让人承担直接抚养或者赡养义务的抚养人或者赡养人。

④ 经主管税务机关认定的其他合理情形。

对申报的计税依据明显偏低且无正当理由的,可采取以下核定方法。

(1) 参照每股净资产或纳税人享有的股权比例所对应的净资产份额核定股权转让收入。

对知识产权、土地使用权、房屋、探矿权、采矿权、股权等合计占资产总额比例达50%以上的企业,净资产额须经中介机构评估核实。

(2) 参照相同或类似条件下同一企业同一股东或其他股东股权转让价格核定股权转让收入。

(3) 参照相同或类似条件下同类行业的企业股权转让价格核定股权转让收入。

(4) 纳税人对主管税务机关采取的上述核定方法有异议的,应当提供相关证据,主管税务机关认定属实后,可采取其他合理的核定方法。

纳税人再次转让所受让的股权的,股权转让的成本为前次转让的交易价格及买方负担的相关税费。

7.2.7 特许权使用费所得应纳税额的计算

特许权使用费所得,是指个人提供专利权、商标权、著作权、非专利技术以及其他特许权的使用权取得的所得。提供著作权的使用权取得的所得不包括稿酬所得。

特许权使用费所得每次收入的确定应以某项使用权的一次转让所取得的收入为一次。如果该次转让取得的收入是分笔支付的,则应将各笔收入相加为一次的收入,计征个人所得税。

特许权使用费所得应纳税额的计算公式如下。

(1) 每次收入不足4 000元的计算公式为:

$$应纳税额 = 应纳税所得额 \times 适用税率 = (每次收入额 - 800) \times 20\%$$

(2) 每次收入额在4 000元以上的计算公式为:

应纳税额＝应纳税所得额×适用税率＝每次收入额×(1－20%)×20%

例 7.13 中国公民叶某发明一项自动化专利技术，2014 年 8 月将该专利的使用权转让给 A 公司，A 公司 8 月支付使用费 6 000 元，9 月支付使用费 9 000 元，9 月，叶某将该项使用权转让给 D 公司，获得转让费收入 8 000 元。

计算叶某转让特许权使用费所得应缴的个人所得税。

计算过程如下。

叶某此项专利技术转让了两次，应分两次所得计算个人所得税。有关计算为：

转让给 A 公司应缴个人所得税税额＝(6 000＋9 000)×(1－20%)×20%
＝2 400(元)

转让给 D 公司应缴个人所得税税额＝8 000×(1－20%)×20%＝1 280(元)

叶某转让此项专利技术共需缴纳个人所得税＝2 400＋1 280＝3 680(元)

7.2.8 财产租赁所得应纳税额的计算

1. 应纳税所得额的确定

财产租赁所得，是指个人出租建筑物、土地使用权、机器设备、车船以及其他财产取得的所得，计算公式为：

财产租赁的应纳税所得额＝每次取得的财产租赁收入－合理费用－费用扣除标准

合理费用包括以下项目。

(1) 纳税人在出租财产过程中缴纳的税金、教育费附加，可凭完税凭证，从财产租赁收入中扣除。

(2) 由纳税人负担的该出租财产实际开支的修缮费用必须是实际发生并能够提供有效准确凭证的支出，以每次扣除 800 元为限，一次扣除不完的，可以继续扣除，直至扣完为止。

费用扣除标准为：每次收入不超过 4 000 元的，可以扣除 800 元；每次收入超过 4 000 元的，可以扣除收入的 20%。财产租赁所得以一个月内取得的收入为一次。

个人将承租房屋转租取得的租金收入，属于个人所得税应税所得，应按"财产租赁所得"项目计算缴纳个人所得税。取得转租收入的个人向房屋出租方支付的租金，凭房屋租赁合同和合法支付凭据允许在计算个人所得税时，从该项转租收入中扣除。《国家税务总局关于个人所得税若干业务问题的批复》(国税函[2002]146 号)有关财产租赁所得个人所得税前扣除税费的扣除次序调整如下。

(1) 财产租赁过程中缴纳的税费。

(2) 向出租方支付的租金。

(3) 由纳税人负担的租赁财产实际开支的修缮费用。

(4) 税法规定的费用扣除标准。

2. 应纳税额的计算

财产租赁所得的个人所得税的适用税率为 20%。对于个人按市场价格出租的居民住房

取得的所得,暂减按10%的税率征收个人所得税。财产租赁所得应纳税额的计算公式为

$$应纳税额＝应纳税所得额×适用税率$$

(1) 每次(月)收入额不足4 000元的计算公式为:

$$应纳税所得额＝每次(月)收入额－准予扣除项目－修缮费用(800元为限)－800元$$

(2) 每次收入额在4 000元以上的计算公式为:

$$应纳税所得额＝[每次(月)收入额－准予扣除项目－修缮费用(800元为限)]×(1-20\%)$$

例7.14 李辉2014年6月将其市区内一处闲置的房屋出租给张明全家居住,租期一年。李辉每月取得的租金收入3 000元。可提供实际缴纳出租环节营业税等税金完税凭证为每月210元。当月由于房屋漏雨发生修缮费用1 000元。

计算李辉6、7月份分别应纳的个人所得税税额。

有关计算为:

$$6月份应纳税额＝(3\ 000-210-800-800)×10\%=119(元)$$
$$7月份应纳税额＝(3\ 000-210-200-800)×10\%=179(元)$$

7.2.9 利息、股息、红利、偶然所得、其他所得应纳税额的计算

按照财税[2012]85号,自2013年1月1日起,个人从上市公司取得的股息、红利所得按以下规定处理。

(1) 个人从公开发行和转让市场取得的上市公司股票,持股期限在1个月以内(含1个月)的,其股息红利所得全额计入应纳税所得额;持股期限在1个月以上至1年(含1年)的,暂减按50%计入应纳税所得额;持股期限超过1年的,暂减按25%计入应纳税所得额。

(2) 对证券投资基金从上市公司分配取得的股息、红利所得,按规定计征个人所得税。

利息、股息、红利所得,偶然所得和其他所得,适用比例税率,税率为20%,应纳税额的计算公式为:

$$应纳税额＝应纳税所得额×适用税率＝每次收入额×20\%$$

每次收入是指以支付利息、股息、红利、偶然所得和其他所得时取得的收入为一次。

7.2.10 关于捐赠应纳税所得额的规定

个人将其所得通过中国境内的社会团体、国家机关向教育和其他社会公益事业以及遭受严重自然灾害的地区、贫困地区捐赠,捐赠额未超过纳税人申报的应纳税所得额30%的部分,可以从其应纳税所得额中扣除。

纳税人通过中国人口福利基金会、光华科技基金会的公益、救济性捐赠,可在应纳税所得额的30%内扣除。

按现行规定为支持社会公益事业发展,个人通过中国金融教育发展基金会、中国国际民间组织合作促进会、中国社会工作协会孤残儿童救助基金管理委员会、中国发展研究基金会、陈嘉庚科学奖基金会、中国友好和平发展基金会、中华文学基金会、中华农业科教

基金会、中国少年儿童文化艺术基金会和中国公安英烈基金会用于公益救济性捐赠,个人在申报应纳税所得额30%以内的部分,准予在计算缴纳个人所得税时税前扣除。

个人通过非营利的社会团体和国家机关向农村义务教育的捐赠,准予在缴纳个人所得税前的所得额中全额扣除。农村义务教育的范围,是政府和社会力量举办的农村乡镇(不含县和县级政府所在地的镇)、村的小学和初中以及属于这一阶段的特殊教育学校。纳税人对农村义务教育与高中在一起的学校的捐赠,也享受此项所得税前扣除。

个人的所得(不含偶然所得和经国务院财政部门确定征税的其他所得)用于资助非关联的科研机构和高等学校研究开发新产品、新技术、新工艺所发生的研究开发经费,经主管税务机关确定,可以全额在下月(工资、薪金所得)或下次(按次计征的所得)或当年(按年计征的所得)计征个人所得额时,从应纳税所得额中扣除,不足抵扣的,不得结转抵扣。

7.2.11 境外所得的税额扣除

在对纳税人的境外所得征税时,会存在其境外所得已在来源国家或者地区缴税的实际情况。基于国家之间对同一所得应避免双重征税的原则,我国在对纳税人的境外所得行使税收管辖权时,对该所得在境外已纳税额采取了分不同情况从应征税额中予以扣除的做法。

税法规定,纳税义务人从中国境外取得的所得,准予其在应纳税额中扣除已在境外缴纳的个人所得税税额。但扣除额不得超过该纳税义务人境外所得依照我国税法规定计算的应纳税额。

对这条规定需要解释的是以下两方面。

(1) 税法所说的已在境外缴纳的个人所得税税额,是指纳税义务人从中国境外取得的所得,依照该所得来源国家或者地区的法律应当缴纳并且实际已经缴纳的税额。

(2) 税法所说的依照本法规定计算的应纳税额,是指纳税义务人从中国境外取得的所得。区别不同国家或者地区和不同应税项目,依照我国税法规定的费用减除标准和适用税率计算的应纳税额;同一国家或者地区内不同应税项目,依照我国税法计算的应纳税额之和,为该国家或者地区的扣除限额。

纳税义务人在中国境外一个国家或者地区实际已经缴纳的个人所得税税额,低于依照上述规定计算出的该国家或者地区扣除限额的,应当在中国缴纳差额部分的税款;超过该国家或者地区扣除限额的,其超过部分不得在本纳税年度的应纳税额中扣除,但是可以在以后纳税年度的该国家或者地区扣除限额的余额中补扣,补扣期限最长不得超过5年。

例7.15 某纳税人在同一纳税年度,从A、B两国取得应税收入。其中:在A国一公司任职,取得工资、薪金收入69 600元(平均每月5 800元),因提供一项专利技术使用权,一次取得特许权使用费收入30 000元,该两项收入在A国缴纳个人所得税5 100元;在B国出版著作,获得稿酬收入(版税)15 000元,并在B国缴纳该项收入的个人所得税1 720元。计算其境外所得的抵扣额。

有关计算为:

(1) A国所纳个人所得税的抵减。

按照我国税法规定的费用减除标准和税率,计算该纳税义务人从A国取得的应税所得应纳税额，该应纳税额即为抵减限额。

① 工资、薪金所得。该纳税义务人从 A 国取得的工资、薪金收入，应每月减除费用 4 800 元，其余额按 7 级超额累进税率表的适用税率计算应纳税额。

每月应纳税额为：

$$(5\ 800-4\ 800)\times 3\%=30(元)$$

全年应纳税额为：$30\times 12=360(元)$

② 特许权使用费所得。该纳税义务人从 A 国取得的特许权使用费收入，应减除 20% 的费用，其余额按 20% 的比例税率计算应纳税额。

应纳税额：

$$30\ 000\times(1-20\%)\times 20\%=4\ 800(元)$$

根据计算结果，该纳税义务人从 A 国取得应税所得在 A 国缴纳的个人所得税额的抵减限额为 5 160 元(360+4 800)。其在 A 国实际缴纳个人所得税 5 100 元，低于抵减限额，可以全额抵扣，并需在中国补缴差额部分的税款，计 60 元(5 160－5 100)。

(2) B 国所纳个人所得税的抵减。

按照我国税法的规定，该纳税义务人从 B 国取得的稿酬收入，应减除 20% 的费用，就其余额按 20% 的税率计算应纳税额并减征 30%。计算结果为

$$[15\ 000\times(1-20\%)\times 20\%]\times(1-30\%)=1\ 680(元)$$

即其抵扣限额为 1 680 元，该纳税义务人的稿酬所得在 B 国实际缴纳个人所得税 1 720 元，超出抵减限额 40 元，不能在本年度扣除，但可在以后 5 个纳税年度的该国减除限额的余额中补减。

综合上述计算结果，该纳税义务人在本纳税年度中的境外所得，应在中国补缴个人所得税 60 元。其在 B 国缴纳的个人所得税未抵减完的 40 元，可按我国税法规定的前提条件下补减。

(3) 纳税义务人依照税法的规定申请扣除已在境外缴纳的个人所得税额时，应当提供境外税务机关填发的完税凭证原件。

(4) 为了保证正确计算扣除限额及合理扣除境外已纳税额，税法要求：在中国境内有住所，或者无住所而在境内居住满 1 年的个人，从中国境内和境外取得的所得，应当分别计算应纳税额。

7.3 个人所得税的征收管理

个人所得税的申报纳税办法，有自行申报纳税和代扣代缴两种。

7.3.1 自行申报纳税

自行申报纳税，是由纳税人自行在税法规定的纳税期限内，向税务机关申报取得的应税所得项目和数额，如实填写个人所得税纳税申报表，并按照税法规定计算应纳税额，据此缴纳个人所得税的一种方法。

1. 自行申报纳税的纳税义务人

(1) 自 2006 年 1 月 1 日起，年所得 12 万元以上的。

(2) 从中国境内两处或者两处以上取得工资、薪金所得的。
(3) 从中国境外取得所得的。
(4) 取得应税所得，没有扣缴义务人的。
(5) 国务院规定的其他情形。

其中，年所得 12 万元以上的纳税人，无论取得的各项所得是否已足额缴纳了个人所得税，均应当按照本办法的规定于纳税年度终了后向主管税务机关办理纳税申报；其他情形的纳税人均应当按照自行申报纳税管理办法的规定，于取得所得后向主管税务机关办理纳税申报。同时需注意的是，年所得 12 万元以上的纳税人，不包括在中国境内无住所，且在一个纳税年度中在中国境内居住不满 1 年的个人；从中国境外取得所得的纳税人是指在中国境内有住所，或者无住所而在一个纳税年度中在中国境内居住满 1 年的个人。

2. 自行申报纳税的内容

年所得 12 万元以上的纳税人，在纳税年度终了后，应当填写《个人所得税纳税申报表（适用于年所得 12 万元以上的纳税人申报）》，并在办理纳税申报时报送主管税务机关，同时报送个人有效身份证件复印件以及主管税务机关要求报送的其他有关资料。

(1) 构成 12 万元的所得包括工资、薪金所得；个体工商户的生产、经营所得；对企事业单位的承包经营、承租经营所得；劳务报酬所得；稿酬所得；特许权使用费所得；利息、股息、红利所得；财产租赁所得；财产转让所得；偶然所得；经国务院财政部门确定征税的其他所得等。

(2) 不包含在 12 万元中的所得包括以下几方面。

① 免税所得。即省级人民政府、国务院部委、中国人民解放军以上单位，以及外国组织、国际组织颁发的科学、教育、技术、文化、卫生、体育、环境保护等方面的奖金；国债和国家发行的金融债券利息；按照国家统一规定发给的补贴、津贴即《个人所得税法实施条例》第十三条规定的按照国务院规定发放的政府特殊津贴、院士津贴、资深院士津贴以及国务院规定免征个人所得税的其他补贴、津贴；福利金、抚恤金、救济金；保险赔款；军人的转业费、复员费；按照国家统一规定发给干部、职工的安家费、退职费、退休工资、离休工资、离休生活补助费；等等。

② 暂免征税所得。即依照我国有关法律规定应予免税的各国驻华使馆、领事馆的外交代表、领事官员和其他人员的所得；中国政府参加的国际公约、签订的协议中规定免税的所得。

③ 可以免税的来源于中国境外的所得。如按照国家规定单位为个人缴付和个人缴付的基本养老保险费、基本医疗保险费、失业保险费、住房公积金。

(3) 各项所得的年所得的计算方法。

① 工资、薪金所得。按照未减除费用及附加减除费用的收入额计算。

② 劳务报酬所得、特许权使用费所得等。不得减除纳税人在提供劳务或让渡特许权使用权过程中缴纳的有关税费。

③ 财产租赁所得。不得减除纳税人在出租财产过程中缴纳的有关税费；对于纳税人一次取得跨年度财产租赁所得的，全部视为实际取得所得年度的所得。

④ 个人转让房屋所得。采取核定征收个人所得税的，按照实际征收率（1%，2%，3%）分别换算为应税所得率（5%，10%，15%），据此计算年所得。

⑤ 企业债券利息所得，全部视为纳税人实际取得所得年度的所得。

⑥ 对个体工商户、个人独资企业投资者，按照征收率核定个人所得税的，将征收率换算为应税所得率，据此计算应纳税所得额。合伙企业投资者按照上述方法确定应纳税所得额后，合伙人应根据合伙协议规定的分配比例确定其应纳税所得额；合伙协议未规定分配比例的，按合伙人数平均分配确定其应纳税所得额；对于同时参与两个以上企业投资的，合伙人应将其投资所有企业的应纳税所得额相加后的总额作为年所得。

⑦ 股票转让所得，以1个纳税年度内，个人股票转让所得与损失盈亏相抵后的正数为申报所得数额，盈亏相抵为负数的，此项所得按"零"填写。

3. 自行申报纳税的申报期限

（1）年所得12万元以上的纳税人，在纳税年度终了后3个月内向主管税务机关办理纳税申报。

（2）个体工商户和个人独资、合伙企业投资者取得的生产、经营所得应纳的税款，分月预缴的，纳税人在每月终了后7日内办理纳税申报；分季预缴的，纳税人在每个季度终了后7日内办理纳税申报。纳税年度终了后，纳税人在3个月内进行汇算清缴。

（3）纳税人年终一次性取得对企事业单位的承包经营、承租经营所得的，自取得所得之日起30日内办理纳税申报；在1个纳税年度内分次取得承包经营、承租经营所得的，在每次取得所得后的次月7日内申报预缴。纳税年度终了后3个月内汇算清缴。

（4）从中国境外取得所得的纳税人，在纳税年度终了后30日内向中国境内主管税务机关办理纳税申报。

（5）除以上规定的情形外，纳税人取得其他各项所得须申报纳税的，在取得所得的次月7日内向主管税务机关办理纳税申报。

（6）纳税人不能按照规定的期限办理纳税申报，需要延期的。按照《税收征管法》第二十七条和《税收征管法实施细则》第三十七条的规定办理。

4. 自行申报纳税的申报方式

（1）纳税人可以采取数据电文、邮寄等方式申报，也可以直接到主管税务机关申报，或者采取符合主管税务机关规定的其他方式申报。纳税人采取邮寄方式申报的，以邮政部门挂号信函收据作为申报凭据，以寄出的邮戳日期为实际申报日期。

（2）纳税人也可以委托有税务代理资质的中介机构或者他人代为办理纳税申报。

5. 自行申报纳税的申报地点

（1）在中国境内有任职、受雇单位的，向任职、受雇单位所在地主管税务机关申报。

（2）在中国境内有两处或者两处以上任职、受雇单位的，选择并固定向其中一处单位所在地主管税务机关申报。

（3）在中国境内无任职、受雇单位，年所得项目中有个体工商户的生产、经营所得或者对企事业单位的承包经营、承租经营所得(以下统称生产、经营所得)的,向其中一处实际经营所在地主管税务机关申报。

(4) 在中国境内无任职、受雇单位,年所得项目中无生产、经营所得的,向户籍所在地主管税务机关申报。在中国境内有户籍,但户籍所在地与中国境内经常居住地不一致的,选择并固定向其中一地主管税务机关申报。在中国境内没有户籍的,向中国境内经常居住地主管税务机关申报。

(5) 其他所得的纳税人,纳税申报地点分为以下几种情况。

① 从两处或者两处以上取得工资、薪金所得的,选择并固定向其中一处单位所在地主管税务机关申报。

② 从中国境外取得所得的,向中国境内户籍所在地主管税务机关申报。在中国境内有户籍,但户籍所在地与中国境内经常居住地不一致的,选择并固定向其中一地主管税务机关申报。在中国境内没有户籍的,向中国境内经常居住地主管税务机关申报。

③ 个体工商户向实际经营所在地主管税务机关申报。

④ 个人独资、合伙企业投资者兴办两个或两个以上企业的,区分不同情形确定纳税申报地点:兴办的企业全部是个人独资性质的,分别向各企业的实际经营管理所在地主管税务机关申报;兴办的企业中含有合伙性质的,向经常居住地主管税务机关申报;兴办的企业中含有合伙性质,个人投资者经常居住地与其兴办企业的经营管理所在地不一致的,选择并固定向其参与兴办的某一合伙企业的经营管理所在地主管税务机关申报;除以上情形外,纳税人应当向取得所得所在地主管税务机关申报。

纳税人不得随意变更纳税申报地点,因特殊情况变更纳税申报地点的,须报原主管税务机关备案。

6. 自行申报纳税的申报管理

(1) 主管税务机关应当将各类申报表登载到税务机关的网站上或者摆放到税务机关受理纳税申报的办税服务厅,免费供纳税人随时下载或取用。

(2) 主管税务机关应当在每年法定申报期间,通过适当方式,提醒年所得12万元以上的纳税人办理自行纳税申报。

(3) 受理纳税申报的主管税务机关根据纳税人的申报情况,按照规定办理税款的征、补、退、抵手续。

(4) 主管税务机关按照规定为已经办理纳税申报并缴纳税款的纳税人开具完税凭证。

(5) 税务机关依法为纳税人的纳税申报信息保密。

(6) 纳税人变更纳税申报地点须经原主管税务机关批准,并报原主管税务机关备案,原主管税务机关应当及时将纳税人变更纳税申报地点的信息传递给新的主管税务机关。

(7) 主管税务机关对已办理纳税申报的纳税人建立纳税档案,实施动态管理。

7.3.2 代扣代缴纳税

代扣代缴是指按照税法规定负有扣缴税款义务的单位或者个人,在向个人支付应纳税所得时,应计算应纳税额,从其所得中扣出并缴入国库,同时向税务机关报送扣缴个人所得税报告表。这种方法有利于控制税源、防止漏税和逃税。

根据《个人所得税法》及其实施条例以及《征管法》及其实施细则的有关规定,国家税务总局制定下发了《个人所得税代扣代缴暂行办法》(以下简称《暂行办法》)。自1995年4月1日起执行的《暂行办法》对扣缴义务人和代扣代缴的范围、扣缴义务人的义务及应承担的责任、代扣代缴期限等作了明确规定。

1. 扣缴义务人和代扣代缴的范围

(1) 扣缴义务人。凡支付个人应纳税所得的企业(公司)、事业单位、机关、社团组织、军队、驻华机构、个体户等单位或者个人,为个人所得税的扣缴义务人。

这里所说的驻华机构,不包括外国驻华使领馆和联合国及其他依法享有外交特权和豁免的国际组织驻华机构。

(2) 代扣代缴的范围。扣缴义务人向个人支付下列所得,应代扣代缴个人所得税。

① 工资、薪金所得。
② 对企事业单位的承包经营、承租经营所得。
③ 劳务报酬所得。
④ 稿酬所得。
⑤ 特许权使用费所得。
⑥ 利息、股息、红利所得。
⑦ 财产租赁所得。
⑧ 财产转让所得。
⑨ 偶然所得。
⑩ 经国务院财政部门确定征税的其他所得。

扣缴义务人向个人支付应纳税所得(包括现金、实物和有价证券)时,不论纳税人是否属于本单位人员,均应代扣代缴其应纳的个人所得税税款。这里所说支付,包括现金支付、汇拨支付、转账支付和以有价证券、实物或其他形式的支付等。

2. 扣缴义务人的义务及应承担的责任

(1) 扣缴义务人应指定支付应纳税所得的财务会计部门或其他有关部门的人员为办税人员,由办税人员具体办理个人所得税的代扣代缴工作。

代扣代缴义务人的有关领导要对代扣代缴工作提供便利,支持办税人员履行义务,办税人员或办税人员发生变动时,应将名单及时报告主管税务机关。

(2) 扣缴义务人的法人代表(或单位主要负责人)、财会部门的负责人及具体办理代扣代缴税款的有关人员共同对依法履行代扣代缴义务负法律责任。

(3) 同一扣缴义务人的不同部门支付应纳税所得时,应报办税人员汇总。

(4) 扣缴义务人在代扣税款时,必须向纳税人开具税务机关统一印制的代扣代收税款凭证,并详细注明纳税人姓名、工作单位、家庭住址和居民身份证或护照号码(无上述证件的,可用其他能有效证明身份的证件)等个人情况。对工资、奖金所得和利息、股息、红利所得等,因纳税人数众多、不便一一开具代扣代收税款凭证的,经主管税务机关同

表 7-7　扣缴个人所得税报告表

扣缴义务人编码：□□□□□□□□
扣缴义务人名称(公章)：

金额单位：元(列至角分)
填表日期：　　年　　月　　日

序号	纳税人姓名	身份证照类型	身份证照号码	国籍	所得项目	所得期间	收入额	免税收入额	允许扣除的税费	费用扣除标准	准予扣除的捐赠额	应纳税所得额	税率 %	速算扣除数	应扣税额	已扣税额	备注
1	2	3	4	5	6	7	8	9	10	11	12	13	14	15	16	17	18
合计										—	—	—	—	—			

我声明：此扣缴报告表是根据国家税收法律、法规的规定填报的，我确定它是真实的、可靠的、完整的。

扣缴义务人声明　　　　　　　　　　　　　　　　　　　　　　　　　　　声明人签字：

负责人签字：　　　　　　　　　　　扣缴单位(或法定代表人)(签章)：

受理日期：　　年　　月　　日　　　　受理税务机关(章)：

会计主管签字：

受理人(签章)：

国家税务总局监制

本表一式两份，一份扣缴义务人留存，一份报主管税务机关。

第 7 章 个人所得税及其纳税会计处理

意,可不开具代扣代收税款凭证,但应通过一定形式告知纳税人已扣缴税款。纳税人为持有完税依据而向扣缴义务人索取代扣代收税款凭证的,扣缴义务人不得拒绝。扣缴义务人应主动向税务机关申领代扣代收税款凭证,据以向纳税人扣税。非正式扣税凭证,纳税人可以拒收。

(5) 扣缴义务人对纳税人的应扣未扣的税款,其应纳税款仍然由纳税人缴纳,扣缴义务人应承担应扣未扣税款50%以上至3倍的罚款。

(6) 扣缴义务人应设立代扣代缴税款账簿,正确反映个人所得税的扣缴情况,并如实填写《扣缴个人所得税报告表》及其他有关资料。

(7) 关于行政机关、事业单位工资发放方式改革后扣缴个人所得税问题包括以下情况。

① 行政机关、事业单位改革工资发放方式后,随着支付工资所得单位的变化,其扣缴义务人也有所变化。根据《个人所得税法》第八条规定,凡是有向个人支付工薪所得行为的财政部门(或机关事务管理、人事等部门)、行政机关、事业单位均为个人所得税的扣缴义务人。

② 财政部门(或机关事务管理、人事等部门)向行政机关、事业单位工作人员发放工资时应依法代扣代缴个人所得税。行政机关、事业单位在向个人支付与其任职、受雇有关的其他所得时,应将个人的这部分所得与财政部门(或机关事务管理、人事等部门)发放的工资合并计算应纳税额,并就应纳税额与财政部门(或机关事务管理、人事等部门)已扣缴税款的差额部分代扣代缴个人所得税。

3. 代扣代缴期限

扣缴义务人每月所扣的税款应当在次月7日内缴入国库,并向主管税务机关报送《扣缴个人所得税报告表》(表7-7)、代扣代收税款凭证和包括每一纳税人姓名、单位、职务、收入、税款等内容的支付个人收入明细表以及税务机关要求报送的其他有关资料。

扣缴义务人违反上述规定不报送或者报送虚假纳税资料的,一经查实,其未在支付个人收入明细表中反映的向个人支付的款项,在计算扣缴义务人应纳税所得额时不得作为成本费用扣除。

扣缴义务人因有特殊困难不能按期报送《扣缴个人所得税报告表》及其他有关资料的,经县级税务机关批准,可以延期申报。

7.4 个人所得税的纳税会计处理

个人所得税的纳税会计处理,主要包括扣缴义务人代扣代缴个人所得税的核算和个体工商户、个人独资及合伙企业纳税的核算两个方面。

7.4.1 扣缴义务人代扣代缴个人所得税的核算

1. 支付工资、薪金代扣代缴个人所得税

企业作为个人所得税的扣缴义务人,应按规定扣缴该职工应缴纳的个人所得税。企业为职工代扣代缴个人所得税有两种情况：一是职工自己承担个人所得税，企业只负有扣缴义务；二是企业既承担税款，又负有扣缴义务。第一种情况下，代扣个人所得税时，借记"应付职工薪酬"账户，贷记"应交税费——应交代扣个人所得税"账户。第二种情况下，对企业承担的税款，计提时，借记"管理费用"等账户，贷记"应付职工薪酬"账户；实际支付时，借记"应付职工薪酬"账户，贷记"应交税费——应交代扣个人所得税"账户。

例 7.16 某企业 2014 年为赵宇、钱宙每月各发工资 3 800 元。但合同约定，赵宇自己承担个人所得税；钱宙个人所得税由该企业承担，即钱宙收入 3 800 元为税后所得，月末发工资时，企业会计处理如下。

$$赵宇应纳个人所得税 = (3\ 800 - 3\ 500) \times 3\% = 9\ （元）$$

借：应付职工薪酬　　　　　　　　　　　　　　　　　　　　　　　3 800
　　贷：库存现金　　　　　　　　　　　　　　　　　　　　　　　　3 791
　　　　应交税费——应交代扣个人所得税　　　　　　　　　　　　　　　9

由于钱宙工资为税后所得，则需要换算为税前所得，再计算个人所得税。

$$含税收入额 = (不含税收入额 - 费用扣除标准 \times 适用税率 - 速算扣除数) \div (1 - 税率)$$
$$应纳个人所得税 = 应纳税所得额 \times 适用税率 - 速算扣除数$$
$$= (含税收入额 - 费用扣除标准) \times 适用税率 - 速算扣除数$$

企业应为钱宙承担税款为：

$$含税收入 = (3\ 800 - 3\ 500 \times 3\%) \div (1 - 3\%) = 3\ 809.28\ （元）$$
$$应纳个人所得税 = (3\ 809.28 - 3\ 500) \times 3\% = 9.28\ （元）$$

计提个人所得税时的会计处理如下。

借：管理费用　　　　　　　　　　　　　　　　　　　　　　　　　　9.28
　　贷：应付职工薪酬　　　　　　　　　　　　　　　　　　　　　　　9.28

发放工资时的会计处理如下。

借：应付职工薪酬　　　　　　　　　　　　　　　　　　　　　　3 809.28
　　贷：库存现金　　　　　　　　　　　　　　　　　　　　　　　3 800
　　　　应交税费——应交代扣个人所得税额　　　　　　　　　　　　　　9.28

此项业务需要注意的是：一定要将为职工承担的个人所得税部分，记入应付职工薪酬的贷方和相对应的科目中，其目的是体现实际发放工资总额的真实性，这为下一步正确计算企业所得税，做好计税工资项目调整奠定基础。

2. 支付各种费用代扣代缴个人所得税

企业支付给个人的劳务报酬、特许权使用费、稿费、财产租赁费，一般由支付单位作为扣缴义务人向纳税人扣缴税款，并记入该企业的有关期间费用账户。企业在支付上述费用时，借记"无形资产""管理费用""财务费用""销售费用""应付利润"等账户，贷记"应交税费——应交代扣个人所得税""库存现金"等账户；实际缴纳时，借记"应交税费——应交代扣个人所得税"账户，贷记"银行存款"等账户。

例 7.18 孙工程师向一家公司提供一项专利使用权，一次取得收入 50 000 元。孙工

程师应缴纳个人所得税为

$$应纳税额 = 50\,000 \times (1 - 20\%) \times 20\% = 8\,000(元)$$

该公司的账务处理如下：

计提扣缴个人所得税时，

借：无形资产	50 000	
贷：应交税费——应交代扣个人所得税		8 000
库存现金		42 000

实际上交扣缴的所得税时，

借：应交税费——应交代扣个人所得税	8 000	
贷：银行存款		8 000

3. 取得代扣代缴手续费时的会计核算

根据有关规定，扣缴义务人扣缴税款取得的2%的手续费作为扣缴义务人的营业外收入，会计处理如下。

借：银行存款
　　贷：营业外收入

7.4.2 个体工商户、个人独资及合伙企业纳税的核算

个体工商户同企业一样，要按照利润的构成要素计算会计收益，并在会计收益的基础上加减纳税调整项目计算纳税所得，根据纳税所得和适用的税率计算应纳税款。

1. 账户设置

企业应设置"本年应税所得"账户，该账户下设置"本年经营所得"和"应弥补的亏损"两个明细账户。

"本年经营所得"明细账户核算个体工商户、个人独资及合伙企业本年生产经营活动取得的收入扣除成本费用后的余额。如果收入大于应扣除的成本费用总额，即为本年经营所得，在不存在税前弥补亏损的情况下，即为本年应税所得，应由"本年应税所得——本年经营所得"账户转入"留存利润"账户；如果计算出的结果为经营亏损，则应将本年发生的经营亏损由"本年经营所得"明细账户转入"应弥补的亏损"明细账户。

"应弥补的亏损"明细账户核算个体工商户、个人独资及合伙企业发生的、可由生产经营活动所得税前弥补的亏损。当发生亏损时，由"本年经营所得"明细账户转入本明细账户。

个体工商户还应设置"应交税费——应交个人所得税"账户，核算预缴和应缴的个人所得税，以及年终汇算清缴个人所得税的补缴和退回情况。借方登记个体工商户按月预缴及年终补缴的个人所得税；贷方登记全年应缴纳的个人所得税及收到退回的多缴个人所得税。

2. 本年应税所得的核算

年末，个体工商户、个人独资和合伙企业计算本年经营所得时，应将"营业成本"

"营业税金及附加""销售费用"等账户余额转入"本年应税所得——本年经营所得"账户的借方;将"营业收入"账户的余额转入"本年应税所得——本年经营所得"账户的贷方。

例 7.16 某个体工商户,账证比较健全,2014 年度营业收入为 500 000 元,购进原料费为 200 000 元,缴纳水电费及其他费用合计为 4 000 元,发生业务招待费 5 000 元,当年支付 4 名雇员工资共 6 000 元。

(1) 计算该个体工商户 2014 年应纳个人所得税额。

(2) 假设该个体工商户经主管税务机关核定,按照上年实际应缴的个人所得税金额 36 000 元,确定 2014 年各月预缴的个人所得税税额,编制有关会计分录。

计算过程如下。

(1) 准予扣除的业务招待费限额=500 000×0.5‰=2 500(元)
$$5\ 000×60\%=3\ 000(元)$$

因为 2 500 元小于 3 000 元,所以业务招待费扣除的限额应为 2 500 元。

(2) 应纳税所得额=500 000-200 000-4 000-6 000-2 500=287 500(元)

(3) 应纳个人所得税=287 500×35%-14 750=85 875(元)

编制会计分录如下。

(1) 每月预缴个人所得税时

借:应交税费——应交个人所得税　　　　　　　　　　　　　　3 000
　　贷:银行存款　　　　　　　　　　　　　　　　　　　　　　　3 000

(2) 年末,结转本年营业收入和成本费用时

借:营业收入　　　　　　　　　　　　　　　　　　　　　　500 000
　　贷:本年应税所得——本年经营所得　　　　　　　　　　　500 000

借:本年应税所得——本年经营所得　　　　　　　　　　　　212 500
　　贷:营业成本　　　　　　　　　　　　　　　　　　　　　206 000
　　　　营业费用　　　　　　　　　　　　　　　　　　　　　　6 500

(3) 结转经营所得时

借:本年应税所得——本年经营所得　　　　　　　　　　　　287 500
　　贷:留存利润　　　　　　　　　　　　　　　　　　　　　287 500

(4) 计算出全年应纳的个人所得税时

借:留存利润　　　　　　　　　　　　　　　　　　　　　　85 875
　　贷:应交税费——应交个人所得税　　　　　　　　　　　　85 875

(5) 补缴个人所得税时

借:应交税费——应交个人所得税　　　　　　　　　　　　　49 875
　　贷:银行存款　　　　　　　　　　　　　　　　　　　　　49 875

本章小结

本章主要介绍了个人所得税的税制要素、应纳税额的计算、征收管理以及个人所得税的纳税会计处理。按照我国的个人所得税法，应纳税额的计算采取分项计算的方法，三类十一个征税项目税额计算的基本规则，是本章应当掌握的重点内容。

复习思考题

1. 问答题

(1) 我国个人所得税的纳税人有哪些？

(2) 我国个人所得税的征税范围有哪些？

(3) 现行个人所得税各应税项目的应纳税所得额是如何确定和计算的？

(4) 加成征收个人所得税适用于什么情况？

(5) 个人取得全年一次性奖金或年终加薪，应当如何缴纳个人所得税？

(6) 个人获得的稿酬等所得应当如何缴纳个人所得税？

2. 实务题

(1) 中国公民王某是一家企业的员工，2014年度收入情况如下。

① 1～12月份每月取得工资、薪金15 000元。

② 5月份一次取得稿费收入8 000元。

③ 6月份一次取得翻译收入30 000元。

④ 7月份一次取得审稿收入3 500元。

⑤ 8月份取得国债利息收入655元。

要求：计算王某取得各项收入应交纳的个人所得税。

(2) 张某初中毕业后即在A市开了一家个体餐馆。由于地处黄金地段，再加上张某灵活经营，饭馆多年来一直处于盈利状态，2014年全年取得以下收入。

① 餐馆营业收入18万元。

② 出租房屋，全年租金收入2.4万元。

③ 张某与A市某一食品加工企业联营，当年分得利润为2万元。

④ 全年发生合理的费用共11.8万元，上缴各种税费1.2万元。

要求：计算张某全年的应纳税额。

(3) 假定2014年3月1日，某个人与事业单位签订承包合同经营招待所，承包期为3年。2014年实现承包经营利润150 000元（未扣除含承包人工资报酬），按合同规定，承包人每年应从承包利润中上缴承包费30 000元。

要求：计算承包人2014年应纳个人所得税额。

(4) 某人建房一栋，造价360 000元，支付费用50 000元，该人转让房屋，售价600 000元，在卖房过程中按规定支付交易费等有关费用35 000元。

要求：计算其应纳个人所得税。

(5) 中国公民李子凌 2014 年取得下列收入。

① 每月取得工资收入 4 000 元。

② 2 月份出售家庭非唯一的原值为 700 000 元的住房,取得转让收入 860 000 元,按规定缴纳其他税费 43 000 元。

③ 3 月份向兰海公司转让专利权取得收入 50 000 元。

④ 4 月份取得工作所在公司的股权分红 20 000 元。

⑤ 6 月份和 8 月份在报刊上发表 2 篇文章,分别取得稿酬 1 500 元、4 500 元。

⑥ 9 月及 11 月在 A、B 两国讲学分别取得收入折合人民币 18 000 元和 35 000 元,已分别按收入来源国税法缴纳了个人所得税 2 000 元和 6 000 元。

⑦ 10 月份购买彩票,中奖 20 000 元。

⑧ 12 月份取得全年一次性奖金 48 000 元。

要求:计算各项收入应交纳的个人所得税额。

(6) 飞达公司 2014 年 3 月有关个人所得税的业务如下。

① 为员工李卓支付工资 6 300 元。合同约定,员工自己承担个人所得税。

② 某工程师向飞达公司提供一项专利使用权,飞达公司一次支付 20 000 元,并代扣代缴个人所得税。

要求:计算各项业务的应纳个人所得税额并编制相应的会计分录。

第4篇

其他税种会计

第 8 章

资源税类及其纳税会计处理

教学目标

本章主要讲述资源税类，包括资源税和城镇土地使用税、土地增值税的税制要素及纳税会计处理。通过本章的学习，应在全面了解这两个税种基本内容的基础上，重点掌握各税的纳税义务人、征税范围、计税依据、应纳税额的计算并能进行相应的会计处理。

教学要求

知识要点	能力要求	相关知识
税制要素	(1) 能够识别我国目前的资源类税及其征收意义 (2) 能够识别纳税的单位和个人 (3) 能够识别纳税义务人何时、何地缴纳税收	(1) 各税的含义及开征目的 (2) 各税的征税范围和纳税义务人 (3) 纳税义务发生时间、纳税期限、纳税地点
应纳税额计算	能够计算纳税人应交资源税、城镇土地使用税、土地增值税税额	(1) 税率的种类及适用 (2) 计税依据的确定 (3) 当期应纳税额的计算
会计处理	能够对企业涉及资源税、城镇土地使用税、土地增值税的基本经济业务进行会计处理	(1) 会计账户的设置 (2) 计算和缴纳税金的账务处理

■ 导入案例

煤炭资源税改革，煤炭企业总体减负

为促进资源节约集约利用和环境保护，推动转变经济发展方式，规范资源税费制度，经2014年9月29日召开的国务院第64次常务会议通过，2014年10月9日财政部、国家税务总局发布《关于实施煤炭资源税改革的通知》，自2014年12月1日起实施煤炭资源税从价计征改革，同时清理相关收费基金。

此次煤炭资源税费改革主要包括清理涉煤收费基金，煤炭资源税由从量计征改为从价计征，调整原油、天然气等资源税政策三部分内容。调整煤炭企业资源税，必须以清理收费为前提，将煤炭矿产资源补偿费费率降为零，停止针对煤炭征收价格调节基金，取消煤炭可持续发展基金(山西省)、原生矿产品生态补偿费(青海省)、煤炭资源地方经济发展费(新疆维吾尔自治区)，取缔省以下地方政府违规设立的涉煤收费基金。煤炭资源税由从量计征改为从价计征后，税率结合资源税费规模、企业承受能力、煤炭资源赋存条件等因素，将税率幅度确定为2%～10%，由省、自治区、直辖市人民政府在此幅度内拟订适用税率，现行税费负担较高地区要适当降低负担水平两部门还发布《关于调整原油、天然气资源税有关政策的通知》，将原油、天然气矿产资源适用税率由5%提高至6%。同时增加一些煤炭、原油、天然气资源税减免政策。

据推算，在煤炭资源税改为从价计征后，每吨煤的资源税将高于目前的税负水平，在当前煤炭行业下游需求低迷的背景下，煤炭企业向下游转嫁成本的能力有限，资源税改导致的新增税负很可能主要由煤炭企业承担，从而进一步加重煤企的成本压力，若没有相应的对冲机制，无疑将进一步冲击本已低迷的煤炭行业。因此，在改从量计征为从价计征的"立税"之外，改革的另一项重要内容是清理收费基金。有业内人士甚至指出，"清费"是此次资源税费改革的前提，尤其对于向来有"费大于税"情况的煤炭行业来说更是如此。据统计，目前我国涉煤税费多达109项，其中包含21个税种和88种收费项目。此前煤炭资源税改革一直遭遇阻力，主要是担心煤炭从价计征税率改革将显著增加煤炭产品税负。

业内人士指出，实质上新增加的税负和过去企业承担的各种费的水平应该大体相当，煤炭企业的总体负担并没有大的增加。此次煤炭资源税改革能否降低煤炭企业负担，要看各地方清理其他费用的力度以及最终定下来的税率，而其中的关键在于能否切实做到"清费"。此番资源税改革，将"清费"置于"立税"之前，明确提出要在彻底清理各类地方性行政收费及基金的基础上改革资源税，在取消大部分行政性收费的基础上，将地方政府在资源、能源领域的收入化"费"为"税"。将现行的临时性清费政策予以长效制度化约束，有利于建立更公平透明的市场氛围，遏制行业内乱收费现象，也有利于进一步理顺相关财税体制，为煤炭行业的健康发展确立坚实基础。

从目前实际运行情况来看，2015年1月湖南省煤炭资源税改革后的第一个纳税申报月，全省共组织入库煤炭资源税587.1万元，同比增长38.95%，湖南省煤炭生产企业整体税费负担下降0.65%。安徽省按照煤炭资源税改革总体部署，依据清费立税、减轻负担的原则，取消、停征收费基金，煤炭企业与改革前相比，总体减负461万元，负担下降9.7%。内蒙古鄂尔多斯市预计煤炭企业(含央企)实际税费负担率2015年将比2014年降低4个百分点，煤炭企业减负约92亿元，平均吨煤税费负担降低14.6元；锡林郭勒盟等东部地区煤炭企业预计减负约11亿元，平均吨煤税费负担降低2.6元。黑龙江省适用税率执行国家最低标准2%，改革后煤炭企业每年将减轻税费负担0.2亿元左右，若考虑黑龙江省先行停征煤炭价格调节基金因素，减轻企业负担2.2亿元左右。

财政部和国税总局还表示，下一步将会同有关部门加快推进其他品目资源税从价计征改革，并比照煤炭资源税改革的清费原则，清理规范相关收费基金。同时，根据十八届三中全会决定提出的"逐步将资源税扩展到占用各种自然生态空间"的要求，结合相关资源特点、资源税费性质，逐步将水流等自然资源纳入资源税征收范围。

第8章 资源税类及其纳税会计处理

8.1 资源税及其纳税会计处理

资源税是对在中华人民共和国领域及管辖海域开采《中华人民共和国资源税暂行条例》规定的矿产品或者生产盐(以下称开采或者生产应税产品)的单位和个人,为调节因资源生成和开发条件差异而形成的级差收入而征收的一种税。其开征目的主要是调节由于客观资源条件差异而形成的资源级差收入,以促进国有自然资源合理开发和有效配置。现行资源税的基本规范是 2011 年 9 月 30 日国务院颁布的《中华人民共和国资源税暂行条例》(以下简称《资源税暂行条例》)以及 2011 年 10 月 28 日财政部、国家税务总局公布的《中华人民共和国资源税暂行条例实施细则》(以下简称《资源税实施细则》),两部文件都于 2011 年 1 月 1 日起实施。资源税条例规定,在中华人民共和国领域及管辖海域开采本条例规定的矿产品或者生产盐(以下称开采或者生产应税产品)的单位和个人为资源税的纳税人,应当依照本条例缴纳资源税。2014 年 10 月 9 日,财政部、国家税务总局发布《关于实施煤炭资源税改革的通知》和《关于调整原油、天然气资源税有关政策的通知》,自 2014 年 12 月 1 日起在全国范围内实施煤炭资源税从价计征改革,同时清理相关收费基金。

8.1.1 资源税税制要素

1. 纳税人和扣缴义务人

1) 资源税的纳税人

资源税的纳税人是指在中华人民共和国领域及管辖海域开采应税矿产品或者生产盐的单位和个人。其中,单位是指国有企业、集体企业、私营企业、股份制企业、其他企业和行政单位、事业单位、军事单位、社会团体及其他单位;个人是指个体经营者和其他个人;其他单位及其他个人包括外商投资企业、外国企业及外籍人员。

2) 资源税扣缴义务人

资源税的扣缴义务人为独立矿山、联合企业及其他收购未税矿产品的单位。把收购未税矿产品的单位规定为资源税的扣缴义务人,是为了加强资源税的征管。主要是适应税源小、零散、不定期开采、易漏税等税务机关认为不易控管、由扣缴义务人在收购时代扣代缴未税矿产品资源税为宜的情况。

独立矿山是指只有采矿或只有采矿和选矿,独立核算、自负盈亏的单位,其生产的原矿和精矿主要用于对外销售;联合企业是指采矿、选矿、冶炼(或加工)连续生产的企业或采矿、冶炼(或加工)连续生产的企业,其采矿单位一般是该企业的二级或二级以下核算单位;未税矿产品是指资源税纳税人在销售其矿产品时不能向扣缴义务人提供资源税管理证明的矿产品;资源税管理证明是证明销售的矿产品已缴纳资源税或已向当地税务机关办理纳税申报的有效凭证,可以跨省(区、市)使用,它分甲、乙两种,由当地主管税务机关开具,乙种证明适用于个体户、小型采矿销售企业等零散资源税的纳税人,一次一开。

扣缴义务人应当主动向主管税务机关申请办理代扣代缴义务人的有关手续。主管税务机关经审核批准后,发给扣缴义务人代扣代缴税款凭证及报告表。扣缴义务人依法履行代扣税款时，纳税人不得拒绝，纳税人拒绝的，扣缴义务人应当及时报告主管税务机关，否则，纳税人应缴纳的税款由扣缴义务人负担。

2. 课税范围

从理论上讲，资源税的课税范围应当包括一切开发的自然资源，如矿产资源、森林资源、土地资源、植物资源、海洋资源、动物资源、水资源等，但我国目前资源税的课税范围仅限于矿产品和盐，原则上以开采取得的原料产品或者自然资源的初级产品为课税对象，具体征税范围如下。

1) 矿产品

(1) 原油，指开采的天然原油，不包括人造石油。

(2) 天然气，指专门开采或与原油同时开采的天然气。

(3) 煤炭。煤炭应税产品(以下简称应税煤炭)包括原煤和以未税原煤加工的洗选煤(以下简称洗选煤)。

(4) 其他非金属矿原矿，指原油、天然气、煤炭和井矿盐以外的非金属矿原矿，可细分为普通非金属原矿和贵重非金属原矿两类。具体包括宝石及金刚石、玉石、膨润土、石墨、石英砂、萤石、重晶石、毒重石、蛭石、长石、沸石、滑石、白云石、硅灰石、凹凸棒石黏土、高岭土石、耐火黏土、云母、大理石、花岗石、石灰石、菱镁石、天然碱、石膏、硅线石、工业用金刚石、石棉、硫铁矿、自然硫、磷铁矿等。

(5) 黑色金属矿原矿，指纳税人开采后自用或销售的，用于直接入炉冶炼或作为主产品先入选精矿、制造人工矿，最终入炉冶炼的黑色金属矿石原矿，包括铁矿、锰矿石和铬矿石。

(6) 有色金属矿原矿，指铜矿石、铅锌矿石、铝土矿石、钨矿石、锡矿石、锑矿石、钼矿石、镍矿石、黄金矿石等。

2) 盐

(1) 固体盐，包括海盐原盐、湖盐原盐和井矿盐。

(2) 液体盐(卤水)，指氯化钠含量达到一定浓度的溶液，是用于生产碱和其他产品的原料。

3. 税目和单位税额

资源税的税目按应税产品品种的类别设置。矿产品按产品类别设置6个税目，盐则单独设置一个税目，两个子目，共8个征税项目。资源税的税目、税率，依照表8-1的《资源税税目税率表》及财政部的有关规定执行；税目、税率的部分调整，由国务院决定。纳税人具体适用的税率，在表8-1《资源税税目税率表》规定的税率幅度内，根据纳税人所开采或者生产应税产品的资源品位、开采条件等情况，由财政部商国务院有关部门确定；财政部未列举名称且未确定具体适用税率的其他非金属矿原矿和有色金属矿原矿，由省、自治区、直辖市人民政府根据实际情况确定，报财政部和国家税务总局备案。

矿产品等级的划分按《几个主要品种的矿山资源等级表》执行。等级表中未列举名称的，纳税人适用的税额由省、自治区、直辖市人民政府根据纳税人的资源状况，参照表8-1

第8章 资源税类及其纳税会计处理

表8-1 资源税税目税率表

税 目		税 率
(1) 原油		销售额的6%～10%
(2) 天然气		销售额的6%～10%
(3) 煤炭	原煤	销售额的2%～10%
	洗选煤	折算后销售额的2%～10%
(4) 其他非金属矿原矿	普通非金属原矿	每吨或者每立方米0.5～20元
	贵重非金属原矿	每千克或者每克拉0.5～20元
(5) 黑色金属矿原矿		每吨2～30元
(6) 有色金属矿原矿	稀土矿	每吨0.4～60元
	其他有色金属原矿	每吨0.4～30元
(7) 盐	固体盐	每吨10～60元
	液体盐	每吨2～10元

《资源税税目税率明细表》和《几个主要品种的矿山资源等级表》确定的邻近矿山的税额标准，在浮动30%的幅度内核定，并报财政部和国家税务总局备案。

纳税人开采或者生产不同税目的应税产品，应当分别核算不同税目应税产品的销售额或者销售数量；未分别核算或者不能准确提供不同税目应税产品销售额或者销售数量的，从高适用税额。未分别核算或不能准确提供原煤和洗选煤销售额的，一并视同销售原煤缴纳资源税；原油中的稠油、高凝油与稀油划分不清或不易划分的，一律按原油的税额征税。

4. 减免税

资源税贯彻普遍征收、级差调节的原则思想，因此，规定的减免税项目比较少。《资源税暂行条例》规定，有下列情形之一的，减征或者免征资源税。

(1) 开采原油过程中用于加热、修井的原油，以及对油田范围内运输稠油过程中用于加热的原油、天然气，免征资源税。

(2) 纳税人开采或者生产应税产品过程中，因意外事故或者自然灾害等原因遭受重大损失的，由省、自治区、直辖市人民政府酌情决定减税或者免税。

(3) 尾矿再利用的，不再征收。

(4) 地面抽采煤层气，暂不征收。

(5) 对稠油、高凝油和高含硫天然气资源税减征40%；对三次采油资源税减征30%；对低丰度油气田资源税暂减征20%；同时符合上述减税情形的，不能叠加适用。

(6) 衰竭期煤矿(剩余可采储量下降到原设计可采储量的20%及以下或剩余服务年限不超过5年的煤矿)减征30%；对填充开采置换出来的煤炭减征50%；同时符合上述减税情形的，不能叠加适用。

(7) 国务院规定的其他减税、免税项目。

需要说明的是，纳税人的减税、免税项目，应当单独核算销售额或者销售数量；未单独核算或者不能准确提供销售额或者销售数量的，不予减税或者免税。

5. 申报与缴纳

1) 纳税环节

(1) 纳税人开采或者生产应税产品直接销售的，在销售环节纳税。

(2) 纳税人开采或者生产应税产品，自用于连续生产应税产品的，不缴纳资源税；自用于其他方面的，视同销售，缴纳资源税，在移送使用环节纳税。

(3) 由扣缴义务人代扣代缴的，在收购环节由扣缴义务人代扣代缴。

2) 纳税义务发生时间

(1) 纳税人销售应税产品，纳税义务发生时间依据结算方式而定：纳税人采取分期收款结算方式的，其纳税义务发生时间为销售合同规定的收款日期的当天；纳税人采取预收货款结算方式的，其纳税义务发生时间为发出应税产品的当天；纳税人采取其他结算方式的，其纳税义务发生时间为收讫销售款或取得索取销售款凭据的当天。

(2) 纳税人自产自用应税产品的纳税义务发生时间为移送使用应税产品的当天。

(3) 扣缴义务人代扣代缴税款的纳税义务发生时间为支付首笔货款或首次开具支付货款凭据的当天。

3) 纳税期限

资源税的纳税期限为1日、3日、5日、10日、15日或者1个月，由主管税务机关根据实际情况具体核定。不能按固定期限计算纳税的，可以按次计算纳税。

纳税人以1个月为一期纳税的，自期满之日起10日内申报纳税；以1日、3日、5日、10日、15日为一期纳税，自期满之日起5日内预缴税款，于次月1日起10日内申报纳税并结清上月税款。

4) 纳税地点

纳税义务人应向应税资源开采或生产所在地主管税务机关缴纳，具体实施时应注意以下3点。

(1) 纳税人跨省、自治区、直辖市开采或者生产资源税应税产品的纳税人，其下属生产单位与核算单位不在同一省、自治区、直辖市的，对其开采或者生产的应税产品，一律在开采地或者生产地纳税。实行从量计征的应税产品，其应纳税款一律由独立核算的单位按照每个开采地或者生产地的销售量及适用税率计算划拨；实行从价计征的应税产品，其应纳税款一律由独立核算的单位按照每个开采地或者生产地的销售量、单位销售价格及适用税率计算划拨。

(2) 纳税人在本省、自治区、直辖市范围内开采或者生产应税产品，纳税地点的调整由省、自治区、直辖市税务机关确定。

(3) 扣缴义务人代扣代缴资源税，向收购地主管税务机关缴纳。

5) 纳税申报

资源税的纳税人不论本期是否发生应税行为，均应按期进行纳税申报，在规定时间内向主管税务机关报送。自 2014 年 12 月 1 日煤炭资源税施行从价计征，为适应税制改革，国家税务总局统一修订形成《资源税纳税申报表》（一）和《资源税的税申报表》（二），均一式两份，一份纳税人留存，一份税务机关留存(表 8-2、表 8-3)。

表 8-2　资源税纳税申报表(一)
（按从价定率办法计算应纳税额的纳税人适用）

税款所属期限：自　　年　　月　　日至　　年　月　日

　　　　　　　　填表日期：　　年　月　日

纳税人识别号：□□□□□□□□□□□□□□□　　　　　金额单位：元角分

栏次	征收品目	征收子目	销售量	销售额	折算率	适用税率或实际征收率	本期应纳税额	减征比例	本期减免税额	减免性质代码	本期已纳税额	本期应补(退)税额
	1	2	3	4	5	6	7	8	9=7×8	10	11	12=7-9-11
合计												

以下由纳税人填写：

纳税人声明	此纳税申报表是根据《中华人民共和国资源税暂行条例》及其《实施细则》的规定填报的，是真实的、可靠的、完整的。		
纳税人签章		代理人签章	代理人身份证号

以下由税务机关填写：

受理人		受理日期	年　月　日	受理税务机关签章	

表 8-3　资源税纳税申报表(二)
（按从量定额办法计算应纳税额的纳税人适用）

税款所属期限：自　　年　　月　　日至　　年　月　日

　　　　　　　　填表日期：　　年　月　日

纳税人识别号：□□□□□□□□□□□□□□□　　　　　金额单位：元角分

栏次	征收品目	征收子目	计税单位	销售量	单位税额	本期应纳税额	本期减免销量	本期减免税额	减免性质代码	本期已纳税额	本期应补(退)税额
	1	2	3	4	5	6=4×5	7	8	9	10	11=6-8-10

续表

栏次	征收品目	征收子目	计税单位	销售量	单位税额	本期应纳税额	本期减免销量	本期减免税额	减免性质代码	本期已纳税额	本期应补(退)税额
合计											

以下由纳税人填写:					
纳税人声明	此纳税申报表是根据《中华人民共和国资源税暂行条例》及其《实施细则》的规定填报的，是真实的、可靠的、完整的。				
纳税人签章		代理人签章		代理人身份证号	
以下由税务机关填写:					
受理人		受理日期	年　月　日	受理税务机关签章	

8.1.2　资源税会计处理

1．资源税的计算

资源税的应纳税额，按照从价定率或者从量定额的办法，分别以应税产品的销售额乘以纳税人具体适用的比例税率或者以应税产品的销售数量乘以纳税人具体适用的定额税率计算。纳税人开采或者生产应税产品，自用于连续生产应税产品的，不缴纳资源税；自用于其他方面的，视同销售，缴纳资源税。

1) 计税依据"销售额"的确定

销售额为纳税人销售应税产品向购买方收取的全部价款和价外费用，但不包括收取的增值税销项税额。

价外费用，包括价外向购买方收取的手续费、补贴、基金、集资费、返还利润、奖励费、违约金、滞纳金、延期付款利息、赔偿金、代收款项、代垫款项、包装费、包装物租金、储备费、优质费、运输装卸费以及其他各种性质的价外收费。但不包括下列项目。

(1) 同时符合以下条件的代垫运输费用：承运部门的运输费用发票开具给购买方的；纳税人将该项发票转交给购买方的。

(2) 同时符合以下条件代为收取的政府性基金或者行政事业性收费：由国务院或者财政部批准设立的政府性基金，由国务院或者省级人民政府及其财政、价格主管部门批准设立的行政事业性收费；收取时开具省级以上财政部门印制的财政票据；所收款项全额上缴财政。

2014年12月1日起实施的煤炭资源税从价计征改革，煤炭销售额不含从坑口到车站、码头等的运输费用，同时清理相关涉煤收费基金。

纳税人以人民币以外的货币结算销售额的，应当折合成人民币计算。其销售额的人民币折合率可以选择销售额发生的当天或者当月1日的人民币汇率中间价。纳税人应在事先确定采用何种折合率计算方法，确定后1年内不得变更。

纳税人申报的应税产品销售额明显偏低并且无正当理由的、有视同销售应税产品行为而无销售额的，除财政部、国家税务总局另有规定外，按下列顺序确定销售额。

（1）按纳税人最近时期同类产品的平均销售价格确定。
（2）按其他纳税人最近时期同类产品的平均销售价格确定。
（3）按组成计税价格确定。组成计税价格为：

$$组成计税价格 = 成本 \times (1 + 成本利润率) \div (1 - 税率)$$

式中的成本是指应税产品的实际生产成本。式中的成本利润率由省、自治区、直辖市税务机关确定。

2）计税依据"销售量"的确定

销售数量，包括纳税人开采或者生产应税产品的实际销售数量和视同销售的自用数量。纳税人不能准确提供应税产品销售数量的，以应税产品的产量或者主管税务机关确定的折算比换算成的数量为计征资源税的销售数量。

3）应纳税额的计算

（1）采用从价定率计征资源税：

$$应纳税额 = 应税产品的销售额 \times 比例税率$$

2014年12月1日起，煤炭资源税实行从价计征，洗选煤采用折算率的方法计征应纳资源税额。

$$洗选煤应纳税额 = 洗选煤销售额 \times 折算率 \times 比例税率$$

折算率可通过洗选煤销售额扣除洗选环节成本、利润计算，也可通过洗选煤市场价格与其所用同类原煤市场价格的差额及综合回收率计算。折算率有省、自治区、直辖市财税部门或其授权地市级财税部门确定。

（2）采用从量定额计征资源税：

$$应纳税额 = 应税产品的销售数量 \times 单位税额$$

例8.1 新疆石油管理局某油田某月生产原油400 000吨，其中当月销售200 000吨；移送所属化工厂进行提炼加工的原油50 000吨；另外150 000吨尚待销售。当月在采油过程中还回收伴生天然气2 000 000立方米，当月全部销售。该油田原油单位不含税售价为每吨5 000元，天然气单位不含税售价为每万立方米1 800元，该油田当月应纳资源税的有关计算如下。

（1）经查《资源税税目税额明细表》，该油田原油，天然气的适用税率为产品销售额的6%。

（2）应纳税额 = (200 000 + 50 000) × 5 000 × 6% + 200 × 1 800 × 6% = 75 021 600(元)

例8.2 某煤矿某月生产原煤300 000吨，其中当月销售150 000吨；移送6 000吨用于本矿发电和机车等；移送1 000吨用于本矿区职工生活；该原煤单位不含税售价为每吨500元，该煤矿当月应纳资源税的计算如下。

(1) 经查《资源税税目税额明细表》，该原煤适用税率为产品销售额的2%。
(2) 应纳税额=(150 000+6 000+1 000)×500×2%=1 570 000(元)。

例8.3 某盐场2014年5月生产液体盐5 000 000吨，其中当月对外销售1 800 000吨；移送3 200 000吨加工固体盐800 000吨，当月售出600 000吨；当月用外购液体盐1 000 000吨，加工固体盐300 000吨，本期全部销售。该盐场液体盐的单位税额为2元/吨，固体盐的单位税额为10元/吨。该盐场当月应纳资源税的计算如下。

应纳税额=1 800 000×2+600 000×10+(300 000×10-1 000 000×2)
=10 600 000(元)

2. 资源税的会计处理

1) 账户设置

为反映和监督资源税的计算和缴纳，纳税人应设置"应交税费——应交资源税"账户，贷方记本期应缴纳的资源税，借方记实际缴纳或抵扣的资源税额，贷方余额表示企业应缴而未缴的资源税。在实际生产经营活动中，实际生产情况不同其会计核算方法亦有所不同。

2) 会计核算

(1) 销售应税产品的核算。

企业销售应税产品时，按规定计算出应税产品应缴纳的资源税税额，借记"营业税金及附加"，贷记"应交税费——应交资源税"；实际缴纳税款时，借记"应交税费——应交资源税"，贷记"银行存款"。

例8.4 某油田某月开采原油50 000吨，其中当月销售40 000吨，每吨不含增值税售价为110元，款项已通过银行收讫。该油田原油适用税率为产品销售额的6%。其会计处理如下。

(1) 销售原油，确认收入时

借：银行存款	5 148 000
贷：主营业务收入	4 400 000
应交税费——应交增值税(销项税额)	748 000

(2) 计提资源税时

应纳资源税税额=4 400 000×6%=264 000(元)

| 借：营业税金及附加 | 264 000 |
| 贷：应交税费——应交资源税 | 264 000 |

(3) 实际缴纳资源税时

| 借：应交税费——应交资源税 | 264 000 |
| 贷：银行存款 | 264 000 |

(2) 自产自用应税产品的核算。

纳税人开采或者生产应税产品，自用于连续生产应税产品的，不缴纳资源税；自用于其他方面的，视同销售，缴纳资源税。

例8.5 某煤矿某月将自产的50吨原煤用于职工食堂使用，原煤每吨不含增值税售价 110 元，生产成本为每吨 70 元。该煤矿原煤适用的资源税税率为 4%，其会计处理如下。

$$应纳资源税税额=50\times110\times4\%=220(元)$$
$$应纳增值税税额=50\times110\times13\%=715(元)$$

借：应付福利费　　　　　　　　　　　　　　　　　　　　　　　6 215
　　贷：主营业务收入　　　　　　　　　　　　　　　　　　　　5 500
　　　　应交税费——应交增值税(销项税额)　　　　　　　　　　715
借：营业税金及附加　　　　　　　　　　　　　　　　　　　　　　220
　　贷：应交税费——应交资源税　　　　　　　　　　　　　　　　220

(3) 收购未税矿产品的核算。

按照税法规定，收购未税矿产品的单位为资源税的扣缴义务人。企业应以收购未税矿产品实际支付的收购价款以及代扣代缴的资源税作为收购矿产品的成本。收购未税矿产品时，应按实际支付的收购价款，借记"材料采购"等，贷记"银行存款"等；同时按应代扣代缴的资源税额，借记"材料采购"等，贷记"应交税费——应交资源税"；实际缴纳资源税时，借记"应交税费——应交资源税"，贷记"银行存款"。

例 8.6　某钢铁厂收购铁矿石作为原料炼铁，某月收购某铁矿的未税铁矿石 3 000 吨，每吨不含增值税的购入价格 90 元(含资源税)。该铁矿石适用的单位税额为 10 元/吨。款项以银行存款付讫。

其会计处理如下。

借：材料采购　　　　　　　　　　　　　　　　　　　　　　　270 000
　　应交税费——应交增值税(进项税额)　　　　　　　　　　　 45 900
　　贷：银行存款　　　　　　　　　　　　　　　　　　　　　285 900
　　　　应交税费——应交资源税　　　　　　　　　　　　　　 30 000

(4) 外购液体盐加工固体盐的核算。

按规定企业外购液体盐加工固体盐的，所购入液体盐缴纳的资源税可以抵扣。在会计核算中，购入液体盐时，按所允许抵扣的资源税，借记"应交税费——应交资源税"，按外购价款扣除允许抵扣资源税后的数额，借记"材料采购"等，按应支付的全部价款，贷记"银行存款""应付账款"等；企业加工成固体盐后，在销售时，按计算出的销售固体盐应缴的资源税，借记"营业税金及附加"，贷记"应交税费——应交资源税"；将销售固体盐应纳资源税扣抵液体盐已纳资源税后的差额上缴时，借记"应交税费——应交资源税"，贷记"银行存款"。

例 8.7　某北方盐业企业 2014 年 7 月购入液体盐 5 000 吨，用以加工固体盐销售，取得的增值税专用发票上注明价款 600 000 元，增值税款 102 000 元。本月全部加工完毕，销售固体盐 4 000 吨，取得不含增值税价款 800 000 元。已知液体盐适用的单位税额为 2 元/吨，固体盐适用的单位税额为 15 元/吨。其会计处理如下。

(1) 购进液体盐支付款项时：

$$购进液体盐已纳资源税额=5\ 000\times2=10\ 000(元)$$

借：材料采购　　　　　　　　　　　　　　　　　　　　　　　590 000

```
        应交税费——应交增值税(进项税额)                          102 000
              ——应交资源税                                   10 000
      贷：银行存款                                          702 000
  (2) 加工成固体盐销售，收到货款时
  借：银行存款                                              936 000
      贷：主营业务收入                                       800 000
          应交税费——应交增值税(销项税额)                       136 000
  (3) 计算结转销售固体盐应纳的资源税时：
              销售固体盐应纳资源税额＝4 000×15＝60 000(元)
  借：营业税金及附加                                           60 000
      贷：应交税费——应交资源税                                 60 000
  (4) 计算并缴纳当月应纳的资源税时：
              当月实际缴纳资源税额＝60 000－10 000＝50 000(元)
  借：应交税费——应交资源税                                     50 000
      贷：银行存款                                           50 000
```

8.2 城镇土地使用税及其纳税会计处理

城镇土地使用税是一种级差资源税，是以城镇土地为征收对象，对拥有土地使用权的单位和个人征收的一种税。现行城镇土地使用税的基本规范是 2006 年 12 月 31 日国务院颁布的修订后的《中华人民共和国城镇土地使用税暂行条例》(以下简称《城镇土地使用税暂行条例》)，自 2007 年 1 月 1 日起施行。2011 年 1 月 8 日《国务院关于废止和修改部分行政法规的决定》以及 2013 年 12 月 7 日《国务院关于修改部分行政法规的决定》中作了部分修改。

开征城镇土地使用税，有利于通过经济手段加强对土地的管理，变土地的无偿使用为有偿使用，促进合理、节约使用土地，提高土地使用效益；有利于适当调节不同地区、不同地段之间的土地级差收入，促进企业加强经济核算，理顺国家与土地使用者之间的分配关系。

8.2.1 城镇土地使用税税制要素

1. 纳税人

凡在城市、县城、建制镇、工矿区范围内使用土地的单位和个人，为城镇土地使用税的纳税人。单位包括国有企业、集体企业、私营企业、股份制企业、外商投资企业、外国企业以及其他企业和事业单位、社会团体、国家机关、军队以及其他单位等；个人包括个体工商户及其他个人。由于在现实经济生活中，使用土地的情况十分复杂，为确保将城镇土地使用税及时、足额地征收入库，根据用地者的不同情况，对纳税人的具体规定如下。

(1) 城镇土地使用税由拥有土地使用权的单位或个人缴纳。

(2) 拥有土地使用权的单位或个人不在土地所在地的,其土地的实际使用人和代管人缴纳。

(3) 土地使用权未确定或权属纠纷未解决的,其实际使用人纳税。

(4) 土地使用权共有的,由共有各方分别纳税。

2. 征税对象和范围

城镇土地使用税针对在城市、县城、建制镇和工矿区内的国家所有和集体所有的土地。

城市、县城、建制镇和工矿区分别按以下标准确认:城市是指国务院批准设立的市;县城是指县人民政府所在地;建制镇是指经省、自治区、直辖市人民政府批准设立的建制镇;工矿区是指工商业比较发达、人口比较集中、符合国务院规定的建制镇标准、但尚未设立建制镇的大中型工矿企业所在地,工矿区的设立须经省、自治区、直辖市人民政府批准。

上述城镇土地使用税的征税范围中,城市的土地包括市区和郊区的土地;县城的土地是指县人民政府所在地的城镇土地,建制镇的土地是指镇人民政府所在地的土地。

建立在城市、县城、建制镇和工矿区以外的工矿企业不需要缴纳城镇土地使用税。

3. 税率

城镇土地使用税采用地区幅度定额税率,即采用有幅度的差别税额,按大、中、小城市和县城、建制镇、工矿区分别规定每平方米土地使用税年应纳税额。具体标准见表8-4。

表8-4 城镇土地使用税税率表

级 别	人口(人)	每平方米税额(元)
大城市	50万以上	1.5～30
中等城市	20万～50万	1.2～24
小城市	20万以下	0.9～18
县城、建制镇、工矿区	—	0.6～12

根据财政部、国家税务总局关于贯彻落实国务院关于修改《中华人民共和国城镇土地使用税暂行条例》的决定的通知(财税[2007]9号),各市、县人民政府要结合本地经济发展水平、土地利用状况和地价水平等,合理划分本地区的土地等级,在省、自治区、直辖市人民政府确定的税额幅度内制定每一等级土地的具体适用税额标准,报省、自治区、直辖市人民政府批准执行。经济发达地区和城市中心区,原则上应按税额幅度的高限确定适用税额标准,经济发达地区如需突破税额幅度上限、进一步提高适用税额标准,须报经财政部、国家税务总局批准。

4. 减免税

根据《城镇土地使用税暂行条例》的规定,下列土地免缴城镇土地使用税。

(1) 国家机关、人民团体、军队自用的土地等。

(2) 由国家财政部门拨付事业经费的单位自用的土地。

(3) 宗教寺庙、公园、名胜古迹自用的土地。

(4) 市政街道、广场、绿化地带等公共用地。

(5) 直接用于农、林、牧、渔业等生产用地。

(6) 经批准开山填海整治的土地和改造的废弃土地,从使用的月份起免缴土地使用税5~10年。

(7) 由财政部另行规定免税的能源、交通、水利设施用地和其他用地。

(8) 非营利性医疗机构、疫病控制机构和妇幼保健机构等卫生机构自用的土地。

(9) 企业办的学校、医院、托儿所、幼儿园等,其用地能与企业其他用地明确区分的,免征城镇土地使用税。

(10) 在城镇土地使用税范围内经营采摘、观光农业的单位和个人,其直接用于采摘、观光的种植、养殖、饲养的土地,免征城镇土地使用税。

在城镇土地使用税范围内,利用林场土地兴建度假村等休闲娱乐场所的,其经营、办公和生活用地等应按规定征收城镇土地使用税。

(11) 对核电站的核岛、常规岛、辅助厂房和通信设施用地(不包括地下线路用地),生活、办公用地按规定征收城镇土地使用税,其他用地免征城镇土地使用税。对核电站应税土地在基建期内减半征收城镇土地使用税。

(12) 自2013年1月1日至2015年12月31日,对专门经营农产品的农产品批发市场、农贸使用的土地,暂免征收城镇土地使用税。对同时经营其他产品的农产品批发市场、农贸市场使用土地,按其他产品与农产品交易场地面积比例确定征免城镇土地使用税。

(13) 自2012年1月1日至2014年12月31日,对物流企业自有的(包括自用和出租)大宗商品仓储设施用地,减按所属土地等级适用税额标准的50%计税。

(14) 自2013年1月1日至2015年12月31日,对商品储备管理公司及其直属库承担商品储备业务自用的土地免征城镇土地使用税。

(15) 2013年7月4日起,对改造安置住房建设用地免征城镇土地使用税。

(16) 2013年1月1日至2015年12月31日,对城市公交站场、道路客运战场的运营用地免征城镇土地使用税。

纳税人缴纳土地使用税确有困难需要定期减免的,由县级以上地方税务机关批准。

5. 征收管理

1) 纳税义务发生时间

(1) 购置新建商品房,自房屋交付使用之次月起计征城镇土地使用税。

(2) 购置存量房,自办理房屋权属转移、变更登记手续,房地产权属登记机关签发房屋权属证书之次月起计征城镇土地使用税。

(3) 出租、出借房产,自交付出租、出借房产之次月起计征城镇土地使用税。

(4) 以出让或转让方式有偿取得土地使用权的,应由受让方从合同约定交付土地时间

第8章 资源税类及其纳税会计处理

的次月起缴纳城镇土地使用税;合同未约定交付时间的,由受让方从合同签订的次月起缴纳城镇土地使用税。

(5)纳税人新征用的耕地,自批准征用之日起满1年时开始缴纳城镇土地使用税。

(6)纳税人新征用的非耕地,自批准征用次月起缴纳城镇土地使用税。

(7)自2009年1月1日起,纳税人因土地的权利发生变化而依法终止城镇土地使用税纳税义务的,其应纳税款的计算应截止到土地权利发生变化的当月末。

2)纳税期限

城镇土地使用税按年计算、分期缴纳,缴纳期限由省、自治区、直辖市人民政府确定。各省、自治区、直辖市税务机关结合当地情况,一般分别确定按月、季、半年或一年等不同的期限缴纳。

3)纳税地点

城镇土地使用税由土地所在地的税务机关征收。如果纳税人使用的土地不属于同一省、自治区、直辖市管辖范围的,由纳税人分别向土地所在地税务机关缴纳;在同一省、自治区、直辖市管辖范围内,纳税人跨地区使用的土地,其纳税地点由省、自治区、直辖市地方税务局确定。

4)纳税申报

纳税人应依照当地税务机关规定的期限,填写《城镇土地使用税纳税申报表》,将其占用土地的权属、位置、用途、面积和税务机关规定的其他内容,据实向当地税务机关办理纳税申报登记,并提供有关的证明文件资料。纳税人新征用的土地,必须于批准新征用之日起30日内申报登记。纳税人如有住址变更、土地使用权属转换等情况,从转移之日起,按规定期限办理申报变更登记。城镇土地使用税的纳税申报表见表8-5。

表8-5 城镇土地使用税纳税申报表

填表日期:　　年　　月　　日

纳税人识别号:□□□□□□□□□□□□□□□　　金额单位:元(列至角分)

纳税人名称										税款所属时期				
房产坐落地点														
坐落地点	上期占地面积	本期增减	本期实际占地面积	法定免税面积	应税面积	土地等级 I	土地等级 II	适用税额 I	适用税额 II	今年应缴税额	缴纳次数	本期每次应纳税额	本期已纳税额	本期应补(退)税额
1	2	3	4=2+3	5	6=4−5	7	8	9	10	11=7×9+8×10	12	13=11÷12	14	15=11−14

续表

坐落地点	上期占地面积	本期增减	本期实际占地面积	法定免税面积	应税面积	土地等级				适用税额				今年应缴税额	缴纳次数	本期		
						Ⅰ	Ⅱ			Ⅰ	Ⅱ					每次应纳税额	已纳税额	应补(退)税额
合计																		

如纳税人填报，由纳税人填写以下各栏		如委托代理人填报，由代理人填写以下各栏		备注
会计主管（签章）	纳税人（公章）	代理人名称		代理人（公章）
		代理人地址		
		经办人姓名		电话

以下由税务机关填写			
收到申报表日期		接收人	

8.2.2 城镇土地使用税会计处理

1. 城镇土地使用税的计算

1) 计税依据

城镇土地使用税以纳税人实际占用的土地面积(土地面积计量标准是平方米)为计税依据，依照规定的单位税额，按年计算，分期缴纳。纳税人实际占用的土地面积按下列办法确定。

(1) 凡有由省、自治区、直辖市人民政府确定的单位组织测定土地面积的，以测定的面积为准。

(2) 尚未组织测量，但纳税人持有政府部门核发的土地使用证书的，以证书确认的土地面积为准。

(3) 尚未核发土地使用证书的，应由纳税人申报土地面积，据以纳税，待核发土地使用证以后再作调整。

2) 应纳税额的计算

城镇土地使用税的应纳税额依据纳税人实际占用的土地面积和适用单位税额计算。计算公式为：

$$应纳税额＝实际占用应税土地面积(平方米)\times 适用税额$$

如果土地使用权由几方共有的，由共有各方按照各自实际使用的土地面积占总面积的比例，分别计算缴纳土地使用税。

2. 城镇土地使用税的会计处理

1) 账户设置

为了正确核算企业的生产经营成果，准确反映城镇土地使用税的计提和解缴情况，企业应在"应交税费"账户下设置"应交土地使用税"明细账户进行核算，同时涉及的会计账户主要有"管理费用""银行存款"。

2) 会计处理

城镇土地使用税计提时，借记"管理费用"账户，贷记"应交税费——应交土地使用税"账户；实际缴纳城镇土地使用税时，借记"应交税费——应交土地使用税"账户，贷记"银行存款"账户。

例8.8 佳美公司使用土地面积为20 000平方米，经税务部门核实，该土地属大城市地区，每平方米单位适用税额为5元，计算全年应纳税额及会计处理如下。

年应纳土地使用税税额＝20 000×5＝100 000(元)

(1) 计算城镇土地使用税时

借：管理费用   100 000
　　贷：应交税费——应交土地使用税   100 000

(2) 实际缴纳税款时

借：应交税费——应交土地使用税   100 000
　　贷：银行存款   100 000

8.3　土地增值税及其纳税会计处理

土地增值税是对有偿转让国有土地使用权、地上建筑物及其附着物并取得收入的单位和个人，就其转让房地产取得的增值额征收的一种税。现行土地增值税的基本规范是国务院于1993年12月13日发布了《中华人民共和国土地增值税暂行条例》(以下简称《土地增值税暂行条例》)和财政部于1995年1月27日颁布了《中华人民共和国土地增值税暂行条例实施细则》。

2006年3月2日，财政部和国家税务总局于联合下发的《财政部、国家税务总局关于土地增值税若干问题的通知》(财税[2006] 21号)，2009年5月12日国家税务总局又印发的《土地增值税清算管理规程》(国税发[2009] 91号)。

8.3.1　土地增值税税制要素

1. 纳税义务人

土地增值税的纳税义务人是转让国有土地使用权及地上的一切建筑物及其附着物产权，并取得收入的单位和个人。不论法人与自然人、不论经济性质、不论内外资企业、不论中国公民与外籍人员、不论部门，只要有偿转让房地产，都是土地增值税的纳税义务人。因此，土地增值税的纳税义务人可概括为内外资企业、行政事业单位、中外籍个人等。

2. 征税对象与范围

土地增值税的课税对象是有偿转让国有土地使用权及地上建筑物和其他附着物产权所取得的增值额。应注意区分国有土地使用权转让和国有土地使用权出让，前者属于土地增值税的课税范围，国有土地使用权出让所取得的收入不缴纳土地增值税。

1）国有土地使用权出让与国有土地使用权转让的区别

国有土地使用权出让，是指国家以土地所有者的身份，将土地使用权在一定年限内让与土地使用者，并由土地使用者向国家支付土地使用权出让金的行为，属于土地买卖的一级市场。国有土地使用权出让的出让方为国家，国家凭借土地的所有权向土地使用者收取土地的租金。国有土地使用权出让最高年限依土地的用途而确定，其中，居住用地七十年；工业用地五十年；教育、科技、文化、卫生、体育用地五十年；商业、旅游、娱乐用地四十年；综合或者其他用地五十年。土地使用者在支付全部土地使用权出让金后，应当依照规定办理登记，领取土地使用证，取得土地使用权。土地使用权的出让不属于土地增值税的征税范围。

国有土地使用权转让是指土地使用者通过出让等形式取得土地使用权后，将土地使用权再转让的行为，包括出售、交换和赠与。属于土地买卖的二级市场。未按土地使用权出让合同规定的期限和条件投资开发、利用土地的，土地使用权不得转让。土地使用权转让，其地上的建筑物、其他附着物的所有权随之转让。土地使用权的转让，属于土地增值税的征税范围。

2）土地增值税征税范围的判断标准

土地增值税是对转让国有土地使用权及其地上建筑物和附着物的行为征税。

《土地增值税暂行条例》及其实施细则规定的征税范围是：转让国有土地使用权，地上建筑物及其附着物连同国有土地使用权一并转让。实际工作中，土地增值税的征税范围常以3个标准来判定。

（1）转让的土地使用权是否国家所有。土地增值税只对转让国有土地使用权的行为课税，转让非国有土地和出让国有土地的行为均不征税。

（2）土地使用权、地上建筑物及其附着物是否发生产权转让。土地增值税既对转让土地使用权课税，也对转让地上建筑物和其他附着物的产权征税。但对未转让土地使用权、房产产权的行为，如房地产的出租，不征收增值税。

（3）转让房地产是否取得收入。土地增值税只对有偿转让的房地产征税。

3）土地增值税的基本范围

（1）转让国有土地使用权。

"国有土地"是指按照国家法律规定属于国家所有的土地。出售国有土地使用权是指土地使用者通过出让方式，向政府缴纳了土地出让金，有偿受让土地使用权后，仅对土地进行"三通一平"等土地开发，即将"生地变成熟地"，然后直接将空地出售出去。

转让国有土地使用权，征土地增值税；转让集体所有制土地，应先在有关部门办理（或补办）土地使用或出让手续，使之变为国家所有才可转让，并纳入土地增值税的征税范围；自行转让集体土地是一种违法行为。

第 8 章 资源税类及其纳税会计处理

(2) 地上建筑物及其附着物连同土地使用权一并转让。

地上建筑物及其附着物连同土地使用权一并转让,是指纳税人取得国有土地使用权后,进行房屋开发、建造,然后出售,及即所说的房地产开发。

(3) 存量房地产的买卖。

存量房地产是指已经建成并投入使用的房地产,其房屋所有人将房屋产权和土地使用权一并转让给其他单位和个人。其中,原有土地使用权属于无偿划拨的,还应到土地管理部门补交土地出让金。

上述内容可概括见表 8-6。

表 8-6 土地增值税基本征税范围

基本征税范围	不属于征税范围
(1) 转让国有土地使用权,包括出售、交换和赠与 (2) 地上的建筑物及其附着物连同国有土地使用权一并转让 (3) 存量房地产的买卖	(1) 不包括国有土地使用权出让所取得的行为 (2) 不包括未转让土地使用权、房产产权的行为,如房地产的出租

3) 征税范围的若干具体规定

(1) 以房地产进行投资、联营。对于以房地产进行投资、联营,如果投资、联营的一方(房地产企业除外)以土地(房地产)作价入股进行投资或作为联营条件的,暂免征收土地增值税。但是,投资、联营企业若将上述房地产再转让的,属于征收土地增值税的范围。投资、联营的企业属于从事房地产开发的,或者房地产开发企业以其建造的商品房进行投资和联营的,应当征收土地增值税。

(2) 合作建房。对于一方出地,一方出资金,双方合作建房,建成后分房自用的,暂免征收土地增值税。但是如果建成后转让的,属于征收土地增值税的范围。

(3) 企业兼并转让房地产。在企业兼并中,对被兼并企业将房地产转让到兼并企业中的,暂免征收土地增值税。

(4) 交换房地产。交换房地产行为既发生了房产产权、土地使用权的转移,交换双方又取得了实物形态的收入,按照规定属于征收土地增值税的范围。但个人之间互换自有居住使用房地产的,经当地税务机关核实,可以免征土地增值税。

(5) 房地产抵押。房地产在抵押期间不征收土地增值税,待抵押期满后,视该房地产是否转移产权来确定是否征收土地增值税。对于以房地产抵债而发生房地产产权转让的,属于征收土地增值税的范围。

(6) 房地产出租。房地产出租,不属于征收土地增值税的范围。

(7) 房地产评估增值。房地产评估增值,不属于征收土地增值税的范围。

(8) 国家收回国有土地使用权、征用地上建筑物及附着物,虽然发生了权属的变更,原房地产所有人也取得了收入,但按照《土地增值税暂行条例》有关规定,可以免征土地增值税。

关于土地增值税征税范围的具体判定,见表 8-7。

表8-7 几种具体事项的土地增值税征税判定表

有关事项	是否属于征税范围
(1) 出售	征，包括3种情况：①出售国有土地使用权；②取得国有土地使用权后进行房屋开发建造后出售；③存量房地产买卖
(2) 继承、赠与	继承不征(因为无收入)； 赠与，分2种情况：①公益性赠与、赠与直系亲属或承担直接赡养义务人，不征；②非公益性赠与，征
(3) 出租	不征(因为无权属转移)
(4) 房地产抵押	抵押期不征； 抵押期满偿还债务本息不征； 抵押期满，不能偿还债务，而以房地产抵债，征
(5) 房地产交换	单位之间换房，有收入的征； 个人之间互换自住房不征
(6) 以房地产投资、联营	房地产(房地产企业除外)转让到投资联营企业，暂免征； 将投资联营房地产再转让，征。 投资、联营的企业属于从事房地产开发的，或者房地产开发企业以其建造的商品房进行投资和联营的，征
(7) 合作建房	建成后自用，不征； 建成后转让，征
(8) 企业兼并转让房地产	暂免征收
(9) 代建房	不征（因为无权属转移）
(10) 房地产重新评估	不征(因为无收入)
(11) 国家收回房地产权	不征
(12) 市政搬迁	不征

3. 税率

土地增值税实行4级超率累进税率，按转让房地产增值比例的大小，分档定率，超率累进，具体税率表见表8-8。

表8-8 土地增值税四级超率累进税率表

级次	增值额占扣除项目金额的比率	税率	速算扣除系数
1	不超过50%的部分(含50%)	30%	0
2	超过50%~100%的部分(含100%)	40%	5%
3	超过100%~200%的部分(含200%)	50%	15%
4	超过200%的部分	60%	35%

4. 税收优惠

土地增值税的税收优惠包括以下几点。

（1）纳税人建造普通标准住宅出售，增值额未超过扣除项目金额20%的，免征土地增值税；如果超过20%的（含20%），应就其全部增值额按规定计税。

对于纳税人既建普通标准住宅又搞其他房地产开发的，应分别核算增值额。不分别核算增值额或不能准确核算增值额的，其建造的普通标准住宅不能适用这一免税规定。

对企事业单位、社会团体以及其他组织转让旧房作为公租房房源，且增值额未超过扣除项目金额20%的，免征土地增值税。

（2）因国家建设需要依法征用、收回的房地产，免征土地增值税。

（3）因城市实施规划、国家建设需要而搬迁，由纳税人自行转让原房地产的，免征土地增值税。

（4）个人因工作调动或改善居住条件而转让原自用住房，经向税务机关申报核准，土地增值税减免优惠如下：①居住满5年或5年以上的，免税；②居住满3年未满5年的，减半征税；③居住未满3年的，按规定计税。

5. 申报与缴纳

申报与缴纳土地增值税有关的几个问题如下。

1）纳税义务发生时间

（1）以一次交割、付清价款方式转让房地产的，在办理过户、登记手续前一次性缴纳全部税额。

（2）以分期收款方式转让的，先计算出应纳税总额，然后根据合同约定的收款日期和约定的收款比例确定应纳税额。

（3）项目全部竣工结算前转让房地产的分以下两种情况。

① 纳税人进行小区开发建设的，其中一部分房地产项目因先行开发并已转让出去，但小区内的部分配套设施往往在转让后才建成，在这种情况下，税务机关可以对先行转让的项目，在取得收入时预征土地增值税。

② 纳税人以预售方式转让房地产的，对在办理结算和转交手续前就取得的收入，税务机关也可以预征土地增值税。具体办法由各省、自治区、直辖市地方税务局根据当地情况制定。

凡采用预征方法征收土地增值税的，在该项目全部竣工办理清算时，都需要对土地增值税进行清算，根据应征税额和已征税额进行结算，多退少补。

2）纳税期限

纳税人应自转让房地产合同签订之日起7日内，向房地产所在地主管税务机关办理纳税申报，同时提交相关资料。

（1）房地产开发企业应向税务机关提交以下资料。

① 房屋及建筑物产权、土地使用权证书。

② 土地转让、房产买卖合同。

③ 房地产评估报告。

④ 与转让房地产有关的资料。

(2) 非房地产开发公司还需要提供与转让房地产有关的税金的完税凭证。纳税人发生下列转让行为的,还应从签订房地产转让合同之日起 7 日内,到房地产所在地主管税务机关备案。

① 因国家建设需要依法征用、收回的房地产,纳税人因此得到经济补偿的。

② 因城市实施规划、国家建设的需要而搬迁,由纳税人自行转让其房地产的。

③ 转让原有住房的。

3) 纳税地点

土地增值税的纳税地点为房地产所在地(即房地产坐落地)主管税务机关。如果纳税人转让的房地产坐落在两个或两个以上地区的,应按房地产所在地分别申报纳税。

实际工作中,纳税地点的确定又可分为两种情况。

(1) 纳税人是法人时,转让房地产坐落地与其机构所在地或经营所在地一致的,应在办理税务登记的原管辖税务机关申报纳税;如果不一致的,则应在房地产坐落地的税务机关申报纳税。

(2) 纳税人是自然人时,转让房地产坐落地与其居住所在地一致的,应在住所所在地税务机关申报纳税;如果不一致的,则应在办理过户手续所在地的税务机关申报纳税。

纳税人应按照税务机关核定的税额及规定的期限缴纳土地增值税。纳税人没有依法缴纳土地增值税,土地管理部门、房产管理部门可以拒办权属变更手续。

4) 纳税申报表

土地增值税的纳税申报表见表 8-9 和表 8-10。

表 8-9 土地增值税纳税申报表
(从事房地产开发的纳税人适用)

税款所属时间:　　年　　月　　日　　　　　　　　填表日期:　　年　　月　　日
纳税人编码:　　　　　　　金额单位:人民币元　　　　　面积单位:平方米

纳税人名称		项目名称		项目地址	
类　　别		经济性质		纳税人地址		邮政编码	
开户银行		银行账号		主管部门		电　话	

项　　目	行次	金　　额
一、转让房地产收入总额 1=2+3	1	
其中	货币收入	2	
	实物收入及其他收入	3	
二、扣除项目金额合计 4=5+6+13+16+20	4	
1. 取得土地使用权所支付的金额	5	
2. 房地产开发成本 6=7+8+9+10+11+12	6	
其中	土地征用及拆迁补偿费	7	
	前期工程费	8	
	建筑安装工程费	9	

续表

项　　目		行次	金　　额
其中	基础设施费	10	
	公共配套设施费	11	
	开发间接费用	12	
3. 房地产开发费用 13＝14＋15		13	
其中	利息支出	14	
	其他房地产开发费用	15	
4. 与转让房地产有关的税金等 16＝17＋18＋19		16	
其中	营业税	17	
	城市维护建设税	18	
	教育费附加	19	
5. 财政部规定的其他扣除项目		20	
三、增值额 21＝1－4		21	
四、增值额与扣除项目金额之比(%)22＝21÷4		22	
五、适用税率(%)		23	
六、速算扣除系数(%)		24	
七、应缴土地增值税税额 25＝21×23－4×24		25	
八、已缴土地增值税税额		26	
九、应补(退)土地增值税税额 27＝25－26		27	

如纳税人填报，由纳税人填写以下各栏		如委托代理人填报，由代理人填写以下各栏		备注
会计主管 （签章）	纳税人 （公章）	代理人名称	代理人 （公章）	
		代理人地址		
		经办人姓名	电话	
以下部分由主管税务机关负责填写				
收到申报表日期		接收人		

表 8－10　土地增值税纳税申报表

（非从事房地产开发的纳税人适用）

税款所属时间：　年　月　日　　　　　　　　　　　　　　填表日期：　年　月　日
纳税人编码：　　　　　　　　　　金额单位：人民币元　　　　　　面积单位：平方米

纳税人名称		项目名称		项目地址	
业　别		经济性质		纳税人地址		邮政编码	
开户银行		银行账号		主管部门		电　话	

项　　目	行次	金　　额
一、转让房地产收入总额 1＝2＋3	1	

续表

项　　目		行次	金　　额
其中	货币收入	2	
	实物收入及其他收入	3	
二、扣除项目金额合计 4＝5＋6＋9		4	
1. 取得土地使用权所支付的金额		5	
2. 旧房及建筑物的评估价格 6＝7×8		6	
其中	旧房及建筑物的重置成本价	7	
	成新度折扣率	8	
3. 与转让房地产有关的税金等 9＝10＋11＋12＋13		9	
其中	营业税	10	
	城市维护建设税	11	
	印花税	12	
	教育费附加	13	
三、增值额 14＝1－4		14	
四、增值额与扣除项目金额之比(%)15＝14÷4		15	
五、适用税率(%)		16	
六、速算扣除系数(%)		17	
七、应缴土地增值税税额 18＝14×16－4×17		18	

如纳税人填报，由纳税人填写以下各栏		如委托代理人填报，由代理人填写以下各栏		备注
会计主管 （签章）	纳税人 （公章）	代理人名称	代理人 （公章）	
		代理人地址		
		经办人姓名	电话	
以下部分由主管税务机关负责填写				
收到申报表日期		接收人		

8.3.2 土地增值税会计处理

1. 土地增值税的计算

1) 计税依据的确定

土地增值税的计税依据是纳税人转让房地产所得的增值额。转让房地产所得的增值额，是纳税人转让房地产的收入额减除税法规定的扣除项目金额后的余额。

（1）收入额的确定。

纳税人转让房地产所取得的收入，是指包括货币收入、实物收入和其他收入在内的全部价款及有关的经济利益。

(2) 扣除项目及其金额。

在确定房地产转让的增值额和计算缴纳土地增值税时，允许从房地产转让收入总额中扣除的项目及其金额，根据转让项目的性质不同，可进行如下划分(表8-11)。

表8-11 允许扣除项目归类

转让项目的性质	扣除项目	备注
新建房地产转让	① 取得土地使用权所支付的金额 ② 房地产开发成本 ③ 房地产开发费用 ④ 转让环节缴纳的税金 ⑤ 财政部规定的其他扣除项目	如果是房地产企业，则扣除项目有5项； 如果是非房地产企业，则扣除项目只有前4项
存量房地产转让	⑥ 房屋及建筑物的评估价格 评估价格＝重置成本价×成新度折扣率 ① 取得土地使用权所支付的金额 ④ 转让环节缴纳的税金	如果转让的是房屋建筑物，则扣除项目有3项； 如果转让的是土地，则扣除项目只有①④项； 两者的差别是房屋的评估价格

① 取得土地使用权所支付的金额。包括纳税人为取得土地使用权所支付的地价款和按国家统一规定缴纳的有关费用之和。

② 房地产开发成本。它指纳税人开发房地产项目实际发生的成本。这些成本允许按交易发生数扣除，主要包括土地征用及拆迁补偿费、前期工程费、建筑安装工程费、基础设施费、公共配套设施费、开发间接费用等。

③ 房地产开发费用。它是指与房地产开发项目有关的销售费用、管理费用、财务费用。根据新会计制度的规定，与房地产开发有关的费用直接计入当年损溢，不按房地产项目进行归集或分摊。为了便于计算操作，土地增值税实施细则对有关费用的扣除，尤其是财务费用中的数额较大利息支出扣除，作了较为详细的规定。

第一，能够按转让房地产项目计算分摊利息支出，并能提供金融机构的贷款证明的：

房地产开发费用＝利息＋(取得土地使用权所支付的金额＋房地产开发成本)×5%以内

第二，不能按转让房地产项目计算分摊利息支出，或不能提供金融机构贷款证明的：

房地产开发费用＝(取得土地使用权所支付的金额＋房地产开发成本)×10%以内

第三，房地产开发企业既向金融机构借款，又有其他借款的，其房地产开发费用计算扣除时不能同时适用上述两项。

第四，土地增值税清算时，已经计入房地产开发成本的利息支出，应调整至财务费用中计算扣除。

需要注意的是：计算扣除的具体比例由省、自治区、直辖市人民政府决定；利息的上浮幅度按国家的有关规定执行，超过上浮幅度的部分不允许扣除，超过贷款期限的利息部分和加罚的利息也不允许扣除。

④ 转让环节缴纳的税金。主要是指在转让房地产时缴纳的营业税、印花税、城市维

护建设税，教育费附加也可视同税金扣除。其中，允许扣除的印花税，是指在转让房地产时缴纳的印花税，房地产开发企业在转让房地产时缴纳的印花税因列入管理费用，不得在此扣除。房地产开发企业以外的其他纳税人在计算土地增值税时，允许扣除在转让房地产环节缴纳的印花税。

⑤ 财政部规定的其他扣除项目。《土地增值税条例实施细则》规定，对从事房地产开发的纳税人可按规定，加计20%的扣除，用公式为：

$$加计扣除费用=(取得土地使用权支付的金额+房地产开发成本)\times 20\%$$

需特别指出的是：此条优惠只适用于从事房地产开发的纳税人，其他纳税人不适用，即使是从事房地产开发的纳税人，如果取得土地使用权后未进行任何开发与投入就将土地使用权转让，也不允许扣除20%的加计费用。

⑥ 旧房及建筑物的评估价格。它是指在转让已使用的房屋及建筑物时，由政府批准设立的房地产评估机构评定的重置成本价乘以成新度折扣率后的价格。评估价格须经当地税务机关确认。

转让旧房屋及建筑物的评估价格、取得土地使用权所支付的地价款和按国家统一规定缴纳的有关费用及在转让环节缴纳的税金等，可以在计征土地增值税时扣除。对取得土地使用权时未支付地价款或不能提供已支付的地价款凭据的，在计征土地增值税时不允许扣除。

纳税人在转让旧房及建筑物时，因计算纳税需要对房地产进行评估，其支付的评估费用允许在计算土地增值税时予以扣除。但是，对纳税人因隐瞒、虚报房地产成交价等情形而按房地产评估价格计算征收土地增值税时发生的评估费用，则不允许在计算土地增值税时予以扣除。

纳税人转让旧房及建筑物，凡不能取得评估价格，但能提供购房发票的，经当地税务部门确认，扣除项目的金额可按发票所载金额并从购买年度起至转让年度止每年加计5%计算。对纳税人购房时缴纳的契税，凡能提供契税完税凭证的，准予作为"与转让房地产有关的税金"予以扣除，但不作为加计5%的基数。

对于转让旧房及建筑物，既没有评估价格，又不能提供购房发票的，地方税务机关可以实行核定征收。

(3) 增值额的确定。

土地增值税纳税人转让房地产所取得的收入减除规定的扣除项目金额后的余额，为增值额。

计算土地增值税是以增值额与扣除项目金额的比率大小按所适用的累进税率计算征收的。增值额与扣除项目金额的比率越大，适用的税率越高，缴纳的税款越多，因此，准确核算增值额是很重要的。当然准确核算增值额，还需要有准确的房地产转让收入额和扣除项目的金额。在实际房地产交易活动中，有些纳税人由于不能准确提供房地产转让价格或扣除项目金额，致使增值额不准确，直接影响应纳税额的计算和缴纳。因此，纳税人有下列情形之一的，按照房地产评估价格计算征收。

① 隐瞒、虚报房地产成交价格的。
② 提供扣除项目金额不实的。

③ 转让房地产的成交价格低于房地产评估价格，又无正当理由的。

隐瞒、虚报房地产成交价格，应由评估机构参照同类房地产的市场交易价格进行评估，税务机关根据评估价格确定转让房地产的收入；提供扣除项目金额不实的，应由评估机构按照房屋重置成本价乘以成新度折扣率计算的房屋成本价和取得土地使用权时的基准地价进行评估，税务机关根据评估价格确定扣除项目金额；转让房地产的成交价格低于房地产评估价格，又无正当理由的，由税务机关参照房地产评估价格确定转让房地产的收入。"房地产评估价格"，是指由政府批准设立的房地产评估机构根据相同地段、同类房地产进行综合评定的价格。

2) 应纳税额的计算

土地增值税按照纳税人转让房地产所取得的增值额和规定的税率计算征收。土地增值税的基本计算公式为

$$应纳土地增值税 = 土地增值额 \times 适用税率$$

$$土地增值额 = 转让房地产的总收入 - 扣除项目金额$$

由于土地增值税实行超率累进税率，若土地增值额超过扣除项目金额50%以上时，同时适用两档或两档以上税率，就需要分档计算。因此，只有先计算出增值率，即增值额占扣除项目金额的比例后，才能确定适用税率，计算应纳税额。其计算公式为：

$$增值率 = (增值额 \div 扣除项目金额) \times 100\%$$

$$应纳税额 = \sum (每级距的土地增值额 \times 适用税率)$$

上述方法要分段计算、汇总合计，比较烦琐，因此，在实际工作中，一般采用速算扣除法计算，计算公式为：

$$应纳税额 = 土地增值额 \times 适用税率 - 扣除项目金额 \times 速算扣除系数$$

例8.9 2014年4月30日，某房地产开发公司转让写字楼一幢，共取得转让收入5 000万元，公司即按税法规定缴纳了有关税金（营业税税率5%，城建税等其他税金25万元）。已知该公司为取得土地使用权而支付的地价款和按国家统一规定交纳的有关费用为500万元；投入房地产开发成本为1 500万元；房地产开发费用中的利息支出为120万元（能够按转让房地产项目计算分摊并提供金融机构证明），比按银行同类同期贷款利率计算的利息多出10万元。另知写字楼所在地政府规定的其他房地产开发费用的计算扣除比例为5%，请计算该公司转让此楼应纳的土地增值税税额。

方法一：采用基本计算方法。

(1) 确定转让房地产的收入：转让收入为5 000万元。

(2) 确定转让房地产的扣除项目金额如下。

① 取得土地使用权所支付的金额为500万元。

② 房地产开发成本为1 500万元。

③ 房地产开发费用为：$(120-10)+(500+1\ 500) \times 5\% = 110+100 = 210$（万元）。

④ 与转让房地产有关的税金为：$5\ 000 \times 5\% + 25 = 250+25 = 275$（万元）。

⑤ 从事房地产开发的加计扣除为：$(500+1\ 500) \times 20\% = 400$（万元）。

⑥ 转让房地产的扣除项目金额合计为：$500+1\ 500+210+275+400 = 2\ 885$（万元）。

(3) 计算转让房地产的增值额为：$5\ 000 - 2\ 885 = 2\ 115$（万元）。

(4) 计算增值额与扣除项目金额的比率为：2 115÷2 885×100％＝73.3％。

(5) 计算应纳土地增值税税额如下。

① 增值额未超过扣除项目金额50％的部分，其税额为2 885×50％×30％＝432.75（万元）。

② 增值额超过扣除项目金额50％，未超过100％的部分，其税额为(2 115－2 885×50％)×40％＝269(万元)。

③ 应纳土地增值税税额是432.75＋269＝701.75(万元)。

方法二：采用速算扣除法。

步骤(1)～(4)同方法一。

(5) 应纳土地增值税税额＝2 115×40％－2 885×5％＝701.75(万元)。

2. 土地增值税的会计处理

1) 账户设置

企业应在"应交税费"科目下设"应交土地增值税"明细科目，专门用来核算土地增值税的发生和缴纳情况，其贷方反映企业计算的应交土地增值税，其借方反映企业实际缴纳的土地增值税，余额在贷方，反映企业应交而未交的土地增值税。预交土地增值税的企业，"应交税费——应交土地增值税"科目的借方余额包括预交的土地增值税。

2) 会计处理

(1) 企业转让土地使用权应交的土地增值税，土地使用权与地上建筑物及其附着物一并在"固定资产"等科目核算时，

借：固定资产清理
　　贷：应交税费——应交土地增值税

(2) 土地使用权在"无形资产"科目核算时，

借：银行存款(实际收到的金额)
　　贷：应交税费——应交土地增值税
　　　　无形资产（无形资产的账面余额）
　　　　借贷方的差额记入"营业外支出""营业外收入"

(3) 实际缴纳土地增值税时，

借：应交税费——应交土地增值税
　　贷：银行存款

 本章小结

本章主要介绍了资源税类，包括资源税、城镇土地使用税和土地增值税共三个税种的税制要素，以及各自的会计核算方法。

资源税是对在我国领域及管辖海域从事应税矿产品开采及生产盐的单位和个人，为调节因资源生成和开发条件差异而形成的级差收入而征收的一种税。资源税的税目按应税产品品种的类别

第8章 资源税类及其纳税会计处理

设置。矿产品按产品类别设置6个税目，盐则单独设置一个税目，两个子目，共8个征税项目。通过设置"应交税费——应交资源税"账户来反映和监督资源税的计算和缴纳，其具体会计核算方法因实际生产情况不同亦有所不同。

城镇土地使用税是以城镇土地为征收对象，对拥有土地使用权的单位和个人征收的一种级差资源税，征税范围包括城市、县城、建制镇和工矿区内的国家所有和集体所有的土地，税率是定额税率。通过设置"应交税费——应交土地使用税"账户来反映城镇土地使用税的计提和解缴，同时涉及的会计账户主要有"管理费用""银行存款"。

土地增值税是对有偿转让国有土地使用权及地上建筑物和其他附着物产权，取得增值收入的单位和个人征收的一种税。我国土地增值税的特点是以转让房地产的增值额为计税依据、征税面比较广、实行超率累进税率、实行按次征收。企业转让土地使用权应交的土地增值税，土地使用权与地上建筑物及其附着物一并在"固定资产"等科目核算时，应交土地增值税通过"固定资产清理"科目核算；土地使用权在"无形资产"科目核算时，应交土地增值税通过"无形资产"科目核算。

复习思考题

1. 问答题

（1）简述国家征收资源税的意义。
（2）资源税的纳税范围有哪些？计税依据是什么？如何计算资源税税额？
（3）如何进行资源税的会计处理？
（4）国家开征城镇土地使用税的目的？
（5）城镇土地使用税的基本内容是什么？会计处理如何进行？
（6）土地增值税的纳税人和征税范围有哪些？增值额如何确定？如何计算土地增值税税额？会计核算的账户是什么？

2. 实务题

（1）位于县城的某原煤生产企业为增值税一般纳税人，2014年12月发生以下业务。

① 开采原煤10 000吨。采取分期收款方式销售原煤9 000吨，购销合同约定，本月应收1/3的价款。另支付运费6万元、装卸费2万元，取得公路内河货运发票。

② 为职工宿舍供暖，使用本月开采的原煤200吨；另将本月开采的原煤500吨无偿赠送给某有长期业务往来的客户。

③ 销售开采原煤过程中产生的天然气125千立方米，取得不含销售额25万元。

假设该原煤每吨不含税售价为500元，适用资源税税率为4%，天然气资源税的税率为10%。

要求：计算该企业当月应缴纳的资源税，并编制与资源税相应的会计分录。

（2）某盐厂10月份销售固体盐1 280吨，用于职工福利52吨，该固体盐单位成本为26元，单位售价95元，单位税额为15元/吨。

要求：计算该盐厂应纳的资源税税额并进行会计处理。

(3) 某纳税人本期以自产液体盐 50 000 吨和外购液体盐 10 000 吨（每吨已缴纳资源税 5 元）加工固体盐 12 000 吨对外销售，取得销售收入 600 万元。已知固体盐税额为每吨 30 元，计算该纳税人本期应缴纳资源税。

(4) 某企业实际占用土地面积 30 000 平方米，其中 4 000 平方米为厂区以外的绿化区，企业医院占地 600 平方米。当地政府规定其占地的城镇土地使用税税额为每平方米 2 元。

要求：计算该企业当年应纳的城镇土地使用税并进行会计处理。

(5) 某房地产开发公司 4 月份转让一块已开发的土地使用权，取得转让收入 1 400 万元，为取得土地使用权所支付金额 320 万元，开发土地成本 65 万元，开发土地的费用 21 万元，应纳有关税费 77.7 万元。该企业不能按转让房地产项目计算分摊利息支出。

要求：计算该企业应纳的土地增值税税额及纳税的会计处理。

(6) 某房地产开发公司受让一宗土地使用权，支付转让方地价款 8 000 万元。使用受让土地 60%（其余 40% 尚未使用）的面积开发建造一栋写字楼并全部销售。在开发过程中，根据建筑承包合同支付给建筑公司的劳务费和材料费共计 6 200 万元，开发销售期间发生管理费用 700 万元、销售费用 400 万元、利息费用 500 万元（只有 70% 能够提供金融机构的证明）。（说明：其他开发费用扣除比例为 4%，契税税率为 3%）

要求：
① 计算该房地产开发公司土地增值额时可扣除的地价款和契税。
② 计算该房地产开发公司土地增值额时可扣除的开发成本。
③ 计算该房地产开发公司土地增值额时可扣除的开发费用。

(7) 某国有企业 2012 年 5 月在市区购置一栋办公楼，支付价款 8 000 万元。2014 年 5 月，该企业将办公楼转让，取得收入 10 000 万元，签订产权转移书据。办公楼经税务机关认定的重置成本价为 12 000 万元，成新率 70%。

要求：计算该企业在缴纳土地增值税时的增值额。

第 9 章

财产和行为税及其纳税会计处理

教学目标

本章简要讲述包括房产税、车船税、印花税、契税等财产和行为税的基本内容、计算方法及其会计处理。通过本章学习应该掌握这些税种的基本内容,并能够计算应纳税额和进行会计处理。本章的学习要点是这些税的纳税人、征税对象、税率和计算方法。

教学要求

知识要点	能力要求	相关知识
纳税人	(1) 能够认识开征财产和行为税的必要性 (2) 能够识别财产和行为税的纳税义务人 (3) 能够识别纳税义务人何时、何地缴纳财产和行为税	(1) 财产和行为税的含义及分类 (2) 财产和行为税的征税范围和纳税义务人 (3) 纳税义务发生时间、纳税期限、纳税地点
征税对象及应纳税额的计算	(1) 能够掌握开征财产和行为税的征税对象 (2) 能够掌握应纳税额的计算	(1) 财产和行为税的征税对象及范围 (2) 财产和行为税应纳税所得额的计算 (3) 财产和行为税应纳税额的计算
会计核算	能够对企业涉及财产和行为税的基本经济业务进行会计处理	(1) 会计科目的设置 (2) 确认税款的账务处理 (3) 缴纳税金的账务处理

■ 导入案例

沪、渝试点映射我国房产税改革动向

随着我国房地产市场的快速发展，已有的房产税制在很多方面表现出滞后的特征。2010年5月31日，国务院同意国家发展改革委《关于2010年深化经济体制改革重点工作的意见》中提出，将逐步推进房产税改革。同年12月中旬，财政部税政司公开表示"十二五"期间将稳步推进房产税改革，而房产税也将于2011年年初于上海、重庆试点。2011年1月27日，上海、重庆正式宣布由次日起开始试点房产税，并公布了房产税征收细则。沪、渝试点房产税改革的特点体现在以下4个方面。

1. 扩大房产税的征税范围

1) 1986年颁布《中华人民共和国房产税暂行条例》（简称"原条例"）的征收范围

仅限于城市、县城、建制镇和工矿区的房产，不包括农村房产；房产税的征收有失公允，政府机关、军队组织、事业团体、个人居住房等被列为免税对象，不在征税范围之内。

2)《上海市开展对部分个人住房征收房产税试点的暂行办法》（简称"上海暂行办法"）的征收范围

自2011年1月28日起对上海居民家庭新购第二套及以上住房和非上海居民家庭的新购住房征收房产税。

3)《重庆市人民政府关于进行对部分个人住房征收房产税改革试点的暂行办法》（简称"重庆暂行办法"）的征收范围

重庆主城9区内存量增量独栋别墅、新购高档商品房、外地炒房客在重庆购第二套房，也被列入重庆房产税试点的征收范围。

可见，将个人非经营用住房和事业单位纳入房产税征收范围是未来改革的重要发展方向。

2. 计税依据以科学的市场评估为基础

1) 1986年颁布《中华人民共和国房产税暂行条例》的征收范围

计税依据为依价计征和依租计征，其中，从价计征的房产税计税依据是房产的历史成本。这两种计税依据有其明显的缺陷：一是影响和削弱了房地产税对经济的宏观调控作用；二是违背了公平税负的原则。因此，对不科学的计税依据进行合理的调整，融入和适应市场的变化，是新时期房产税改革亟待解决的问题。

2) 上海和重庆暂行办法

应税住房按市场交易价格的70%计算缴纳，应税住房的计税价值为房产交易价，待条件成熟后，计税依据将为参照应税住房的房地产市场价格确定的评估值，评估值按规定周期进行重估。

可见，以房地产市场的房地产评估值为计税依据，缩小资产价值评估和资产实际价值之间的差距，是改革的重点之一。

3. 根据国家宏观税负水平采取差别税率

1) 原条例

采用的是单一、固定的比例税率，对自用房产，不考虑所处的区域、地理位置、房屋价值、用途等，税率均为1.2%。由于税率缺乏弹性，不能很好地发挥房产税调节收入和优化资源配置的功能。同一种类的房地产，处于不同的城市，其在经济活动中获得的收益是不同的，所能接受和承受的税负能力也是不同的。

2) 上海暂行办法

上海市适用税率暂定为0.6%，应税住房每平方米市场交易价格低于本市上年度新建商品住房平均销售价格2倍（含2倍）的，税率暂减为0.4%。

3) 重庆暂行办法

在重庆市同时无户籍、无企业、无工作的个人新购第二套(含第二套)以上的普通住房,税率为0.5%。重庆市规定独栋商品住宅和高档住房建筑面积交易单价在上两年主城九区新建商品住房成交建筑面积均价3倍以下的住房,税率为0.5%;3(含3倍)~4倍的,税率为1%;4倍(含4倍)以上的税率为1.2%。

可见,在未来的改革发展中各地应针对经济发展的不平衡性,结合地方经济发展速度,在幅度税率内制定适合本地经济状况的税率。中央设置幅度税率,各地根据自身的经济发展情况、收入水平、物价消费指数和应税房地产的位置、用途等实际情况,因地制宜制定起征点和本地区的适用税率,并随地方市场的变化适时调整,以增强税率弹性。

4. 合理设定税收减免

上海市居民家庭在本市新购且属于该居民家庭第二套及以上住房的,合并计算的家庭全部住房面积,人均不超过60平方米(即免税住房面积,含60平方米)的,其新购的住房暂免征收房产税;人均超过60平方米的,对属新购住房超出部分的面积,按暂行办法规定计算征收房产税。

重庆市扣除免税面积以家庭为单位,纳税人在新的暂行办法施行前拥有的独栋商品住宅,免税面积为180平方米;新购的独栋商品住宅、高档住房,免税面积为100平方米。纳税人家庭拥有多套新购应税住房的,按时间顺序对先购的应税住房计算扣除免税面积。同时,两市还具体规定了其他减免税对象,如因婚姻等需要而首次新购住房、符合国家和本市有关规定引进的高层次人才和重点产业紧缺急需人才新购住房、农民在宅基地上建造的自有住房等,暂免征收房产税。

对个人非营业用房制定合适的起征点,以套数或者家庭人均面积来计算起征点是当前房产税改革的一大特色,但比较而言,用家庭人均面积来计算更能体现个人的税负公平性,合理的保证了一般居民家庭的利益,对维护房地产市场的健康发展、引导大众对房产的理性投资起到了积极的作用。

9.1 房产税及其纳税会计处理

房产税是以房屋为征税对象,按照房屋的计税余值或租金收入向产权所有人征收的一种财产税。现行房产税的基本规范是1986年9月15日国务院颁布的《中华人民共和国房产税暂行条例》(以下简称《房产税暂行条例》)。

9.1.1 房产税税制要素

1. 征税对象

房产税的征税对象是房产。房产是指有屋面和围护结构(有墙或两边有柱),能够遮风避雨,可供人们在其中生产、学习、工作、娱乐、居住或储藏物资的场所。

房地产开发企业建造的商品房,在出售前不征房产税;但对出售前房地产开发企业已使用或出租、出借的商品房应按规定征收房产税。

2. 房产税的征税范围

现行房产税在城市、县城、建制镇和工矿区征收。其中:城市是指经国务院批准设立的市,征税范围为市区、郊区和市辖县城,不包括农村;县城是指县人民政府所在地;建制镇是指经省、自治区、直辖市人民政府批准设立的符合国务院规定的镇建制标准的镇,征税范围为镇人民政府所在地,不包括所辖的行政村;工矿区是指工商业比较发达,人口比较集中，符合国务院规定的建制镇标准，但尚未设立建制镇的大中型工矿企业所在地，开征房产税的工矿区须经省、自治区、直辖市人民政府批准。

3. 房产税的纳税义务人

房产税的纳税人是在征税范围内的房屋产权所有人。在实际经济活动中，房产税的纳税人可划分为以下几种情况。

（1）产权属于国家所有的，由经营管理单位纳税；产权属于集体和个人所有的，由集体单位和个人纳税。

（2）产权出典的，由承典人纳税。产权出典是指产权所有人将房屋、生产资料等的产权，在一定期限内典当给他人使用而取得资金的一种融资业务。

（3）产权所有人、承典人不在房屋所在地的，或者产权未确定及租典纠纷未解决的，由房产代管人或者使用人纳税。

（4）无租使用其他房产的问题。纳税单位和个人无租使用房产管理部门、免税单位及纳税单位的房产，应由使用人代为缴纳房产税。

外商投资企业和外国企业暂不缴纳房产税，但须缴纳城市房地产税。

（5）产权未确定及租典纠纷未解决的，亦由房产代管人或者使用人纳税。所谓租典纠纷，是指产权所有人在房产出典和租赁关系上，与承典人、租赁人发生各种争议，特别是权利和义务的争议悬而未决的。此外还有一些产权归属不清的问题，也都属于租典纠纷。对租典纠纷尚未解决的房产，规定由代管人或使用人为纳税人，主要目的在于加强征收管理，保证房产税及时入库。

（6）自 2009 年 1 月 1 日起，外商投资企业、外国企业和组织以及外籍个人，依照《中华人民共和国房产税暂行条例》缴纳房产税。

4. 房产税的计税依据

房产税的计税依据为房产的计税余值或房产的租金收入。按照房产计税余值征税的，称为从价计征；按照房产的租金收入征税的，称为从租计征。

1）从价计征

从价计征是指对纳税人经营自用的房屋，以房产的计税余值作为计税依据，即按房产原值一次减除 10%～30% 的损耗价值以后的余值计税。具体减除比例由省、自治区、直辖市人民政府在税法规定的减除幅度内自行确定。

（1）房产原值是指纳税人按照会计制度规定，在账簿"固定资产"科目中记载的房屋原价。纳税人未按规定记载原值的，应按规定调整房产原值；对房产原值明显不合理的，应重新予以评估；对没有房产原值的，由房产所在地的税务机关参照同类房屋的价值核定。

值得注意的是：自 2009 年 1 月 1 日起，对依照房产原值计税的房产，不论是否记载在会计账簿固定资产科目中，均应按照房屋原价计算缴纳房产税。房屋原价应根据国家有关会计制度规定进行核算。对纳税人未按国家会计制度规定核算并记载的，应按规定予以调整或重新评估。

自 2010 年 12 月 21 日起，对按照房产原值计税的房产，无论会计上如何核算，房产原值均应包含地价，包括为取得土地使用权支付的价款、开发土地发生的成本费用等。宗地容积率低于 0.5 的，按房产建筑面积的 2 倍计算土地面积并据此确定计入房产原值的地价。

（2）房产原值应包括与房屋不可分割的各种附属设备或一般不单独计算价值的配套设施。主要有：暖气、通风、照明、煤气等设备；各种管线，如蒸汽、石油、给水排水等管道及电力、电信、电缆导线；电梯、升降机、过道、晒台等。属于房屋附属设备的水管、下水道、暖气管、煤气管等应从最近的探视井或三通管起，计算原值；电灯网、照明线应从进线盒连接管起，计算原值。

自 2006 年 1 月 1 日起，为了维护和增加房屋的使用功能或使房屋满足设计要求，凡以房屋为载体。不可随意移动的附属设备和配套设施，如给排水、采暖、消防、中央空调、电器及智能化楼宇设备等，无论在会计核算中是否单独记账与核算，都应计入房产原值，计征房产税。对于更换房屋附属设备和配套设施的，在将其价值计入房产原值时，可扣减原来相应设备和设施的价值；对附属设备和配套设施中易损坏、需要经常更换的零配件，更新后不再计入房产原值。

（3）纳税人对原有房屋进行改建、扩建的，要相应增加房屋的原值。

房产余值是房产的原值减除规定比例后的剩余价值。

此外，还应注意以下两个问题。

① 对投资联营的房产，在计征房产税时应予以区别对待。对于以房产投资联营，投资者参与投资利润分红，共担风险的，按房屋余值作为计税依据计征房产税；对以房产投资，收取固定收入，不承担联营风险的，实际是以联营名义取得房产租金，应根据《房产税暂行条例》的有关规定由出租方按租金收入计缴房产税。

② 对融资租赁房屋的情况，由于租赁费包括购进房屋的价款、手续费、借款利息等，与一般房屋出租的"租金"内涵不同，且租赁期满后，当承租方偿还最后一笔租赁费时，房屋产权要转移到承租方。这实际是一种变相的分期付款购买固定资产的形式，所以在计征房产税时以房产余值计算征收。根据财税〔2009〕128 号文件的规定，融资租赁的房产，由承租人自融资租赁合同约定开始日的次月起依照房产余值缴纳房产税。合同未约定开始日的，由承租人自合同签订的次月起按照房产余值缴纳房产税。

（4）居民住宅区内业主共有的经营性房产缴纳房产税。

从 2007 年 1 月 1 日起，对居民住宅区内业主共有的经营性房产，由实际经营（包括自营和出租）的代管人或使用人缴纳房产税。其中自营的，依照房产原值减除 10%～30% 后的余值计征，没有房产原值或不能将业主共有房产与其他房产的原值准确划分开的，由房产所在地地方税务机关参照同类房产核定房产原值；出租的，依照租金收入计征。

（5）凡在房产税征收范围内的具备房屋功能的地下建筑，包括与土地上房屋相连的底下建筑以及完全建在地面以下的建筑、地下人防设施等，均应当依照有关规定征收房产税。上述具备房屋功能的地下建筑是指有屋面和维护结构，能够遮风避雨，可供人们在其中生产、经营、工作、学习、娱乐、居住或储藏物资的场所。自用的地下建筑，按以下方式计税。

① 工业用途房产，以房屋原价的50%～60%作为应税房产原值。

② 商业和其他用途房产，以房屋原价的70%～80%作为应税房产原值。房屋原价折算为应税房产原值的具体比例，由各省、自治区、直辖市和计划单列市财政和地方税务部门在上述幅度内自行确定。

③ 对于与地上房屋相连的地下建筑，如房屋的地下室、地下停车场、商场的地下部分，应将地下部分与地上房屋视为一个整体，按照地上房屋建筑的有关规定计算征收房产税。

2) 从租计征

从租计征是指对纳税人出租的房屋，以租金收入作为计税依据。房产的租金收入是房屋产权所有人出租房产使用权所取得的报酬，包括货币收入和实物收入。对以劳务或其他形式作为报酬抵付房租收入的，应根据当地同类房产的租金水平，确定一个标准租金额，依率计征。

5. 房产税税率

我国现行房产税采用的是比例税率。由于房产税的计税依据分为从价计征和从租计征两种形式，所以房产税的税率也有两种：一种是按房产原值一次减除10%～30%后的余值计征的，税率为1.2%；另一种是按房产出租的租金收入计征的，税率为12%。自2008年3月1日起，对个人按市场价格出租的居民住房，不区分用途，按4%的税率征收房产税。

6. 房产税应纳税额的计算

(1) 以房产的计税余值为计税依据的计算公式为：

$$应纳税额 = 应税房产原值 \times (1 - 原值减除率) \times 1.2\%$$

例9.1 某企业的经营用房原值为5 000万元，按照当地规定允许减除30%后余值计税，适用税率为1.2%。请计算其应纳房产税税额。

$$应纳税额 = 5\ 000 \times (1 - 30\%) \times 1.2\% = 42(万元)$$

(2) 从租计征的计算。

从租计征是按房产的租金收入计征，其计算公式为：

$$应缴纳税额 = 租金收入 \times 12\%(或4\%)$$

例9.2 某公司出租房屋3间，年租金收入为30 000元，适用税率为12%。请计算其应纳房产税税额。

$$应纳税额 = 30\ 000 \times 12\% = 3\ 600(元)$$

例9.3 某公司2014年4月，将其与办公楼相连的地下停车场和另一独立的地下建筑物改为地下生产车间，停车场原值100万元，地下建筑物原价200万元，该企业所在省财政和地方税务部门确定的地下建筑物的房产原价折算比例为50%，房产原值减除比例为30%。该企业以上两处地下建筑物2014年4月至12月份应缴纳房产税多少万元。

与地上房屋相连的地下建筑物，要将地上地下视为一个整体，按照地上房屋建筑物的规定计税；独立的地下建筑物作为工业用途的，需要用房屋原价的一定比例折算为应税房产原值，再减除损耗价值计税。

$$应纳税额=(100+200\times50\%)\times(1-30\%)\times1.2\%\times9/12=1.26(万元)$$

7. 房产税的减免税优惠

依据《房产税暂行条例》及有关规定，下列房产免纳房产税。

(1) 国家机关、人民团体、军队自用的房产。指这些单位本身的办公用房和公务用房，出租的房产以及非本身业务用的生产、营业用房产不属于免税范围。

(2) 由国家财政部门拨付事业经费的单位自用的房产。指这些单位本身的业务用房，出租的房产以及非本身业务用的生产、营业用房产不属于免税范围。

(3) 宗教寺庙、公园、名胜古迹自用的房产。前者指举行宗教仪式等的房屋和宗教人员使用的生活用房屋，后者指供公共参观游览的房屋及其管理单位的办公用房屋。出租的房产以及非本身业务用的生产、营业用房产不属于免税范围，如影剧院、饮食部、茶社、照相馆等所使用的房产，应照章缴纳房产税。

(4) 个人拥有的非营业用的房产。

(5) 经财政部批准免税的其他房产。例如，对地下人防设施，暂不征收房产税；大修理停用半年以上的房屋在房屋大修期间免征房产税；对高校后勤实体免征房产税；对非营利性医疗机构、疾病控制机构和妇幼保健机构等卫生机构自用的房产免征房产税；向居民供热并向居民收取采暖费的供热企业暂免征收房产税，自2011年1月1日至2015年12月31日，对向居民供热而收取采暖费的企业，为居民供热所使用的房产继续免征房产税。对既向居民供热，又向单位供热或者兼营其他生产经营活动的供热企业，按其因供热而收取的采暖费收入占总收入的比例免征房产税；自2011年1月1日起至2012年12月31日，对高校学生公寓实行免征房产税政策。至文到之日前，已征的应予免征的房产税，应从纳税人以后应纳的房产税额中递减或者予以退税；自2013年1月1日至2015年12月31日，对高校学生公寓实行免征房产税政策。至文到之日前，已征的应予免征的房产税，应从纳税人以后应纳的房产税额中递减或者予以退税；自2011年1月1日起至2012年12月31日，为支持国家商品储备业务发展，对商品储备管理公司及其直属库承担商品业务自用的房产，免征房产税；自2013年1月1日至2015年12月31日，为支持国家商品储备业务发展，对商品储备管理公司及其直属库承担商品业务自用的房产，继续免征房产税；自2013年1月1日至2015年12月31日，对专门经营农产品的农产品批发市场、农贸市场使用的房产，暂免征收房产税。对同时经营其他产品的农产品批发市场和农贸市场使用的房产，按其他产品与农产品交易场地面积的比例确定征收房产税。

(6) 对行使国家行政管理职能的中国人民银行总行(含国家外汇管理局)所属分支机构自用的房产，免征房产税。

(7) 自2011年至2020年，为支持国家天然林资源保护二期工程的实施，对天然林二期工程实施企业和单位税收政策规定如下：对长江上游、黄河中上游地区、东北、内蒙古等国有林区天然林二期工程实施企业和单位专门用于天然林保护工程的房产、土地免征房产税。对上述企业和单位用于其他生产经营活动的房产、土地按规定征收房产税；对由于实施天然林二期工程造成企业房产、土地闲置1年以上不用的，暂免征房产税，但闲置房产和土地用于出租或重新用于其他生产经营的,按规定征收房产税;用于天然林二期工程的免税房产、土地应单独划分,与其他应税房产、土地划分不清的,按规定征收房产税。

8. 征收管理

房产税纳税义务人应根据税法要求,将现有房屋的坐落地点、结构、面积、原值、出租收入等情况,据实向当地税务机关办理纳税申报,并按规定纳税。

1) 纳税义务发生时间

纳税义务发生的时间包括以下几种情况。

(1) 纳税人将原有房产用于生产经营,从生产经营之月起缴纳房产税。

(2) 纳税人自建新房用于生产经营,应当从建成次月起缴纳房产税。

(3) 纳税人委托施工企业建设,应当从办理验收手续次月起,缴纳房产税。

(4) 纳税人购置新建商品房,自房屋交付使用之次月起缴纳房产税。

(5) 纳税人购置存量房,自办理房屋权属转移、变更登记手续,房地产权属登记机构签发房屋权属证书之次月起缴纳房产税。

(6) 纳税人出租、出借房产,自交付出租、出借房产之次月起缴纳房产税。

(7) 房地产开发企业自用、出租、出借本企业建造的商品房,自房屋使用或交付使用之次月起缴纳房产税。

(8) 自 2009 年 1 月 1 日起,纳税人因房产的实物或权利状态发生变化而依法终止房产税纳税义务的,其应纳税款的计算应截止到房产的实物或权利状态发生变化的当月末。

2) 纳税期限

房产税实行按年征收,分期缴纳。具体纳税期限由省、自治区、直辖市人民政府确定。

3) 纳税地点

房产税在房产所在地缴纳,由房产所在地的税务机关负责征收。房产不在同一地方的纳税人,应按房产的坐落地点分别向房产所在地的税务机关缴纳。

4) 《房产税纳税申报表》的填制

《房产税纳税申报表》见表 9-1。

9.1.2 房产税会计处理

房产税应纳税款,通过"应交税费——应交房产税"科目进行核算。该科目贷方反映企业应交纳的房产税,借方反映企业实际已经缴纳的房产税,余额在贷方反映企业应交而未交的房产税。

月份终了,企业计算出按规定应交纳的房产税税额,作会计分录如下。

借:管理费用
　　贷:应交税费——应交房产税

企业按照规定的纳税期限缴纳房产税时,应作会计分录如下。

借:应交税费——应交房产税
　　贷:银行存款

表 9 – 1 房产税纳税申报表

填表日期： 年 月 日

金额单位：元

纳税人识别号																		
纳税人名称																		
房产坐落地点						房屋结构												
税款所属时期																		

上期申报房产原职（评估值）	本期增减	本期实际房产原值	其中			建筑面积/m²	以房产余值计征房产税			以租金收入计征房产税			全年应纳税额	缴纳次数	本期		
			从价计税的房产原值	从租计税的房产原值	规定的免税房产原值	扣除率/%	房产余值	适用税率 1.2%	应纳税额	租金收入	适用税率 12%	应纳税额			应纳税额	已纳税额	应补（退）税额
1	2	3=1+2	4=3-5-6	5=3-4-6	6	7	8=4-4×7	9	10=8×9	11	12	13=11×12	14=10+13	15	16=14/15	17	18=16-17
合计																	

如纳税人填报，由纳税人填写以下各栏

纳税人（签章）	会计主管（签章）	收到申报表日期

如委托代理人填报，由代理人填写以下各栏

代理人名称	代理人地址	经办人	代理人（公章）	电话	备注

以下由税务机关填写

接收人

9.2 车船税及其纳税会计处理

车船税法是国家制定的用以调整车船税征收与缴纳权利与义务关系的法律规范。现行车船税的基本规范是 2011 年 2 月 25 日，由中华人民共和国第十一届全国人民代表大会常务委员会第十九次会议通过了《中华人民共和国车船税法》(以下简称《车船税法》，自 2012 年 1 月 1 日起施行。

9.2.1 车船税税制要素

1. 车船税的纳税人与扣缴义务人

《车船税法》规定，在中华人民共和国境内，车辆、船舶(以下简称车船)的所有人或者管理人为车船税的纳税人。

从事机动车第三者责任强制保险业务的保险机构为机动车车船税的扣缴义务人，应当在收取保险费时依法代收车船税，并出具代收税款凭证。

2. 车船税的征税范围

车船税的征收范围是指在中华人民共和国境内属于车船税法所附《车船税税目税额表》(表 9-2)规定的车辆和船舶，具体包括以下几点。

(1) 依法应当在车船管理部门登记的机动车辆和船舶。车船管理部门包括公安、交通运输、农业、渔业、军队、武警部队等具有车船登记管理职能的部门。

(2) 依法不需要在车船管理部门登记的、在单位内部场所行驶或者作业的机动车辆和船舶。其中，单位是指依照中国法律和行政法规的规定，在中国境内成立的行政机关、企业、事业单位、社会团体及其他组织。

3. 车船税的税目与税率

车船税采用从量规定的定额税率。车辆的具体适用税额由省、自治区、直辖市人民政府依照车船税法所附《车船税税目税额表》(表 9-2)规定的税额幅度和国务院的规定执行。船舶的具体适用税额由国务院在《车船税税目税额表》规定的税额幅度内确定。

(1) 船舶具体适用税额如下。

① 净吨位小于或等于 200 吨的，每吨 3 元。

② 净吨位超过 200 吨但不超过 2 000 吨的，每吨 4 元。

③ 净吨位超过 2 000 吨但不超过 10 000 吨的，每吨 5 元。

④ 净吨位超过 10 000 吨的，每吨 6 元。

拖船按照发动机功率每 1 千瓦折合净吨位 0.67 吨计算征收车船税。

(2) 游艇具体适用税额如下。

① 艇身长度不超过 10 米的游艇，每米 600 元。

② 艇身长度超过 10 米但不超过 18 米的，每米 900 元。

表9-2 车船税税目税额表

税 目		计税单位	每年税额/元	备 注
乘用车按发动机气缸容量（排气量分挡）	1.0升(含)以下的	每辆	60～360	核定载客人数9人(含)以下
	1.0升以上至1.6升(含)的		300～540	
	1.6升以上至2.0升(含)的		360～600	
	2.0升以上至2.5升(含)的		600～1 200	
	2.5升以上至3.0升(含)的		1 200～2 400	
	3.0升以上至4.0升(含)的		2 400～3 600	
	4.0升以上的		3 600～5 400	
商用车	客车	每辆	480～1 440	核定载客人数9人(包括电车)以下
	货车	整备质量每吨	16～120	(1) 包括半挂牵引车、挂车、客货两用汽车，三轮汽车和低速载货汽车等 (2) 挂车按照货车税额的50%计算
其他车辆	专用作业车	整备质量每吨	16～120	不包括拖拉机
	轮式专用机械车	整备质量每吨	16～120	
摩托车		每辆	36～180	
船舶	机动船舶	净吨每吨位	3～6	拖船、非机动驳船分别按照机动船舶税额的50%计算；游艇的税额另行规定
	游艇	艇身长度每米	600～1 200	

③ 艇身长度超过18米但不超过30米的游艇，每米1 300元。
④ 艇身长度超过30米的游艇，每米2 000元。
游艇身长度指游艇总长。
(3) 车船税计税单位包括"每辆""整备质量每吨""净吨位每吨""艇身长度每米"。
(4) 车船税法及其实施条例涉及的整备质量、净吨位、艇身长度等计税单位，有尾数的一律按照含尾数的计税单位据实计算车船税应纳税额。计算得出的应纳税额小数点后超过两位的可四舍五入保留两位小数。
(5) 乘用车以车辆登记管理部门核发的机动车登记证书或行驶证书所载的排气量毫升数确定税额区间。
(6) 车船税法和实施条例所涉及的排气量、整备质量、核定载客人数、净吨位、马力、艇身长度，以车船管理部门核发的车船登记证书或者行驶证相应项目所载数据为准。
依法不需要办理登记的车船和依法应当登记而未办理登记或者不能提供车船登记证

书、行驶证的车船,以车船出厂合格证明或者进口凭证相应项目标注的技术参数、所载数据为准;不能提供车船出厂合格证明或者进口凭证的,由主管税务机关参照国家相关标准核定,没有国家相关标准的参照同类车船核定。

4. 车船税应纳税额的计算

例9.4 某运输公司拥有载货汽车15辆(货车载重净吨位全部为10吨);乘人大客车20辆;小客车10辆。已知载货汽车每吨年税额80元,乘人大客车每辆年税额500元,小客车每辆年税额400元,则该公司应纳车船税计算如下。

载货汽车应纳车船税=15×10×80=12 000(元)

乘人汽车应纳车船税=20×500+10×400=14 000(元)

全年应纳车船税=12 000+14 000=26 000(元)

例9.5 某航空公司拥有机动船30艘(其中净吨位为200吨的12艘,1 800吨的8艘,5 000吨的10艘),200吨的单位税额3元、1 800吨的单位税额4元、5 000吨的单位税额5元。请计算该航空公司年应纳车船税税额。

该公司年应纳车船税税额为:

$$12\times600\times3+8\times2\ 000\times4+10\times5\ 000\times5=21\ 600+64\ 000+250\ 000$$
$$=335\ 600(元)$$

对于购置的新车船,购置当年的应纳税额自纳税义务发生的当月起按月计算,公式为:

应纳税额=(年应纳税额/12)×应纳税月份数

例9.6 某单位2013年4月3日购买奥迪轿车一辆。该省规定该排量乘用车每辆适用的车船税年税额为600元,则该单位这辆轿车当年应纳车船税=600/12×9个月=450(元)。

对于被盗抢、报废、灭失的车船的税额计算分两种情况:①在一个纳税年度内,已完税的车船被盗抢、报废、灭失的,纳税人可以凭有关管理机关出具的证明和完税凭证,向纳税所在地的主管税务机关申请退还自被盗抢、报废、灭失月份起至该纳税年度终了期间的税款。②已办理退税的被盗抢车船失而复得的,纳税人应当从公安机关出具相关证明的当月起计算缴纳车船税。

已缴纳车船税的车船在同一纳税年度内办理转让过户的,不另纳税,也不退税。

5. 车船税的减免优惠

车船税的减免优惠包括法定减免和特定减免两部分。

1) 法定减免

根据《车船税法》规定,下列车船免纳车船税。

(1) 捕捞、养殖渔船。

(2) 军队、武警专用的车船。

(3) 警用车船。

(4) 对节约能源、使用新能源的车船可以减征或者免征车船税;对受严重自然灾害影响纳税困难以及有其他特殊原因确需减税、免税的，可以减征或者免征车船税。

（5）依照我国有关法律和我国缔结或者参加的国际条约的规定应当予以免税的外国驻华使馆、领事馆和国际组织驻华机构及其有关人员的车船。

（6）省、自治区、直辖市人民政府根据当地实际情况，可以对公共交通车船，农村居民拥有并主要在农村地区使用的摩托车、三轮汽车和低速载货汽车定期减征或者免征车船税。

2）特定减免

（1）经批准临时入境的外国车船和香港特别行政区、澳门特别行政区、台湾地区的车船，不征收车船税。

（2）按照规定缴纳船舶吨税的机动船舶，自车船税法实施之日起5年内免征车船税。

（3）依法不需要在车船登记管理部门登记的机场、港口、铁路站场内部行驶或作业的车船，自车船税法实施之日起5年内免征车船税。

此外，按照2012年1月1日实施的《车船税法》和《车船税法实施条例》，非机动车不属于车船税的征税范围；纯电动汽车、燃料电池汽车和插电式混合动力汽车免征车船税；其他混合动力汽车按照同类车辆适用税额减半征收车船税。

6．车船税的征收管理

1）纳税义务发生时间

车船税的纳税义务发生时间，为取得车船所有权或者管理权的当月。以购买车船的发票或其他证明文件所载日期的当月为准。

纳税人未按照规定到车船管理部门办理应税车船登记手续的，以车船购置发票所载开具时间的当月作为车船税的纳税义务发生时间。对未办理车船登记手续且无法提供车船购置发票的，由主管地方税务机关核定纳税义务发生时间。

由扣缴义务人代收代缴机动车车船税的，纳税人应当在购买机动车交通事故责任强制保险的同时缴纳车船税。

2）纳税期限

车船税按年申报，分月计算，一次性缴纳。纳税年度为公历1月1日至12月31日。船税按年申报缴纳。具体申报纳税期限由省、自治区、直辖市人民政府规定。

3）纳税地点

车船税的纳税地点为车船的登记地或者车船税扣缴义务人所在地。依法不需要办理登记的车船，车船税的纳税地点为车船的所有人或者管理人所在地。

扣缴义务人代收代缴车船税的，纳税地点为扣缴义务人所在地。

纳税人自行申报缴纳车船税的，纳税地点为车船登记地的主管税务机关所在地。

依法不需要办理登记的车船，纳税地点为车船所有人或者管理人主管税务机关所在地。

4）征收机关

车船税由地方税务机关负责征收。

7. 车船税的纳税申报

车船税按年申报缴纳，具体申报纳税期限由省、自治区、直辖市人民政府确定。纳税人在购买机动车交通事故责任强制保险时缴纳车船税的，不再向地方税务机关申报纳税。扣缴义务人应当及时解缴代收代缴的税款，并向地方税务机关申报。

车船税的纳税人应按照条例的有关规定及时办理纳税申报，并如实填写《车船税纳税申报表》，见表9-3。

表9-3 车船税纳税申报表

填表日期： 年 月 日

纳税人识别号：□□□□□□□□□□□□□□□ 金额单位：元(列至角分)

纳税人名称						税款所属时期		
车船类别	计税标准	数量	单位税额	全年应纳税额	车缴纳次数	本额		
						应纳税额	已纳税额	应补(退)税额
1	2	3	4	5=3×4	6	7=5÷6	8	9=7-8
合计								

如纳税人填报，由纳税人填写以下各栏		如委托代理人填报，由代理人填写以下各栏		备注	
会计主管（签章）	纳税人（公章）	代理人名称		代理人（公章）	
		代理人地址			
		经办人姓名		电话	
以下由税务机关填写					
收到申报表日期			接收人		

9.2.2 车船税会计处理

进行车船税的会计核算时，应设置"应交税费——应交车船税"明细账户进行核算。该账户贷方核算本期应缴纳的车船税税额，借方核算实际缴纳的车船税税额，贷方余额表示企业应交未交的车船税税额。作会计处理如下。

(1) 计提应缴纳的车船税时

借：管理费用
　　贷：应交税费——应交车船税

(2) 实际缴纳时

借：应交税费——应交车船税
　　贷：银行存款

9.3　印花税及其纳税会计处理

印花税是对经济活动和经济交往中书立、领受的应税经济凭证所征收的一种税。它的征税对象为税法中列举的各类经济合同、产权转移书据、营业账簿和权利许可证照等，由凭证的书立人、领受人在书立、领受凭证时自行购买和粘贴印花税票的方式来缴纳，这是一种兼有行为税性质的凭证税。现行印花税的征收依据是 1988 年 8 月 6 日发布的《中华人民共和国印花税暂行条例》(以下简称《印花税暂行条例》)并于同年 10 月 1 日实施。

9.3.1　印花税的特点

印花税不论在性质上，还是在征税方法方面，都具有以下不同于其他税种的特点。

1. 兼有凭证税和行为税的性质

印花税是对单位和个人书立、领受的应税凭证征收的一种税，具有凭证税性质。另外，任何一种应税经济凭证反映的都是某种特定的经济行为，因此，对凭证征税在实质上是对经济行为的课税。

2. 征收面比较广

印花税规定的征税范围极其广泛，包括了经济活动和经济交往中的各种应税凭证，凡书立和领受这些凭证的单位和个人都要缴纳印花税。

3. 实行轻税重罚的政策

印花税与其他税种相比较，税率要低得多，其税负较轻，但对于违反税法有关规定使用印花税票或少纳、不纳印花税款的，则给予较重的处罚，以规范纳税人的纳税行为。

4. 实行"三自"纳税办法

印花税纳税人采取按照应税凭证的性质和适用税率自行计算应纳税额、自行购买印花税票、自行粘贴印花税票并在印花税票和凭证的骑缝处自行盖戳注销或画销的办法来完成纳税义务。

5. 不退税、不抵用

印花税由纳税人自行完成纳税义务，所以，纳税人溢贴或多缴的印花税不予退税，也不允许抵用。

9.3.2 印花税税制要素

1. 印花税的征税范围

我国经济活动中发生的经济凭证种类多，数量大，所以现行印花税只对印花税条例列举的凭证征收，没有列举的凭证不征税。其征收范围主要包括五大类。

(1) 各类经济合同及具有合同性质的凭证，包括购销、加工承揽、建设工程承包、财产租赁、货物运输、仓储保管、借款、财产保险、技术等合同，以及具有合同效力的协议、契约、合约、单据、确认书及其他凭证。

(2) 产权转移书据，指单位和个人产权的买卖、继承、赠与、交换、分割等所立的书据，包括财产所有权、版权、商标专用权、专利权和专用技术使用权等转移书据等。

(3) 营业账簿，指单位或个人记载生产经营活动情况的财务会计核算账簿，包括单位和个人从事生产经营活动所设立的各种账册，即记载资金的账簿和其他账簿。

(4) 权利、许可证照，是政府授予单位、个人某种法定权利和准予从事特定经济活动的各种证照的统称，包括政府部门发给的房屋产权证、工商营业执照、商标注册证、专利证、土地使用证等。

(5) 经财政部确定征税的其他凭证。由于同一性质的凭证名称各异，不够统一，因此，对不论以任何形式或名称书立，只要其性质属于税法列举的征税范围的，均应照章征税。

2. 纳税义务人

凡在我国境内书立、领受应税凭证的单位和个人都是印花税的纳税义务人。包括各类企业、事业、机关、团体、部队以及中外合资经营企业、合作经营企业、外资企业、外国公司企业和其他经济组织及其在华机构等单位和个人。按照所书立、领受纳税凭证的不同，印花税的纳税人具体可分为立合同人、立账簿人、立据人、领受人和电子应税凭证签订人。

(1) 立合同人。书立各类经济合同的，以立合同人为纳税人。立合同人指合同的当事人，即对凭证有直接权利义务关系的单位和个人，不包括保人、证人、鉴定人。如果一份合同由两方或两方以上当事人共同签订的，签订合同的各方都是纳税义务人。

(2) 立账簿人。建立营业账簿的，以立账簿人为纳税人。立账簿人是指开立并使用营业账簿的单位和个人。

(3) 立据人。订立各种产权转移书据的，以立据人为纳税人。立据人是指书立产权转移书据的单位和个人。如立据人未贴印花少贴印花，书据的持有人应负责补贴印花；所立书据以合同方式签订的，应由持有书据的各方分别按全额贴花。

(4) 领受人。领取权利许可证照的，以领受人为纳税人。领受人是指领取并持有该项凭证的单位和个人。

(5) 使用人。在国外书立、领受，但在国内使用的应税凭证，其纳税人是使用人。

(6) 各类电子应税凭证的签订人。以电子形式签订的各类应税凭证的当事人为纳税人。

对于同一凭证,如果由两方或两方以上当事人签订并各执一份,则各方均为纳税人,由各方按各自所持凭证中所列的金额贴花。如果应税凭证是由当事人的代理人代为书立的,则由代理人代为承担纳税义务。

3. 计税依据

根据应纳税凭证的不同,印花税的计税依据分为3种:①合同或者具有合同性质的凭证,以凭证所载金额为计税依据,如购销金额、加工或承揽收入等;②营业账簿中记载资金的账簿,以实收资本和资本公积的合计金额为计税依据;③权利、许可证照和营业账簿中的其他账簿,以凭证的件数为计税依据。具体为以下几种情况。

(1) 购销合同的计税依据为购销金额。购销金额是指购销全额,不得作任何扣减,特别是调剂合同和易货合同,应包括调剂、易货的全额。采用以货换货方式进行商品交易签订的合同,是反映既购又销双重经济行为的合同,应按合同所载的购、销合计金额计税贴花。

(2) 加工承揽合同的计税依据为加工或承揽收入的金额。如有受托方提供的辅助材料等金额,则不能剔除。

(3) 建设工程勘察设计合同的计税依据为勘察、设计收取的费用。

(4) 建筑安装工程承包合同的计税依据为建筑安装工程承包金额,不得剔除任何费用。如果施工单位将自己承包的建设项目再分包或转包给其他施工单位,其所签订的分包或转包合同,仍应按所载金额另行贴花。

(5) 财产租赁合同的计税依据为财产租赁金额。

(6) 货物运输合同的计税依据为货物运输费金额,不包括装卸费等。对国内各种形式的货物联运,凡在起运地统一结算全程运费的,应以全程运费作为计税依据,由起运地运费结算双方缴纳印花税;凡分程结算运费的,应以分程的运费作为计税依据,分别由办理运费结算的各方缴纳印花税。

对国际货运,凡由我国运输企业运输的,我国运输企业所持的一份运费结算凭证,按本程运费计算应纳税额;托运方所持的一份运费结算凭证,按全程运费计算应纳印花税额。由外国运输企业运输进出口货物的,外国运输企业所持的运费结算凭证免纳印花税;托运方所持的运费结算凭证,应按规定计算缴纳印花税。

(7) 仓储保管合同的计税依据为仓储保管费。

(8) 借款合同的计税依据为银行及其他金融机构和借款人的借款金额,可分为以下情况。

① 凡是一项信贷业务既签订借款合同,又一次或分次填开借据的,只就借款合同所载金额计税贴花;凡是只填开借据并作为合同使用的,应以借据所载金额计税,在借据上贴花。

② 借贷双方签订的流动资金周转性借款合同,一般按年(期)签订,规定最高限额,借款人在规定的期限和最高限额内随借随还。对这类合同只就其规定的最高限额在签订时

贴花一次，只要在限额内随借随还不签订新合同的，不再另贴印花。

③ 有的信贷业务中，贷方是由若干银行组成的银团，银团各方均承担一定的贷款数额，借款合同由借款方与银团各方共同书立，各执一份合同正本，对这类合同，借款方与贷款银团各方应分别在所执的合同正本上，按各自的借贷金额计税贴花。

④ 对银行及其他金融组织的融资租赁业务签订的融资租赁合同，应按合同所载租金总额，暂按借款合同计税。

⑤ 有些基本建设贷款，先按年度用款计划分年签订借款合同，在最后一年按总概算签订借款总合同，总合同的借款金额包括各个分合同的借款金额。对这类基建借款合同，应按分合同分别贴花；最后签订的总合同，只就借款总额扣除分合同借款金额后的余额计税贴花。

⑥ 对借款方以财产作抵押，从贷款方取得一定数量抵押贷款的合同，应按借款合同贴花；在借款方因无力偿还借款而将抵押财产转移给贷款方时，应再就双方书立的产权书据，按产权转移书据的有关规定计税贴花。

（9）财产保险合同的计税依据为财产保险费金额。

（10）技术合同的计税依据为合同所载的价款、报酬或使用费。为了鼓励技术研究开发，对技术开发合同，只就合同所载的报酬金额计税，研究开发经费不作为计税依据。单对合同约定按研究开发经费一定比例作为报酬的，应按一定比例的报酬金额贴花。

（11）产权转移书据的计税依据为所载金额。

（12）营业账簿中记载资金的账簿的计税依据为"实收资本"与"资本公积"两项的合计金额。跨地区经营的分支机构使用的营业账簿，应由各分支机构于其所在地计税贴花；对上级单位核拨资金的分支机构，其记载资金的账簿按核拨的账面资金计税贴花；对上级单位不核拨资金的分支机构，只就其他账簿按件定额贴花。为避免对同一资金重复计税贴花，上级单位记载资金的账户，应按扣除拨给下属单位资金数额后的其余部分计税贴花。企业发生分立、合并、联营等变更后，凡依法办理法人登记后的新企业所设立的资金账簿，应于启用时计税贴花；凡无须重新进行法人登记的企业原有资金账簿，已贴印花继续有效。

（13）其他账簿和权利许可证照的计税依据为应税凭证件数。

4. 税率

现行印花税共设置了 13 个税目，根据应税凭证的不同，分别采用比例税率和定额税率。

1）比例税率

《印花税暂行条例》规定，对一些载有金额的凭证，如各类合同、资金账簿等都采用比例税率。因为这些凭证都标明确定的金额，可按比例计算应纳税额，金额多的多缴，金额少的少缴，这样，既能保证税收收入又可体现合理负担的政策。

在印花税的 13 个税目中，采用比例税率的有 11 个税目和"营业账簿"税目中的"资金账簿"部分。具体规定如下。

（1）"财产租赁合同""仓储保管合同"和"财产保险合同"的税率为 1‰。

(2) "加工承揽合同""建设工程勘察设计合同""货物运输合同""产权转移书据"4个税目和"营业账簿"税目中记载资金的账簿的税率为0.5‰。

(3) "购销合同""建筑安装工程承包合同""技术合同"的税率为0.3‰。

(4) "借款合同"的税率为0.05‰。

(5) 从2008年9月19日起,对证券交易印花税政策进行调整,由双边征收改为单边征收,即只对卖出方(或继承、赠与A股、B股股权的出让方)征收证券(股票)交易印花税,对买人方(受让方)不再征税。税率仍保持1‰。

2) 定额税率

《印花税暂行条例》规定,对一些无法计算金额的凭证,如各种权利许可证照,或者虽载有金额,但计税依据明显不合理的凭证,如其他账簿等,采用定额税率,每件固定税额为5元。

5. 应纳税额的计算

按比例税率征收印花税,其应纳税额的计算公式为:

$$应纳税额=计税金额×适用税率$$

按定额税率征收印花税,其应纳税额的计算公式为:

$$应纳税额=凭证数量×单位税额$$

计算印花税应纳税额应当注意以下问题。

(1) 按金额比例贴花的应税凭证,未标明金额的,应按照凭证所载数量及市场价格计算金额,依适用税率贴足印花。

(2) 应税凭证所载金额为外国货币的,按凭证书立当日的国家外汇管理局公布的外汇牌价折合人民币,计算应纳税额。

(3) 同一凭证由两方或者两方以上当事人签订并各执一份的,应当由各方所执的一份全额贴花。

(4) 同一凭证因载有两个或两个以上经济事项而适用不同税目税率,如果分别记载金额,应分别计算应纳税额,相加后按合计税额贴花;如未分别记载金额的,按税率高的计税贴花。

(5) 已贴花的凭证,修改后所载金额增加的,其增加部分应当补贴印花税票。

(6) 按比例税率计算纳税而应纳税额又不足1角的,免纳印花税;应纳税额在1角以上的,其税额尾数不满5分的不计,满5分的按1角计算贴花。对财产租赁合同的应纳税额超过1角但不足1元的,按1元贴花。

例9.7 某企业某年2月开业,当年发生以下有关业务事项:领受房屋产权证、工商营业执照、土地使用证各1件;与其他企业订立转移专用技术使用权书据1份,所载金额100万元;订立产品购销合同1份,所载金额为200万元;订立借款合同1份,所载金额为400万元;企业记载资金的账簿,"实收资本""资本公积"为800万元;其他营业账簿10本。试计算该企业当年应缴纳的印花税税额。

(1) 企业领受权例、许可证照应纳税额为:

$$应纳税额=3×5=15(元)$$

（2）企业订立产权转移书据应纳税额为：

$$应纳税额=1\ 000\ 000×0.5‰=500(元)$$

（3）企业订立销售合同应纳税额为：

$$应纳税额=2\ 000\ 000×0.3‰=600(元)$$

（4）企业订立贷款合同应纳税额为：

$$应纳税额=4\ 000\ 000×0.05‰=200(元)$$

（5）企业记载资金的账簿为：

$$应纳税额=8\ 000\ 000×0.5‰=4\ 000(元)$$

（6）企业其他营业账簿应纳税额为：

$$应纳税额=10×5=50(元)$$

（7）当年企业应纳印花税税额为：

$$15+500+600+200+4\ 000+50=5\ 365(元)$$

例 9.8 公司与运输部门签订运输合同，运输费用为 83 200 元，仓储保管费用为 13 000 元。计算如果合同中运输费用和仓储保管费用分别载明、未分别载明时的应纳印花税额。

有关计算如下。

（1）分别载明时：

$$应纳印花税=83\ 200×5‰+13\ 000×1‰=429(元)$$

（2）未分别载明时：

$$应纳印花税=(83\ 200+13\ 000)×5‰=481(元)$$

6. 印花税减免税优惠

根据《印花税暂行条例及实施细则》和其他有关税法的规定，下列凭证免纳印花税。

（1）已缴纳印花税的凭证副本或抄本。

（2）财产所有人将财产赠给政府、社会福利单位、学校所立的书据。

（3）国家指定收购部门与村民委员会、农民个人书立的农业产品收购合同。

（4）无息、贴息贷款合同。

（5）外国政府或国际金融组织向我国政府及国家金融机构提供优惠贷款所书立的合同。

（6）房地产管理部门与个人订立的房租合同，凡房屋用于生活居住的，暂免贴花。

（7）军事货物运输、抢险救灾物资运输以及新建铁路临管线运输等的特殊货运凭证。

（8）为支持农村保险事业的发展，减轻农牧业生产的负担，对农牧业保险合同免税。

（9）对于高校学生签订的高校学生公寓租赁合同，自 2013 年 1 月 1 日至 2015 年 12 月 31 日，继续免征印花税。2013 年 1 月 1 日至文到之日已征的应予免征的印花税，可从纳税以后应纳的印花税税额中抵减或者予以退税。

（10）2013 年 1 月 1 日至 2015 年 12 月 31 日，对商品储备管理公司及其直属库资金账簿免征印花税；对其承担商品储备业务过程中书立的购销合同免征印花税，对合同其他各方当事人应缴纳的印花税照章征收。

(11) 为鼓励金融机构对小型、微型企业提供金融支持，促进小型、微型企业发展，自 2011 年 11 月 1 日起至 2014 年 10 月 31 日止，对金融机构与小型微型企业签订的借款合同涉及的印花税，予以免征。

(12) 对公租房经营管理单位购买住房作为公租房，免征印花税；对公租房租赁双方签订租赁协议涉及的印花税予以免征。

(13) 为贯彻落实《国务院关于加快棚户区改造意见》，对改造安置住房经营管理单位、开发商与改造安置住房的个人涉及的印花税自 2013 年 7 月 4 日起予以免征。

9.3.3 印花税纳税申报

1. 纳税期限

印花税的纳税期限（贴花时间）是根据凭证种类分别确定的。对各种商事合同，应于合同正式签订时贴花；对各种产权转移书据，应于书据立据时贴花；对各种营业账簿，应于账簿正式启用时贴花；对各种权利许可证照，应于证照领受时贴花。如果合同是在国外签订，并且不便在国外贴花的，应在将合同带入境时办理贴花纳税手续。

2. 纳税地点

印花税一般实行就地纳税。对于全国性商品物资订货会（包括展销会、交易会等）上所签订的合同应纳的印花税，由纳税人回其所在地后及时办理贴花完税手续；对地方主办、不涉及省际关系的订货会、展销会上所签合同的印花税，其纳税地点由各省、自治区、直辖市人民政府自行确定。

3. 缴纳方法

纳税人根据应税凭证的性质可采取下面两种方法自行缴纳完税。

1) 一般缴纳完税方法

印花税通常由纳税人根据规定自行计算应纳税额，购买并一次贴足印花税票税款。纳税人在书立或领受凭证的同时，根据凭证上所载的计税金额自行计算应纳税额，向税务机关或指定的代售单位购买印花税票。对税务机关来说，印花税票一经售出，国家即取得印花税收入；但对纳税人来说，购买了印花税票，不等于履行了纳税义务。纳税人必须将印花税票粘在应税凭证的适当位置，然后自行注销，即用印花税票注销专用章或者纳税人的印章，在每枚印花税票的骑缝处盖销；如果纳税人没有印章，也可以用钢笔、圆珠笔等书写工具在印花税票骑缝处画销。印花税票经注销或盖销后就完成了纳税手续。已完成纳税手续的应税凭证应按规定的期限妥善保存一个时期，以备税务人员检查。

2) 简化缴纳完税方法

为了简化手续，对那些应纳税额较大或者贴花次数频繁的，税法规定了以下 3 种简化的缴纳方法。

(1) 以缴纳书或完税凭证代替贴花的方法。一份凭证应纳税额超过 500 元的，如资金账簿、大宗货物的购销合同、建筑工程承包合同等，可向当地税务机关申请填写缴款书或完税证,将其中一联粘贴在凭证上或者由税务机关在凭证上加注完税标记代替贴花。

(2) 按期汇总缴纳印花税的方法。同一类应税凭证需频繁贴花的,纳税人可向当地税务机关申请按期汇总缴纳印花税,经税务机关核准发给许可证后,按税务机关确定的期限(最长不超过一个月)汇总计算缴纳印花税。在应税凭证上加注税务机关指定的汇总戳记、编号并装订成册后,将缴款书的一联粘附册后,盖章注销,保存备查。

(3) 代扣税款汇总缴纳的办法。为加强源泉控制管理,税务机关可委托某些代理填写凭证的单位,如代办运输、联运的单位,对凭证当事人应纳的印花税予以代扣并按期汇总缴纳。

4. 纳税贴花的其他具体规定

纳税人贴花时,必须遵照以下规定办理纳税事宜。

(1) 在应纳税凭证书立或领受时即行贴花完税,不得延至凭证生效日期贴花。

(2) 印花税票应粘贴在应纳税凭证上,并由纳税人在每枚税票的骑缝处盖戳注销或划销,严禁揭下重用。

(3) 已经贴花的凭证,凡修改后所载金额增加的部分,应补贴印花。

(4) 对已贴花的各类应纳税凭证,纳税人须按规定期限保管,不得私自销毁,以备纳税检查。

(5) 凡多贴印花税票者,不得申请退税或抵扣。

(6) 纳税人对凭证不能确定是否应当纳税的,应及时携带凭证,到当地税务机关鉴别。

(7) 纳税人同税务机关对凭证的性质发生争议的,应检附该凭证报请上一级税务机关核定。

(8) 纳税人对纳税凭证应妥善保存,凭证的保存期限,如国家已有明确规定的,按规定办理;其他凭证均应在履行纳税义务完毕后保存1年。

5. 违章处理

为加强印花税的稽征管理,依法处理违章行为,国家根据税收征管法的有关规定,针对印花税的特点,就印花税违章行为和处罚办法做出以下特别规定。

(1) 在应税凭证上未贴或少贴印花税票的,税务机关除责令其补贴印花税票外,可处以应补贴印花税票金额3~5倍的罚款。

(2) 已粘贴在应税凭证上的印花税票未注销或者未划销的,税务机关可处以未注销或者未划销印花税票金额1~3倍的罚款。

(3) 已贴用的印花税票揭下重用的,税务机关可处以印花税票金额5倍或者2 000元以上10 000元以下的罚款。

(4) 伪造印花税票的,由税务机关提请司法机关依法追究刑事责任。

(5) 纳税人对汇总缴纳印花税的凭证不按规定办理并保存备查的,由税务机关处以5 000元以下的罚款,情节严重的,撤销其汇缴许可证。

(6) 印花税纳税申报表的填制。《印花税纳税申报表》(表9-4)适用于各类应税凭证印花税的纳税申报,能够将应税凭证当月申报与即时贴花完税的情况作全面、综合的反映。

表9-4 印花税纳税申报表

税务登记证件号码:☐☐☐☐☐☐☐☐☐☐☐☐☐☐☐ 管理代码:☐☐☐☐☐

纳税人名称:　　　　税款所属时期:　年　月　日至　年　月　日　　金额单位:元(列至角分)

应税凭证名称	件数	计税金额	适用税率	应纳税额	已纳税额	应补(退)税额	购花贴花情况			
							上期结存	本期购进	本期贴花	本期结存
1	2	3	4	5=2×4 或 5=3×4	6	7=5-6	8	9	10	11=8+9-10

纳税人或代理人声明:此纳税申报表时根据国家税收法律的规定填报的,我确定它是真实的、可靠的、完整的。	如纳税人填报,由纳税人填写以下各栏:		受理机关(签章): 受理日期: 　年　月　日
	办税人员:	法定代表人:	联系电话:
	如委托代理人填报,由代理人填以下各栏:		
	代理人名称:	联系电话:	代理人(公章)

9.3.4 印花税会计处理

企业在核算印花税时,不是通过"应交税费"账户,而是在企业购买印花税票或者以缴款书汇总缴纳印花税时,直接借记"管理费用"账户。如果一次购买印花税和一次缴纳印花税税额较大时,可以通过"待摊费用"账户分期摊入成本。

例9.9 企业2008年12月签订产品购销合同一份,金额为530 000元,签订借款合同一份,金额为200 000元。计算该月应纳印花税税额并进行会计核算。

$$应纳税额 = 530\ 000 \times 0.3‰ + 200\ 000 \times 0.5‰ = 259(元)$$

所做会计分录如下。

借：管理费用——印花税　　　　　　　　　　　　　　259
　　贷：银行存款　　　　　　　　　　　　　　　　　　259

9.4 契税及其纳税会计处理

契税是以所有权发生转移变动的不动产为征税对象，向产权承受人征收的一种财产税。它是以因出让、转让、买卖、赠与、交换而发生权属转移的土地、房屋为征税对象而征收的一种税。现行契税的基本规范是1997年7月7日颁布《中华人民共和国契税暂行条例》（以下简称《契税暂行条例》）并于同年10月1日开始施行。

9.4.1 契税税制要素

1. 征收范围

契税的征税范围为发生土地使用权和房屋所有权权属转移的土地和房屋。具体征税范围包括以下5项内容。

（1）国有土地使用权出让，指土地使用者向国家交付土地使用权出让费用，国家将国有土地使用权在一定年限内让与土地使用者的行为。

（2）土地使用权的转让（不包括农村集体土地承包经营权的转移），指土地使用者以出售、赠与、交换或者其他方式将土地使用权转移给其他单位和个人的行为。土地使用权出售是指土地使用者以土地使用权作为交换条件，取得货币、实物或者其他经济利益的行为；土地使用权赠与是指土地使用者将土地使用权无偿转让给受赠者的行为；土地使用权交换是指土地使用者之间相互交换土地使用权的行为。

（3）房屋买卖，指房屋所有者将其房屋出售，由承受者交付货币、实物、或者其他经济利益的行为。

（4）房屋赠与，是指房屋所有者将其房屋无偿转让给受赠者的行为。

（5）房屋交换，是指房屋所有者之间相互交换房屋所有权的行为。

2. 纳税义务人

契税的纳税义务人是在我国境内承受土地、房屋权属转移的单位和个人。土地、房屋权属是指土地使用权和房屋所有权；承受是指以受让、购买、受赠、交换等方式取得土地、房屋权属的行为；单位和个人包括各类企业单位、事业单位、国家机关、军事单位、社会团体及其他组织和个人，港澳台同胞和华侨，外商投资企业、外国企业、外国驻华机构、外国公民等。

3. 税率

契税实行3%～5%的幅度比例税率，由各地区政府根据纳税人的行为情况确定具体的税率。幅度比例税率是一种灵活性较大的特殊税率，它使税率的统一性与灵活性更好地结合起来，也能使税率调节功能更加强化。此外，根据适当下放税收管理权限的原则，有必要增强各级政府对房地产市场的调控能力，适应分税、分权制度的确立。

4. 计税依据

契税的计税依据是土地、房屋权属转移双方当事人签订的契约价格。由于土地、房屋权属转移方式不同，定价方法不同，因而具体计税依据视不同情况决定。

（1）国有土地使用权出让、土地使用权出售、房屋买卖的计税依据为成交价格。成交价格是指土地、房屋权属转移合同确定的价格。纳税人以分期付款方式承受土地、房屋权属的，按全额成交价格一次征收契税；变卖抵押的土地、房屋按变卖价或者拍卖价作为成交价格。

（2）土地使用权赠与、房屋赠与的，其计税依据由征收机关参照土地使用权出售、房屋买卖的市场价格核定。这是因为土地使用权赠与、房屋赠与属于特殊的转移形式，无货币支付，在计征税额时只能参照市场上同类土地、房屋价格计算应纳税额。

（3）土地使用权交换、房屋交换的计税依据为所交换土地使用权、房屋的价格差额。交换价格相等时，免征契税；交换价格不等时，由多交付的货币、实物、无形资产或者其他经济利益的一方缴纳契税。

（4）土地、房屋、权属作价投资入股，以土地、房屋权属抵债，以无形资产方式、获奖方式转移土地、房屋权属的，其计税依据由征收机关参照土地使用权出售、房屋买卖的市场价格核定。

（5）以划拨方式取得土地使用权，经批准转让房地产时，由房地产转让者补缴契税。计税依据为补缴的土地使用权出让费用或者土地收益。为了避免偷、逃税款，税法规定，成交价格明显低于市场价格并且无正当理由的，或者所交换土地使用权、房屋的价格差额明显不合理并且无正当理由的，征收机关可以参照市场价格核定计税依据。

（6）对于个人无偿赠与不动产行为（法定继承人除外），应对受赠人全额征收契税，在缴纳契税和印花税时，纳税人须提交经税务机关审核并签字盖章的《个人无偿赠与不动产登记表》，税务机关（或其他征收机关）应在纳税人的契税和印花税完税凭证上加盖"个人无偿赠与"印章，在《个人无偿赠与不动产登记表》中签字并将该表格留存。

5. 应纳税额的计算

契税是依据税率和计税依据计算征收的。应纳税额的基本计算公式为：

$$应纳税额 = 计税依据 \times 税率$$

应纳税额以人民币计算，转移土地、房屋权属以外汇结算的，应按照纳税义务发生之日中国人民银行公布的人民币市场的汇率中间价折合成人民币计算。外汇中间价是指外汇买入价和卖出价的算术平均数表示的价格。

例 9.10 居民甲将一栋私有房屋出售给居民乙，房屋成交价格为 60 000 元。甲另将一处两室住房与居民丙交换成两处一室住房，并支付换房差价款 11 000 元。计算甲、乙、丙相关行为应缴纳的契税（假定税率为 5%）。

有关计算如下。

（1）甲应纳税额 = 11 000 × 5% = 550（元）。

(2) 乙应纳税额＝60 000×5％＝3 000(元)。
(3) 房屋交换由多交付货币的一方缴纳契税，因而丙不缴纳契税。

6．契税的税收优惠

1) 契税税收优惠的一般规定

(1) 国家机关、事业单位、社会团体、军事单位承受土地、房屋用于办公、教学、医疗、科研和军事设施的，免征契税。

(2) 城镇职工按规定第一次购买公有住房的，免征契税。

(3) 因不可抗力灭失住房而重新购买住房的，酌情减免。

(4) 财政部规定的其他减免契税项目。

2) 契税税收优惠的特殊规定

(1) 企业公司制改造，对改建后的公司承受原企业土地、房屋权属，免征契税。

(2) 在股权转让中，单位、个人承受企业股权，企业土地、房屋权属不发生转移，不征收契税。

(3) 两个或两个以上的企业，依据法律规定、合同约定合并改建为一个企业，对其合并后的企业承受原合并各方的土地、房屋权属，免征契税。

(4) 依据法律规定、合同约定分设为两个或两个以上投资主体相同的企业，对派生方、新设方承受原企业土地、房屋权属，不征契税。

(5) 国有、集体企业出售，被出售企业法人注销，并且买受人妥善安置原企业 30％以上职工的，对其承受所购企业的土地、房屋权属，减半征收契税；与原企业全部职工签订服务年限不少于 3 年的劳动用工合同的，免征契税。

9.4.2 契税的纳税申报

1．纳税义务发生时间

契税的纳税义务发生时间为纳税人签订土地、房屋权属转移合同的当天，或者纳税人取得其他具有土地、房屋权属转移合同性质凭证的当天。

2．纳税期限

纳税人在签订土地、房屋权属转移合同或者取得其他土地、房屋权属转移合同性质凭证后的 10 日内必须到土地、房屋所在地的契税征收机关办理纳税申报，并将转移土地、房屋权属的有关资料提供给征收机关审核。

3．纳税环节

契税的纳税环节是在纳税义务发生后，办理契证或房屋产权证之前。目前，有些房地产开发公司销售未竣工商品房并预收售房款，为了防止漏税，征收机关通常采取预收契税的方式，待办理房屋交付手续时再结清税款。

4. 纳税地点和征收机关

契税的征收执行属地原则,即在应税行为发生地点纳税,征收机关是主管地方税收管理工作的各级财政机关或者地方税务机关。征收机关可根据征收管理的需要,委托有关单位代征契税,具体代征单位由各地政府确定;土地管理部门和房产管理部门要协助征收机关依法征收契税。

5. 税款缴纳

纳税人接到纳税通知书后,要在通知书规定的纳税期限内,持通知书将税款缴到征收机关指定的银行,或直接缴到契税征收机关。委托土地管理部门或房产管理部门代理征收、代扣代缴税款的,代征单位将征收的税款定期向当地契税征收机关报送,契税征收机关付给代征单位一定的征收手续费。

纳税人办理纳税事宜后,契税征收机关应当向纳税人开具契税完税凭证。纳税人应持契税完税凭证和其他有关规定的文件材料,依法向土地管理部门、房产管理部门办理有关土地、房产权属变更登记手续。

9.4.3 契税会计处理

契税的会计核算应设置"应交税费——应交契税"明细账户,贷方核算应缴纳的契税税额,借方核算实际缴纳的契税,贷方余额表示企业应交未交的契税。

契税是取得不动产产权的一种必然支出,资产按实际成本计价,所以,取得房产产权所支付的契税也应计入该项资产的实际成本。计提应缴纳的契税时,借记"在建工程""固定资产""无形资产"等账户,贷记"应交税费——应交契税"账户;实际缴纳时,借记"应交税费——应交契税"账户,贷记"银行存款"账户。

例 9.11 某单位购买一块土地使用权,成交价格为 2 000 万元,当土地规定的契税税率为 4% 时,计算应交契税并进行会计核算。

$$应交契税 = 2\,000 \times 4\% = 80(万元)$$

(1) 计提应缴纳的契税时

借:无形资产	800 000
贷:应交税费——应交契税	800 000

(2) 实际缴纳时

借:应交税费——应交契税	800 000
贷:银行存款	800 000

 本章小结

本章主要讲述包括房产税、车船税、印花税、契税等财产和行为税的基本内容、计算方法及其会计处理。其中,房产税是以房屋为征税对象,按照房屋的计税余值或租金收入向产权所有人征收的一种财产税；房产税的计税依据为房产的计税余值或房产的租金收入；按照房产计税余值征税的，称为从价计征，按照房产的租金收入征税的，称为从租计征。车船税是对在我国境内的车辆、船舶(以下简称车船)的所有人或者管理人征收的一种税。印花税是对经济活动和经济交往中书立、领受的应税经济凭证所征收的一种税；它的征税对象为税法中列举的各类经济合同、产权转移书据、营业账簿和权利许可证照等，由凭证的书立人、领受人在书立、领受凭证时自行购买和粘贴印花税票的方式来缴纳，这是一种兼有行为税性质的凭证税。契税是以所有权发生转移变动的不动产为征税对象，向产权承受人征收的一种财产税；它是以因出让、转让、买卖、赠与、交换发生权属转移的土地、房屋为征税对象而征收的一种税。

就会计处理而言，房产税、车船税、印花税记入"管理费用"账户，契税则记入有关资产价值。

本章的学习要点是要掌握财产和行为税的纳税人、征税对象、应纳税额的计算方法及相应业务的会计处理。其中，应纳税额的计算及有关会计处理是本章难点。

复习思考题

1. 思考题

(1) 简述印花税的特点及其会计处理。

(2) 简述房产税的计税依据及其会计处理。

(3) 试述契税的特点及其会计处理。

(4) 试述车船税的特点及其会计处理。

2. 实务题

(1) 某钢铁公司与机械进出口公司签订购买价值 2 000 万元设备合同，为购买此设备向商业银行签订 2 000 万元的借款合同。后因故购销合同作废，改签融资租赁合同，租赁费 1 000 万元。

要求：计算该公司应缴纳的印花税额。

(2) 某建筑公司与甲企业签订一份建筑承包合同，合同金额 6 000 万元(含相关费用 50 万元)。施工期间，该建筑公司又将其中价值 800 万元的安装工程转包给乙企业，并签订转包合同。

要求：计算该建筑公司此项业务应缴纳的印花税额。

(3) 居民甲某有 4 套住房，将一套价值 120 万元的别墅折价给乙某抵偿了 100 万元的债务；用市场价值 70 万元的第 2、3 套 2 室住房与丙某交换一套 4 室住房，另取得丙某赠送价值 12 万元的小轿车一辆；将第 4 套市场价值 50 万元的公寓房折成股份投入本人独资经营的企业。当地确定的契税税率为 3%。

要求：计算甲、乙、丙应缴纳的契税税额。

(4) 某企业 2015 年 1 月 1 日的房产原值为 3 000 万元，4 月 1 日将其中原值为 1 000 万元的临街房出租给某连锁商店，月租金 5 万元。当地政府规定允许按房产原值减除 20% 后的余值计税。

要求：计算该企业当年应缴纳的房产税额。

(5) 2014年度某运输公司拥有载客人数9人以下的小汽车20辆，载客人数9人以上的客车30辆，载货汽车15辆（每辆整备质量8吨），另有纯电动汽车8辆。小汽车适用的车船税年税额为每辆800元，客车适用的车船税年税额为每辆1 200元，货车适用的车船税年税额为整备质量每吨60元。

要求：计算该运输公司2014年度应缴纳车船税。

第10章 特定目的税及其纳税会计处理

教学目标

本章主要讲述包括城市维护建设税、车辆购置税和耕地占用税等特定目的税类的税制要素及纳税会计处理。通过本章学习，在全面了解这几个税种基本内容的基础上，重点掌握各税种的纳税义务人、征税范围、计税依据、应纳税额的计算并能进行相应的会计处理。

教学要求

知识要点	能力要求	相关知识
税制要素	(1) 能够识别我国目前的特定目的税类并明确其征收意义 (2) 能够识别纳税的单位和个人 (3) 能够识别纳税义务人何时、何地缴纳税款	(1) 各税种的含义及开征目的 (2) 各税种的征税范围和纳税义务人 (3) 各税种的纳税义务发生时间、纳税期限及纳税地点
应纳税额计算	能够计算各税种纳税人的应交税额	(1) 税率的种类及适用范围 (2) 计税依据的确定 (3) 当期应纳税额的计算
会计处理	能够对企业涉及各税种的基本经济业务进行会计处理	(1) 会计账户的设置 (2) 计算和缴纳税款的账务处理

第 10 章　特定目的税及其纳税会计处理

导入案例

税警信息交换　断"车托"逃税财路①

2015 年 1 月，湖北省黄石市首例伪造车辆购置税完税证明诈骗案在市法院宣判，犯罪人孙某犯诈骗罪，被判处有期徒刑 6 年 5 个月，并处罚金 1 万元。

2012 年 12 月 31 日，黄石市国税局车辆购置税征收管理分局与市公安机关车辆管理机构定期交换信息，对 2012 年度全市新增车辆注册进行了比对，发现新增 37 辆注册车辆未在车辆购置税管理部门缴纳车辆购置税，有伪造车辆购置税完税证明的嫌疑，随即将案件移交给黄石市国税局稽查局立案查处。

稽查局接案后高度重视，迅速成立专班，指定专人负责督办。办案人员经过案头分析与走访调查，发现涉案 37 辆车辆的纳税单位和个人分别分布在黄石市 3 个市、县(区)。因案情复杂，稽查局随即联合市公安经侦部门成立了专案组。

经过多方调查，专案组查明，犯罪嫌疑人孙某长期在黄石市从事为他人代办车辆注册登记、车辆年审手续(俗称"车托")，为了获得钱财用于赌博，孙某谎称有关系可以帮他人少缴车辆购置税，诱骗他人委托其代办缴纳车辆购置税手续。然后，孙某将伪造的车辆购置税完税证明交给车主，让车主持假证到市车管所办理车辆注册登记手续。通过这种手段，孙某至案发前共诈骗他人财物 38.11 万元。

通过税警联合侦办，涉案的 37 辆车车主已累计补缴车辆购置税 107.04 万元，被加收滞纳金 19.98 万元。

10.1　城市维护建设税及其纳税会计处理

城市维护建设税(以下简称"城建税")是一种附加税，它是对从事工商经营，缴纳增值税、消费税、营业税的单位和个人以其实际缴纳的"三税"税额为计税依据而征收的一种税，其税款专门用于城市的公用事业和公共设施的维护建设，因而城建税属于特定目的税。现行的城市维护建设税的基本规范是 1985 年 2 月 8 日国务院颁布并于同年 1 月 1 日实施的《中华人民共和国城市维护建设税暂行条例》。

10.1.1　城市维护建设税税制要素

1. 纳税人

城建税的纳税人是指在征税范围内从事工商经营，并缴纳增值税、消费税、营业税的单位和个人。不论国有企业、集体企业、私营企业、股份制企业、其他企业和行政单位、事业单位、军事单位、社会团体、其他单位，还是个体工商业户、其他个人，只要缴纳了增值税、消费税、营业税中的任何一种税，都必须同时缴纳城建税。

自 2010 年 12 月 1 日起，对外商投资企业、外国企业及外籍个人征收城建税。增值税、消费税、营业税的代扣代缴、代收代缴义务人同时也是城建税的代扣代缴、代收代缴义务人。

---

① 吴波，阮军. 税警信息交换 断"车托"逃税财路[N]. 中国税务报，2015(10).

2. 征税范围

城建税的征税范围包括市区、县城、镇以及税法规定征收"三税"的其他地区。市区、县城、镇的范围，应以行政区划分为标准，不能随意扩大或缩小各自行政区域的管辖范围。

3. 税率

城建税实行地区差别比例税率。根据纳税人所在地不同，分为以下3档：纳税人所在地为市区的，税率为7%；纳税人所在地为县城、镇的，税率为5%；纳税人所在地不在市区、县城或者镇的，税率为1%；开采海洋石油资源的中外合作油（气）田所在地在海上，其城建税适用1%的税率。

城建税的适用税率应当按纳税人所在地的规定税率执行。但是，对下列两种情况可按缴纳"三税"所在地的规定税率就地缴纳城建税。

（1）由受托方代扣代缴、代收代缴"三税"的单位和个人，其代扣代缴、代收代缴的城建税按受托方所在地适用税率。

（2）流动经营等无固定纳税地点的单位和个人，在经营地缴纳"三税"的，其城建税的缴纳按经营地适用税率执行。

4. 减免税

城建税原则上不单独减免，但因"三税"发生减免时，势必影响城建税，城建税相应发生税收减免。城建税的税收减免具体情况有以下几种。

（1）城建税按减免后实缴的"三税"税额计征，即随"三税"的减免而减免。

（2）对因减免税而需进行"三税"退库的，城建税也同时退库。

（3）海关对进口产品代征的增值税、消费税，不征收城建税。

（4）对"三税"实行先征后返、先征后退、即征即退，除另有规定外，对随"三税"附征的城建税和教育费附加，一律不予退（返）还。

（5）对国家重大水利工程建设基金免征城市维护建设税。

5. 申报与缴纳

1）纳税环节

城建税缴纳环节，实际就是纳税人缴纳增值税、消费税、营业税的环节。纳税人只要发生增值税、消费税、营业税的纳税义务，就要在同样的环节分别计算缴纳城建税。

2）纳税期限

城建税的纳税期限分别与增值税、消费税、营业税的纳税期限一致。增值税、消费税的纳税期限分别为1日、3日、5日、10日、15日或1个月；营业税的纳税期限分别为5日、10日、15日或1个月。增值税、消费税、营业税纳税人的具体纳税期限，由主管税务机关根据应纳税额大小分别核定，不能按照固定期限纳税的，可以按次纳税。

3）纳税地点

纳税人缴纳增值税、消费税、营业税的地点即是城建税的纳税地点。除另有规定外，代扣(收)代缴增值税、消费税、营业税的单位和个人,同时代扣(收)代缴城建税,其城建税的纳税地点在代扣代收地。

4) 纳税申报

城建税纳税人无论当期有无销售额、营业额,均应按规定填写"城市维护建设税纳税申报表"并于次月1~10日向主管税务机关进行纳税申报。该纳税申报表1式2联,第1联为申报联,第2联为收款联,由税务机关签章后收回作申报凭证。

城建税纳税申报表表样见表10-1。

表10-1 城市维护建设税纳税申报表

填表日期: 年 月 日

纳税人识别号 □□□□□□□□□□□□□□□□ 金额单位:元(列至角分)

纳税人名称			税款所属时期		
计税依据	计税金额	税率	应纳税额	已纳税额	应补(退)税额
1	2	3	4=2×3	5	6=4-5
增值税					
营业税					
消费税					
合 计					
如纳税人填报,由纳税人填写以下各栏			如委托代理人填报,由代理人填写以下各栏		备注
会计主管 (签章)	纳税人 (公章)		代理人名称	代理人 (公章)	
			代理人地址		
			经办人姓名	电话	
以下由税务机关填写					
收到申报表日期			接收人		

10.1.2 城市维护建设税的会计处理

1. 城建税的计算

1) 计税依据

城建税的计税依据是纳税人实际缴纳的增值税、消费税、营业税税额之和,它没有独立的计税依据。作为"三税"税额的附加而征收的城建税,当"三税"得到减免或受到处罚时,必然会影响到城建税的计税依据,对此税法做出如下具体规定。

(1) 城建税计税依据只是纳税人实际缴纳的"三税"税额,不包括非税款项。

(2) 纳税人违反"三税"有关规定,被查补"三税"和被处以罚款时,也要对其偷漏的城建税进行补税和罚款。

(3) 对纳税人违反"三税"有关规定而加收的滞纳金和罚款,不作为城建税的计税依据。

(4)"三税"得到减征或免征优惠，城建税也要同时减免（城建税原则上不单独减免）。

(5)出口产品退还增值税、消费税，不退还已缴纳的城建税；进口产品需征收增值税、消费税，但不征收城建税，即城建税出口不退，进口不征。

简单归纳，城建税的计税依据见表10-2。

表10-2 城建税的计税依据简表

城建税计税依据包括的内容	城建税计税依据不包括的内容
(1) 纳税人实际向税务机关缴纳的"三税" (2) 纳税人被税务机关查补的"三税" (3) 纳税人出口货物被批准免抵的增值税额	(1) 纳税人进口环节被海关代征的增值税、消费税税额 (2) 非税款项（被加收的滞纳金、罚款等）

2) 应纳税额的计算

城建税纳税人应纳税额的大小是由纳税人实际缴纳的"三税"税额决定的，其计算公式为：

$$应纳税额 = (增值税税额 + 消费税税额 + 营业税税额) \times 适用税率$$

例10.1 某县城一外贸公司为增值税一般纳税人。3月进口一批经销货物，向海关缴纳进口环节增值税25 000元，在国内销售货物一批，缴纳增值税150 000元，因超过纳税期限5天，被税务机关加收滞纳金100元，本期还收到以前出口货物的出口退税款34 000元，计算该企业3月应纳城建税。

有关计算如下。

$$应纳城建税税额 = 150\ 000 \times 5\% = 7\ 500(元)$$

2. 城建税的会计处理

1) 账户设置

城建税为价内税，企业核算应缴纳的城市维护建设税时，应设置"应交税费——应交城建税"账户。

2) 会计处理

计算城建税时，借记"营业税金及附加"或"其他业务成本"或"固定资产清理"，贷记"应交税费——应交城建税"；按期上缴城建税时，借记"应交税费——应交城建税"，贷记"银行存款"。

例10.2 某大型商场9月份销售货物缴纳增值税27万元，销售金银首饰缴纳消费税3.5万元，则该商场9月份城建税会计处理如下。

$$应纳城建税 = (27 + 3.5) \times 7\% = 2.135(万元)$$

(1) 计算城建税时

借：营业税金及附加　　　　　　　　　　　　　　　　　　　21 350
　　贷：应交税费——应交城建税　　　　　　　　　　　　　　　21 350

(2) 上缴城建税时

借：应交税费——应交城建税　　　　　　　　　　　　　　　21 350
　　贷：银行存款　　　　　　　　　　　　　　　　　　　　　21 350

例 10.3 位于城市市区的某工业生产企业,2014 年 6 月份生产销售货物实际缴纳增值税 500 000 元,转让一项专利权缴纳增值税 25 000 元,将沿街厂房一幢转让给某商业企业缴纳营业税 150 000 元。该工业企业应纳城建税的计算及会计处理如下。

(1) 计算城建税时:

产品销售业务应纳城建税＝500 000×7％＝35 000(元)
转让无形资产业务应纳城建税＝25 000×7％＝1 750(元)
出售不动产业务应纳城建税＝150 000×7％＝10 500(元)

借:营业税金及附加	35 000
其他业务成本	1 750
固定资产清理	10 500
贷:应交税费——应交城建税	47 250

(2) 上缴城建税时

借:应交税费——应交城建税	47 250
贷:银行存款	47 250

10.2 教育费附加和地方教育附加及其纳税会计处理

教育费附加和地方教育附加是对缴纳增值税、消费税、营业税的单位和个人,就其实际缴纳的税额为计算依据征收的一种附加费。其征收目的是加快地方教育事业发展,扩大地方教育经费来源。

10.2.1 征收范围、计征依据及计征比率

教育费附加和地方教育附加对缴纳增值税、消费税和营业税的单位和个人征收,以其实际缴纳的增值税、消费税和营业税为计征依据,分别与增值税、消费税和营业税同时缴纳。

现行教育费附加征收比率为 3％,地方教育附加征收比率为 2％。

10.2.2 教育费附加和地方教育附加的计算

教育费附加和地方教育附加的计算公式为:

应纳教育费附加或地方教育附加＝实际缴纳的增值税、消费税和营业税×征收比率

教育费附加和地方教育附加的征收要求见表 10-3。

表 10-3 教育费附加和地方教育附加征收要素表

征收要素	教育费附加	地方教育附加
征收比率	3％	2％
征收范围	实际缴纳增值税、消费税和营业税的单位和个人	
计税依据	以实际缴纳的增值税、消费税和营业税税额为依据	
纳税期限	与增值税、消费税和营业税同时缴纳	
计算公式	应纳教育费附加＝实际缴纳的"三税"税额×3％	应纳地方教育附加＝实际缴纳的"三税"税额×2％

例 10.4 位于市区一家企业 2014 年 8 月实际缴纳增值税 30 万元，消费税 15 万元，营业税 5 万元。计算该企业应缴纳的教育费附加和地方教育附加。

$$应纳教育费附加 = (30+15+5) \times 3\% = 1.5(万元)$$
$$应纳地方教育附加 = (30+15+5) \times 2\% = 1(万元)$$

10.2.3 教育费附加和地方教育附加的减免规定

（1）对海关进口的产品征收的增值税、消费税，不征收教育费附加。

（2）对由于减免增值税、消费税和营业税而发生退税的，可以同时退还已征收的教育费附加。但对出口产品退还增值税、消费税的，不退还已征的教育费附加。

（3）对国家重大水利工程建设基金免征教育费附加。

10.2.4 教育费附加和地方教育附加的会计处理

1）账户设置

教育费附加和地方教育附加的会计处理同城建税，企业核算应缴纳的教育费附加和地方教育附加时，应设置"应交税费——应交教育费附加"和"应交税费——应交地方教育附加"账户。

2）会计处理

计算教育费附加和地方教育附加时，借记"营业税金及附加"或"其他业务成本"或"固定资产清理"，贷记"应交税费——应交教育费附加"，"应交税费——应交地方教育附加"；按期上缴教育费附加和地方教育附加时，借记"应交税费——应交教育费附加"，"应交税费——应交地方教育附加"，贷记"银行存款"等货币资金科目。

例 10.5 位于城市市区的某工业生产企业，2014 年 6 月份生产销售货物实际缴纳增值税 500 000 元，转让一项专利权缴纳增值税 25 000 元，将沿街厂房一幢转让给某商业企业缴纳营业税 150 000 元。该工业企业应纳教育费附加和地方教育附加的计算及会计处理如下。

（1）计算教育费附加和地方教育附加时：

产品销售业务应纳教育费附加 = 500 000 × 3% = 15 000(元)
产品销售业务应纳地方教育附加 = 500 000 × 2% = 10 000(元)
转让无形资产业务应纳教育费附加 = 25 000 × 3% = 750(元)
转让无形资产业务应纳地方教育附加 = 25 000 × 2% = 500(元)
出售不动产业务应纳教育费附加 = 150 000 × 3% = 4 500(元)
出售不动产业务应纳地方教育附加 = 150 000 × 2% = 3 000(元)

借：营业税金及附加	25 000
其他业务成本	1 250
固定资产清理	7 500
贷：应交税费——应交教育费附加	20 250
应交税费——应交地方教育附加	13 500

(2) 上缴教育费附加和地方教育附加时
借：应交税费——应交教育费附加　　　　　　　　　　　　20 250
　　应交税费——应交地方教育附加　　　　　　　　　　　13 500
　　贷：银行存款　　　　　　　　　　　　　　　　　　　　33 750

10.3　特定目的税类其他税种及其纳税会计处理

本节讲述属于特定目的税类其他税种的车辆购置税、耕地占用税和烟叶税。

车辆购置税是对在中国境内购买、进口、自产、受赠、获奖或者以拍卖、抵债、走私、罚没等方式取得并自用应税车辆的单位和个人征收的一种税。现行车辆购置税的基本规范是国务院于2000年10月22日颁布并于2001年1月1日起实施的《中华人民共和国车辆购置税暂行条例》（以下简称《车辆购置税暂行条例》）。根据该条例制定的《车辆购置税征收管理办法》（国家税务总局令第33号）已经于2014年11月25日国家税务总局第3次局务会议审议通过，自2015年2月1日起施行。

耕地占用税是国家对占用耕地建房或者从事其他非农业建设的单位和个人，就其实际占用的耕地面积一次性征收的一种税。现行耕地占用税的基本规范是2008年1月1日起施行的《中华人民共和国耕地占用税暂行条例》及财政部、国家税务总局2008年2月26日发布并于同日实施的《中华人民共和国耕地占用税暂行条例实施细则》。

烟叶税是以纳税人收购烟叶的收购金额为计税依据征收的一种税。现行的烟叶税基本规范是2006年4月28日国务院公布并实施的《中华人民共和国烟叶税暂行条例》。

10.3.1　车辆购置税及其会计处理

1. 纳税人

凡是在中国境内购置《车辆购置税暂行条例》规定的应税车辆的单位和个人均为车辆购置税的纳税义务人。

购置包括购买、进口、自产、受赠、获奖等，或者以拍卖、抵债、走私、罚没等方式取得并自用应税车辆的行为；单位是指国有企业、集体企业、私营企业、股份制企业、外商投资企业、外国企业以及其他企业和事业单位、社会团体、国家机关、部队以及其他单位；个人是指个体工商户以及其他个人。

2. 征税对象和征税范围

车辆购置税的征税对象是《车辆购置税暂行条例》规定的应税车辆。车辆购置税的征税范围包括汽车、摩托车、电车、挂车、农用运输车，具体征收范围依照《车辆购置税暂行条例》所附《车辆购置税征收范围表》执行。车辆购置税征收范围的调整，由国务院决定并公布。

3. 计税依据

车辆购置税的计税依据是应税车辆的计税价格。

1) 按应税车辆全部价款确定的计税依据

(1) 购买自用车辆为纳税人支付给销售者的全部价款和价外费用,不包括增值税税款。价外费用是指销售方价外向购买方收取的基金、集资费、违约金(延期付款利息)和手续费、包装费、储存费、优质费、运输装卸费、保管费以及其他各种性质的价外收费,但不包括销售方代办保险等而向购买方收取的保险费,以及向购买方收取的代购买方缴纳的车辆购置税、车辆牌照费。

(2) 进口自用车辆为应税车辆的计税价格公式为:

$$计税价格＝关税完税价格＋关税＋消费税$$

2) 按核定计税价格确定的计税依据

(1) 纳税人自产、受赠、获奖或者以其他方式取得并自用的应税车辆的计税价格,凡不能或不能准确提供车辆价格的,由主管税务机关参照国家税务总局规定的最低计税价格核定。

(2) 购买自用或者进口自用车辆的,纳税人申报的计税价格低于同类型应税车辆的最低计税价格,又无正当理由的,计税依据为国家税务总局规定的最低计税价格。实际工作中,通常是当纳税人申报的计税价格等于或大于最低计税价格时,按申报的价格计税;当纳税人申报的计税价格低于最低计税价格时,按最低计税价格计税。

最低计税价格是指国家税务总局依据机动车生产企业或者经销商提供的车辆价格信息,参照市场平均交易价格核定的车辆购置税计税价格。申报的计税价格低于同类型应税车辆的最低计税价格,又无正当理由的,是指纳税人申报的车辆计税价格低于出厂价格或进口自用车辆的计税价格。

3) 按特殊规定确定的计税依据

(1) 底盘(车架)发生更换的车辆,计税价格为最新核发的同类型车辆最低计税价格的70%。

(2) 免税条件消失的车辆,自初次办理纳税申报之日起,使用年限未满10年的,计税价格以免税车辆初次办理纳税申报时确定的计税价格为基准,每满1年扣减10%;未满1年的,计税价格为免税车辆的原计税价格;使用年限10年(含)以上的,计税价格为0。

(3) 国家税务总局未核定最低计税价格的车辆,计税价格为纳税人提供的有效价格证明注明的价格。有效价格证明注明的价格明显偏低的,主管税务机关有权核定应税车辆的计税价格。

(4) 进口旧车、因不可抗力因素导致受损的车辆、库存超过3年的车辆、行驶8万公里以上的试验车辆、国家税务总局规定的其他车辆,计税价格为纳税人提供的有效价格证明注明的价格。纳税人无法提供车辆有效价格证明的,主管税务机关有权核定应税车辆的计税价格。

(5) 对于国家授权的执法部门没收的走私车辆、被司法机关和行政执法部门依法没收并拍卖的车辆,其库存(或使用)年限超过3年或行驶里程超过8万公里以上的,以纳税人提供的统一发票或有效证明注明的价格确定计税依据。

4. 税率和应纳税额的计算

车辆购置税实行的是单一比例税率,税率为10%,车辆购置税实行从价定率的办法计算应纳税额。应纳税额的计算公式为：

$$应纳税额 = 计税价格 \times 10\%$$

例 10.6 2014 年 3 月，王明从汽车 4S 店（增值税一般纳税人）购置了一辆排气量为 1.8 升的乘用车供自己使用，支付购车款（含增值税）233 000 元并取得汽车 4S 店开具的普通发票，支付代收保险费 5 000 元并取得保险公司开具的票据，支付购买工具件价款（含增值税）1 000 元并取得汽车 4S 店开具的普通发票。王明应缴纳的车辆购置税为：

$$(233\,000 + 1\,000) \div (1 + 17\%) \times 10\% = 20\,000(元)$$

5. 税收优惠

1）减免税

车辆购置税的减免税优惠政策主要有以下几种情况。

（1）外国驻华使馆、领事馆和国际组织驻华机构及其外交人员自用的车辆，免税。

（2）中国人民解放军和中国人民武装警察部队列入军队武器装备订货计划的车辆，免税。

（3）设有固定装置的非运输车辆，免税。

（4）防汛部门和森林消防等部门购置的由指定厂家生产指定型号用于指挥、检查、调度、报汛（警）、联络的专用车辆，免税。

（5）回国服务的留学人员用现汇购买 1 辆个人自用国产小汽车，免税。

（6）长期来华定居专家购买 1 辆自用小汽车，免税。

（7）自 2014 年 9 月 1 日至 2017 年年底，对获得许可在中国境内销售（包括进口）的纯电动以及符合条件的插电式（含增程式）混合动力、燃料电池三类新能源汽车，免税。

（8）自 2004 年 10 月 1 日起，对农用三轮运输车，免税。

（9）有国务院规定予以免税或者减税的其他情形，按照规定免税或者减税。

2）车辆购置税的退税

已缴纳车辆购置税的车辆，发生下列情形之一的，准予纳税人申请退税。

（1）车辆退回生产企业或者经销商的。

（2）符合免税条件的设有固定装置的非运输车辆但已征税的。

（3）其他依据法律法规规定应予退税的情形。

6. 申报与缴纳

1）纳税环节

车辆购置税的纳税环节选择在应税车辆的最终消费环节，即在应税车辆上牌登记注册前纳税。车辆购置税实行一次课征制，购置已征车辆购置税的车辆不再纳税。减、免税条件消失后的车辆应按规定缴纳车辆购置税。

2）纳税期限

纳税人购买自用的应税车辆，自购买之日起 60 日内申报纳税；进口自用的应税车辆，自进口之日起 60 日内申报纳税；自产、受赠、获奖或者以其他方式取得并自用的应税车辆，应当于取得之日起 60 日内申报纳税。

第10章 特定目的税及其纳税会计处理

续表

车辆识别代号（车架号码）			消费税		
购置日期			免（减）税条件		
申报计税价格	计税价格	税率	免税、减税额		应纳税额
1	2	3	4=2×3		5=1×3 或 5=2×3
		10%			
申报人声明			授权声明		
此纳税申报表是根据《中华人民共和国车辆购置税暂行条例》的规定填报的，我确定它是真实的、可靠的、完整的。 声明人签字：			如果你已委托代理人申报，请填写以下资料： 为代理一切税务事宜，现授权（ ），地址（ ）为本纳税人的代理申报人，任何与本申报表有关的往来文件，都可寄予此人。 授权人签字：		
纳税人签名或盖章	如委托代理人的，代理人应填写以下各栏				
	代理人名称				代理人（章）
	地址				
	经办人				
	电话				
接收人： 接收日期：			主管税务机关（章）：		

7. 会计处理

企业购置应税车辆，按规定缴纳的车辆购置税，企业购置的减税、免税车辆改制后用途发生变化，按规定应补交的车辆购置税，借记"固定资产"科目，贷记"银行存款"科目。

例 10.7 东方公司受赠一辆汽车，该车应缴纳车辆购置税，主管税务机关核定的计税价格为 180 000 元。计算该公司应缴纳的车辆购置税并做出相应的会计分录。

应纳车辆购置税=180 000×10%=18 000(元)

会计分录为

借：固定资产——汽车　　　　　　　　　　　　　　　　　　　　　　18 000
　　贷：银行存款　　　　　　　　　　　　　　　　　　　　　　　　　18 000

例 10.8 某企业从德国进口一辆自用卡车，进口时的完税价格为 40 000 元人民币，已知关税的税率为 20%。计算进口卡车的关税、增值税、车辆购置税并进行会计处理。

应纳关税=40 000×20%=8 000(元)

应纳增值税＝(40 000＋8 000)×17％＝8 160(元)

应纳车辆购置税＝(40 000＋8 000)×10％＝4 800(元)

会计分录为

借：固定资产——卡车　　　　　　　　　　　　　　　60 960

　　贷：银行存款　　　　　　　　　　　　　　　　　　　60 960

10.3.2　耕地占用税及其会计处理

1. 耕地占用税的主要特点

(1) 税收负担的一次性。耕地占用税是以单位和个人实际占用的耕地面积计税，按照规定的税额标准一次性征收。

(2) 征收对象的特定性。耕地占用税是对特定的行为征税，即只对占用耕地建房或从事其他非农业生产建设的单位和个人征税。

(3) 税收用途的补偿性。国家将征收的耕地占用税设立土地开发基金，全部用于开发农用耕地资源，而不得用于其他方面，也不存在参与预算平衡并对资金再分配的问题。

(4) 征收标准有很大的灵活性。国家只规定每平方米的最高和最低限额，各地可根据本地人均占地面积和经济发展水平，确定当地的具体适用税额标准。不过，在减免税权上则实行高度集中的管理权限，除中央有明文规定的范围外，地方无权减免。

2. 纳税人

凡在我国境内占用耕地建房或者从事其他非农业建设的单位或者个人，为耕地占用税的纳税人。单位包括国有企业、集体企业、私营企业、股份制企业、外商投资企业、外国企业以及其他企业和事业单位、社会团体、国家机关、军队以及其他单位等；个人包括个体工商户以及其他个人。具体来说，纳税人可分为以下几种。

(1) 经申请批准占用耕地的，纳税人为农用地转用审批文件中标明的建设用地人。

(2) 农用地转用审批文件中未标明建设用地人的，纳税人为用地申请人。

(3) 未经批准占用耕地的，纳税人为实际用地人。

3. 税率

耕地占用税在税率设计上采用了地区差别定额税率，以纳税人实际占用的耕地面积为计税依据，按照规定的适用税额一次性征收。耕地占用税的税额规定如下。

(1) 以县级行政区域为单位(以下同)，人均耕地不超过1亩的地区，每平方米为10～50元。

(2) 人均耕地超过1亩但不超过2亩的地区，每平方米为8～40元。

(3) 人均耕地超过2亩但不超过3亩的地区，每平方米为6～30元。

(4) 人均耕地超过3亩的地区，每平方米为5～25元。农村居民占用耕地新建住宅，按上述规定税额减半征收。

(5) 经济特区、经济技术开发区和经济发达、人均耕地特别少的地区，适用税额可以适当提高,但是最高不得超过上述规定税额的50%。

各地适用税额,由省、自治区、直辖市人民政府在上述规定税额范围内,根据本地区情况具体核定。

占用基本农田的,适用税额应当在(3)规定的当地适用税额的基础上提高50%。铁路线路、公路线路、飞机场跑道、停机坪、港口、航道占用耕地,减按每平方米2元的税额征收耕地占用税。根据实际需要,国务院财政、税务主管部门向国务院有关部门并报国务院批准后,可以对前款规定的情形免征或者减征耕地占用税。农村居民占用耕地新建住宅,按照当地适用税额减半征收耕地占用税。

各省、自治区、直辖市耕地占用税的平均税额,按照《中华人民共和国耕地占用税暂行条例实施细则》所附的《各省、自治区、直辖市耕地占用税平均税额表》(表10-5)执行。县级行政区域的适用税额,按照条例、本细则和各省、自治区、直辖市人民政府的规定执行。

表10-5 各省、自治区、直辖市耕地占用税平均税额表

地 区	每平方米平均税额/元
上海	45
北京	40
天津	35
江苏、浙江、福建、广东	30
辽宁、湖北、湖南	25
河北、安徽、江西、山东、河南、重庆、四川	22.5
广西、海南、贵州、云南、陕西	20
山西、吉林、黑龙江	17.5
内蒙古、西藏、甘肃、青海、宁夏、新疆	12.5

各地依据耕地占用税暂行条例和上款的规定,经省级人民政府批准,确定县级行政区占用耕地的适用税额,占用林地、牧草地、农田水利用地、养殖水面以及渔业水域滩涂等其他农用地的适用税额可适当低于占用耕地的适用税额。各地确定的县级行政区适用税额须报财政部、国家税务总局备案。

4. 应纳税额的计算

耕地占用税采用从量定额,一次课征制。以纳税人经批准实际占用的耕地面积为计税依据,乘以该耕地所在地区适用的单位税额计算应纳税额。计算公式为:

$$应纳税额=实际占用耕地面积(平方米)\times 适用定额税率$$

例10.9 设在某地区的一家企业经土地管理部门批准,征用耕地6 000平方米进行扩建,该地区耕地占用税单位税额为每平方米20元。该企业应纳耕地占用税的计算为:

$$应纳耕地占用税=6\ 000\times 20=120\ 000(元)$$

5. 减免税

耕地占用税的税收优惠政策主要有以下几种。

（1）部队军事设施用地，免税。

（2）学校、幼儿园、敬老院、医院用地，免税。

（3）铁路线路、公路线路、飞机场跑道和停机坪、港口、航道用地，减按每平方米2元的税额征收耕地占用税。

（4）农村革命烈士家属、革命残废军人、鳏寡孤独以及革命老根据地、少数民族聚居地区和边远贫困山区生活困难的农户，在规定用地标准以内新建住宅纳税确有困难的，由纳税人提出申请，经所在地乡（镇）人民政府审核，报经县级人民政府批准后，可以给予减税或者免税。

纳税人改变占地用途，不再属于免税或减税情形的，应自改变用途之日起30日内按改变用途的实际占用耕地面积和当地适用税额补缴税款。

6. 申报与缴纳

1）纳税义务发生时间

经批准占用耕地的，耕地占用税纳税义务发生时间为纳税人收到土地管理部门办理占用农用地手续通知的当天；未经批准占用耕地的，耕地占用税纳税义务发生时间为纳税人实际占用耕地的当天。

2）纳税地点

纳税人占用耕地或其他农用地，应当在耕地或其他农用地所在地申报纳税。

耕地占用税由财政机关负责征收。土地管理部门在批准单位和个人占用耕地后，应及时通知所在地同级财政机关。获准征用或者占用耕地的单位和个人，应当持县级以上土地管理部门的批准文件向财政机关申报纳税；土地管理部门凭纳税收据或者征用批准文件划拨用地。耕地占用税的纳税申报表见表10-6。

表10-6 耕地占用税纳税申报表

申报日期： 年 月 日　　　　　金额：元（列至角分）　面积：平方米

用地单位（纳税人）	名称		联系人		联系电话	
	地址				税款所属日期	
	开户银行及账号				经济性质	
土地坐落						
征用土地面积				批准日期及文号		
建设项目性质				规划用途		
计税土地性质	水田	旱地	菜地	园地	鱼塘	其他	合计
分项面积							

续表

计税面积		其中：公路计税面积		计征税额	
批准减免税额			批准减免申请书编号		
应征税额	人民币（大写）				￥
保证金金额		保证金收据号码		微机流水号	
滞纳金申报	逾期缴款金额		应缴款期限	逾期天数	应纳滞纳金

纳税申报人签字（盖章）：

（以上由耕地占用税纳税人填写）

土地管理部门意见	财政（税务）部门受理意见	
（单位盖章）	受理编号	
	处理意见：	
年　月　日	经办人：	审核人： 年　月　日

7. 会计处理

企业占用耕地从事开发，形成固定资产，通过"在建工程"账户进行核算。企业经批准占用耕地后，按照税法规定计算并缴纳耕地占用税，或补交耕地占用税时，借记"在建工程——××项目（耕地占用税）"，贷记"银行存款"；企业因减免退税收到退还的耕地占用税时，借记"银行存款"，贷记"在建工程——××项目（耕地占用税）"。

例 10.10 某企业经批准征用一块耕地新建厂房，耕地面积为 5 000 平方米，该企业所在地区适用耕地占用税的单位税额为每平方米 25 元。计算该企业应缴纳的耕地占用税并进行会计处理。

应纳税额＝5 000×25＝125 000（元）

缴纳耕地占用税时，作会计分录如下。

借：在建工程——厂房（耕地占用税）　　　　　　　　　　　　　　125 000
　　贷：银行存款　　　　　　　　　　　　　　　　　　　　　　　　125 000

10.3.3　烟叶税及其会计处理

烟叶税是以纳税人收购烟叶的收购金额为计税依据征收的一种税。

1. 纳税人、征收范围与税率

在中华人民共和国境内收购烟叶的单位为烟叶税的纳税人。其中的烟叶是指晾晒烟叶、烤烟叶。烟叶税实行比例税率，税率为 20%。烟叶税税率的调整，由国务院决定。

2. 应纳税额的计算与征收管理

1) 应纳税额的计算

烟叶税的应纳税额按照纳税人收购烟叶的收购金额和规定的税率计算。应纳税额的计算公式为：

应纳税额＝烟叶收购金额×税率

收购金额包括纳税人支付给烟叶销售者的烟叶收购价款和价外补贴。按照简化手续、方便征收的原则，对价外补贴统一暂按烟叶收购价款的10％计入收购金额征收。

收购金额＝收购价款×(1+10％)

例10.11 某烟草公司系增值税一般纳税人，2014年10月收购烟叶，支付烟叶生产者收购价款30 000元，并支付了价外补贴，货款已全部支付。请计算该烟草公司10月收购烟叶应缴纳的烟叶税。

应纳烟叶税＝30 000×(1+10％)×20％＝6 600(元)

2) 征收管理

烟叶税的征收管理，依照《中华人民共和国税收征收管理法》及《烟叶税暂行条例》的有关规定执行。

烟叶税的纳税义务发生时间为纳税人收购烟叶的当天。收购烟叶的当天是指纳税人向烟叶销售者收购付讫烟叶款项或者开具收购烟叶凭证的当天。

纳税人应当向烟叶收购地的主管税务机关申报纳税。烟叶收购地的主管税务机关是指烟叶收购地的县级地方税务局或者其所指定的税务分局、所。

纳税人应当自纳税义务发生之日起30日内申报纳税。具体纳税期限由主管税务机关核定。

3. 会计处理

1) 账户设置

企业核算应缴纳的烟叶税时，应设置"应交税费——应交烟叶税"账户。

2) 会计处理

收购烟叶并计算烟叶税时，借记"原材料"等存货科目，贷记"应交税费——应交烟叶税"；按期上缴烟叶税时，借记"应交税费——应交烟叶税"，贷记"银行存款"等货币资金科目。

例10.12 某烟草公司系增值税一般纳税人，2014年10月收购烟叶，支付烟叶生产者收购价款30 000元，并支付了价外补贴，货款已全部支付，同时烟叶提回并验收入库。要求进行烟叶税的相关会计处理。

烟叶准予抵扣的增值税进项税额＝(30 000+6 600)×13％＝4 758(元)

其中，6 600元为例10.11计算的烟叶税额。

收购烟叶时的账务处理如下。

借：原材料	31 842
应交税费——应交增值税(进项税额)	4 758
贷：银行存款	30 000
应交税费——应交烟叶税	6 600

上交烟叶税时的账务处理如下。

借：应交税费——应交烟叶税　　　　　　　　　　　　　　　　　6 600
　　贷：银行存款　　　　　　　　　　　　　　　　　　　　　　　　6 600

 本章小结

本章主要讲述了特定目的税类包括城市维护建设税、教育费附加及地方教育附加、车辆购置税、耕地占用税和烟叶税共5个税种的税制要素，以及各自的会计核算方法。

城建税是对缴纳增值税、消费税、营业税的单位和个人以其实际缴纳的"三税"税额为计税依据而征收的一种附加税，其税款专门用于城市的公用事业和公共设施的维护建设。

教育费附加和地方教育附加是对缴纳增值税、消费税、营业税的单位和个人，就其实际缴纳的税额为计算依据征收的一种附加费，其税款专门用于支持地方教育事业。

车辆购置税是对在中国境内购买、进口、自产、受赠、获奖或者以拍卖、抵债、走私、罚没等方式取得并自用应税车辆的单位和个人征收的一种税。车辆购置税的基本内容中，特别要注意计税价格的规定，一方面车辆购置税的税金不含在计税价格中；另一方面，计税价格除了一般规定外，还有最低计税价格之说；车辆购置税也不需要单独设置核算账户，而是记入"固定资产"账户。

耕地占用税是国家对占用耕地建房或者从事其他非农业建设的单位和个人，就其实际占用的耕地面积一次性征收的一种税。该税与其他税种的最大区别是一次性征收。耕地占用税也不在"应交税费"账户中核算，而是记入在耕地上的"在建工程"。

烟叶税是以纳税人收购烟叶的收购金额为计税依据征收的一种税，对于卷烟生产企业具有重要的影响。

复习思考题

1. 问答题

（1）如何计算城建税税额？其会计处理如何进行？
（2）如何计算教育费附加及地方教育附加？其会计处理如何进行？
（3）车辆购置税的基本内容是什么？其会计处理如何进行？
（4）耕地占用税的基本内容是什么？其会计处理如何进行？
（5）烟叶税的基本内容是什么？其会计处理如何进行？

2. 实务题

（1）某位于市区的企业，3月份实际缴纳增值税45万元，消费税61万元，其中：出口退税（增值税）2万元，进口货物由海关代征增值税8万元，消费税11万元。

要求：计算应缴城市维护建设税及教育费附加，并作相应会计处理。

（2）某公司1月份购进国产卡车2辆，增值税专用发票注明：价款45万元，增值税7.65万元；进口小轿车（排气量在3 000mL以上）1辆，CIF价格折合人民币26万元，适用关税税率50.7%，消费税税率8%，增值税税率17%。当月已向主管税务机关、海关缴纳相关税款。

要求：计算应缴车辆购置税，确认卡车、小轿车的入账价值，并作相应的会计处理。

第11章 关税及其纳税会计处理

教学目标

本章主要讲述关税的含义与特点、关税的作用与政策、关税的分类、关税的基本内容、关税的征收管理和关税的计算及会计处理。通过本章的学习应该掌握关税的基本知识；对关税的基本内容和征收管理的规定要清楚；尤其是对关税的完税价格和应纳税额计算能够正确确认和熟练计算，并会正确地进行会计处理。

教学要求

知识要点	能力要求	相关知识
关税的含义	(1) 了解关税的概念与特点 (2) 关税的种类	(1) 关税的含义、特点、作用 (2) 关税的分类
关税制度的主要内容	(1) 了解关税的征税对象、纳税义务人 (2) 掌握关税的税率 (3) 了解关税的缴纳及关税的优惠政策	(1) 关税征税对象及纳税义务人 (2) 进口、出口、暂定关税税率 (3) 进口关税税率的种类 (4) 关税的缴纳 (5) 关税的减免
应纳税额计算	(1) 掌握关税应纳税额的计算公式 (2) 了解关税完税价格的确定	(1) 从价计征计算应纳关税 (2) 从量税率计算应纳税额 (3) 复合税率计算应纳税额 (4) 滑准税率计算应纳税额 (5) 进口货物完税价格的审定 (6) 出口货物完税价格的审定

第 11 章 关税及其纳税会计处理

续表

知识要点	能力要求	相关知识
关税会计核算	(1) 掌握关税会计处理的基础知识 (2) 能够对企业涉及关税的基本经济业务进行会计处理	(1) 进出口公司的会计核算的核算步骤 (2) 会计科目的设置 (3) 自营进出口的账务处理 (4) 代理进出口的账务处理 (5) 易货贸易的账务处理

■ 导入案例

中澳自贸协定有望年底生效 对华关税逐步降为 0①

2014 年 11 月,中澳自由贸易协定经过 9 年 21 轮谈判后,终于尘埃落定。协定有望在下半年签署,并在 2015 年年底前生效。

2013—2014 年,澳大利亚向中国出口总额达 900 亿澳元。而在中澳自贸协定生效时,中国从澳大利亚进口的 92.9% 的产品将获免税待遇,其他产品大部分将在 4 年内实现零关税。与此相应,澳大利亚对中国所有产品的关税最终均降为零。

在农业方面,澳大利亚是中国最大的农产品和鱼类产品供应国之一,2013 年出口额约为 90 亿澳元,并有望不断扩大。澳大利亚资源经济与科学局预测,中国将在 2050 年占全球农业需求增长的 43%,这对澳大利亚农产品出口将是巨大的市场。在中澳自贸协定谈判过程中,农业是中方的敏感领域,最终双方妥协的结果是几种农业产品的关税减免时间拉长,比如乳制品等。而澳大利亚关注的是外国投资,民众希望外国投资尽可能符合国家利益且可管控,最终自贸协定很好地解决了这些问题。

按照中澳自贸协定,所有乳制品的关税将在 4~11 年内被取消,目前实施的关税高达 20%。同时,牛肉 12%~25% 的关税将在 9 年内取消;羊肉 12%~23% 的关税将在 8 年内取消;葡萄酒 14%~20% 的关税将在 4 年内取消;海产品的关税包括岩石龙虾 15% 的关税和鲍鱼 14% 的关税,将在 4 年内取消。此外,大麦 3% 的关税立即免除,包括水果汁和蜂蜜在内的一系列加工食品的关税将被取消,皮革、毛皮 5%~14% 的关税将在 2~7 年内取消。协议生效时,澳大利亚 99.9% 的资源、能源和制造产品将可免税进入中国。协议主要成果还包括:取消所有资源和能源产品的关税,包括铁矿、黄金、液化天然气、炼焦煤等,非焦煤(动力煤)的关税也将在两年内取消。同时,精炼铜及合金、氧化铝等许多产品的关税也将在协议生效时即可降为零。其他制造产品的关税也将在 4 年内取消,包括汽车引擎、钻石和其他宝石、珍珠、化妆和美发产品等。另外,还取消了医药品的关税,包括维他命和保健品等或即刻或 4 年内逐步取消。

此外,协定提高了非关税措施的透明度,还将会建立一个专门的机制,推出逐一审查和解决非关税措施,防止给双边贸易带来不必要的障碍。

11.1 关税税制要素

关税是由海关依据关税税法对进出国境或关境的货物和物品征收的一种税。具体地

---

① 本案例根据凤凰财经、新浪财经等网络最新消息整理。

说，关税是指由海关代表国家，按照《海关法》等法律、法规对国家准许进出口的货物、进出境的物品征收的一种流转税。关税的征收主体是国家，国家将征收关税的权利授予了海关，其他任何单位和个人均不得行使征收关税的权利。我国现行关税的征收依据是全国人民代表大会2000年7月修正颁布的《中华人民共和国海关法》(以下简称《海关法》)和国务院2003年11月发布的《中华人民共和国进出口关税条例》(以下简称《进出口关税条例》)。

11.1.1 关税的特点

关税的征税范围是以关境为界。关境又称税境，是指一个国家的海关征收关税的领域，按海关合作理事会的界定，即"一个国家的海关法令完全实施的境域"。一般情况下国境与关境是一致的，商品进出国境也就是进出关境，但在设立了关税同盟、自由港、自由贸易区的情况下，国境与关境就不一致了。例如，当几个国家结成关税同盟时，成员国之间相互取消关税，对外实施统一的关税法令和统一的对外税则，就成员国而言关境大于国境；当一国政府在其境内设立自由港、自由贸易区或出口加工区时，关境就小于国境。

关税作为独特的税种，与其他国内税相比较，具有明显的不同特点，具体表现在以下几个方面。

(1) 征收对象是进出境的货物和物品。即货物和物品只有在进出关境时，才能被征收关税。货物被征收关税后，在境内自由流通，无论经过多少次流转环节都不再重复征税。

(2) 有较强的涉外性。关税只对进出境的货物和物品征收，因此，关税税则的制定、税率的分类和高低，会直接影响到国际贸易的开展。随着经济全球化的发展，世界各国的经济联系越来越密切，贸易关系不仅反映简单的经济关系，而且成为一种政治关系，这样，关税政策、关税措施也往往和经济政策、外交政策紧密相关，具有涉外性。关税的涉外性可以从以下3个方面来理解。

① 关税受国际因素制约较强。如国际组织、各国政府间的协定、公约和政策都在不同程度上影响关税的制定、减免和调整。

② 关税影响与对方国家的贸易往来。关税既与本国的经济和生产有直接的关系，又能影响贸易对方国家的经济和生产，因而关税政策和关税措施常涉及国际的政治、外交和经济等方面的关系。

③ 关税是国际经济竞争的一种手段。利用关税与其他国家签订互惠协定，可以作为争取友好贸易往来的手段；利用关税壁垒可以作为保护国内生产的防卫武器。

11.1.2 关税的分类

关税依据不同的标准，可以划分为不同的种类。

1. 按应税商品的不同流向划分

1) 进口关税

进口关税就是海关对进口货物或物品征收的关税。一般是在货物或物品进入国(关)境或在货物从海关保税仓库中提出投入国内市场时征收。它是关税中最重要的一种，是执行保护性关税政策的主要手段。目前，世界各国的税收体系均以进口关税作为关税的主体。我国在对外经济贸易往来活动中所说的关税一般都是指进口关税，在各种国际性贸易条约协定中所说的关税通常也是指进口关税。征收进口关税的目的在于保护本国市场和增加财政收入。

有时为了需要，在对通过关境的货物和物品征收正常的进口关税之外，还可以再附加征收一部分关税。一般把根据海关进出口税则中的法定税率征收的进口关税称为正税，把在进口正税的基础上额外加征的关税称为进口附加税。征收进口附加税主要是为了在保护本国生产和增加财政收入两个方面补充正税的不足，通常属于临时性的限制进口措施。附加税的目的和名称繁多，如反倾销税、反补贴税、报复关税、紧急进口税、惩罚税等。附加税并不是一个独立的税种，其本身并无单独的税则，它是从属于进口正税的。

2）出口关税

出口关税是海关对本国货物和物品出口时征收的关税。因为征收出口关税会提高出口货物的成本，削弱出口产品的国际竞争力，目前，世界各国一般少征或不征收出口关税。但为了限制本国某些产品或自然资源的输出，或为了保护本国生产、本国市场供应和增加财政收入以及某些特定需要，少数发展中国家和经济落后国家并没有完全取消出口关税。

3）过境关税

又称通过税，它是对外国货物通过本国国境或关境时征收的一种关税。过境关税最早产生并流行于欧洲各国，主要是为了增加国家财政收入而征收。目前，该种关税已经被废除。

2. 按计征方式划分

1）从价关税

从价关税是以货物的价格为计税依据而计算征收的一种关税。一般以海关审定的完税价格为计税依据，通常采用比例税率，其税负比较合理，有利于发挥关税的财政作用和保护作用。缺点是估价工作比较复杂，需要一定的专业技术。

2）从量关税

从量关税是以货物的计量单位为计税依据而计算征收的一种关税。从量关税一般采用定额税率，其计算比较简便。缺点是税负不尽合理，不考虑价格高低。

3）复合关税

复合关税是对同一种进口货物同时采用从价和从量两种标准合并计算征收，征税时，或以从价税为主加征从量税，或以从量税为主加征从价税。一般是以从价计征为主，以从量税率调整其税负水平。

4）选择关税

选择关税是对同一种货物在税则中规定从价、从量两种税率，在征税时选择其中一种进行课征。有抵御物价波动，维护关税的保护作用。

5）滑准关税

滑准关税是根据货物的不同价格适用不同税率的一类特殊的从价关税，是对某种货物按该商品的价格高低规定几档不同的税率,进口货物按其价格水平所适用的税率课税,价格高的物品适用较低税率,价格低的物品适用较高税率,目的是使该物品的价格在国内市场上保持稳定。

3. 按对不同国家货物或货物不同输入情况,分为加重关税、优惠关税

1) 加重关税

加重关税也称歧视性关税,是指国家为了加强关税对国内经济的保护作用,在征收一般关税之外又加征的一种临时性的进口附加税。加重关税一般都有较强的针对性,或针对特定的货物,或针对特定的国家。根据加重征税的原因,加重关税有反倾销税、反补贴税和报复性关税。

(1) 反倾销税。它是指对低价倾销的外国进口货物征收的一种进口附加税。目的在于抵制外国进口商品倾销,保护民族产业和国内市场。在世界贸易组织以及其他多边和双边贸易谈判中,通常都有反倾销守则或条例,实行反倾销的国家都要制定有关的反倾销法律和法规。商品倾销主要分为两种:短期的或间断式的商品倾销和长期的经常性的商品倾销。短暂或间断式的商品倾销。

① 为保护或扩大国际市场而实行的倾销。

② 为报复他国在本国市场上的倾销行为而实行的反倾销。

长期经常性的商品倾销。

① 为扩大产业规模和充分利用现有人力、物力、财力而进行的倾销。

② 以重商主义理论为指导思想而进行的倾销。

这两种倾销因有明确的扩充市场及实行报复的含义,所以有必要征收反倾销关税。

(2) 反补贴关税。它是指对直接或间接地接受任何形式的出口补贴或奖励的外国进口商品征收的一种进口附加税。税额一般按补贴或奖励的金额课征,用以抵消其所享有的津贴或补贴,保护本国的同类产品和商品市场。

(3) 报复性关税。它是指本国出口货物在他国受到歧视性关税待遇时,为了保护本国的经济利益,针对该国进口货物加以报复,加重课征的关税。报复性关税可以适用一部分货物,也可适用于全部货物。

2) 优惠关税

由于历史、政治、经济上的原因,缔约国之间或单方面给予国家的比正常关税税率低的关税优待,这种对进口货物的优惠待遇为优惠关税。优惠关税往往基于互惠性国际贸易协定在其成员国之间实施。主要包括互惠关税、特惠关税、最惠国待遇、普惠制。

(1) 互惠关税。两国间协商签订协定,对进出口货物相互提供较低的关税税率直至免税。互惠关税有利于发展相互之间的经贸关系,促进双方经济的共同发展。

(2) 特惠关税。一个国家或某一经济集团对某些特定国家的全部进口货物或部分货物单方面给予低关税或免税待遇的特殊优惠。其优惠对象不受最惠国待遇原则的制约,其他国家不得根据最惠国待遇原则要求享受这一特惠。

(3) 最惠国待遇。适用于签订有最惠国待遇原则贸易协定的国家和地区的关税。缔约国一方给予第三国的一切特权、优惠和豁免,缔约国另一方可以享受同样待遇。最惠国待

遇可分为有条件和无条件两种情况：有条件最惠国待遇是指如果缔约国一方给予第三国的优惠待遇是有条件的，那么缔约国另一方必须提供相同的条件，才能享受这些优惠权益；无条件最惠国待遇是指缔约国一方给予第三国的一切优惠待遇，立即自动地适用于缔约国另一方。

最惠国待遇提供的关税税率不一定是最优惠的，其核心是不产生歧视，因此，在签订协定时，往往订立一些例外条款。最惠国待遇最初适用仅限于关税待遇，随着国际贸易的发展，适用范围不断扩大，但仍以关税为主。

(4) 普惠制。发达国家对来自发展中国家的某些进口货物，特别是工业制成品和半制成品给予一种普遍的关税优惠制度。普惠制优惠原则是普遍的、非歧视的和非互惠的。普遍的是指发达国家应对发展中国家的出口货物给予普遍的优惠；非歧视的是指所有发展中国家都不受歧视，都能享受普惠制待遇；非互惠的是指发达国家单方面给予发展中国家的优惠，而不得要求对方反向优惠。

4. 按照关税的征收目的，分为财政性关税、保护性关税

1) 财政性关税

财政性关税，又称收入关税，是以增加国家财政收入为主要目的而征收的关税。财政性关税的税率一般比保护性关税低，否则将阻碍国际贸易的发展，达不到增加财政收入的目的。财政性关税在各国历史上曾占据主要的地位，资本主义制度的发展和现代经济的确立，财政性关税的作用大大地削弱了，代之而起的是保护贸易政策的保护性关税。

2) 保护性关税

保护性关税，是以保护本国经济发展为主要目的而征收的关税。保护性关税主要是进口税，税率较高，可以有效地保护本国新兴产业、朝阳产业和有发展潜力的高科技产业免遭先进国家制成品的竞争，保护本国市场的占有率，从而使这些产业得以平稳发展。目前世界各国普遍采用保护性关税。

5. 按税率制定分，分为自主关税和协定关税

1) 自主关税

又称国定关税，它是指一个国家基于其主权，自主地制定的并有权修订的关税。自主关税适用于没有签订关税贸易协定的国家。

2) 协定关税

它是指国与国之间通过协商给予对方以优惠待遇的关税制度。包括双边协定关税、多边协定关税和片面协定关税。

11.1.3 关税制度的主要内容

1. 征税对象

我国《海关法》规定的关税征税对象是进出关境的货物和物品。关税征税的对象必须是国家准许进出口的货物和进出境的物品，国家对进出口货物和进出境物品有禁止性和限制性规定的,没有有关许可证件的,除法律另有规定的外,不得进入或运出关境,也就不能成为关税的征收对象。

货物是指贸易性的进出口商品;物品是指非贸易性的物品,包括入境旅客随身携带的行李和物品、个人邮递物品、各种运输工具上的服务人员携带进口的自用物品、馈赠物品以及以其他方式进入关境的个人物品。

除关税优惠政策规定的以外,进口货物大部分都征收关税,出口货物一般不征税,仅对少部分货物征收出口关税。从这一角度说,进出口关税主要是指贸易性进口关税。

2. 纳税义务人

关税的纳税义务人是指根据我国现行海关的有关法律、法规规定,负有向海关缴纳关税义务的单位和个人。

我国海关有关法律法规规定,我国进口关税的纳税人为进口货物的收货人,出口关税的纳税人为出口货物的发货人或其代理人。单对经批准直接经营进出口商品的企业而言,关税的纳税人就是自营进出口业务的收货人或发货人,具体包括以下几类。

(1) 外贸进出口公司。

(2) 工贸或农贸结合的进出口公司。

(3) 其他经批准经营进出口商品的企业。

入境旅客行李、物品和个人邮递物品的纳税人是其所有人、收件人或持有人。物品的纳税人包括以下几类。

(1) 入境旅客随身携带的行李、物品的持有人。

(2) 各种运输工具上服务人员入境时携带自用物品的持有人。

(3) 馈赠物品以及以其他方式入境个人物品的所有人。

(4) 进口个人邮件的收件人。

接受纳税人的委托办理货物报送等有关手续的代理人,可以代办纳税手续,同时要遵守委托人应当遵守的各项规定。

3. 关税税则

关税税则是根据国家关税政策和经济政策,通过一定的国家立法程序制定公布实施的,对进出口的应税和免税商品加以系统分类的一览表,它是海关征收关税的依据。关税税则一般包括以下内容。

(1) 国家实施的该税则的法令,即该税则的实施细则以及使用税则的有关说明。

(2) 税则的归类总规则,即说明它们各自应包括和不包括的商品以及对一些商品的形态、功能、用途等方面的说明。

(3) 税目表,包括商品分类目录和税率栏两大部分。商品分类目录将种类繁多的商品加以综合,或按照商品分为不同的类,类以下分章,章以下分税目,税目以下再分子目(按各国的实际需要),并且将每项商品按顺序编税号;税率栏则按商品分类目录的顺序,逐项列出商品各自的税率,有的列一栏税率,有的列两栏或两栏以上的税率。

关税税则不是一成不变的,它随着国家经济管理体制和经济政策的变化而相应调整。

事实上，我国的关税税则几乎每年都有不同程度的变化和调整。

4. 关税税率

关税税率是指国家征收关税的比率，也就是海关按多大比率对应该征纳的进出口货物和物品征收关税。它是关税制度的核心要素，可以说，整个关税制度的大部分内容都是围绕税率来制定的。通常所说的下调关税水平，就是指关税税率水平的整体下降。

1）进口关税税率

我国进口税则设有最惠国税率、协定税率、特惠税率、普通税率、关税配额税率等税率。一定时期内可实行暂定税率。

最惠国税率适用原产于与我国共同适用最惠国待遇条款的WTO成员国或地区的进口货物，或原产于与我国签订有相互给予最惠国待遇条款的双边贸易协定的国家或者地区的进口货物，以及原产于我国境内的进口货物；协定税率适用原产于我国参加的含有关税收优惠条款的区域性贸易协定有关缔约方的进口货物。特惠税率适用原产于与我国签订有特殊优惠关税协议的国家或者地区的进口货物。普通税率适用原产于上述以外的其他国家或者地区的进口货物。适用最惠国税率、协定税率、特惠税率的国家或地区的名单，由国务院关税税则委员会决定。

为积极扩大进口，满足国内经济社会发展及消费需求，2012年我国将对730多种商品实施较低的进口暂定税率，平均税率为4.4%，比最惠国税率低50%以上。这些商品主要分为五大类：①能源资源性产品，如煤炭、成品油等；②发展高端装备制造、新一代信息技术、新能源汽车等战略性新兴产业所需的关键设备和零部件，如高压输电线、手机用摄像组件、高清摄像头、小轿车车身冲压件用关键模具等；③农业生产资料，包括大马力拖拉机、大型收割机、乳品加工机等；④用于促进消费和改善民生的日用品，包括特殊配方婴幼儿奶粉、婴儿食品、护肤品等；⑤与公共卫生相关的产品，包括疫苗、血清、X光片等。

2）出口税率

我国出口税为一栏税率，即出口税率。国家仅对少数资源性产品及易于竞相杀价、盲目进口、需要规范出口秩序的半制成品征收出口关税。我国现行税则对100余种商品计征出口关税，主要是鳗鱼苗、部分有色金属矿及其精矿、生锑、磷、氟钽酸钾、苯、山羊板皮、部分铁合金、钢铁废碎料、铜和铝原来及其制品、镍锭、锌锭、锑锭。但对上述范围内的部分商品实行0~25%的暂定税率，此外，根据需要对其他200多种商品征收暂定税率。与进口暂定税率一样，出口暂定税率优先适用于出口税则中规定的出口税率。

5. 关税的减免

关税的减免，是国家为宏观调控经济政策走向或为了某些特殊需要而制定的减免措施。按照我国海关法规定，减免进出口关税的权限属于中央，在未经中央许可的情况下，各地海关不得擅自决定减免，以保证国家关税政策的统一。我国的关税减免主要有以下3种情况。

1）关税的法定减免

法定减免税是税法中明确列出的减税或免税。符合税法规定可予减免税的进出口货物、纳税义务人无须提出申请,海关可按规定直接予以减免税。海关对法定减免税货物一般不进行后续管理。

我国《海关法》和《进出口关税条例》明确规定,下列货物、物品予以减免关税。

(1) 关税税额在 50 元人民币以下的一票货物。

(2) 无商业价值的广告品和货样。

(3) 外国政府、国际组织无偿赠送的物资。

(4) 进出境运输工具装载的途中必需的燃料、物料和饮食用品。

(5) 经海关核准暂时进境或者暂时出境并在 6 个月内复运出境或者复运进境的货样、展览品、施工机械、工程车辆、工程船舶、供安装设备时使用的仪器和工具、电视或者电影摄制器材、盛装货物的容器以及剧团服装道具,在货物收发货人向海关缴纳相当于税款的保证金或者提供担保后,准予暂时免纳关税。

(6) 为境外厂商加工、装配成品和为制造外销产品而进口的原材料、辅料、零件、部件、配套件和包装料,海关按照实际加工出口的成品数量免征进口关税;或者对进口料、件先征进口关税,再按照实际加工出口的成品数量予以退税。

(7) 因故退还的中国出口货物,经海关审查属实,可予免征出口关税,但已征收的进口关税不予退还。

(8) 因故退还的境外进口货物,经海关审查属实,可予免征出口关税,但已征收的进口关税不予退还。

(9) 进口货物有如下情形,经海关查明属实,可以酌情减免关税:在境外运输途中或者起卸时,遭受损坏或者损失的;起卸后海关放行前,因不可抗力遭受损坏或者损失的;海关查验时已经破漏、损坏或者腐烂,经证明不是保管不慎造成的。

(10) 无代价抵偿货物,即进口货物在征税放行后,发现货物残损、短少或品质不良,而由国外承运人、发货人或保险公司免费补偿或更换的同类货物,可以免税。但有残损或质量问题的原进口货物如未退运国外,其进口的无代价抵偿货物应照章征税。

(11) 我国缔结或者参加的国际条约规定减征、免征关税的货物、物品,按照规定予以减免关税。

(12) 法律规定减征、免征的其他货物。

2) 关税的特定减免

关税的特定减免也称政策性减免,是指在关税基本法规确定的法定减免以外,由国务院授权的机关颁布法规、规章特别规定的减免。特定减免税货物一般有地区、企业和用途的限制,海关需要进行后续管理,也需要进行减免税统计。如对进口科技教育用品和残疾人专用物品,扶贫、慈善性捐赠物资,包括加工装配和补偿贸易、进料加工在内的加工贸易产品,边境贸易进口物资,保税区进出口货物,出口加工区进出口货物、进口设备等。

3) 关税的临时减免

关税的临时减免是指在以上两项减免税以外,由国务院根据《海关法》对某个纳税人因特殊情况和需要而进出境的货物临时给予的减免。临时减免一般必须在货物进出口前,向所在地海关提出书面申请,并随附必要的证明资料,经所在地海关审核后,转报海关总署或海关总署会同国家税务总局、财政部审核批准。

6. 关税的缴纳

进口货物的纳税义务人应当自运输工具申报进境之日起 14 日内，出口货物的纳税义务人除海关特准的外，应当在货物运抵海关监管区后、装货的 24 小时以前，向货物的进出境地海关申报。海关根据税则归类和完税价格计算应缴纳的关税和进口环节代征税，并填发税款缴款书。纳税人应当自海关填发税款缴款书之日起 15 日内向指定银行缴纳税款。

关税纳税义务人因不可抗力或在国家税收政策调整的情形下，不能按期缴纳税款的，经海关总署批准，可以延期缴纳税款，但最长不得超过 6 个月。

11.1.4 关税应纳税额的计算

1. 关税应纳税额的计算公式

1997 年以前，我国对所有的进出口货物都采用从价计征。1997 年起，对少数几种进口商品实行以下几种税率的计税方法。

1) 以完税价格为计税依据计算应纳关税

目前，我国海关对绝大多数进出口货物和物品征收的关税都是以完税价格为计税依据的从价关税。

我国进出口关税的应纳税额根据关税的完税价格和适用税率进行计算，其基本计算公式为：

$$进出口关税应纳税额 = 完税价格 \times 进出口关税适用税率$$

其中，适用税率可以根据《海关进出口税则》的规定，按照进出口货物的所属类别和其具体品名查找确定。而完税价格应该根据有关规定进行核定。

2) 实行从量税率计算应纳税额

从量税率是不以货物的完税价格为征税依据，而是以其重量、数量、容量等为征税依据的进口货物所适用的税率。实行从量税率的进口货物应纳进口关税的计算公式为：

$$进口关税应纳税额 = 进口商品数量 \times 进口关税从量税率$$

3) 实行复合税率计算应纳税额

复合税率是一种采用从价税率和从量税率两种征税标准的税率，而且其中的从价税率和从量税率还随着完税价格和进口数量的不同等级而变化。实行复合税率的进口货物应纳进口关税的计算公式为：

$$进口关税应纳税额 = 完税价格 \times 进口关税从价税率 + 进口商品数量 \times 进口关税从量税率$$

4) 实行滑准税率计算应纳税额

滑准税率是一种特殊的从价税率，完税价格越高，滑准税率越低；完税价格越低，滑准税率越高。我国只对进口新闻纸采用滑准税率征税。实行滑准税率的进口货物应纳进口关税的计算公式为：

$$进口关税应纳税额 = 完税价格 \times 进口关税滑准税率$$

例 11.1　某商场于 2014 年 10 月进口一批化妆品。该批货物在国外的买价 120 万元，货物运抵我国入关前发生的运输费、保险费和其他费用分别为 10 万元、6 万元、4 万元。

货物报关后,该商场按规定缴纳了进口环节的增值税和消费税并取得了海关工具的缴款书。从海关将化妆品运往商场所在地发生运输费用5万元,该批化妆品当月在国内全部销售,取得不含税销售额520万元(假定化妆品进口关税税率20%、增值税税率17%、消费税税率30%)。

要求:计算该批化妆品进口环节应缴纳的关税、增值税、消费税和国内销售环节应缴纳的增值税。

(1) 关税的组成计税价格＝120＋10＋6＋4＝140(万元)

(2) 应缴纳进口关税＝140×20％＝28(万元)

(3) 进口关节应纳增值税的组成计价税价格＝(140＋28)÷(1－30％)＝240(万元)

(4) 进口环节应缴纳增值税＝240×17％＝40.8(万元)

(5) 进口环节应缴纳消费税＝240×30％＝72(万元)

(6) 国内销售环节应缴纳增值税＝520×17％－5×7％－40.8＝47.25(万元)

11.1.5 关税完税价格的确定

海关在征收关税时以完税价格作为计税依据。完税价格是海关以进出口货物的实际成交价格为基础审定的价格。实际成交价格是一般贸易项下进口或者出口货物的买方为购买该项货物向卖方实际支付的价格。完税价格包括货价以及货物运抵我国关境输入(出)地点起卸前的包装物、运费、保险费和其他劳务费等。

海关以进出口货物的实际成交价格为基础审定完税价格,包含两层含义:一是确定完税价格必须以货物的实际成交价格为基础;二是纳税义务人向海关申报的价格并不一定等于完税价格,只有经过海关审核并接受的申报价格才能作为完税价格。对于不真实或不准确的申报价格,海关有权不予接受,并可依照税法规定对有关进出口货物的申报价格进行调整或另行估定完税价格。

我国海关法规定了确定进出口货物完税价格的基本原则:进口货物以海关审定的正常到岸价格为完税价格,出口货物以海关审定的正常离岸价格扣除出口税为完税价格,到岸价格不能确定时,完税价格由海关估定。

1. 进口货物完税价格的审定

进口货物的完税价格由海关以该货物的成交价格为基础审查确定,并应当包括货物运抵中国关境内输入地点起卸前的运输及其相关费用、保险费。

进口货物的成交价格是一般贸易项下进口货物的买方为购买该项货物向卖方实际支付或应当支付的价格,指买方为购买进口货物直接或间接支付的总额,其核心内容是货物本身的价格(即不包括运输、保险及其他杂费的货物价格)。成交价格应当包括为了在境内生产、制造、使用或出版、发行的目的而向境外支付的与该进口货物有关的专利、商标、著作权,以及专有技术、计算机软件和资料等费用。在货物成交过程中,买方在成交价格外另支付给卖方的佣金,应计入成交价格,而向境外采购代理人支付的买方佣金则不能列入,如已包括在成交价格中则应予以扣除;卖方违反合同规定延期交货的罚款,卖方在货价中冲减时,罚款则不能从成交价格中扣除。

1) 进口货物的成交价格应当符合的要求

(1) 买方对进口货物的处置或使用不受限制,但国内法律、行政法规规定的限制、对货物转售地域的限制、对货物价格无实质影响的限制除外。

(2) 货物的价格不得受到使该货物成交价格无法确定的条件或因素的影响。

(3) 卖方不得直接或间接获得因买方转售、处置或使用进口货物而产生的任何收益,除非能够按照《审价办法》的规定做出调整。

(4) 买卖双方之间没有"特殊关系",如果有"特殊关系",应当符合《审价办法》的规定。

2) 一般贸易项下进口货物完税价格的审定

根据进口货物成交方式的不同,海关最终完税价格的审定方法如下。

(1) 如以我国口岸到岸价格(通常称CIF)成交的,或者以到达我国口岸的价格加佣金,或到达我国口岸的价格加保险费成交的,可将成交价格直接作为完税价格。用公式表示为:

完税价格=成交价格=在我国口岸成交的价格(CIF价格)
=到达我国口岸的价格+佣金=到达我国口岸的价格+保险费

(2) 如以境外口岸离岸价格(通常称FOB价格)或境外口岸到岸价格成交的,应另加从境外发货口岸或境外交货口岸运到我国境内口岸前实际支付的运杂费(包括运费、佣金等费用)、保险费作为完税价格。用公式表示为:

完税价格=成交价格+运杂费+保险费=境外口岸离岸价格(FOB价格)+运杂费+保险费

(3) 在境外口岸成交的情况下,完税价格内包括的运费、保险费和其他杂费,原则上应按实际支付的金额计算,若无法得到实际支付金额,也可以外贸系统海运进口运费率或按协商规定的固定运杂费率计算运杂费,保险费则按中国人民保险公司的保险费率计算。因为保险费是按完税价格的一定比例来征收的,因而上式只是表明了完税价格的内容,并不能真正计算出进口货物的完税价格。完税价格的计算公式应为:

$$完税价格=\frac{境外口岸离岸价格(FOB)+运杂费}{1-保险费率}$$

(4) 如以境外口岸离岸价格加运费(通常称C&F价格)成交的,应另加保险费作为完税价格。这种方式是无论货物在哪儿成交,成交价格的内容被界定为货物离开境外口岸的价格和运费之和,用公式表示为:

完税价格=成交价格+保险费=C&F价格+保险费=境外口岸成交价格+运费+保险费

或 $$完税价格=\frac{境外口岸离岸价格+运费}{1-保险费率}=\frac{C\&F价格}{1-保险费率}$$

3) 特殊贸易项下进口货物的完税价格

对于某些特殊、灵活的贸易方式(如租赁、寄售等)进口的货物,在进口时没有"成交价格"可作依据,为此,进出口关税条例专门制定了审定方法。

(1) 运往境外加工后复运进口货物的完税价格。海关主要根据以下几种方法审定其完税价格。

① 货物出境时已向海关报明,并在海关规定期限内复运进境的,以加工后货物进境

时的到岸价格与原出境货物价格的差额作为完税价格。

② 如果无法得到原出境货物的到岸价格，可以按海关估定的办法估定到岸价格，或用原出境货物申报出境时的离岸价格替代。

③ 如果仍无法算出到岸价格，可以用原出境货物在境外支付的工缴费加上运抵中国关境输入地点起卸前的包装费、运费、保险费和其他劳务费作为完税价格。

(2) 运往境外修理后又复运进境的机械器具、运输工具或者其他货物在出境时已向海关报明并在海关规定期限内复运进境的，以经海关审定的修理费和料件费以及该货物复运进境的运输及其相关费用、保险费估定完税价格。

(3) 以租借和租赁方式进境的货物，以海关审查确定的货物租金作为完税价格。留购的租赁货物，以海关审定的留购价格作为完税价格；承租人申请一次性缴纳税款的，经海关同意，按照一般进口货物估价办法的规定估定完税价格。

(4) 对于经海关批准暂进口的施工机械、工程车辆、供安装使用的仪器和工具、电视或电影摄制器材、盛装货物的容器等，如入境超过半年仍留在国内使用的，应自第7个月起，按月征收进口关税，其完税价格按货物原来进口时的到岸价格确定，每月应纳税额的计算公式为：

$$每月应纳关税＝货物原到岸价格\times 关税税率\times 1/48$$

(5) 对于国内单位留购的进口货样、展览品的广告陈列品，以留购价格作为完税价格。但对于留购货样、展览品和广告陈列品的买方，除按留购价格付款外，又直接或间接给卖方一定利益的，海关可以另行确定上述货物的完税价格。

(6) 对于进口供报刊使用的广告印刷板和印刷底片，以及供电视台播放节目用的广告胶片、磁带等，应按该项物品的到岸价格作为完税价格，对外支付版权费、母带费、租用费的，应计入完税价格。

(7) 转让出售进口减免税货物的完税价格。按照特定减免税办法批准予以减免税进口的货物，在转让或出售而需补税时，可按这些货物原进口时的完税价格征税。

4) 进口货物海关估价的确定

如果进口货物的完税价格不能按照成交价格确定，或申报价格经海关审查不能接受的，海关应当依次以下列方法为基础估定完税价格。

(1) 相同货物成交价格法。即以被估货物从同一出口国家或者地区购进的相同货物的成交价格作为被估货物完税价格的价格依据。相同货物是指在所有方面都相同的货物，包括物理或化学性质、质量和信誉，但是表面上的微小差别或包装差别允许存在。

(2) 类似货物成交价格法。即以被估货物从同一出口国家或者地区购进的类似货物的成交价格作为被估货物的完税价格的依据。类似货物是指具有类似原理和结构、类似特性、类似组成材料并有同样的使用价值，而且在功能上与商业上可以互换的货物。

(3) 国际市场价格法。即以该项进口货物的相同或类似货物在国际市场上公开的成交价格为该货物的完税价格。

(4) 国内市场价格倒扣法。即以国内相同或类似货物的市场批发价格估定。具体方法为：进口货物的相同或类似货物在国内市场的批发价格，减去进口关税和进口环节其他税费以及进口后的正常运输、储存、营业费用及利润后的价格作为完税价格。这种方法较少使用,通常用于处理无人认领以及其他特殊情形的货物。由于进口后的正常费用,各种货物参差不一,难以准确计算,通常按费用和利润酌定为到岸价格的20%进行计算,其公式为:

$$完税价格 = \frac{国内市场批发价格}{1+进口关税税率+进口费用利润比例(20\%)}$$

由于进口货物在进口环节应缴纳增值税和消费税,所以,其计算公式为:

$$完税价格 = \frac{国内市场批发价格}{1+进口关税税率+\frac{1+关税税率}{1-代征税率}\times 代征税率+20\%}$$

5) 其他合理方法估定的价格

如果按照上述几种方法顺序估价仍不能确定其完税价格时,则可由海关按照合理方法估定。合理方法一般指构成该项进口货物所必须支付的价格总和。我国对海关可以采用的合理方法没有具体的规定,一般由海关依据掌握的被估货物的基本情况,进行综合估价,以计算被估货物的完税价格。

2. 出口货物完税价格的审定

出口货物的完税价格由海关以该货物向境外销售的成交价格为基础审查确定,并应包括货物运至中国境内输出地点装载前的运输及其相关费用、保险费,但其中包含的出口关税税额,应当扣除。

出口货物成交价格是该项货物的买方为购买该出口货物而向卖方实际支付或应当支付的价格。我国出口货物应当以海关审定的货物售予境外的离岸价格,扣除出口关税后作为完税价格。其计算公式为:

$$完税价格 = \frac{离岸价格}{1+出口关税税率}$$

出口方向海关申报的出口价格必须是买卖双方的成交价格,否则海关不予承认。海关具体审定出口货物完税价格的方法有以下几种。

(1) 出口货物的离岸价格应以该项货物运离关境前的最后一个口岸的离岸价格为实际离岸价格。如该项货物从内地起运,则从内地口岸至最后出境口岸所支付的国内段运输费用应予扣除。

(2) 离岸价格不包括装船以后发生的费用。因此,出口货物成交价格如为境外口岸的到岸价格或货价加运费价格时,应先从成交价格中扣除运费和保险费,然后再按规定计算完税价格。

(3) 出口货物在成交价格以外支付给国外的佣金,应予扣除;如佣金未单独列明,则不予扣除。

(4) 买方在出口货物成交价格以外另行支付的货物包装费,应当计入完税价格。

出口货物的发货人或其代理人应如实向海关申报出口货物售予境外的价格,对不符合海关审价依据的出口货物,海关将依次按下列方法予以审定。

(1) 同一时期内向同一国家或地区销售出口的相同或者类似商品的成交价格。

(2) 根据境内生产相同或类似商品的成本、储运和保险费用、利润及其他杂费计算所得的价格。

(3) 其他合理方法估定的价格。

11.1.6 关税应纳税额的计算实例

例 11.2 某进出口公司从美国进口一批化工原料共 500 吨，货物以境外口岸离岸价格成交，单价折合人民币 20 000 元(不包括向卖方支付的佣金每吨 1 000 元人民币)。已知该货物运抵中国关境内输入地点起卸前的包装费、运输、保险和其他劳务费为每吨 2 000 元人民币，关税税率为 10%，则该批化工原料应纳关税为：

$$应纳关税 = (货价 + 佣金 + 包装等劳务费) \times 关税税率$$
$$= (500 \times 2 + 500 \times 0.1 + 500 \times 0.2) \times 10\%$$
$$= 115(万元)$$

例 11.3 上海某进出口公司从美国进口应征消费税货物一批，货物以离岸价格成交，成交价折合人民币为 1 410 万元(包括单独计价并经海关审查属实的向境外采购代理人支付的买方佣金 10 万元，但不包括因使用该货物而向境外支付的软件费 50 万元、向卖方支付的佣金 15 万元)，另支付货物运抵我国上海港的运费、保险费等 35 万元。假设该货物适用的关税税率为 20%、增值税税率为 17%、消费税率为 10%，则该公司应缴纳的关税、消费税和增值税计算如下。

(1) 计算应纳关税为：

$$关税完税价格 = 离岸价 + 软件费 + 卖方佣金 - 买方佣金 + 运保费$$
$$= 1\ 410 + 50 + 15 - 10 + 35 = 1\ 500(万元)$$
$$关税 = 关税完税价格 \times 关税税率 = 1\ 500 \times 20\% = 300(万元)$$

(2) 计算应纳消费税为：

$$组成计税价格 = (1\ 500 + 300) \div (1 - 10\%) = 2\ 000(万元)$$
$$消费税 = 2\ 000 \times 10\% = 200(万元)$$

(3) 计算应纳增值税为：

$$组成计税价格 = 1\ 500 + 300 + 200 = 2\ 000(万元)$$
$$增值税 = 2\ 000 \times 17\% = 340(万元)$$

11.2 关税的纳税会计处理

11.2.1 关税会计处理的要点

1. 进出口公司的会计核算的步骤

进出口公司的会计核算的核算步骤包括以下内容。
(1) 收到委托单位划来进口货款。
(2) 对外支付进口商品款。
(3) 计算、支付进口关税。
(4) 将进口商品交付委托单位并收取手续费。
(5) 与委托单位结算。

2. 企业关税的会计处理注意事项

企业应当在"应交税费"科目下设置"应交进口关税"和"应交出口关税"两个明细科目,分别用来核算企业发生的和实际缴纳的进出口关税。其贷方反映企业在进出口报关时经海关核准应缴纳的进出口关税,其借方反映企业实际缴纳的进出口关税,余额在贷方反映企业应缴而未缴的进出关税。对于进口关税,应当计入进口货物的成本,而对于出口关税,通常应当计入企业的营业税金。

1) 自营进口

根据现行会计准则规定,企业自营进口商品应支付的进口关税,与按进口商品的国外货价、应交的进口关税、消费税和国外运费、保险费等,一并构成进口商品的采购成本,计入"材料采购"账户。商品到达我国口岸目的地后发生的费用应计入销售费用(或管理费用),收入的进口佣金冲减进价。企业在计算出应缴纳进口关税时,应借记"材料采购"等账户,贷记"应交税费——应交进口关税"账户。企业交纳进口关税时,借记"应交税费——应交进口关税"科目,贷记"银行存款"科目。

企业被批准减免进口关税,在收到退回的税款时,应借记"银行存款"账户,贷记"应交税费——应交关税"账户;同时,结转退回的税款,即借记"应交税费——应交关税"账户,贷记"材料采购""固定资产""在建工程"等账户。

2) 代理进口

代理进口业务一般由外贸企业代理委托单位(包括工业企业和商业企业)承办。外贸企业对其代理的进口业务并不负担盈亏,只是收取一定的手续费。因此代理进口业务发生的进口关税,先由外贸企业代缴,然后向委托单位收取。外贸企业在代理进口业务中计算出应缴纳的进口关税时应借记"应收账款——××单位"科目,贷记"应交税费——应交进口关税"科目;实际缴纳时,借记"应交税费——应交进口关税"科目,贷记"银行存款"科目;工业企业通过外贸企业代理进口原材料应支付的进口关税,不通过"应交税费"账户核算,而是将其与进口原材料的货款、国外运费、保险费、国内费用等一并计入进口原材料的采购成本,借记"材料采购""固定资产"等科目,贷记"应付账款"等科目。

商业企业通过外贸企业代理进口原材料应支付的国内费用在"销售费用"账户中列支。

企业根据与外商签订的加工装配和补偿贸易合同而引进的国外设备,所支付的关税在"固定资产""在建工程"账户中列支。

3) 自营出口

由于出口关税是对销售环节征收的一种税金,因此其核算应作为营业税金,通过"营业税金及附加"等科目进行。企业计算出应缴纳出口关税时,借记"营业税金及附加"等科目,贷记"应交税费——应交出口关税"科目;实际缴纳出口关税时,借记"应交税费——应交出口关税"科目,贷记"银行存款"科目。

4) 代理出口

对于代理出口业务,外贸企业在计算应纳出口关税时,借记"应收账款"科目,贷记"应交税费——应交出口关税"科目;实际缴纳时,借记"应交税费——应交出口关税"

科目,贷记"银行存款"科目。对于委托企业,收到外贸企业账单时,对于出口关税,借记"营业税金及附加"等科目,贷记"应付账款"等科目;实际支付时,借记"应付账款"科目,贷记"银行存款"等科目。

5)易货贸易

易货贸易,即以货易货,将出口和进口结合起来进行交易。易货贸易进口业务发生的进口关税,构成其进口商品的成本,企业在计算出应缴纳易货贸易进口关税时,应借记"易货进口销售成本"科目,贷记"应交税费——应交进口关税"科目;企业缴纳进口关税时,借记"应交税费——应交进口关税"科目,贷记"银行存款"科目;对于易货贸易出口业务发生的出口关税,应借记"营业税金及附加"等科目,贷记"应交税费——应交出口关税"科目;企业实际缴纳出口关税时,借记"应交税费——应交出口关税"科目,贷记"银行存款"科目。

11.2.2 关税会计处理的举例

1. 进口关税的账务处理

进口业务分为自营进口和代理进口两种情况。

1)自营进口

例11.4 某企业2014年5月1日报关进口货物一批,离岸价为370 000澳币,支付国外运费22 500澳币,保险费7 500澳币,国家规定进口税率为30%。进口报关当日人民银行公布的市场汇价为1澳币=7.00元人民币,则报关时应纳关税为:

应纳进口关税=(370 000+22 500+7 500)×7.0×30%=840 000(元)

作会计分录为

| 借:材料采购 | 840 000 |
| 贷:应交税费——应交进口关税 | 840 000 |

以银行存款交纳进口关税时,作会计分录为

| 借:应交税费——应交进口关税 | 840 000 |
| 贷:银行存款 | 840 000 |

例11.5 某公司进口设备一套,到岸价格为200 000美元,报关当日人民银行公布的市场汇价为1美元=6.30元人民币,进口关税税率为10%,则应纳税额为:

应纳税额=200 000×6.30×10%=126 000(元)

则企业应作会计分录为

| 借:固定资产 | 126 000 |
| 贷:应交税费——应交进口关税 | 126 000 |

以银行存款缴纳进口关税时,作会计分录为

| 借:应交税费——应交进口关税 | 126 000 |
| 贷:银行存款 | 126 000 |

2)代理进口

例11.6 宏远公司委托天兴进出口贸易公司代理进口材料一批,向天兴公司先付定金

4 800 000 元。该批材料实际支付离岸价为 480 000 美元,海外运输费、包装费、保险费共计 20 000 美元(支付日市场汇价为 1 美元＝6.30 元人民币),进口报关当日人民银行公布的市场汇价为 1 美元＝7.30 元人民币,进口关税税率为 20％,增值税税率为 17％。

(1) 天兴公司的会计处理如下。

① 收到预付款时作如下会计分录。

借：银行存款   4 800 000
  贷：预收账款——宏远公司   4 800 000

② 进口货物时,实际向国外支付货款和运输费、包装费和保险费为 3 150 000 元[＝(480 000＋20 000)×6.30],作如下会计分录。

借：预收账款——宏远公司   3 150 000
  贷：银行存款   3 150 000

③ 进口报关时应纳税额为：

   应纳进口关税＝(480 000＋20 000)×6.30×20％＝630 000(元)

   应纳增值税＝[(480 000＋20 000)×6.30＋630 000]×17％＝642 600(元)

则企业应作如下会计分录。

借：预收账款——宏远公司   1 650 000
  贷：应交税费——应交进口关税   630 000
      ——应交增值税   642 600

实际缴纳税款时

借：应交税费——应交进口关税   630 000
      ——应交增值税   642 600
  贷：银行存款   1 272 600

④ 企业按规定向宏远公司收取商品全部进价 10％的代理手续费,则代理手续费为：

   代理手续费＝(3 150 000＋1 272 600)×10％＝442 260(元)

则企业应作如下会计分录。

借：应收账款——宏远公司   442 260
  贷：其他业务收入   442 260

⑤ 实际收到宏远公司付来的其余款项时作如下会计分录。

借：银行存款   64 860
  贷：应收账款——宏远公司   64 860

2) 宏远公司的会计处理如下。

① 预付定金时作如下会计分录。

借：预付账款——天兴公司   4 800 000
  贷：银行存款   4 800 000

② 实际收到天兴公司报来的账单时作如下会计分录。

借：材料采购(＝3 150 000＋630 000＋442 260)   4 222 260
  应交税费——应交增值税(进项税额)   642 600
  贷：预付账款——天兴公司   4 864 860

③ 实际支付其余款项时作如下会计分录。

借：预付账款——天兴公司 64 860
    贷：银行存款 64 860

2. 自营出口的账务处理

例 11.7 某企业直接对外出口产品一批，离岸价为 2 000 000 元，出口税税率为 15%，则应纳出口关税额为：

$$应纳税额 = 2\ 000\ 000 \times 15\% = 300\ 000(元)$$

（1）企业作会计分录如下。

借：营业税金及附加 300 000
    贷：应交税费——应交出口关税 300 000

（2）以银行存款缴纳出口关税时作会计分录如下。

借：应交税费——应交出口关税 300 000
    贷：银行存款 300 000

3. 代理出口的账务处理

例 11.8 宏远公司委托天兴公司出口商品一批，离岸价为 1 000 000 元，出口关税税率为 30%，则：

$$应纳出口关税 = 1\ 000\ 000 \times 30\% = 300\ 000(元)$$

则天兴公司有关会计处理如下。

（1）出口报关时作如下会计分录。

借：应收账款——宏远公司 300 000
    贷：应交税费——应交出口关税 300 000

（2）实际缴纳时作如下会计分录。

借：应交税费——应交出口关税 300 000
    贷：银行存款 300 000

（3）实际与宏远公司结算时，将出口关税从应付账款中扣除，则作会计分录为

借：应付账款——宏远公司 300 000
    贷：应收账款——宏远公司 300 000

（4）宏远公司在收到天兴公司报来的账单时作会计分录为

借：营业税金及附加 300 000
    贷：应收账款——天兴公司 300 000

4. 易货贸易的账务处理

例 11.9 某外贸公司按易货协议进口某种商品一批，协议价格折合人民币 100 万元。增值税税率为 17%，进口关税税率为 20%，则应缴增值税 170 000 元，应缴进口关税 200 000 元；该批商品对内销售价格为 150 万元，销项税额 255 000 元。同时企业出口商品一批，协议价格也为 100 万元，商品成本为 600 000 元，出口关税税率为 10%，作有关会计分录。

(1) 计算应缴进口关税时作如下会计分录。

借：易货进口销售成本——某商品　　　　　　　　　　　　　200 000
　　贷：应交税费——应交进口关税　　　　　　　　　　　　　　200 000

(2) 以银行存款缴纳进口关税、增值税时作如下会计分录。

借：应交税费——应交进口关税　　　　　　　　　　　　　　　200 000
　　　　　　——应交增值税（进项税额）　　　　　　　　　　　204 000
　　贷：银行存款　　　　　　　　　　　　　　　　　　　　　　404 000

(3) 该批商品对内销售，收到销货款时作如下会计分录。

借：银行存款　　　　　　　　　　　　　　　　　　　　　　1 755 000
　　贷：主营业务收入　　　　　　　　　　　　　　　　　　　1 500 000
　　　　应交税费——应交增值税（销项税额）　　　　　　　　　255 000

(4) 企业按规定报关出口时作如下会计分录。

借：营业税金及附加　　　　　　　　　　　　　　　　　　　　100 000
　　贷：应交税费——应交出口关税　　　　　　　　　　　　　　100 000

(5) 实际缴纳出口关税时作如下会计分录。

借：应交税费——应交出口关税　　　　　　　　　　　　　　　100 000
　　贷：银行存款　　　　　　　　　　　　　　　　　　　　　　100 000

(6) 结转易货贸易出口商品成本，作如下会计分录。

借：主营业务成本　　　　　　　　　　　　　　　　　　　　　60 000
　　贷：库存商品　　　　　　　　　　　　　　　　　　　　　　60 000

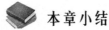

本章小结

本章主要讲述了关税的概念与特点、关税的种类、关税制度的主要内容、关税应纳税额的计算及关税的有关会计核算内容。

关税是对进出境货物、物品征收的一种税。进口货物的收货人、出口货物的发货人、进出境物品的所有人为关税的纳税义务人。

我国现行关税的税率包括进口税率、出口税率和暂定税率。关税应纳税额的计税方法包括从价计税、从量计税、复合计税以及滑准计税共 4 种方法。

与关税相关业务的会计处理因自营进口、代理进口、自营出口、代理出口、易货贸易等业务的不同而不同。

关税完税价格的确定是应纳关税额计算的难点。关税应纳税额的计算及相应业务的会计处理是本章的重点。

复习思考题

1. 思考题

(1) 何谓关税？关税有何作用？它分为哪些种类？

(2) 我国现行关税有哪几种计征方法？

(3) 何谓关税完税价格？进出口关税完税价格如何确认？

(4) 企业如何进行关税的会计处理？

2. 实务题

(1) 某企业 2014 年将以前年度进口的设备运往境外修理，设备进口时成交价格 58 万元，发生境外运费和保险费共计 6 万元；在海关规定的期限内复运进境，进境时同类设备价格 65 万元；发生境外修理费 8 万元，料件费 9 万元，境外运输费和保险费共计 3 万元，进口关税税率 20%。

要求：计算运往境外修理的设备报关进口时应纳进口环节税金并写出相应的会计分录。

(2) 某具有进出口经营权的企业发生以下进口业务。

① 把一项设备运往境外修理，设备价 120 万元，修理费 10 万元，材料费 12 万元，运输费 2 万元，保险费 0.8 万元。

② 以租赁方式进口一项设备，设备价 200 万元，支付的租金 20 万元。

③ 免税进口一项设备，设备价 160 万元，海关监管期 4 年，企业使用 18 个月转售。

上述设备、货物的进口关税率均为 15%。

要求：计算各项业务应纳关税。

(3) 有进出口经营权的某外贸公司，2014 年 10 月发生以下经营业务。

经有关部门批准从境外进口小轿车 30 辆，每辆小轿车货价 15 万元，运抵我国海关前发生的运输费用、保险费用无法确定，经海关查实其他运输公司相同业务的运输费用占货价的比例为 2%。向海关缴纳了相关税款，并取得了完税凭证。

公司委托运输公司将小轿车从海关运回本单位，支付运输公司运输费用 9 万元，取得了运输公司开具的普通发票。当月售出 24 辆，每辆取得含税销售额 40.95 万元，公司自用 2 辆并作为本企业固定资产。

（已知：小轿车关税税率 60%、消费税税率 8%。）

要求：

① 计算小轿车在进口环节应缴纳的关税、消费税和增值税。

② 计算国内销售环节 10 月份应缴纳的增值税。

参 考 文 献

[1] 卢剑灵. 企业纳税会计实务[M]. 北京：中国财政经济出版社，2003.
[2] 徐孟洲. 税法教程[M]. 2版. 北京：首都经济贸易大学出版社，2006.
[3] 盖地. 税务会计[M]. 上海：立信会计出版社，2006.
[4] 盖地. 税务会计与纳税筹划[M]. 2版. 天津：南开大学出版社，2004.
[5] 于长春. 税务会计研究[M]. 大连：东北财经大学出版社，2001.
[6] 财政部注册会计师考试委员会办公室. 税法[M]. 北京：中国财政经济出版社，2014.
[7] 财政部注册会计师考试委员会办公室. 会计[M]. 北京：中国财政经济出版社，2014.
[8] 中华人民共和国财政部. 企业会计准则——应用指南2006[M]. 北京：中国财政经济出版社，2006.
[9] 于晓镭，徐兴恩. 新企业会计准则实务指南与讲解[M]. 2版. 北京：机械工业出版社，2004.